《教师教育书系》编委会

总 主 编　戚万学

编　　委　(按姓氏笔画排列)

马驰珠　于洪波　李长伟　陈月茹

张文新　李运才　张茂聪　张景焕

金明善　赵昌木　唐汉卫　唐爱民

徐继存　魏　薇

教师教育书系　　戚万学 总主编

简明中外教育史

于洪波　李忠　金传宝　路书红 主编

 山东人民出版社

图书在版编目(CIP)数据

简明中外教育史/于洪波等主编. —济南：山东
人民出版社，2010.3 (2020.8 重印)
ISBN 978 - 7 - 209 - 05236 - 8

Ⅰ.①简… Ⅱ.①于… Ⅲ.①教育史—世界—师范大
学—教材 Ⅳ.①G519

中国版本图书馆 CIP 数据核字(2010)第 034671 号

责任编辑：李言英
装帧设计：宋晓明

简明中外教育史

于洪波等　主编

山东出版传媒股份有限公司
山东人民出版社出版发行

社　　址:济南市英雄山路 165 号　邮　编:250002
网　　址:http://www.sd-book.com.cn
市场部:(0531)82098027　82098028

新华书店经销
山东华立印务有限公司印装

规　格　16 开(169mm×239mm)
印　张　24
字　数　420 千字　插 页 2
版　次　2010 年 3 月第 1 版
印　次　2020 年 8 月第 6 次
ISBN 978 - 7 - 209 - 05236 - 8
定　价　36.00 元

前　言

　　人类自产生至今,业已经历了漫长的发展历程。人类有意识、有目的的教育活动,是伴随着人类的产生而产生的。人类教育的历史之源远流长,由此可见一斑。在人类历史漫长的发展过程中,积累了丰富的教育理论和实践经验。如何将这些丰富的教育遗产予以承继进而发扬光大,不仅是教育史学科义不容辞的职责,也是教师教育不可或缺的基本内容。

　　教育史是教育学的基础学科,其研究对象是人类教育理论和实践的发展历史,其任务是追溯和分析中外各个历史时期教育发展的实际状况,探究教育发展的客观规律,为解决当代的教育问题提供思想资源与历史经验。作为高等学府的一门学科,教育史形成于19世纪末期的欧美诸先行国家。教育史作为一门学科的产生与发展,既是19世纪末欧美各国教育现代化对新式教师养成的现实要求,又是当时学科分化的必然结果。

　　中华文明源远流长,素有尊师重教的传统。教育史作为我国师范教育的必修科目,乃是近代新学制初创的产物。在清末民初开办的师范学堂里,皆设有中外教育史学方面的教程。尤其是在20世纪20～30年代,一批学贯中西的教育史学家出版过诸多教育史学方面的著作和教材。在1949年建国之后的30年里,我国的教育史学研究和教学可谓历经沧桑曲折。改革开放以来,我国的教育史学研究和教学又得到长足的进步,对教师教育以及教育科学的发展做出了积极的贡献。

　　教育史包括中国教育史和外国教育史两部分,时跨数百万年,涉及世界各大洲,内容极其恢弘庞杂。下文仅就本书的编写范畴、编写体例和史料选用等问题,向诸位读者和使用者予以扼要的交代。

　　其一,关于编写范畴问题。本书分为两编:上编为中国教育史,下编为外国教育史。中国教育史方面,涉及的内容主要限定在中国古代教育史和近现代教育史部分。就各阶段教育史的具体内容而言,主要限定在教育制度史与教育思想史方面。但是,这种限定并不意味着当代中国教育史与教育活动史等内容不重要,而是囿于篇幅的限制与研究中的缺陷。作为上编的中国教育史部分,主要

包括:原始社会的教育、夏至先秦时期的教育、秦汉至隋唐时期的教育、宋元明清时期的教育、清朝末期的教育变迁、民国初年与新文化运动时期的教育、南京国民政府时期的教育等内容。

外国教育史方面,所涉及的内容主要局限于欧洲、亚洲和北美洲这三个区域,以及欧、美、日等发达国家。这种取舍并不意味着非洲、拉丁美洲和大洋洲等区域和国家的教育史不值得研究和学习,而是因为目前我国教育史学界对这些区域和国家的研究尚不够深入。作为一门学科,外国教育史所涉猎的研究地域,应该宽及除我国之外的所有地区和国家,时跨古今数千年,内容极其恢弘宽广。但是作为《简明中外教育史》的外国教育简史部分,我们只能择其要者和诸位作者的平素研究所长而论之。本书的下编外国教育史部分,共分十章,包括古代的教育、中世纪的教育、文艺复兴与宗教改革时期的教育、英国的教育、美国的教育、法国的教育、德国的教育、日本的教育、俄国和苏联及俄罗斯的教育、现代欧美教育思潮。

其二,关于本书的编写体例问题。在中国教育史部分,遵循以下路径与思路:第一,各历史阶段的教育按照文教政策、教育制度、教育思想的顺序依次编排,便于把握某一阶段的教育总体发展情况,同时有利于对不同阶段进行的相应内容予以比较;第二,引入问题,根据教育家对教育的论述与教育实际扮演的角色,在具体陈述时,对教育的种类、性质与作用做出区分,以引起读者的兴趣与思考;第三,在每一章之后,附有进一步思考的问题及相应的参考文献,便于读者能够通过对文献的阅读求得问题的解答。在外国教育史方面,本书的编写体例有以下诸特点:一是本书一般将各国教育思想家的教育思想安排在对该国相关时期教育制度的论述之后予以简要的介绍;二是本书对西方当代主要发达国家教育发展状况的研究,延伸至20世纪末甚至21世纪初,从而极大地拓展了外国教育史学研究的时限范畴;三是在每一章的最后,作者都对该章的基本史实和核心内容进行了高屋建瓴的理论分析并概括出具有规律性的小结,目的在于激发读者通过教育史实探究教育智慧和规律的兴趣;四是在每一章的末尾,皆附有思考题、本章所采用的参考文献以及拓展阅读文献,以备诸位读者的后续学习和纵深研究之用。

其三,关于本书的史料选用和理论分析问题。鉴于教育史的学科特点,本书尽可能选用国外学术界公认的第一手史料,附以近几年我国权威性的研究成果。可以说,没有史料,就没有历史。但是,史料本身并不能构成历史。只有史学家光顾史料时,史料才会"说话";抑或说,史学家决定着哪些史料有"发言权",按照何种顺序在何种情况下"发言"。可见,对于史料的选用和处理,都离不开史学家的理论分析。正如康德(Emmanuel Kant,1724年～1804年)所言:"没有理论的历史是盲目的,而没有历史的理论则又是空洞的。"①可以说,一部只有教育史料罗列的教育史,注定是枯燥乏味的,而且也必定是毫无启智价值的。作为一种共识的约定,本书的诸位作者愿意运用多年教育史学研究和教学的学识和经验,在尽可能慎重地选择和处理史料的基础上,努力对教育史实赋予理论性的解读、思考和分析。至于这种尝试的得失,尚有待于读者诸君的惠识评判。

本书各章的分工编撰,系依据诸位作者平素的研究专长而定。本书各章的执笔人分别是:

第1～4章,孙秀玲;

第5～8章,李忠;

第9章、第12章、第16章,于洪波;

第10章、第15章、第17章,路书红;

第11章、第13章、第18章,金传宝;

第14章,郭玲。

本书由于洪波、李忠、金传宝、路书红负责统稿。本书的编辑与出版得到山东人民出版社的鼎力支持,本书的责任编辑李言英为书稿的编辑工作付出了认真细致的辛劳,我们在此谨表示由衷的谢意。书中纰漏和错误之处在所难免,尚祈识者不吝指正。

编者

2009 年 11 月

---

① [俄罗斯]卡特林娅·萨里莫娃、[美]欧文·V.约翰宁迈耶主编:《当代教育史研究与教学的主要趋势》,教育科学出版社,2001 年版,第 22 页。

目 录

下编　外国教育史

上 编

中国教育史

ZHONG GUO JIAO YU SHI

中国清流史

第一章
原始社会的教育

自从有了人类,便形成了人类社会。教育是人类基本的社会实践活动之一,它以培养人为目的,推动社会物质的生产和人的再生产,促进人类社会的不断发展。在中国原始社会发展的第一阶段,即原始人群时期(约 200 万年前至 5 万年前),教育发展极为缓慢;在第二阶段,即氏族公社时期(约 5 万年前至公元前 21 世纪),教育的发展速度有所加快,具有了多方面的内容,并出现了教育机构的萌芽。

第一节　中国教育的起源

教育起源问题是教育研究的基本问题之一。关于这一问题,不同的研究者有不同的观点,如法国社会学家利托尔诺(Charles Letourneau,1831 年～1902 年)认为,教育产生的基础是动物生存竞争的本能,提出"生物学起源说";美国教育家孟禄(Paul Monroe,1869 年～1947 年)则从心理学的角度出发,认为儿童对成人的模仿是教育产生的基础,提出"心理学起源说";苏联的教育研究者从历史唯物主义观点出发,认为教育起源于劳动,提出"劳动起源说";等等。这些学说都曾对我国的教育学界产生过一定的影响,但直至目前,学界并未就这一问题达成共识。

原始人类活动的历史遗迹为研究中国教育的起源提供了具体的实物依据。考古研究表明,在 200 万年前,远古的人类就已经在中国这片土地上繁衍生息。在恶劣的生活环境中,他们为了自身的生存和延续,必须把通过劳动实践获得和积累的经验、技能,有目的、有计划地传授给年青一代;同时也要把在生产劳动中形成的各种生活习惯、行为规范及原始宗教等社会生活经验传授给下一代。在这一过程中,教育成为人类社会存在和发展的必要条件。因此可以说,原始的教育活动,起源于人类适应社会生活的需要和人类自身发展的需要。

从内容上看,原始社会的教育与当时的生活需要相对应,木器、石器工具的制造和使用,火的控制和使用,狩猎的技术和经验,采集食物的技术和经验,共同生活规范的遵守,语言的使用等等,都是教育的内容。从教育方式上看,主要是口耳相传、言传身教。

原始社会时期的教育活动,是在生活实践的过程中进行的,是一种名副其实的生活教育。虽然它并没有严密的计划性,但已经是人类有意识的社会活动,具有了一定的目的性。

第二节　氏族公社时期的教育活动

氏族公社时期的教育较之原始人群时期有了进一步的发展,其内容更为丰富。

一、风俗习惯的教育

原始社会的少年儿童从孩提时起就开始接受社会常识方面的教育,主要包括公有观念、民主集会、成年礼等。在氏族公社时期,生产资料实行公有制,人们共同劳动、共同消费,如果损人利己,侵犯氏族的公共利益,将会受到公众的谴责和惩罚。氏族公社内的成年男女均有权参加氏族的公共事务,共同决定生产计划等重大事项。氏族长由氏族会议民主选举产生,并主持氏族的民主集会。在氏族公社内部,人们相互尊重,尊敬长辈,爱护幼小,团结互助。传统习惯对全体氏族成员都具有约束力,法律、刑罚、监狱等并不存在也无需存在,也没有凌驾于群众之上的统治者。

青少年儿童必须熟悉氏族内部的各种风俗习惯,并以之为行动的准则。男女到达成人阶段后,氏族会对其体力、智力等各方面进行考察,举行十分庄重的成年礼,宣布其从此享有成年人的权利和义务。

二、生产劳动的教育

氏族公社时期,人类的劳动经验已较为丰富,使用的劳动工具也有显著改进。这提高了他们的生产劳动技能,也使生活资料来源更为丰富。生产劳动中获得的经验,不仅需要推广,更需要传授给年青一代。因此,生产劳动教育成为当时重要的教育活动之一。

儿童自幼年起就旁观并在游戏中模仿成年人的生产劳动。年龄稍长后,男女因生理、体质的不同接受不同的教育训练,承担不同的劳动任务。通常情况下,女孩在家跟母辈学习家务劳动,男孩则由父辈带往劳动现场去学习。在成年人制作器具、人工取火、捕猎鱼兽、播种收割时,他们由观察者进而充当帮手,慢慢变成独立的劳动者。

三、原始宗教教育

原始宗教是在人类社会早期产生的宗教信仰,包括自然崇拜、图腾崇拜和祖先崇拜等。自然崇拜主要是因为人们认为日月星辰、风雨雷电、土地山河、草木禽兽等都具有灵性,并把它们当作神灵崇拜,祈求消灾得福。图腾崇拜是将某种动物或植物等特定物体视作与本氏族有亲属或其他特殊关系的崇拜行为。祖先崇拜是一种以祖先的"灵魂"为崇拜对象的宗教信仰,它和血缘观念相结合,是一种维护家族力量的手段。原始宗教反映了远古人类对自然、人等问题的模糊认识和当时艰苦的生活情况。在这些原始的宗教崇拜活动中,年长者向年幼者传授动植物知识,讲解有关氏族的神话传说,加强了氏族的凝聚力。

宗教崇拜活动也产生了音乐、舞蹈、绘画、雕刻等多种多样的艺术形式,启发了儿童的想象,丰富了他们的精神生活。

四、体格和军事训练

为了应对自然界的斗争,氏族成员必须拥有健康的体格才能经受艰苦环境的磨炼。此外,随着狩猎和游牧经济的发展,各部落之间经常发生战争,军事训练也已经成为当时的主要教育内容。

第三节　氏族公社末期学校的萌芽

教育是和人类社会同时出现的社会活动,而学校作为有组织有目的有计划的专门教育机构,则是社会和教育发展到一定阶段的产物。在氏族公社末期,随着社会经济的变革,私有制进一步发展,阶级分化日益加深,氏族公社制度逐渐转变为部落联盟和军事民主制度,存在于社会生活中的教育逐渐分化,学校的萌芽开始出现。

一、氏族公社末期教育的分化

由于氏族首领的民主推选转变为世袭,最初的部落贵族开始形成。他们不断地集中权力和财富,增强特权,并逐渐垄断了文化教育。此外,由于生产力的提高,剩余产品的存在使得一部分人脱离了生产,培养劳心者的需求与日俱增。适应社会发展的需要,教育逐渐分化为培养劳心者和劳力者的两种不同类型的教育。

教育的分化使教育设施开始呈现出等级差别。《礼记·王制》记载，"有虞氏养国老于上庠，养庶老于下庠"，显示了一定的等级。所谓"庠"，其实是一种养老和教学兼行的机构，也是学校的萌芽。

这一时期的教育内容也发生了变化：为适应部落之间战争的需要，包括作战训练和武器制作的军事教育得到强化；一夫一妻的个人家庭成为社会基本单位，维护父权制和私有财产继承权使得"孝"成为道德教育的新内容；强调礼乐教育，以沟通部落联盟内部的情感，增强团结。

由于教育开始灌输代表少数人利益的道德观念，实施时必然辅以强制手段。《尚书·舜典》记载，"扑作教刑"，意即对于不勤学业的人，罚其体而警其心。《说文》曰："教，上所施，下所效也。"意思是说，上不施敲击，下必有不乐效法者。

二、知识的累积与文字的产生

人类在长期生活中取得的经验，逐步成为知识；知识不断积累，逐渐由感性知识发展为理性知识，并形成系统。要使年轻人掌握这种系统性的知识，要求有记录知识和传授知识的新方式。因此，文字的产生成为历史的必然。

从已经发现的地下文物来看，文字的产生有一个过程。有学者认为，汉字最初源于图画，后来由于实用的需要才逐渐符号化，发展成为文字。这些符号或图式将人类的思维活动与自然界的特定形象和性状勾连起来，并具有了某种恒定的意义，这已与上古时期的"结绳记事"有着本质的区别。古史传说中，仓颉创造了最早的文字。《淮南子·本经》记载："昔者仓颉作书，而天雨粟，鬼夜哭。"《说文解字·序》称："仓颉之初作书，盖依类象形，故谓之文；其后形声相益，即谓之字。"

作为一种记录知识和传授知识的新工具，文字的产生使得知识的大量积累成为可能。但掌握文字并非一件简单的事情，需要既掌握知识又能施教的专门人员，以及专门的施教场所。这就促生了学校的萌芽。

三、关于学校萌芽的记载

古代文献中所记载的最早的学校类型主要有两种：第一种是虞舜时期的学校——庠。《礼记·明堂位》认为这种"庠"又称"米廪"，是贮藏谷物的地方。郑玄注曰：米廪"藏养人之物"，庠则"以善养人，期于充实"。因此，"庠"具有双重职能：一是贮存粮食、蓄养动物和剩余猎物的地方；二是集体赡养失去劳动能力的老人和没有劳动能力的儿童的场所。在老人和儿童的朝夕相处中，老人将有关生产生活的经验、部落内部的风俗习惯以及有关祖先的传说等讲授给儿童，从而衍生出了教育与被教育的关系。这样，"庠"就成为一种对氏族晚辈进行保育和教育的集体场所。

第二种是"成均"。《周礼·春官·大司乐》记载："大司乐掌成均之法，以治建国之学政，而合国之子弟焉。"《礼记·文王世子》："三而一有焉，乃进其等，以其序，谓之郊人，远之，於成均，以及取爵於上尊也。"郑玄引董仲舒之说："五帝名大学曰成均，则虞庠近是也。"但近年来的考古发掘以及民族学的研究成果证实，"成均"和"庠"并非相似的概念。"均，调也。乐师主调其音。"在部落联盟时期，音乐渗透于社会生活的各个方面，乐师主管音乐事务。由于部落贵族重视音乐修养，因此日常演奏歌唱的场所，也是实施音乐教育的地方，这个场所就称为"成均"。在成均所进行的教育，不是以生产劳动为内容的教育，而是独立于生产劳动之外的活动，教育者和学习者都成为专门从事教或学的人。这种由社会公共活动和宣教场所演进而来的学校，意味着后来的广义的社会教化。

本章小结

原始社会的教育发展经历了两个阶段，在原始人群时期，教育发展非常缓慢；在氏族公社阶段，开始出现学校教育的萌芽。

以氏族公社时期的教育为代表，原始社会的教育具有如下特点：

其一，教育与生活密切结合，包涵多方面的内容。原始社会的教育活动与生产劳动、社会生活融为一体，教育在生产、生活过程中进行，并直接为生产、生活服务。教育的内容既包括风俗习惯、生产劳动的教育，也包括原始宗教和艺术教育，以及体格和军事训练，这些都是参加氏族社会生活所必不可少的。

其二，没有专门的场所和专职人员，教育手段以言传身教为主。在原始社会，由于教育还没有从生产、生活中分化出来，教育活动是随时随地开展的。担任教育者的通常是有生产、生活经验的长者，他们主要通过口耳相传的方式，将生产和生活的经验、风俗习惯、公共生活规范等教给青少年。

其三，男女分工不同，但教育权利平等。在原始社会，男女由于所从事的社会劳动不同，所接受的教育也有区别。对男性的教育侧重于狩猎、农耕、放牧；对女性的教育则侧重于采集、种植、纺织等。但无论接受何种教育，他们的教育权利是平等的。教育的目的在于适应日常生活的需要，培养合格的氏族成员。

∠ 思考题

1. 如何认识教育起源问题对于教育发展的意义？
2. 氏族公社时期的教育活动主要有哪些方面？

3. 原始社会的教育具有什么特点?

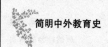 参考文献

1. 毛礼锐,瞿菊农,邵鹤亭.中国古代教育史[M].北京:人民教育出版社,1997.

2. 孙培青.中国教育史[M].上海:华东师范大学出版社,2009.

3. 孟宪承.中国古代教育史资料[C].北京:人民教育出版社,1961.

∠ 进一步阅读文献

1. 马宗荣.中国古代教育史[M].贵阳:文通书局,1942.

2. 陈学恂.中国教育史研究·先秦分卷[M].上海:华东师范大学出版社,1996.

第二章
夏商西周和春秋战国时期的教育

随着生产力的发展,原始社会逐渐解体,奴隶社会开始形成。夏代的建立,标志着我国正式进入奴隶社会。伴随着经济、政治的不断发展,历经夏、商、周三代,我国的奴隶制度臻于成熟。从这一时期开始,教育变成一种专门培养人的社会活动,学校教育开始成为教育活动的主要形式。从这个意义上讲,夏、商、西周时期是我国教育的开创时期。在这一时期,学校教育制度开始形成,并以"学在官府"为主要特征。到了春秋战国时期,随着官学的衰废,私学逐渐兴起,儒、墨、道、法等思想流派各倡其旨,形成了百家争鸣的局面。

第一节 夏商西周文教政策的变迁

"国之大事,唯祀与戎"①是夏、商、西周三代的基本国策,它深刻影响着这一时期教育的发展。

一、夏代的文教政策

夏代是我国进入阶级社会后的第一个朝代,"为政尚武",素有"以射造士"之称。换言之,夏代的文教政策以重武为主要特征,军事教育占有十分重要的地位,除练习射箭外,还要进行驾御战车的训练。《礼记》记载:"夏道尊命,事鬼敬神而远之,近人而忠焉。先禄而后威,先赏而后罚,亲而不尊。"②所谓"夏道尊命",也就是说"夏之为政之道,尊重四时政教之命,使人劝事乐功也。"③意即注重天时之教、崇尚功利是其文教政策的重要方面;在取才方面,夏统治者注重人才的素质,要求治术人才必须正身修德,"宽而栗,柔而立,愿而共,治而敬,扰而

---

① 《左传·成公十三年》。
② 《礼记·表记》。
③ 《礼记·表记》。

毅,直而温,简而廉,刚而实,强而义"①。夏代还试图根据人才的不同德行层次予以区别对待。

二、商代的文教政策

商代以神道立教,"殷人尊神,率民以事神,先鬼而后礼,先罚而后赏,尊而不亲。"②这一文教政策思想制约着整个教育活动。从甲骨卜辞把大学与宗庙神坛相提并论可以看出,商代的大学是施礼观化的场所,敬事鬼神是当时教育的重要内容,同时也传授医学、天文历法等各种文化知识。出于祭祀的需要,殷商时代的音乐教育非常发达,商汤曾"命伊尹作《大护》,歌《晨露》,修《九招》、《六列》以见其善。"③学校被称为瞽宗,不少乐师兼任教师,进行音乐、舞蹈等艺术教育,"以乐造士"。教师受到极大的信任和尊崇,开创了我国古代尊敬教师的优良传统。

三、西周的文教政策

"周人尊礼尚施,事鬼敬神而远之,近人而忠焉。其赏罚用爵列,亲而不尊。"④"以礼造士"是其主要特点。这种尊礼的政策,推动西周形成了东、南、西、北、中"五学并举"的国学,以及与行政区划一致的乡学;各学对教学内容、授课时间等都做出了具体的规定;教育内容进一步丰富,"六艺"之教逐渐完备。学校中的教师也有相应的序列,分别担任教育、教学工作。由文教官员负责推行的选贤贡士制度包括"升学选士"和"任官供士"两种形式,是西周文教政策的重要方面。

第二节 从"学在官府"到私学勃兴

随着生产力的发展,私有财产逐渐形成,阶级分化开始出现。奴隶主阶级占有社会物质生产资料,并在政治上居于统治地位,成为脱离生产劳动的劳心者。为了培养强有力的统治者,他们需要对年轻人组织特殊的教育训练。自此,教育开始成为独立的社会活动,而学校教育便成为这种社会活动的主要形式。

---

① 《史记·夏本纪》。
② 《礼记·表记》。
③ 《吕氏春秋·古乐》。
④ 《礼记·表记》。

一、"学在官府"

夏、商、西周时期,由于国家有文字记录的法制规章、典籍文献以及祭祀典礼用的礼器全都掌握在官府,奴隶主阶级垄断了以传授文化知识为主要内容的学校教育,学必须以官吏为老师,各种各样的学问都要向官府有关主管的官吏学习。这种学术和教育为官方所把持的现象,被称为"学术官守",并由此造成了"学在官府"的历史现象。

"学在官府"现象的形成是有客观原因的。其一,惟官有书,而民无书。限于当时的生产力水平,书册制作的成本十分昂贵,统治者为了政治需要,把礼制、法规、乐章等制成书册后,藏之密府,由职官专守。民间仅知书名,而未见其书。其二,惟官有器,而民无器。礼、乐、舞、射的学习不能仅靠口耳相传,也需要有相应的器物设备进行实际演习。但这些器具,并非各级官府都能具备,更非一人一家所能具备。其三,惟官有学,而民无学。宗法承袭造成家有世业,为官之人学有专守,只有贵族子弟享有受教育的权利,而庶人和平民则没有受教育的权利。

（一）夏代的学校教育

夏代是中国奴隶社会的初创时期。由于扩大经济交流和实施政令的需要,文字在这一时期有了新的发展。但掌握文字的是贵族中的文化人,借助文字接受教育的只是少数贵族的子弟,因此,教育工作开始成为国家的重要事务,并由国家机构中六卿政务官之一的司徒主管教化。

夏代的学校,有"序"、"校"两种。"序者,射也。"①"夏后氏养国老于东序,养庶老于西序。"②也就是说,"序"起初是教射的场所,后来才逐渐发展成为奴隶主贵族教育子弟的场所。但"序"并非独立的、纯粹的教育机关,它同时也是奴隶主贵族一切公共活动如议政、祭祀、养老的场所,教育只是其重要职能之一。至于"校","校者,教也。"③《说文》的解释是:"校,从木,交声。"其原义为"木囚",即用木头或竹子围成栏格作为养马的地方,后来逐渐演变成为习武和比武的场所。在这里,奴隶主贵族及其子弟不仅受到内容相当广泛的军事训练,而且还要通过十分严格的各项考核。据考证,"校"的出现在时间上要比"序"略晚一些,实际上是一种发展比较完备的军事体育性质的教育机构。宋代朱熹认为,"校"即为乡学。也就说,在夏代,既有国都的学校,也有地方的学校,教育已经开始有了等级层次之分。

---

① 《孟子·滕文公上》。
② 《礼记·王制》。
③ 《孟子·滕文公上》。

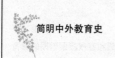

无论是从教育目的还是从教育内容上看,夏代学校教育的一个鲜明特色就是教育为政治服务。在教育目的方面,奴隶主贵族为了巩固和扩大统治,"为政尚武",将教育的目的定位为培养奴隶主贵族武士。在教育内容方面,统治者非常重视以习射和其他武器的训练为主的军事教育。此外,统治者还将以敬天尊祖为中心的宗教教育和人伦道德教育纳为学校教育的重要内容。

(二)商代的学校教育

商代是我国奴隶制的发展时期,随着经济的发展与社会政治生活的复杂化,商代已有了较为成熟系统的文字以及成文的典册,有效推动了教育的发展。

在商代甲骨卜辞中,已有"教"、"学"、"大学"等字样,学校有"大学""小学"之分。由于古代以西为右,殷人尚右尚西,因此将大学设在西郊,也叫右学,诚如郑玄所注:"右学,大学,在西郊;左学,小学,在国中王宫之东。" 这种大学小学之分或者说是右学左学之分,表明商代已经针对不同的年龄提出了不同的教育要求,实际上划分了教育阶段。此外,商代还出现了"瞽宗"这种学校形式。"殷人设右学为大学,左学为小学,而作乐于瞽宗。"①据甲骨卜辞证实,当时大学以乐教为重,乐教的教师也就是乐师。乐师在学中祀其先师为乐祖,学也就成为乐师的宗庙,故称"瞽宗"。瞽宗和右学是同一机构的不同名称,都属于大学的性质。

不仅王都有大小学,商代地方也有学校。虞舜时期的教养机构——"庠"在商代被承袭下来,"殷曰庠",利用养老活动来对年青一代进行思想道德教育,"上老老而民兴孝,下长长而民兴悌。"②商代还承袭了夏代的教养机构——"序",作为习射的场所,同时也强调礼乐教育。

商代学校教育的主要内容是习武、习礼。商代统治者为了排除异族侵扰,掠夺财物和奴隶,不断对异邦外族用兵,因此,射箭和驾驭马车等成为学校军事训练的重要内容,习武以习射为主。习礼主要是学习祭祀和乐歌,由于在殷人的祭祀活动中,礼仪和音乐都是必不可少的,因此"以乐造士"是殷人教育的重要特点。思想道德教育也是商代学校教育的重要内容,"孝"被统治者强调为最基本的社会道德准则,也是思想教育的中心内容。此外,由于商代在文字、天文、历法方面已有很大进步,书数教育也成为学校教学的内容。可以说,商代的教育内容已初步形成了"六艺教育"。

(三)西周的学校教育

西周是中国奴隶制的全盛时期,分封制、井田制、宗法世袭禄位制是其重要特征。在文化教育方面,西周已形成了比较完备的教育制度。

---

① 《礼记·明堂位》。
② 班固:《汉书·儒林传序》。

西周的学校可分为两类：一类是国学，一类是乡学。国学设于王城及诸侯国都，按学生的年龄与程度又可分小学与大学，"古者年八岁而出就外舍，学小艺焉，履小节焉。束发而就大学，学大艺焉，履大节焉。"①"小学在公宫南之左"②，即设于王宫的东南，由王宫守卫长官师氏和保氏兼任小学师长，以德、行、艺、仪等为主要教育内容，进行奴隶主贵族道德行为准则和社会生活知识技能的基本训练。"大学在郊，天子曰辟雍，诸侯曰泮宫。"③辟雍四面环水，建制为四，包括东序、瞽宗、成均、上庠。泮宫则半面临水，规模比较简单，仅有一学。大学教学内容以礼乐为重，射御次之；实行分科教学，教学活动定时定点进行，体现了一定的计划性；教育教学活动有专职人员负责；学生每年入学，隔年考查，"一年视离经辨志，三年视敬业乐群，五年视博习亲师，七年视论学取友，谓之小成。九年知类通达，强立而不反，谓之大成。"④

乡学是设在王都郊外六乡行政区中的地方学校。行政组织的级别不同，学校的名称也不同，具体分为家塾、党庠、州序、乡校等。乡学由管理民政的司徒领导，以"六德"（知、仁、圣、义、忠、和）、"六行"（孝、友、睦、姻、任、恤）、"六艺"（礼、乐、射、御、书、数）等为主要教学内容；由乡大夫负责，实行定期的考察和推荐制度，"命乡论秀士，升之司徒，曰选士。司徒论选士之秀者而升之学，曰俊士。"⑤无论升于司徒的选士还是升于学的俊士，都可免其赋役，称为造士。

总的来说，"学在官府"是我国奴隶制社会教育的重要特点。在这种体制下，学校设在官府之中，官师不分。官吏既是管理者，也是教育行政官员，还是教师。比如，西周时国学的主持者称大司乐，是国家最高礼乐官，负责祭祀和国家典礼，同时他也兼管国学教育事务，即"大司乐，乐官之长"，"掌成均之法，以治建国之学政而合国之子弟焉。"⑥大司乐属下的一些官员，如师氏、保氏、大胥、小胥、乐师等就是国学的教师。此外，由于此时的教育机构与行政机构尚未分离，行政长官同时承担社会教化的责任，即政教合一。国学既是施教的场所，又是国家举行重大礼仪活动的地方，如祭祀、乡射、献俘等活动都在国学进行。各级乡学也是地方举行乡饮酒礼、乡射礼、士人议政、养老尊贤活动的场所。政事活动本身也就是学校教育的重要内容，学生在参与政事的过程中接受各种教育。

---

① 《大戴礼记·保傅篇》。
② 《礼记·王制》。
③ 《礼记·王制》。
④ 《礼记·学记》。
⑤ 《礼记·学记》。
⑥ 《周礼·春官·大司乐》。

二、官学衰落与私学勃兴

春秋战国时期是中国社会大动荡、大变革的时期。周平王东迁后,大权旁落,丧失了控制天下的能力。列国纷争,大国称霸,兼并战争和各国内部的政治斗争十分激烈。旧有的统治秩序被打乱,经济、政治和社会文化发生了深刻变革,"学在官府"的教育走向衰落,而适应新形势需要的教育形式——私学开始兴起。

(一)官学的衰落

春秋时期,奴隶制社会逐步解体,天子所设国学几乎消失殆尽,诸侯所设的泮宫及乡学亦很少见。见于史传记载的官学,只有鲁僖公修泮宫①和郑子产之不毁乡校②两件事,这说明西周官学不仅没有得到发展,反而已经废弛。

西周官学的衰落有着深刻的社会根源。其一,诸侯国之间的战争以及诸侯国内部争夺统治权的内乱连年不断,统治者主要关注的是如何维持统治地位,并尽可能地扩大统治和剥削范围,无暇顾及教育,不论是国学还是乡学,都难于维持,日趋衰废。其二,由于周王室已无力控制天下,"礼乐征伐自诸侯出"③,到后来甚至诸侯国君也大权旁落,出现"陪臣执国命"的现象。王权衰落,礼制破坏,以礼乐为核心的教育内容失去了原有的价值,自然很少有人愿意去学了。其三,世卿世禄制度使贵族子弟养尊处优,心怀苟且,认为"无学不害",失去了学习的动力。

官学教育的废弛,反映了"学在官府"的教育体制已经不适应新的时代要求,"天子失官,学在四夷"④遂成为因文化变动而出现的新现象。其结果必然导致原来由贵族垄断的文化学术向社会下层扩散,从而为私学的产生和发展提供了条件。

(二)私学的勃兴

随着社会的变革,政治权力频繁转换,对新型的人才及文化教育的需求更为强烈。以孔子、墨子为代表的一批知识分子以新的办学形式,聚徒讲学,成为创办私学、传播学术文化的先驱。

1. 春秋时期私学的兴起

私学兴起的原因是多方面的。从政治上看,它是地主阶级知识分子向奴隶主阶级夺取教育大权的结果。从社会因素上看,学术的扩散和士阶层的崛起,动

---

① 《毛诗·泮宫序》。
② 《左传·襄公三十一年》。
③ 《论语·季氏》。
④ 《左传·昭工十七年》。

摇了世卿世禄制度,使得庶民接受教育成为可能。具体言之,其一,周平王东迁洛邑后,王室独尊、诸侯并立的局面不复存在,私分公室成为司空见惯的社会现象。统治阶层激烈的政治斗争使一些有专门知识和技术的王官百工相继分散于各诸侯国以至民间,这不仅导致学术扩散到四方,而且使学术下移至民间,从而使民间有了从事教学活动的可能。其二,士作为一个社会阶层,在西周的社会等级序列中介于大夫与庶民之间,社会地位并不高。他们以领主给的俸禄为生,并不能过问和干预政治。春秋战国时期,社会动荡,一些没落的贵族子弟由于政治地位的下降而沦为士,他们一般都受过比较正规的贵族教育,熟悉各种典章制度,并且有操持各种礼仪的实际技能,正是他们将学术文化带到了民间。一些平民因有条件接触到学术文化也上升为士。这样,士的队伍大大扩展,成为一种举足轻重的社会力量。

从王官之学到私学兴起,其间必有一个发展的过程。但私学何人首创,何时兴办,目前尚无定论。有学者认为流落民间的贵族子弟最有可能是私学的首创者,如柳下惠、邓析、少正卯等,但影响最大的仍然是孔子创办的私学。据史料记载,孔子弟子之数,"盖三千焉,身通六艺者七十有二人。如颜浊邹之徒,颇受业者甚众。"①三千之数或许并不可信,但孔子弟子为数众多当是事实。孔子创办私学,可以说是中国教育史上学术平民化的开端。墨子是继孔子之后的又一个私学大师,"孔、墨之后学,显荣于天下者众矣,不可胜数。"②因此,从严格意义上说,私学的首创者应该是孔子时代的一批教育家,而孔子则是最早创办私学的群体中的杰出代表。

2. 战国时期私学的勃兴

战国时期养士之风的盛行和百家争鸣的展开,促进了私学的进一步发展,儒、墨、道、法、阴阳、名、纵横、杂、农、小说诸家纷纷开坛讲学。其中对教育发展影响最大的,是儒、墨、道、法四家。

孔子私学和墨子私学在战国时期开始走向分化。"自孔丘之死也,有子张之儒,有子思之儒,有颜氏之儒,有孟氏之儒,有漆雕氏之儒,有仲良氏之儒,有孙氏之儒,有乐正氏之儒。自墨子之死也,有相里氏之墨,有相夫氏之墨,有邓陵氏之墨。故孔、墨之后,儒分为八,墨离为三,取舍相反不同,而皆自谓真孔、墨。"③创于春秋末的道家私学在战国时期也开始兴盛并分为两派。一派是稷下黄老学派,另一派则以庄子为代表。与儒家讲学有着密切学术渊源关系的法家学派在战国也影响巨大,其仕途也最为显赫。此外,纵横家、兵家、阴阳家等几家私学,

---

① 《史记·孔子世家》。

② 《吕氏春秋·当染》。

③ 《韩非子·显学》。

也在战国历史舞台上扮演了重要的角色。

养士之风促进了私学的进一步繁荣。在激烈竞争的形势下,实力和谋略是制胜的根本,而人才是关键。因此,各国统治者纷纷大开招贤纳士之门,先是公室养士,随后私门也养士。其中影响最大的,当属齐国的稷下学宫。稷下学宫建于战国时期齐国都城临淄的稷门之下,它是齐国统治者设立的国家养士机构,但更像是一所私学联合体。其主要办学特色有:其一,"不治而议论",待遇优厚。在学宫内,士人不担任具体职务,不加入官僚系统,但可以对国事发表批评性的议论。齐王待之如师友,并予以优厚的俸禄。其二,学术平等,自由辩论。在稷下学宫,各家各派都可以设坛讲学,其学术地位是平等的。各学派要使自己的学说得到公认,就要通过公开的辩论,以理服人。在学宫所召开的"期会"中,不仅全校教师和四方游士可自由参加,学生也可驳难辩论。其三,游学自由,从愿择师。各家各派都可以到稷下学宫个别游学,也可以集团游学;可以随时请求加入,也可以随时告退。学生可以自由听讲,从愿择师。

(三)私学的历史特点及意义

私学的产生和发展是中国教育制度上一次历史性的变革,它与官学之间存在着显著的差别:其一,经济基础与社会基础不同。官学建立在土地国有的经济基础之上,其阶级基础是占统治地位的奴隶主贵族;私学则是建立在土地私有的个体经济之上,以新兴地主阶级为首的,包括农、工、商等自由民在内的反奴隶主贵族统治的阶级联盟,尤其是士阶层,是其重要的社会推动力量。其二,施教对象不同。官学的入学受到贵族身份的限制,少数贵族子弟垄断了受教育权利;私学教育对象则扩大到平民,使文化知识得以下移到民间。其三,教育内容与方式不同。官学的教育内容限于"六艺",灌输的是奴隶制政治观念和思想道德,偏重于历史文化;私学则有思想自由,各家不必有统一的思想,可以自由传授自己的政治、道德观点和新的知识、技能。官学有固定的教育场所和相应的基本设备,制度上比较规范化;私学则以教师为中心,具有很强的流动性,设备也较为简单。其四,管理制度不同。官学由国家机关主办,以"学在官府"为重要特征,官师不分、政教合一;私学则是私家根据社会或个人需要而设立,学在四方是其重要特点,教育从政治机构中分离出来,具有独立的组织,以具有知识技能的贤士为师,成为一种独立的职业。

总之,在特定的历史条件下,私学依靠自由办学、自由就学、自由讲学、自由竞争确立了它在中国教育史上的地位,成为官方正规教育的一种有力补充和整个教育的重要组成部分,不仅符合了历史发展的潮流,也开辟了中国教育史的新纪元。

第三节　夏商西周和春秋战国时期的教育思想

夏商西周和春秋战国时期是中国教育思想发展的极其重要的历史阶段。社会生活的进步和教育实践的发展,使得人们对社会、自然和人类自身的认识逐步深化,为教育思想的产生和发展提供了主客观条件。

一、"六艺"教育思想

先秦时期的教育思想萌芽于夏、商以"祀与戎"为核心的教育主张,至西周发展成较完整的以"六艺"为中心的教育思想。所谓"六艺",即礼、乐、射、御、书、数。

周公制礼乐以治天下。"礼"教的内容主要是贵族子弟必须具备的"五礼","以吉礼事邦国之鬼神示,以凶礼哀邦国之忧,以宾礼亲邦国,以军礼同邦国,以嘉礼亲万民。"①"乐"教的内容包括"兴、道、讽、诵、言、语"②诸项,《诗·郑风·子衿》郑玄注:"古者教以诗乐,诵之、歌之、弦之、舞之。"礼和乐密切配合,"凡三王教世子,必以礼乐。乐所以修内也,礼所以修外也。礼乐交错于中,发形于外,是故其成也怿,恭敬而温文。"③"移风易俗,莫善于乐;安上治民,莫善于礼。"④

"射"指射箭,"御"指驾车。西周以人数较少的部族统治人数较多的部族及其联盟,依靠的是有组织的军事力量,因此,射箭和驾驭马车是贵族子弟必不可少的军事训练项目。除了战时必用之外,平时有些典礼活动中也要表演"射"、"御",而且有一定的技术标准要求,所以,"射""御"是贵族子弟必须掌握的技能。

"书"指文字读写,"数"指算术。由于文字得到广泛应用,西周已有供小学文字教学的字书——"《史籀》十五篇"⑤,这是中国教育史上记载最早的儿童识字课本(今已失传)。据史书记载,识字教学按字的构成方法分类施教,所谓"六书"即"象形、指事、会意、形声、转注、假借"。儿童学"数",先学数的顺序名称及记数的符号,然后应用于学习甲子记日法,知道朔望的周期,再进一步学习计数的方法,掌握十进位和四则运算。

综上所述,"六艺"之教包含了多方面的教育因素,既重视思想品德,也重视文化知识;既注意传统文化,也注意实用技能;既重视文事,也重视武备;既注重

---

① 《周礼·春官》。
② 《周礼·大司乐》。
③ 《礼记·文王世子》。
④ 《孝经》。
⑤ 班固:《汉书·艺文志》。

礼仪规范,也注重内心情感的培养,对后世教育产生了深远的历史影响。

二、儒家教育思想及其变迁

春秋末期,孔子集古代教育思想之大成,创立了系统的儒家学派的教育思想体系。战国时期,儒家文化教育思想出现分化,最有代表性的是孟、荀两派。

(一)孔子的教育思想

孔子(前551年~前479年),名丘,字仲尼,春秋末期鲁国陬邑(今山东曲阜)人。他出身于没落的奴隶主贵族家庭,自幼勤学好问,成年后便立学设教,除五十岁左右曾短暂从政外,毕生奉献于教育事业,创立了儒家"显学"。

孔子首先提出教育在社会发展和人的发展中具有重要作用,强调重视教育;他创办规模较大的私学,实行"有教无类"的方针,打破了贵族对学校教育的垄断,满足了平民入学受教育的愿望,扩大了教育的社会基础和人才来源;他从"为政在人"的政治主张出发,提倡"学而优则仕",致力于通过教育来培养德才兼备的人才,反映了封建制兴起时的社会需要,对后世的学校教育和选士制度产生了深刻的影响;他继承西周"六艺"教育的传统,并根据现实需要进行了调整和补充,编纂《诗》、《书》、《礼》、《乐》、《易》、《春秋》"六经"作为教材,进行道德教育和知识教育,保存了中国古代文化;他提出注意观察、了解学生,重视学生的主动性,并总结了行之有效的教学方法,如启发诱导、因材施教、学思行结合;他认为学生要端正学习态度,好学、乐学,不耻下问,实事求是;他主张自觉修养德行,并提出立志有恒、自省自克、勇于改过的原则;他要求教师具有良好的职业道德,学而不厌,诲人不倦,温故知新,以身作则,爱护学生。

孔子的思想是大变革时代社会矛盾的反映,他所提出的一些首创性的教育学说为中国古代教育的发展奠定了理论基础,是中华民族珍贵文化遗产的一部分。

(二)孟子的教育思想

孟子(前372年~前289年),名轲,战国中叶鲁国邹(今山东邹县)人。他一生大部分时间从事教育事业,在长期的教育实践中积累了丰富的教育思想经验。他与子思、曾子等的思想,以"性善论"为核心,形成了儒家中著名的思孟学派。

孟子持"性善论",认为人生来具有恻隐之心、羞恶之心、辞让之心、是非之心以及仁、义、礼、智四个"善端";教育的作用在于扩充人的"善性"、保存和发扬天赋的善端,"凡四端于我者,知皆扩而充之矣,若火之始然,泉之始达。苟能充之,足以保四海;不能充之,不足以事父母。"[①]他设想以父子、君臣、夫妇、长幼、朋友

---

① 《孟子·公孙丑上》。

之间的血缘宗法关系影响和制约政治社会关系,认为教育的目的在于"明人伦",实现社会改良,"设为庠序学校以教之。庠者,养也;校者,教也;序者,射也。夏曰校,殷曰序,周曰庠,学则三代共之,皆所以明人伦也。人伦明于上,小民亲于下。"①他提出"大丈夫"的理想人格——"富贵不能淫,贫贱不能移,威武不能屈"②,强调内心修养要坚持持志养气、动心忍性、存心养性、反求诸己等一系列原则和方法。他把认识视为一种对内心世界的探索和对内在善性的发掘,强调学习、修身的关键在于"深造自得"、专心致志、持之以恒,在学习和教学的过程中要盈科而进、因材施教。

(三)荀子的教育思想

荀子,名况,字卿,又称孙卿,战国末年赵国(今山西省南部)人,生卒无可靠记载。他曾在齐国的稷下学宫长期执教,并出任祭酒。晚年授徒讲学,著书传业,其教育思想言论主要存于《荀子》一书。

荀子认为人的本性是恶的,环境和教育对人的发展有着极其重要的作用,只有通过教育,把礼教与法治结合起来,才能"化性起伪"、使人为善:"起礼仪、制法度,以矫饰人之情性而正之,以扰化人之情性而导之。使皆出于治,合于道者也。"③适应政治经济发展的需要,荀子提出士、君子、圣人三级培养目标,但其终极目标是培养德才兼备、言行并重的圣人,"始乎为士,终乎为圣人"④。他肯定道德教育对人的性情养成与社会的长治久安的重要作用,主张以礼为纲加强道德教育,"礼者,养也"⑤,"人无礼则不生,事无礼则不成,国家无礼则不宁。"⑥因此,在教育内容上要以儒家经典为主。他重视师友的正面熏陶和潜移默化作用,"学莫便乎近其人"⑦;主张学习要坚持不懈、循序渐进,"今使涂之人伏术为学,专心一志,思索孰察,加日县久,积善而不息,则通于神明,参于天地矣。"⑧要"善假于物",充分利用外在有利条件,增长自身的才能和智慧。他将教学过程分为闻、见、知、行四个阶段,其中,闻、见是学习的起点、基础,知是思维的过程,行是最高的阶段。他总结了解蔽救偏、兼陈中衡的学习原则和虚壹而静、专心有恒的学习态度;将教师视为治国之本,竭力倡导尊师,主张学生必须无条件地服从教师。

----

① 《孟子·滕文公上》。
② 《孟子·滕文公下》。
③ 《荀子·性恶》。
④ 《荀子·性恶》。
⑤ 《荀子·礼论》。
⑥ 《荀子·修身》。
⑦ 《荀子·劝学》。
⑧ 《荀子·性恶》。

荀子否认道德先验论,开创教育"外铄说"。他关于教育目的、教育内容、学习过程、教师地位与作用的阐发都颇具新意,其中不少主张对后世产生了深远影响。

(四)《礼记》对儒家教育思想的总结

《礼记》是儒家的重要经典之一,它对先秦儒家教育理论、教育思想等作了全面的总结,主要集中在《大学》、《中庸》、《学记》、《乐记》等篇中。

《礼记》高度概括了教育的社会作用在于"建国君民"、"化民成俗",规定了大学教育的培养目标是"大学之道,在明明德,在亲民,在止于至善",并提出格物、致知、诚意、正心、修身、齐家、治国、平天下八个基本的实现步骤;它把人性与天命紧密地结合起来,提倡率性修道之教、至诚至性之教、慎独节欲之教;它坚持学、思、行的辩证统一关系,首创五步教程,即"博学之、审问之、慎思之、明辨之、笃行之";它首次提出"师道尊严"的思想,主张慎于择师,在教育实施过程中要坚持及时施教、循序渐进、学习观摩、长善救失、启发诱导、藏息相辅等原则,师生通过"教学相长"建立良好的关系;要充分发挥仁、义、礼、乐在培养人的道德修养以及治理国家中的作用。

《大学》、《中庸》、《学记》、《乐记》等从不同侧面阐述了儒家学者对人、对政治、对社会,尤其是对教育的理解,为儒学和中国古代教育思想的发展提供了重要的思想材料。

三、诸子百家教育思想的争鸣

战国时期,私学勃兴,诸子蜂起,儒、墨、道、法、名、农、兵、阴阳、纵横等各家接踵而起,各倡其旨,以救时弊,教诲后学。至战国中后期,诸子百家思想争鸣出现繁盛局面。在教育方面影响较大的除了儒家之外,还有墨、道、法诸家。

(一)墨子和墨家教育思想

墨子,名翟,生卒年无从确考,活动于春秋与战国之际。墨子出身微贱,精于工技,曾经"学儒者之业,受孔子之术"[1],后创立墨家学派。他一生的活动主要是宣传和讲学,门下弟子众多。

墨子提出"素丝说",认为先天的人性如待染的素丝,"染于苍则苍,染于黄则黄,所入者变,其色亦变。"[2]环境和教育对人的品行形成具有很大影响,只有通过教育使天下人"知义","有力者疾以助人,有财者勉以分人,有道者劝以教

---

① 《淮南子·要略》。
② 《墨子·所染》。

人"①,才能建设一个民众平等、互助的"兼爱"社会。教育的目的在于培养"博乎道术、辩乎言谈、厚乎德行"②的兼士或贤士,实现贤人政治或仁政德治。在教育内容上,以"兼爱"为核心的道德教育要求"兼士"奉行墨家最高的道德标准——义,除此之外,还要重视论辩能力的训练以及对科学、技术、文史等知识的学习;他不赞成儒家"叩则鸣,不叩则不鸣"的被动施教的态度,强调主动施教,"虽不叩必鸣"③。他重视实践,教育弟子"虽有学而行为本"④,要求学生树立"强力而行"的刻苦磨炼精神,强调道德行为的锻炼。在如何对待文化遗产方面,他批评儒家"述而不作"的做法,认为人类文化的创造、继承、发展有一个过程,每代人都要有所创造。他主张要针对学生的精力和知识水平开展教学,提出"量力"与因材施教相结合的教学原则,使"能谈辩者谈辩,能说书者说书,能从事者从事"⑤。

墨子的教育思想具有自身特色,其中也包含着不少合理主张,尤其可贵的是,他在中国教育史上首先提出并实行科学技术知识和技能技巧的专门教育,这是中国教育史上一份独特的、很有价值的遗产。

(二) 老、庄和道家教育思想

道家创于春秋末期,在教育思想方面影响较大的是老庄学派,其代表人物是老子和庄子。老子,名聃,生卒不可确考。庄子,名周,字子休(一说子沐),战国时宋蒙城(今河南商丘东北)人,生卒不可确考。

道家认为"道"是天地万物的本源,人的发展要以天地自然为法,但社会的发展却损害了人的自然本性,甚至使人变得罪恶,教育应该逐渐消除社会对人的异化影响,"不以心捐道,不以人助天"⑥,使人"复归于朴"⑦,因此,道家倡导一种"立不教,坐不议,虚而往,实而归。固有不言之教,无形而心成"⑧的教育,反对过多的人为说教、干预、引导,最好是一切顺应自然,就像流水一样,"以辅万物之自然而不敢为"。道家讥讽儒、墨的人格追求和世俗观念,认为理想的人格应该无己无为,具有精神上的绝对自由,"至人无己,神人无功,圣人无名"⑨,主张以自然之道即"天道"为教育内容,通过直接观察客观的对象、了解事物背后的条例法则、把握"道"的全体三个阶段,使人回复自然本性,培养能遵循自然天性的圣

---

① 《墨子·尚贤下》。
② 《墨子·尚贤上》。
③ 《墨子·公孟》。
④ 《墨子·修身》。
⑤ 《墨子·耕柱》。
⑥ 《庄子·大宗师》。
⑦ 《庄子·山木》。
⑧ 《庄子·德充符》。
⑨ 《庄子·逍遥游》。

人。道家鄙弃学习和认识中的主观与矫饰,提出学习就要破除成见、"虚而待物",所谓"不自见,故明;不自是,故彰;不自伐,故有功;不自矜,故长"。① 强调理性在人的学习和认识中的作用;主张在治学闻道的过程中要有怀疑精神。

道家教育思想最大的特点就是反对人为和教条,其"道法自然"的教育价值取向、"行不言之教"的教育理念、"率性而行"的教育原则,形成了不同于主流教育传统的鲜明特色。

(三)商鞅、韩非与法家教育思想

法家渊源于春秋时期郑国执政者子产,魏人李悝(前 450 年~前 390 年)最早从学者立场、以法理为依据论法,卫人商鞅(约前 390~前 338 年)使法家思想与儒家思想趋于对立,韩非(约前 280 年~前 233 年)完成了法家理论的系统化工作。

法家基于绝对"性恶论"的人性观,认为教育不能使人为善,治理国家必须依靠高压手段,"法令者,民之命也,为治之本也"②,"能制天下者,必先制其民者也;能胜强敌者,必先胜其民者也。"③这实际上否定了教育的作用。为了避免思想的混乱和不统一,法家倡行禁止私家学派,代之以"壹教","所谓壹教者,博闻、辩慧、信廉、礼乐、修行、群党、任誉、清浊,不可以富贵,不可以评刑,不可独立私议以陈其上。坚者破,锐者挫。"④并定法家思想于一尊,开辟了中国封建社会思想统治的先河。法家否定知识教育及其实施者的存在价值,提出"明主之国无书简之文,以法为教;无先王之语,以吏为师"。⑤ 以法为教就是实行普遍的法治教育,"法之所加,智者弗能辞,勇者弗敢争;刑过不避大臣,赏善不遗匹夫"⑥,使官吏百姓都知法、畏法、守法;以吏为师就是选择那些知法的官吏担任法令的解答者和宣传者。

法家的不少主张迎合了完成国家统一的需要,但它一味推崇强权和暴力,否定文化教育和社会道德的作用,不利于思想文化教育的发展,对维护封建统治最终也是不利的,这已被后来秦王朝覆灭的历史所证明。

(四)《吕氏春秋》与杂家教育思想

战国末期,诸子百家教育思想逐步由分化、争鸣为主转为以融合、吸收为主。杂家教育思想的出现,特别是《吕氏春秋》的成书,汇集了诸子百家教育思想融合

---

① 《道德经·第二十二章》。
② 《商君书·定分》。
③ 《商君书·画策》。
④ 《商君书·赏刑》。
⑤ 《韩非子·五蠹》。
⑥ 《韩非子·有度》。

的成果,为中国教育思想进一步发展准备了丰富的思想资料。

《吕氏春秋》认为,教育具有非常重要的作用,"教也者,义之大者也;学也者,知之盛者也。义之大者,莫大于利人,利人莫大于教;知之盛者,莫大于成身,成身莫大于学。"①无论何人,只要肯于受教,都可以成为显士名人,所以,人人都应当"疾学"、"善学",即全力以赴地勤奋学习,并善于"假人之长,以补其短"②。教育的成效取决于教师和学生双方的共同努力和密切配合,只有教师善教、学生善学,教师热爱学生、学生尊敬老师,才能真正获得理想的教育效果,所谓"疾学在于尊师。师尊则言信矣,道论矣"。③ 而"达师之教,使弟子安焉乐焉,休焉游焉,肃焉严焉。此六者得于学,则邪僻之道塞矣,理义之术胜矣。此六者不得于学,则君不能令于臣,父不能令于子,师不能令于徒"。④ 音乐对于治理政事、化民成俗意义重大,"必托于音乐以论其教"⑤,才能充分发挥音乐对人的品德形成、志趣培养、性情陶冶的价值。

战国时期的教育思想是一个多元融合体。致力于理想的教育,培养理想的人才,实现理想的社会改造,是诸子百家教育思想的基本思路。可以说,这一时期是整个中华民族教育思想发展史的开创时期,是中国教育发展史上一个影响深远的黄金时代。

本章小结

夏商西周和春秋战国时期的教育是中国教育发展的起点,也是中国教育思想发展的极其重要的历史阶段。夏商两代,奴隶制的产生促成了体脑的分工,而统治阶级对文化教育的重视,以及比较成熟的汉字系统的形成,最终使教育成为专门培养人的社会活动,这一变化的标志就是学校教育的产生。西周建立了从中央到地方大致连贯的学校体系,并形成了以礼、乐、射、御、书、数为核心的"六艺"教育内容。"学在官府"是西周教育的核心。春秋战国时期是社会大动荡的时代,也是教育剧变的时代,代表新兴地主阶级利益的士阶层建立了一种崭新的教育形式——私学,学校教育从官府移向民间。儒、墨、道、法等诸子百家站在不同的阶级或阶层的立场上,相互争鸣而又相互吸收、补充,促进了教育思想的发展和教育经验的丰富。这一时期不仅造就了一大批卓有建树的教育思想家,如

---

① 《吕氏春秋·善学》。
② 《吕氏春秋·善学》。
③ 《吕氏春秋·尊师》。
④ 《吕氏春秋·诬徒》。
⑤ 《吕氏春秋·适乐》。

孔子、墨子、孟子、荀子、老子、庄子、商鞅、韩非等,而且还出现了《论语》、《孟子》、《荀子》、《老子》、《庄子》、《韩非子》等记载了大量教育思想的典籍以及《大学》、《学记》、《中庸》等专门论述教育问题的著作,奠定了中国古代教育思想的基础。

思考题

1. 试析夏、商、西周"学在官府"的成因及其表现。
2. 六艺教育的内容是什么?
3. 述评孔子的教育思想。
4. 试述春秋战国时期儒家教育思想的变迁。
5. 简述诸子百家教育思想的争鸣。

参考文献

1. 杨荣春. 先秦教育论著选[C]. 北京:人民教育出版社,1997.

2. 王炳照,阎国华. 中国教育思想通史(第1卷)[M]. 长沙:湖南教育出版社,1994.

3. 李国钧,王炳照. 中国教育制度通史(第1卷)[M]. 济南:山东教育出版社,2000.

4. 毛礼锐,沈灌群. 中国教育通史(第1卷)[M]. 济南:山东教育出版社,2005.

5. 陈学恂. 中国教育史研究·先秦分卷[M]. 上海:华东师范大学出版社,1996.

6. 孙培青. 中国教育史[M]. 上海:华东师范大学出版社,2009.

进一步阅读文献

1. 余书麟. 先秦教育思想[M]. 台北:中华文化出版事业委员会,1957.

2. 杨荣春. 先秦教育思想史[M]. 广州:广东教育出版社,1991.

第三章

秦汉魏晋南北朝隋唐的教育

　　自秦汉，经魏晋南北朝，至隋唐时期，是中国封建制度开始确立并逐步走向鼎盛的时期，也是中国封建教育从确立发展到逐渐完备的时期。在汉代，不仅确立了儒学的独尊地位，而且在教育制度、内容等各个方面为整个封建教育的发展奠定了坚实的基础。魏晋南北朝时期，虽然教育事业的发展时兴时废，但仍然形成了很多教育特色，取得了一定的教育成就。隋唐经济文化的繁荣为教育的发展提供了条件，再加上统治者实行崇儒兴学的文教政策，从而有力推动了各项教育事业的发展。

第一节　秦汉的教育

　　从秦始皇统一天下到汉武帝罢黜百家、独尊儒术的 80 余年，是中国封建社会文教政策的尝试、探索和确立时期。在经历了秦代至汉初文教政策的调整后，儒家思想最终取得了独尊地位。

一、秦汉的文教政策

（一）秦代"禁私学"、"以法为教"的文教政策

　　公元前 221 年，秦统一了六国，结束了长期以来诸侯割据称雄的分裂局面，建立起中国历史上第一个统一的中央集权的封建国家。为了维护秦王朝的长治久安，秦始皇采取了一系列加强中央集权制的政策和措施。在教育方面，秦代实施"禁私学"、"以法为教"的文教政策。

　　其一，"禁私学"，严禁士人对政令妄加议论。春秋战国时期是私学发展的鼎盛时期，秦始皇统一六国后，出于加强中央集权的君主专制的需要，采纳丞相李斯的建议，严禁私学。李斯认为，私学蜂起、百家争鸣是天下分裂、诸侯并争时期的产物。现在天下已定，有统一的法令制度推行于全国，皇帝处于裁定是非、定

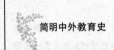

于一尊的最高权威地位。而各家私学师古非今,对政令妄加议论,必然会削弱君主的权威,甚至为结党乱政创造条件,因此私学必须予以取缔。作为禁止私学的具体措施,李斯又提出了"焚书"的主张,除了医药、占卜、种植之类的书外,其他文史书籍一律列入焚烧之列。这一建议得到秦始皇认可后在全国执行,以《诗》、《书》为经典的儒家学者也成为主要的打击对象。公元前 212 年,有儒生诽谤秦始皇后逃亡,秦始皇大肆株连搜捕,发生了坑杀 460 名儒生的事件。这可以说是秦朝为钳制异端学说、扼杀民间学术活动所采取的极端政策。

其二,"以法为教"。法家的重要代表人物韩非曾说:"明主之国,无书简之文,以法为教;无先王之语,以吏为师。"①这成为秦制定教育政策的思想基础。为了使法家思想深入人心,同时也为了培养知法执法的官吏,李斯提出"若欲有学法令,以吏为师"的建议,得到了秦始皇的认可,并付诸实施。也就是说,秦在推行禁私学和焚书政策之后,法令成为唯一允许学习的内容,法教的任务就由执法的官吏来担任,其结果必然是在教育上出现一种法律之外无学、官吏之外无师的局面,这无疑是教育发展史上的一大退步。

(二)汉代从"黄老之学"向"独尊儒术"转变的文教政策

接受秦王朝迅速灭亡的历史教训,西汉王朝建立伊始,采取了与民休息、恢复生产、放宽思想控制等一系列改弦更张的举措,奉行"无为而治"的黄老学说。以这种政治思想为指导,统治者逐渐认识到知识分子在政治中的作用,对知名学者封以博士之衔,并下令举贤良文学,采用地方推荐与中央考试相结合的办法吸收人才,积极提高知识分子的地位;废除"挟书令",允许人们自由收藏、讨论《诗》、《书》等书籍,鼓励私人将图书献给国家或借给官府抄录,扫除学术和教育发展的人为障碍;私人讲学活动不再受到干预,各家学派都得到了发展机会,承担起培养人才、传播文化、发展学术的任务,特别是儒家学说更为突出地发展起来,形成了比较权威的学派和师传体系,培养了不少经学人才,为其夺取思想上的至尊地位奠定了坚实的基础。

虽然汉初统治者多崇尚黄老之学,但儒学亦处于"显学"地位,教学传授相当活跃,不少儒者得到重用。尤其是到了汉武帝时期,随着国力的基本恢复以及新的危机的出现,"无为而治"已经不能适应封建统治的需要,寻求一种新的政治指导思想成为必然选择。顺应这种时代需要,以董仲舒为代表的儒家学者呼吁统治者改弦更张,以儒家的"德教"作为治国之道,"道者,所繇适于治之路也,仁义礼乐皆其具也。故圣王已没,而子孙长久安宁数百岁,此皆礼乐教化之功也。"②

---

① 《韩非子·五蠹》。
② 班固:《汉书·董仲舒传》。

自此之后,强调"文事武备"的儒家学说登上了历史舞台。在文教方面,汉武帝采纳董仲舒的建议,确立了"罢黜百家,独尊儒术"的文教政策。董仲舒认为,"《春秋》大一统者,天地之常经,古今之通谊也。今师异道,人异论,百家殊方,指意不同,是以上亡以持一统;法制数变,下不知所守。臣愚以为诸不在六艺之科孔子之术者,皆绝其道,勿使并进。邪辟之说灭息,然后统纪可一而法度可明,民知所从矣。"①为了确保儒学的独尊地位,汉代采取了一系列具体的措施:其一,设《诗》、《书》、《礼》、《易》、《春秋》五经博士。"博士之官,儒生所由兴也。"②根据说文解字的解释:"博,大通也。"所谓博士,即通达某一领域学问的人。其二,开设太学,倡习五经。"立太学以教于国,设痒序以化于邑,渐民以仁,摩民以谊,节民以礼,故其刑罚甚轻而禁不犯者,教化行而习俗美也。"③武帝元朔五年(前124年),"为博士官置弟子五十人"④,标志着中国古代太学的正式设立。其三,确立察举制,以儒术取士。这种以"尊"为主、用功名利禄来诱导士人研习儒家经典的文教政策,与秦始皇以"禁"为主、用暴力将士人推向对立的文教政策相比,显然高出一筹。

二、秦汉的教育体制

(一)秦代的教育体制

1. 秦代的吏事学习制度

秦代实施中央集权制,官吏任用全由政府掌握。为了保证官吏能够胜任职务,除了建立合理有效的选用制度外,还必须重视官吏的培养。在这方面,秦代形成了较为周全的制度——吏学制。

考试诵书习字是秦代对统治阶级子弟的常规性训练。文字和文笔能力作为吏员的基本功,是为吏的基本条件,"文吏笔札之能,而治定薄书,考理烦事。"⑤因此,"太史试学僮,能讽书九千字以上,乃得为吏。"⑥所谓学僮,多是经过录取手续的正式弟子,他们有专门的教学场所——学室。为了保障弟子的某些基本权利,秦代还颁布法令对吏学弟子进行管理,使其能够按时毕业并得到合理任用,"当除弟子不得,置任不审,皆耐为侯(候)。使弟子赢律,及治(答)之,资一

---

① 班固:《汉书·董仲舒传》。
② 王充:《论衡·别通》。
③ 班固:《汉书·董仲舒传》。
④ 班固:《汉书·儒林传》。
⑤ 王充:《论衡·量知》。
⑥ 班固:《汉书·艺文志》。

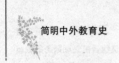

甲;决革,二甲。"①

由于吏员在政府衙门中负责各种具体事务的处理,与民众多有接触,其人格表现和行为举止对民众有直接影响,因此,除对其进行一定的常规性训练外,秦代对吏员的道德行为以及为人处事原则也提出了一定的要求,以充分发挥其对民众的社会教化作用。

2. 秦代"行同伦"的社会教化

为了移风易俗、巩固统一政权,秦统治者制定了"行同伦"的新法令,"尊卑贵贱,不逾次行。奸邪不容,皆务贞良。"②为纠正各地不利于推行政令法度的陋习异俗,秦统治者颁布文告:"古者,民各有乡俗,其所利及好恶不同,或不便民,害于邦。是以圣王作为法度,以矫端民心,去其邪避(僻),除其恶俗。法律未足,民多诈巧,故后有间令下者。凡法律令者,以教道(导)民,去其邪避(僻),除其恶俗,而使之为善也。"③同时,由于社会风俗是一个地方长期以来文化和社会生活积淀所成,并非一朝一夕可以改变,因此统治者主张循序渐进并坚持不懈。为了切实推行社会教化,秦在地方基层设有专门负责教化的吏员——三老。教化的基本内容则是"父子有亲,君臣有义,夫妇有别,长幼有序,朋友有信"等社会纲纪,"为人君则鬼(读'怀',意为和柔),为人臣则忠;为人父则兹(慈),为人子则孝;能审行此,无官不治,无志不徹,为人上则明,为人下则圣。君鬼臣忠,父兹(慈)子孝,政之本殹(也)。"④

(二) 汉代的教育体制

在"独尊儒术"的文教政策指导下,汉代的各类学校纷纷出现,封建学制系统已大体形成,为以后历代封建王朝的学校教育制度奠定了初步基础。

1. 汉代的各级各类教育

(1) 官学

汉代的官学分为中央官学和地方官学两种。

中央官学包括太学和鸿都门学、宫邸学等专门学校。太学正式设立于公元前124年,太学的教师称为博士,均为精通儒经的权威名儒,主要负责掌经教授;太学的学生称"博士弟子"(或简称"弟子")、"诸生"、"太学生"等,一般由太常直接选拔或由地方选送;在教学内容上,太学以儒家经典为主,除博士在大讲堂授课外,鼓励学生自学和相互论辩;太学没有修业年限的规定,考试基本上采用"设科射策"的形式,学生通过考试取得一定的科品,获得相应的官职。鸿都门学创

---

① 《秦律杂抄·除弟子律》。
② 司马迁:《史记·秦始皇本纪》。
③ 《睡虎地秦墓竹简》。
④ 《睡虎地秦墓竹简》。

设于东汉灵帝光和元年(前178年),学生由地方长官或朝中三公举荐,它专以尺牍、辞赋、绘画、书法等为教学和研究内容,是中国也是世界上最早的文学艺术专门学校。宫邸学分为两种,一是汉明帝时为外戚开设的四姓小侯学,一是汉安帝邓太后为皇室、近亲子孙开设的贵胄学校。

汉代地方官学始于景帝末年文翁在蜀郡兴学,武帝时正式确定了兴办地方学校的方针,元帝时开始实行对地方官学的管理,平帝时下令郡国以下的各级行政单位都设立学校。汉代地方官学的办学目的有二:其一,培养本郡的属吏,同时向朝廷举荐人才;其二,通过学校定期举行"乡饮酒礼"、"乡射"、"养老礼"等传统活动,向社会普遍推行道德教化。地方官学招生虽然没有身份限制,但常以郡县官吏子弟为首选。教官通常由有一定学术水平的士人担任。但总的来说,汉代地方官学尚处于初创阶段,朝廷缺乏统一的规划和要求,教学和管理制度尚不健全,教学质量难以得到保证。

(2)私学

汉代从一开始就对私学采取宽容乃至鼓励的政策,因此,在民间办有大量私学。就其程度而言,汉代私学包括初级程度的蒙学和高级程度的专经研习。蒙学,即启蒙阶段的教育,除了有条件的人家自行教导子弟外,主要是在私学进行;教学以识字、习字为主,实行个别教学,重视口授和背诵。专经研习的私学有的设在经师家里,也有经师带领弟子在外传授的,其教学水平往往不亚于太学,但在教学内容上不限于官方确定的博士经学范围内,而是可以传授各家经学。由于慕名而来的人很多,老师往往只和从学时间较长的高业弟子一起辩论经义、商讨学术,然后再由高业弟子次相传授初学弟子。

(3)社会教化

汉代将实施教化作为治国原则措施的出发点,"教者,效也。上为之,下效之。民有质朴,不教不成。故《孝经》曰:'先王之教之可以化民。'《论语》曰:'不教民战,是谓弃之。'《尚书》曰:'以教祗德。'《诗》云:'尔之教矣,欲民斯孝。'"①因此,汉代承袭秦制,设"三老"以掌教化,"三老"由乡里德高望重的长者担任。其推行社会教化的措施主要包括:表彰先进以旌扬善恶,改良习俗以推行礼教,宣传伦理道德以普及纲常。

2. 汉代的察举选士制度

所谓察举选士,即由地方(也包括中央各部门)长官负责考察和举荐人才,朝廷予以录用为官。察举制正式确立于汉武帝时期。建元元年(前140年)冬,诏"举贤良方正直言极谏之士";元光元年(前134年)冬,令郡国举"孝廉"各一人;

---

① 《白虎通·三教》。

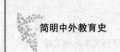
元封四年(前107年),令诸州岁各举"秀才"一人。自此,每年州举"秀才"、郡举"孝廉"成为固定的选士制度。

察举的科目分为常科和特科。常科是经常性举行的科目,包括孝廉、秀才、明经等科目,其中最主要的是孝廉科,由各郡每年按人口比例荐举,平均20万人口荐举1名,选拔德行优良之士;秀才科主要选拔奇才异能或有非常之功的士人;明经科察举通晓儒经的人才;另外还有选拔12岁至17岁之间"博通经典"者的童子科。特科是皇帝根据需要临时指定选士标准和名目的科目,名目众多,但最主要的科目是贤良方正,一般在遇到"灾异"或国家有重大问题需要探讨时,下诏让各地荐举贤良方正,由皇帝亲自策问,让他们发表对策,若中皇帝的意,马上就可以做官或升官。

由于察举制以地方长官和中央各部门长官的推荐为前提,因此,士子为了引起主管官员的注意,往往不惜沽名钓誉、弄虚作假,或者攀附权贵、贿赂请托,察举制也就失去了其选贤任能的作用。东汉顺帝时着手对察举制进行改革,下令儒生考以儒家经典,文吏试以奏章律令,并进行复试。自此之后,察举制变为推荐与考试相结合,选士制度得到进一步完善。

三、董仲舒、王充的教育思想

(一)董仲舒的教育思想

董仲舒(约前179年~前104年),广川(今河北景县)人,西汉最著名的儒家学者,有"汉代孔子"之称。汉武帝时就治国大道进行策问,董仲舒根据当时的政治需要,提出独尊儒术、兴太学、重选举等三大建议,颇受赏识。但其仕途并不顺利,晚年辞官居家,一心著书立说,以《春秋繁露》《对贤良策》影响最大。

1. 论人性与教育的作用

董仲舒认为人性是上天赋予人的一种素质,包含善与恶两种成分,"人受命于天,有善善恶恶之性,可养而不可改,可豫而不可去。"①人性与善的关系是可能性与现实性的关系,性是善的内在依据,善是性可能的现实转化结果,"性待教而为善",意即人性中善的成分必须通过教育才能继续发展成为人的善德。由于接受上天阴阳之施的程度不同,董仲舒将人性分为"圣人之性"、"中民之性"、"斗筲之性"。教育对不同的人所起的作用是各不相同的,具备"圣人之性"的人能够自觉控制自己的感情欲望,向善的方向发展;具备"斗筲之性"的人很难进行自我节制,只能通过刑罚对其加以制约;只有针对具有"中民之性"的人,教育才起决定性作用。

---

① 董仲舒:《春秋繁露·玉杯》。

2. 关于教育的内容

董仲舒推崇孔子,主张以儒家的德教作为治国之道。他说:"天道之大者在阴阳。阳为德,阴为刑;刑主杀而德主生。是故阳常居大夏,而以生育养长为事;阴常居大冬,而积于空虚不用之处。以此见天之任德不任刑也。"①在具体内容上,董仲舒认为,"天为君而覆露之,地为臣而持载之;阳为夫而生之,阴为妇而助之;春为父而生之,夏为子而养之,秋为死而棺之,冬为痛而丧之。王道之三纲可求于天。"②因此,应该实行以"三纲五常"为核心的儒家伦理道德教育。所谓"三纲"即"君为臣纲,父为子纲,夫为妻纲","五常"即仁、义、礼、智、信。自此之后,"三纲五常"成为封建伦理教化的核心内容。

3. 关于治学方法

董仲舒非常强调人的主观努力,认为无论治学还是修身,都应该强勉努力、锐意进取,"事在强免而已矣。强免学问,则闻见博而知益明;强勉行道,则德日起而大有功,此皆可使还至而立有效者也。"③但学问和道德是不知不觉渐进的,必须专心致志、持之以恒,"积善而名显,德章而身尊,此其寝明寝昌之道也。"④对于《春秋》等圣人之书,必须精思要旨,博学通习,"博而要,详而反"⑤,把握好"学"与"思"、"博"与"约"的关系。

4. 关于为师之道

董仲舒说:"善为师者,既美其道,有慎其行,齐(剂)时蚤晚,任多少,适疾徐,造而勿趋,稽而勿苦,省其所为,而成其所湛,故力不劳而身大成。此之谓圣化,吾取之。"⑥也就是说,一个优秀的教师要掌握时机及时施教,要根据学生的实际掌握教学分量和进度;要了解学生,循序渐进,因材施教;要勤于考核、督促,但又不能挫伤学生学习的积极性。

(二)王充的教育思想

王充(约27年～97年),字仲任,上虞(今浙江省上虞县)人,出身"孤门细族",八岁入馆学习,二十岁左右入京师太学。他广泛阅读百家之书,怀疑神学化的儒学,是东汉杰出的唯物主义思想家和教育家。他一生大部分时间都在研究和写作,但流传至今的仅有《论衡》一书。其教育思想主要有:

1. 论人性与教育的作用

王充在分析批判孟子、荀子、扬雄等人的人性学说的基础上,提出了自己对于

---

① 班固:《汉书·董仲舒传·对贤良策》。

② 董仲舒:《春秋繁露·基义》。

③ 班固:《汉书·董仲舒传·对贤良策》。

④ 班固:《汉书·董仲舒传·第二十六》。

⑤ 董仲舒:《春秋繁露·玉英》。

⑥ 董仲舒:《春秋繁露·玉杯》。

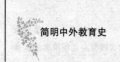

人性的观点,"余固以孟轲言人性善者,中人以上者也;孙卿言人性恶者,中人以下者也;扬雄言人性善恶混者,中人也。若反经合道,则可以为教;尽性之理,则未也。"①也就是说,人性有善有恶,上品性善,下品性恶,中人性善恶混。他进一步指出:"性善者不待察而自善;性恶者虽能察之,犹背礼畔义,义挹于善,不能为也。"②而对于中人而言,为善为恶则主要取决于后天的"习","夫中人之性,在所习焉。习善而为善,习恶而为恶也。"③因此,他特别强调教育在使个人为善中的作用。

2. 培养"文人""鸿儒"的教育目标

王充把人才分为四个层次——儒生、通人、文人、鸿儒,"能说一经者为儒生,博览古今者为通人,采掇传书、以上书奏记者为文人,能精思著文、连结篇章者为鸿儒。故儒生过俗人,通人胜儒生,文人逾通人,鸿儒超文人。故夫鸿儒,所谓超之又超者也。"④教育的目的在于培养博古通今、能够将书本知识和实际政治结合起来的杰出的政治人才和具有创造性的学术理论人才,即文人和鸿儒。

3. "博通百家"的治学内容

王充认为诸子学说与儒家学术一样有益于政治,"知政失者在草野,知经误者在诸子。"⑤只有博通五经及诸子传记,通晓古今之事,才能称之为"上儒"。而人的知识越广博,思考就越深入,观察能力就越强,处理政治事务的能力也就越高,"贤圣之与文也,起事不空于因,因不妄作,作有益于化,化有补于正。""为世用者,百篇无害;不为用者,一章无补。"⑥可见,他强调的还是要为现实政教服务。

4. "学以求知"的认知途径与"问难"、"距师"的治学精神

王充坚持唯物主义立场,认为学习是获得知识的唯一途径,"知物由学,学之乃知,不问不识"⑦,但不能仅凭耳目,还必须将感性认知提高到理性的高度,才能得出正确的判断,"是故是非者,不徒耳目,必开心意。"⑧他批评盲从、迷信的学风,强调治学一定要有"问难"精神,不能完全附和老师,要有自己的思考和见解,"凡学问之法,不为无才,难于距师,核道实义,证定是非也。问难之道,非必对圣人及生时也;世之解说说人者,非必须圣人教告乃敢言也。苟有不晓解之问,追难孔子,何妨于义?诚有传圣业之知,伐孔子之说,何逆于理?"⑨

---

① 王充:《论衡·本性》。
② 王充:《论衡·本性》。
③ 王充:《论衡·本性》。
④ 王充:《论衡·超奇》。
⑤ 王充:《论衡·书解》。
⑥ 王充:《论衡·对作》。
⑦ 王充:《论衡·实知》。
⑧ 王充:《论衡·薄葬》。
⑨ 王充:《论衡·问孔》。

第二节　魏晋南北朝的教育

魏晋南北朝时期的教育事业处于大变革、大转轨时期,虽然在总体上呈现时兴时废、似断又续的景况,但仍可以说是教育史上"继汉开唐"的新时代。

一、魏晋南北朝从单一走向多元的文教政策

随着汉王朝的解体,重新选择教育方向的问题已经提上日程。社会的发展客观上促使各政权统治者不断调整原有的文教政策,从而由儒学独尊走向了多思潮并存的多元格局。

（一）曹魏崇儒文教政策的恢复

伴随着东汉政权的瓦解,独尊儒术的思想文化结构也开始解体。魏、蜀、吴之间相互征伐,使得当权者无暇顾及教育事业的发展。曹魏政权建立以后,积极恢复崇儒的文教政策,并依照汉代的模式有所损益。

曹魏黄初二年(221年),魏文帝诏令称孔子为"命世之大圣,亿载之师表","其以议郎孔羡为宗圣侯,邑百户,奉孔子祀。"[1]黄初三年(222年),确定"儒通经术,吏达文法,到皆试用"的选士原则;黄初五年(224年),设立太学,制五经课试之法,置《春秋谷梁》博士。[2] 太和二年(228年),明帝诏令:"尊儒贵学,王教之本。自顷儒官或非其人,将何以宣明圣道? 其高选博士,才任侍中、常侍者。申敕郡国,贡士以经学为先。"[3]文帝以《皇览》的形式将儒家经典分门别类地加以梳理,并将《尚书》、《春秋》、《左氏传》等作为全国通行的标准教材,大大提高了经学的地位。自此之后,以经学养士贡士的方针基本确立,经学的正统地位逐渐得到恢复。为了贯彻"以经学贡士"的原则,明帝颁诏选派能解经义的高才学习四经三礼,承诺"今学者有能究极经道,则爵禄荣宠,不期而至"。[4]并通过加强考试等方式提高太学的地位,推动崇儒贵学文教政策的贯彻。

（二）两晋崇儒文教政策由盛转衰

西晋夺取政权后,为了配合大族政治,在文教政策上大力强化崇儒倾向,企图将社会秩序控制在儒家名教的法网内。尤其是晋武帝,泰始六年(270年)亲临辟雍,行乡饮酒礼;咸宁二年(276年)设立国子学,与太学并立,使得儒学教育

---

① 《三国志·魏志·文帝纪》。
② 《三国志·魏志·文帝纪》。
③ 《三国志·魏志·明帝纪》。
④ 《三国志·魏志·高堂隆传》。

得到很大发展。但门阀士族作为一支重要的政治力量，往往注重门第而自行其是，严重干扰国家政策的施行。随着学校教育越来越朝着贵族化方向发展，官学教育由盛而衰，崇儒兴学的文教政策并没有持续很久。

东晋时期，门阀政治高度发达，门阀士族垄断和控制着国家政治，他们追求的是生活的舒适和放纵，热衷于崇尚清谈的玄学。与此同时，佛教鼓吹"一切众生，皆有佛性"，并主动传学，在门阀士族中得到支持，获得了广泛的传播和长足的发展；曾在东汉末年一度沉寂的道教因宣扬神人相通、追求养生长生而吸引了众多门阀士族，开始再度盛行……这种社会思潮的多元化，最终导致崇儒文教政策的失控。

（三）南朝多元教育思潮并存的文教政策

为了遏制门阀士族的特权，强化皇权，南朝统治者将眼光重新投向了儒学，试图利用儒家的礼制建立起尊卑贵贱的等级秩序，维护统治者的尊严，巩固统治者的地位。因此，他们对兴学表现出极大的热情。

永初三年（422年），宋武帝发布了第一个兴学诏书："古之建国，教学为先，弘风训世，莫尚于此，发蒙启滞，咸必由之。故爰自盛王，迄于今代，莫不敦崇学艺，修建庠序。……今王略远届，华域载清，仰风之士，日月以冀。便宜博延胄子，陶讲童蒙，选备儒官，弘振国学。主者考详旧典，以时施行。"①这一诏令虽未得到落实，但却奠定了刘宋一朝文教政策的基调。

除了发挥儒家礼学的社会作用外，南朝统治者还顺应社会思潮多元化的发展趋势，采取了允许教育思潮多元并存的宽松政策。比如，皇帝数次讲武，举行军事教育；开设玄学、史学、文学等科，使得儒、佛、玄、道的相互渗透和融合更为活跃和深入，突破了"儒学独尊"的格局，有效促进了南朝教育的复兴。

（四）北朝的汉化文教政策

鲜卑族在建立北魏政权后，面对与汉族文化的巨大差距和尖锐矛盾，逐步确立了以"兴文"为治国轴心的总方针，并借助教育来推行其汉化政策。

北魏道武帝初定中原，"便以经术为先，立太学，置五经博士生员千有余人。"②孝文帝在京师设立孔子庙，并亲临太学观赏洛阳石经；宣武帝"置国子，立太学，树小学于四门"；北齐文宣帝下令"服膺师说，研习《礼经》"，立孔子庙并定期祭祀；北周武帝甚至亲自向群臣宣讲《礼记》。由此可见，北朝时期，儒学被置于主导地位，崇儒读经是其教育的主要内容。此外，统治者还重用汉族士人，传播儒学，加速汉化进程；重视贵戚子弟教育，开设国子学、太学、四门小学；以崇儒

---

① 《宋书·武帝本纪》。

② 《三国志·魏志·儒林传序》。

为主体,重视军事教育,推崇道教、佛教,使文教政策呈现多元并存的趋势。

二、魏晋南北朝的教育体制

(一)魏晋南北朝的各级各类教育

1. 官学教育格局的变化

魏晋南北朝时期,由于社会的动荡不安,佛、道、玄学盛行,文学、史学、自然科学发达,儒学不振,官学时兴时废。经学地位的削弱,使得官学教育出现了一些新的特点。

(1)国子学与太学并立

西晋时期,为了保证新的贵族阶层——门阀士族的受教育特权,晋武帝咸宁二年(276年)创设国子学,设置国子祭酒、博士各一人,助教十五人,以教生徒。惠帝元康三年(293年)正式规定五品官以上子弟入国子学,六品以下子弟入太学。国子学是我国古代于太学之外专为士族子弟设学之始,是门阀士族享有特权在教育上的反映。此后,各朝中央官学都是国子学与太学并立,以体现"贵族士庶皆需教"的原则。

(2)专科教育兴起

魏明帝时开办律学教育,这是我国古代法律分科设学之始;其后,十六国中的后赵主任命律学祭酒,后秦主、梁武帝设置了胄子律博士,教授刑律,招收律学弟子。西晋时期立书博士,置弟子教习,学习书法。宋文帝元嘉二十年(443年)开设医学,这是我国医学专科教育之始,也是世界上最早的医学专科学校;北魏也曾设医学博士以教弟子。北魏时还设置算生博士,开设算学教育。史学教育、文学教育、玄学教育、佛学教育、道学教育等,也纷纷开设。

(3)地方学校的发展

汉末曹操掌政后,曾令郡国各修文学,规定凡县满500户置校官,选择本地地主阶级子弟入学。魏、蜀、吴三国都曾设有地方官学,但均设置时间不长。两晋时期地方官学有所倡设,但由于中央屡经改变,大权在地方,地方学校主要是由镇守各地的长官自动开办的。东晋时期的北方各国也崇儒立学,有的亦设有地方学校。南北朝时曾分遣博士、祭酒到州郡立学。鲜卑族北魏立国后,采取崇儒政策,重视开办各级学校,培养统治人才。献文帝天安元年(466年)以历代中央学制为蓝本,制定了地方官学制度,将地方学校分为四等,并确立各等地方学校的师生数额,明确师生的录取标准,可以说是一个正式的较完整的地方学制。

2. 私学的多向发展

魏晋南北朝时期,社会的动乱与变革使学术思想获得了相对自由的发展。

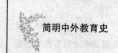

在多元化的学术思潮氛围中,私学获得了多向选择的机会。

从教学内容上看,儒学仍是私学教学的主流,但传授儒学已不再局限于一经,"博通五经"、"讲习五经"者大有人在,他们往往在博览经史的基础上,侧重从某一方面深入揭示儒学精义。一些为传统教育价值观念所不耻的学科,如天文、历算、医学、史学、文学等,也开始进入私学领域。与之同时,魏晋南北朝时开始突破儒学单一格局的局限,努力寻求将儒学与玄学、佛教、道教相互融合的契合点,儒玄同堂、儒佛同教、诸科同学成为普遍的现象,寺院教育得到发展,道教教育逐步展开。

值得一提的是,门阀士族家族教育是魏晋南北朝时私学教育的重要组成部分。除秉承儒学教育传统培养家风之外,家族教育还承担着识字启蒙教育和传承家学的任务。顺应玄学、佛教、道教多元并存的格局,他们常常兼行老、释,根据社会发展的需要灵活调整家学的发展方向。

(二)魏晋南北朝的选士制度

魏晋南北朝时期,察举制和九品中正制两种选士制度并行。其中,九品中正制是在反思和损益东汉察举制的基础上创设的,是这一时期主要的选士制度。

所谓九品中正制,是指由"中正"官负责考察人才,按九品定级,朝廷再按品授官。这一制度开始实施于三国魏文帝曹丕执政时,"延康元年,吏部尚书陈群以天朝选用不尽人才,乃立九品官人之法,州郡皆置中正以定其选。择州郡之贤有识鉴者为之,区别人物,第其高下。"[1]在具体实施的过程中,中正官是否"中正"很关键。在初期,由于中正的选任比较慎重,多数中正对士人的品第考察较为认真,为国家选了一些有用之士。但随着门阀士族势力的日益膨胀,中正的选举大权基本上被门阀士族所控制,门第家世往往成为品评士人的唯一标准,导致"上品无寒门,下品无士族",严重挫伤了寒门士子的学习积极性,遭到民间舆论乃至部分朝廷官僚的猛烈抨击。

察举制仍是魏晋南北朝时的基本入仕途径之一。西晋时,察举形成了秀才对策而孝廉试经的格局,但由察举入仕者,多为普通士人。东晋时,察举制的策试制度形同虚设。南北朝时,各代皇帝对察举秀才、孝廉倾注了极大热情,"凡州秀才,郡孝廉,至皆策试,天子或亲临之"[2],察举趋于复兴,但此时的察举开始陷入唯门第是举的泥沼,体现出严重的等级差异。北朝后期,随着门阀制度的衰落,重视经术文学取士蔚为风气,察举中的普通士人再度增多。

---

① 《通典·卷一四·选举二》。
② 《通典·卷一四·选举二》。

三、傅玄、颜之推的教育思想

（一）傅玄的教育思想

傅玄（217 年～278 年），字休奕，北地泥阳（今陕西耀县）人，博通众学，善于文词，精通乐律，提倡尊儒重教，以儒道为治国之本。其主要著作是《傅子》，现仅存 24 篇，是研究其教育思想的主要依据。

1. 关于教育的地位与作用

傅玄认为人性既有善的因素，又有恶的因素，但二者不是固定不变的，"人之性如水焉，置之圆则圆，置之方则方，澄之则淳而清，动之则流而浊。"①因此，环境和教育对人性的善恶具有重要影响，"习以性成，故近朱者赤，近墨者黑。"②教育的作用就在于扬善抑恶、改恶迁善，但为了防止教育过程中发生偏差，必须以法度作为调节。同时，教育是政治统治的辅助手段，只有通过教育，才能养成礼义之德，达到长治久安的目的。而学校作为造就人才的主要场所，在培养维护阶级统治所需要的德才、理才、政才、学才、武才、农才、工才、商才、辩才方面，具有与发展农业同样重要的作用。

2. 以礼义教育为基本内容，以正心为道德修养的根本

傅玄认为，"中国所以常制四夷者，礼义之教行也。"③因此，他强调"以礼教兴天下"，主张以礼教作为教育的基本内容，"因善教义而礼行，因义立礼而义通"④，只有这样，才能使人们安分尽责，有效消除社会矛盾，维护社会的稳定，巩固国家政权。而学习礼义、讲究道德修养的根本在于正心，"心者，神明之主，万理之统也"⑤，只有从正心开始，才能修身、齐家、治国、平天下。他说："立德之本，莫尚乎正心。心正而后身正，身正而后左右正，左右正而后朝廷正，朝廷正而后国家正，国家正而后天下正。"⑥而要达到正心，就必须积极内省，"君子内省其身，怒不乱德，善不乱义。"⑦

3. 提倡求实的学风

傅玄反对空谈玄虚，主张以求实的态度从事学习，明道正心，不断提高道德水准，并化为实际的行为表现。他说："听言不如观事，观事不如观行。听言必审

---

① 傅玄：《傅子·附录》。
② 傅玄：《傅鹑觚集·太子少傅箴》。
③ 傅玄：《傅子·贵教》。
④ 傅玄：《傅子·贵教》。
⑤ 傅玄：《傅子·正心》。
⑥ 傅玄：《傅子·正心》。
⑦ 傅玄：《傅子·仁论》。

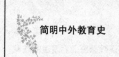

其本,观事必校其实,观行必考其迹,参三者而详之,近少失矣。"①"君子审其宗而后学,明其道而后行","闻一善言见一善事,行之唯恐不及;闻一恶言见以恶事,远之唯恐不速"。②

（二）颜之推的教育思想

颜之推（531年～约595年），字介，梁朝建业（今江苏南京市）人，出生于士族家庭，早年所受的家传儒学奠定了其整个学术思想的基础，但晚年笃信佛教，主张儒佛调和。他结合自己的立身、处世、治家经验，写成《颜氏家训》一书，这是一部比较系统的家庭教育著作，也是后人了解颜之推教育思想的主要依据。

1. 关于教育的作用

颜之推认为"上智不教而成，下愚虽教无益，中庸之人，不教不知"③，士大夫子弟多属中庸之人，只有通过教育才能获得知识。有别于儒家"君子喻于义，小人喻于利"的传统思想，他从教育与个人前途的利害关系出发，强调士大夫只有重视教育，才能保持其原有的社会地位。基于个人经验，他认为在战乱和朝代更替频繁的时代，知识也是谋求生活的一种手段。

2. 改革儒学教育，培养"德艺周厚"的各类统治人才

颜之推反对崇尚清谈的玄学教育，也反对培养空疏无用的章句博士。他主张改革传统的儒学教育，培养"德艺周厚"的各类治国人才，具体包括朝廷之臣、文史之臣、军旅之臣、藩屏之臣、使命之臣、兴造之臣。在教育内容上，应包括德、艺两个方面。德育，就是要树立仁义的信念并实践仁义。"艺"的教育，就是以广博的知识为内容，除了经史百家等书本知识外，还要兼习琴、棋、书、画等在生活中具有实用意义的技艺。

3. 培养虚心、勤勉的学习态度和切磋、"眼学"的学习方法

颜之推认为学习是为了修身利行，只有虚心务实、博学广师，才能使自己的德行不断完善，真正实行儒道以利于世。在学习方法方面，只有好问求教与切磋交流才能相互启迪，较快地增进知识。他反对轻信道听途说，提倡"眼学"，主张对于各种知识都要采取存疑的审慎态度，通过亲自观察和深入钻研，获得确切的真知。

4. 重视儿童教育，尤其是早期教育

颜之推认为，儿童年幼时期具有很强的可塑性，是教育的最佳期。在对儿童进行教育时，只有遵循严与慈相结合的原则，才能收到良好的教育效果，所谓"父

---

① 傅玄:《傅子·通志》。
② 傅玄:《傅子·阙题》。
③ 颜之推:《颜氏家训·教子》。

母威严而有慈,则子女畏惧而生孝"①。对儿童的教育,不仅包括语言教育,还应包括以孝悌为中心的人伦道德教育和立志教育。

颜之推的教育思想是其治学治家经验的结晶,也是当时社会现实的反映。虽然他的教育思想主要是围绕如何加强士大夫子弟的教育而展开的,但仍有相当的借鉴价值。

第三节　隋唐时期的教育

隋唐时期,中国教育的发展进入一个新的历史阶段,统治者在改造儒学的同时,实施崇圣尊儒的文教政策,建立了系统的教育体制和比较完善的教育制度,书院作为一种新的教育组织形式应运而生并对民族文化的传承发挥了重要作用,科举选官制度逐渐确立并开始支配学校教育。以韩愈、柳宗元为代表的教育思想家在人性论、教学论、教师论等方面发表了重要的见解,产生了深远的影响。

一、隋唐的文教政策

(一) 隋代崇儒兴学的文教政策

隋文帝认为,"建国重道,莫先于学,尊主庇民,莫先于礼。"②因此,在即位以后,他就大力发展教育事业,从中央到地方广设学校,"朕抚临天下,思弘德教,延集生徒,崇建庠序,开仕进之路,佇贤隽之人。"③为了给各级各类学校配备教师,隋统治者以重金和优礼从全国各地招募鸿师硕儒到学校任教,"于是超擢奇俊,厚赏诸儒,京邑达乎四方,皆启黉校。齐、鲁、赵、魏,学者尤多,负笈追师,不远千里,讲诵之声,道路不绝。中州儒雅之盛,自汉、魏以来,一时而已。"④此外,隋文帝和炀帝多次亲自率领百官赴国子学拜祭周公和孔子,开筵论讲,由著名经师和学者阐发经义,听讲的人可以发问,也可以对论讲者的观点提出质疑,形成了较为浓厚的学习气氛。这种皇帝亲赴国学进行释奠、参加讲论的规章制度,便是唐朝学礼制度的雏形。为倡导经学教育,隋文帝和炀帝还曾多次颁旨天下,大力访求散落民间的各种经学书籍,并校勘抄录,分经、史、子、集四类加以整理,激发了全社会对教育的重视,对传播儒家文化产生了积极的影响。

除儒术外,隋统治者对于佛、道也加以利用。隋文帝曾大力提倡佛教,"普诏

---

① 颜之推:《颜氏家训·教子》。
② 严可均辑:《全隋文·卷一·劝学行礼诏》。
③ 严可均辑:《全隋文·卷一·简励学徒诏》。
④ 《隋书·卷七五·列传第四十·儒林》。

天下任听出家,仍令计口出钱,营造经像"①,寺院既是佛教传播的据点,也是佛教的教育机构。隋炀帝也积极扶持佛教,使其在服从皇权、维护名教的条件下得到了进一步发展。

（二）唐代崇圣尊儒的文教政策

唐统治者总结隋代兴亡的历史经验和教训,认为儒学是实行政治统治最好的思想武器,因而确定了崇圣尊儒的文教政策。唐高祖李渊把周公视为兴礼作乐的先驱,把孔子视为传礼教、兴王道的先师,建国之初就在国子学立周公、孔子庙各一所,命有司四时致祭;大力发展儒学教育,令地方州县乡里皆置学校,建立地方四级制的教育体系;官吏中只要通一经者,皆加阶任用。唐太宗李世民更是视儒学为治国之本,他说:"朕今所好者,惟在尧舜之道,周孔之教,以为如鸟有翼,如鱼依水,失之必死,不可暂无耳。"②他把孔子看作是兴王道和行人伦的第一人,下令以孔子为先圣,以颜回为先师。开元二十七年(739年),孔子被追谥为"文宣王",天下州县学皆立孔子庙,向学生传授儒家文化;同时,颁乡饮酒礼于天下,将宣扬礼乐作为州县长的重要职责,大兴化民之教。为了统一儒学思想,改革儒学教育,提高儒学的权威性,贞观十二年(638年)诏令孔颖达主持编撰《五经正义》,首次统一经学,几经修改后颁行天下,令官私学生修习,成为以后儒学教育的基本内容和科举考试的依据。唐中后期的统治者也都坚持崇儒兴学的文教政策,唐宪宗元和元年(806年)重申"国家崇儒,本于劝学,既居庠序,宜在交修",唐武宗敕令"宜阐儒风,以宏教化",只是贯彻政策的程度不同而已。

在尊崇儒术的同时,唐统治者还鼓吹儒、佛、道三教并用。唐高祖一方面崇奉道家开创者老子为始祖,为老子立庙,另一方面大建佛寺,营造经像;唐太宗认为三教殊途同归,支持玄奘译佛经;武则天也认为"佛道二教,同归于善。无为究竟,皆为一宗"③;唐玄宗还亲注《道德经》,令每家收藏老子书一本,贡举加试老子策,并在京设立崇玄馆,专门研习《道德经》、《庄子》、《文子》、《列子》,学成后参加道科举的考试。虽然佛、道并未被立为官学,但它们已经形成了自身的一套教育制度。

二、隋唐的教育体制

（一）隋代的教育体制

1. 隋代的各级各类教育

---

① 《隋书·经籍志》。
② 《贞观政要·卷六·慎所好》。
③ 《唐大诏令集·卷一一三·条流佛道二教制》。

(1) 官学

隋代中央官学初称国子寺,隶属于太常寺,设国子祭酒 1 人作为教育行政官员。"国子寺统国子、太学、四门、书、算学,各置博士、助教、学生等员。"①其中,国子学专收贵族及高官子弟,有博士(正五品)5 人,助教(从七品)5 人,学生 140 名;太学以五经为主要的学习内容,有博士(从七品)5 人,助教(正九品)5 人,学生 360 人,"以选贤良";四门学有博士(从八品)5 人,助教(从九品)5 人,学生 360 人,多属庶族优秀子弟;书学有博士(从九品)2 人,助教 2 人,学生 40 人,选自庶族子弟,以汉字"六书"的构造原则和文字"八体"的不同写法为主要学习内容,培养专门的书法人才;算学有博士(从九品)2 人,助教 2 人,学生 80 人,以算学专书为主要学习内容,培养天文、历法、财务等方面的专业计算人才。开皇十三年(593 年),国子寺从太常寺中独立出来,改称国子学;隋炀帝大业三年(607 年)改称国子监,增设司业 1 人、丞 3 人作为教育行政人员。此外,大理寺还设有律学、太医署设有医学。

隋文帝、隋炀帝虽然都设庠序郡县之学,但由于立国较短,实际上"空有建学之名,而无弘道之实"②。

(2) 私学

隋代私学包括家学和私人讲学两种。所谓家学,即文化世代相传、具有家学渊源的官僚和士族,由父母及长辈教授子女。所谓私人讲学,即饱学的鸿师硕儒居于某地教学,吸引四方书生前来就学。私学教材的选择和使用比较灵活,除通行的《论语》、《孝经》、《尚书》、《左传》等教材外,私学教师还常常自己著书立说,讲授心得体会。

2. 隋代的科举取士制度

隋代立国之后,锐意收罗人才,但魏晋南北朝以来所实行的九品中正制由于被门阀士族把持,重门第轻才学,逐渐失去了其选拔人才的功能。于是,隋文帝下令将其废除,并于开皇三年(583 年)诏令:"如有文武才用,未为时知,宜以礼发遣,朕将铨擢。"③此后,他陆续下诏公卿士庶,"见善必进,有才必举",要求"内外官各举所知"④,并明确要求按照区域、年度、名额等贡举人才,尤其是"诸州岁贡三人"的法令,为每年设科考试、选拔优秀人才铺平了道路。炀帝即位后,下诏"若有名行显著,操履修洁,及学业才能,一艺可取,咸宜访采,将身入朝。所在州

---

① 《隋书·卷二八·百官志》。
② 《隋书·卷七十五·列传第四十·儒林》。
③ 《隋书·卷三·高祖纪下》。
④ 《隋书·卷三·高祖纪下》。

县,以礼发遣"。① 大业二年(606 年),置进士科,确定了以文才取士的方向,标志着科举考试制度的确立。大业三年(607 年),炀帝在诏书中提出十大举人科目,即孝悌有闻、德行敦厚、节仪可称、操履清洁、强毅正直、执宪不挠、学业优敏、文才美秀、才堪将略、膂力骁壮,后减为四科,趋向于通过考试选拔比较实用的人才。这可谓是中国古代科举制度发展史上的一次变革和进步。

(二)唐代的教育体制

1. 唐代的各级各类教育

(1)官学

唐代中央设有国子学、太学、四门学、书学、算学、律学。国子学招收三品以上官员的子孙;太学主要招收五品以上官员的子孙;四门学既招收低级官员的子孙,也对地方士绅子孙开放,定员 1300 人,其中 500 人为生徒,800 人为俊士。这三学属于普通学校,主要学习儒家经典。书学、算学、律学是实科性质的学校,主要学习书法、算学、律令,其招收对象主要是下级官员及庶人子孙。六学由国子监统领,设祭酒 1 人,司业 2 人,掌管儒学教育的训令及政令的贯彻实施。此外,还设有崇文馆、弘文馆和医学。其中,崇文馆、弘文馆是收藏、校理书籍和研究教授儒家经典的场所,分别归属东宫、门下省直辖。医学直辖于太医署,也属于专科性质。最初,"六学"、"二馆"的学生总数为 2200 多人。到了太宗贞观年间,扩充学舍,增加学额,学生增加到 3200 人。后来又逐渐发展,学生增加到8000 余人。从贞观到开元,国力最强盛,也是学校最发达的时期。

在各府、州、县,唐代分别设有府学、州学、县学,由地方政府行政长官长史兼管。招生人数有定额,以儒家经典为主要学习内容,兼习文词、史学、吉凶礼仪等。学生的毕业考试由长史主持,合格者由其于每年冬季报送尚书省参加科举考试,也可以升入四门学,这是地方官学向中央官学选送学生的开端。此外,各府州还有医学和崇玄学,分别由中央太医署和礼部之祠部领导。地方学校的教师除教学外,还有服务地方、推行教化的任务。

(2)私学

唐朝是中国社会经济发展的鼎盛时期,私学更是遍布城乡。唐代的私学是在国家制定的崇圣尊儒的文教政策指导下进行的教学活动,与官学相辅相成。私学的办学形式灵活多样,有长辈传业于晚辈的家学教育,有佛寺中的儒学教育,有鸿儒、官员的讲学教育,等等。私学的教学内容比较丰富,在开元以前主要修习儒经,后来诗词文赋、天文律历等也大量涌入私学。在教育的层次上,私学也大致可分为初级、中级和高级教育三个层次。由于教育对象的广泛性和教师

---

① 《隋书·卷三·炀帝上》。

队伍的分散性、流动性,唐代的私学教育呈现出明显的社会化倾向。

2. 唐代的科举取士制度

唐代选官沿用隋代的科举考试制度并有所调整和创新,至太宗、高宗年间,已逐步形成一套较为完备的考试制度。

唐代科举考生主要有两个来源:由学校出身的叫"生徒",由州县考送的叫"乡贡"。考试分为常科和制举两类:常科是固定时间举行的固定科目选士,主要包括秀才、明经、俊士、明法、明字、明算等科;制举则是皇帝临时根据需要下诏开科选士,名目繁多。由于秀才科注重博学才高,因此考选较严,每年所取不过一、二人,太宗贞观以后,此科名存实亡。明法、明书、明算科选的人数量不多,因而学子们热衷的只有明经、进士两科。所谓明经,即通晓儒家经典。唐代把儒经分为大经、中经和小经三类,《礼记》、《春秋左氏传》为大经,《毛诗》、《周礼》、《仪礼》为中经,《周易》、《尚书》、《春秋公羊传》、《春秋谷梁传》为小经。通二经者,须通一大经、一小经或通二中经;通三经者,须通大、中、小各一经;通五经者,大经须全通,其他各经任选。进士科注重诗赋,考试包括帖经、试杂文、时务策三场,竞争相当激烈,及第者即由平民跨进了统治阶级的行列。

唐代科举尚属于初级阶段,取士规模很小,只占官员任用的 5% 左右,进士及第也只是取得了做官的资格,还要通过吏部的考试才能做官。

三、韩愈、柳宗元的教育思想

(一) 韩愈的教育思想

韩愈(768 年~824 年),字退之,河南南阳(今河南孟县)人,祖籍昌黎(今辽宁锦州市东),人称昌黎先生,是唐代著名的文学家、思想家和教育家。他曾发起"古文运动",主张"文以载道",对转变当时追求辞藻、声韵的骈丽文风有重要影响。他 35 岁任四门博士,后又任国子博士、国子祭酒;重视地方教育,甚至拿自己的薪俸兴办州学;热心授徒讲学,"讲评孜孜,以磨诸生"。其著作主要收集在《韩昌黎集》中,其中《师说》是我国古代第一篇集中论述教师问题的著作。

1. 关于人性与教育的作用

韩愈从天命论出发,认为与生俱来的是人性;人与外界事物接触引起的反应是情。人性有上中下三品,情也有三品与之对应。他主张把性与情结合起来,以道德规范来节制情欲。基于这种人性论,韩愈认为教育对不同的人有不同的作用,"上之性就学而愈明"、"中焉者可导而上下"、"下之性畏威而寡罪"。因此,对不同的人要施行不同的教育,"上者可教,而下者可制也"[①]。与之同时,他还把

① 韩愈:《韩昌黎集·原性》。

学校教育视为首要的政治工具,认为学校既是宣扬封建道德的中心,又是训练封建官吏的机构。只有通过学校培养治人的君子和符合标准的官吏,才能把君主的政令推行到民间。

2. 关于教学

为发挥人内在的善性,韩愈认为教学内容要以五常道德教育为主,以《诗》、《书》、《礼》、《易》、《春秋》为教本,即"读六艺之文,修先王之道"①。他认为,学业的精深在于勤奋,品行的端正在于独立思考,"业精于勤,荒于嬉;行成于思,毁于随"②;除六艺之文外,还要多读书,不断扩大知识眼界,"读书患不多"③;要善于思考,求得书中义理,"诵其文,则思其义"④。

3. 关于教师

韩愈从"人非生而知之者"出发,强调后天学习的重要性,认为"学者必有师";教师的基本任务在于"传道、授业、解惑",即传授儒家的仁义道德、教授"六艺经传"与古文、解决学习过程中的疑问;"道"是择师的根本标准,有道者即可为师,"是故无贵无贱,无长无少,道之所存,师之所存也",因此,"弟子不必不如师,师不必贤于弟子","闻道有先后,术业有专攻,如是而已。"⑤此外,韩愈认为:"世有伯乐,然后有千里马。千里马常有,而伯乐不常有。"⑥换言之,人才并不缺乏,关键是要有慧眼识英才的"伯乐",作为教师,要善于识别和培养人才。

(二)柳宗元的教育思想

柳宗元(773年~819年),字子厚,河东(今山西省永济县)人,21岁中进士,先后任过校书郎、蓝田尉、监察御使、礼部员外郎等职。曾参加王叔文等人发起的"永贞革新"活动,针砭时弊,批判现实,失败后被贬为柳州刺史。此后奋力写作,阐述自己关于政治、哲学、教育的思想主张,存世的著述主要有《柳河东集》。

1. 教育的目的在于培养"明道"、"行道"的君子

柳宗元继承荀子、王充的唯物主义无神论思想,反对统治者言天言神不言人,主张治理国家要注重研究和解决社会现实中的人事,革除弊政,以仁政治国兴邦。基于此,他认为教育的目的在于培养"明道"、"行道"的君子,即能治国安民的政治人才。为了实现这一目的,必须以儒家经典为本、博取诸史教育学生,充分发挥道德教育的作用。

---

① 韩愈:《韩昌黎集·请上号尊表》。
② 韩愈:《韩昌黎集·进学解》。
③ 韩愈:《韩昌黎集·赠别元十八》。
④ 韩愈:《韩昌黎集·送陈密序》。
⑤ 韩愈:《韩昌黎集·师说》。
⑥ 韩愈:《韩昌黎集·马说》。

2. 顺天致性的教育方法

柳宗元认为,天下万物的生长自有其发展规律,人也一样。因此,他主张"顺木之天,以致其性",即按照人的身心发展规律进行施教,既不能人为地束缚或戕害人的发展,也不能娇纵放恣。同时,教育工作还要最大限度地发挥人的主观能动性,使之"尽力于所及",追求道德和学业上的完善。

3. 博览群书的治学方法

柳宗元认为,读书做学问既要精研儒家经典,也要涉猎诸子百家之书,否则就会偏执一说,孤陋寡闻;在读书学习的过程中,要领会和掌握书中的深刻道理及精神实质,做到融会贯通,避免舍本逐末;要领会、运用圣人之道来解决社会实际问题,兴国安邦。

4. 尊师重道

柳宗元充分肯定教师的作用,认为学必有师,只有获得良师益友,才能不断增进自己的知识、才能和品德,成为经世致用的人才。而作为教师,既要专精儒家经典,又要博采众长,既要有独立见解,又要同孔子之道保持一致;要时刻不忘为师的职责,把自己的知识、学问毫不保留地传授给学生。

本章小结

秦汉时期是我国统一的封建制国家确立与初步发展的时期,在经历了以法为教、无为而治之后,汉武帝时期最终确立了独尊儒术的文教政策,为各级各类教育的发展创造了条件。汉代儒学独尊地位的确立、养士与选士的紧密结合,使得中国封建社会教育的基本特征开始形成。魏晋南北朝时期,学校体制更加多样,教育思想更加多元。隋唐时期,随着生产的恢复和发展,学校教育事业逐步走向繁荣,形成了适应国家需要的各级各类教育体系;科举选士制度对学校教育的支配性逐渐增强,对以后学校教育的发展产生了重大影响;教育思想出现多元并存的局面,为宋明理学教育思想的发展开辟了道路。

∠ 思考题

1. 评述秦汉文教政策的演变。

2. 概述汉代学校教育体制的基本情况。

3. 评述董仲舒教育思想的基本内容及其历史影响。

4. 评述王充的教育思想。

5. 论述魏晋南北朝时期教育的新发展。

6. 评述傅玄的教育思想。

7. 评述颜之推的教育思想。

8. 试述隋唐时期科举制度对学校发展有何影响？

9. 评述韩愈的教育思想。

10. 评述柳宗元的教育思想。

参考文献

1. 熊承绦. 秦汉教育论著选[C]. 北京：人民教育出版社，1986.

2. 程舜英编. 魏晋南北朝教育制度史资料[C]. 北京：北京师范大学出版社，1998.

3. 程舜英编. 隋唐五代教育制度史资料[C]. 北京：北京师范大学出版社，1998.

4. 王炳照，阎国华主编. 中国教育思想通史（第2卷）[M]. 长沙：湖南教育出版社，1994.

5. 李国钧，王炳照主编. 中国教育制度通史（第1卷）[M]. 济南：山东教育出版社，2000.

6. 李国钧，王炳照主编. 中国教育制度通史（第2卷）[M]. 济南：山东教育出版社，2000.

7. 毛礼锐，沈灌群主编. 中国教育通史（第2卷）[M]. 济南：山东教育出版社，2005.

8. 孙培青主编. 中国教育史[M]. 上海：华东师范大学出版社，2009.

进一步阅读文献

1. 卜宪群，张南. 中国魏晋南北朝教育史[M]. 北京：人民出版社，1994.

2. 高明士. 隋唐贡举制度[M]. 台湾：文津出版社，1999.

第四章

宋辽金元明清的教育

宋辽金元明清时期,是中国教育制度进一步完善、教育思想进一步深化和教育经验进一步丰富的时期,也是中国封建教育由发展高峰逐步走向衰败的时期,体现出教育发展的丰富性和复杂性。

第一节　宋辽金元时期的教育

宋辽金元时期,各民族在政治、经济、文化教育等方面进行着广泛的交流,中国封建教育持续发展并进行了新的改革。宋代以"兴文教,抑武事"为国策,先后分发起三次兴学运动,建立了中央和地方官学体系,书院作为一种教育制度开始形成并逐渐兴盛,教育制度趋于健全。辽、金、元积极推行汉化政策,促进了民族文化和教育的发展,书院开始呈现明显的官学化倾向。这一时期的科举制度有了许多新的变化和发展,对学校教育产生了严重的制约作用。王安石、朱熹作为这一时期最负盛名的教育家,其教育思想产生了很大的影响。

一、宋辽金元尊孔崇儒的文教政策

（一）宋代"兴文教,抑武事"的文教政策

宋代建立后,在统治策略上由原来的重视"武功"改为强调"文治",确立了"兴文教、抑武事"的国策。由于统治者认为儒学是"人伦之大纲",只有恢复儒学的至尊地位,才能维护王朝的长治久安,因此,推崇儒家的伦理纲常、尊孔崇儒成为宋代文教政策的核心。

宋太祖即位不久,即于建隆三年（962年）诏令"增葺祠宇,塑绘先圣、先师之像",并撰文表彰孔丘和颜渊。大中祥符元年（1008年）,加谥孔丘为"玄圣文宣王"（后改为"至圣文宣王"）,并致力于恢复被战乱毁坏的各地文宣王庙。在科举考试中,宋代不断强化经学的地位,强调科举取士"须通经义,遵周孔之礼",并诏

47

令国子监刻印唐代孔颖达编撰的《五经正义》，颁行天下。宋真宗咸平三年到四年(1000年~1001年)，诏令国子监祭酒邢昺等校定《周礼》、《仪礼》、《公羊》、《谷梁》、《孝经》、《论语》、《尔雅》、《孟子正义》等，合称《十三经正义》，作为官方的法定教材。

（二）辽金西夏的文教政策

辽金西夏作为以少数民族为主体的割据政权，其文教政策有较大的差异。早在辽代建国之初，辽太祖就开始推行尊孔崇儒的文教政策，建孔子庙，诏太子春秋释奠；重视汉族知识分子，并利用其创造了契丹文字；引进汉族的婚姻、官号制度；在契丹皇族和子民中进行以忠孝和三纲五常为本的儒家伦理道德教育。

女真族建立金朝以后，积极引进汉族文化礼仪，高度重视儒家的传统教育，并将其视为万世可尊的学问之道，奉行尊孔尚文的政策，努力缩短女真与汉族文化的差距。

西夏在文化教育方面也采取了一系列汉化政策和措施，如重用汉族士儒并对其采取免差免税的优待政策；翻译儒学著作；在全国遍设学校，在州郡修建孔庙，并仿宋制建立科举考试制度等等。

（三）元代"尊孔崇儒"的文教政策

元代入主中原后，为适应新的政治形势，维护和强化元王朝的统治，将尊孔崇儒奉行为基本国策之一。

太宗即位第五年(1233年)就颁诏孔子第51代子孙孔元楷袭封衍圣公，并敕令修葺孔子庙。元世祖在位期间，颁诏规定岁时致祭孔庙，并确立了孔子庙祀礼仪与帝王相同的最高等级，基本确定了尊孔祭孔方面的礼仪制度。元成宗即位当年(1294年)就颁诏兴学，曰："孔子之道，垂宪万世，有国家者，所当崇奉。"[1]元武宗至大元年(1308年)，加封孔子为"大成至圣文宣王"，盛赞孔子师表万世，并以祭祀社稷之礼祭祀曲阜孔庙。元仁宗也认为，"修身治国，儒道为切。"[2]

为了显示对儒学的重视，元代对汉族士儒给予经济上免除科役等优惠待遇；遵用汉法，重用儒学名士；推崇程朱学说，发展理学教育。

二、宋辽金元的教育体制

（一）宋代的教育体制

1. 宋代的各级各类教育

（1）官学

---

① 《通制条格·卷五》。

② 《元史·卷二六·仁宗本纪三》。

宋代官学承袭旧制并有所损益。尤其是经历了三次兴学后,官学的种类、规模、内部规章制度等逐渐健全,形成了盛唐之后中国封建社会官学教育发展的又一次高潮。宋代的官学仍分为中央官学和地方官学两大系统。

中央官学包括属于国子监管辖的太学、广文馆、律学、武学、四门学和小学,属于政府专职部门管辖的天文学、算学、医学、画学、书学、道学,属于大宗正司管辖的宗学、诸王宫小学等等。此外,还有直属朝廷的东宫教育系统。

地方官学分为州、县两级,除学习传统的儒学外,还增设了武学和道学。地方官学一般都有颇具规模的校舍,分成教学、祭祀、娱乐、膳食、住宿、收藏等几部分;施行分斋教学制度,即按照实际需要,分设经义斋和治事斋,实行分科教学,开主修和副修制度的先声。就学校数量、学生人数、普及程度及其影响来看,地方官学在整个国家的学校教育体制中占有最大的比重,实际上构成了宋代教育事业发展的主体。

(2) 书院

书院萌芽于唐代,但宋代是其形成和发展的奠基阶段。它以私人创办和组织为主,将图书的收藏与校对、教学和科研融为一体,是相对独立于官学的民间学术研究和教育机构。宋代的书院数量繁多,遍及全国各地,但从办学主体来看,大致可分为三种类型:一是民办官助的书院,如白鹿洞书院、应天府书院、嵩阳书院、石鼓书院等;二是官办的书院,如岳麓书院等;三是民间经办的家族式书院,如华林书院、雷塘书院等。书院的内部设山长、洞长、院长、堂长等职,负责组织管理和教育教学工作;除聚徒讲学外,书院还从事学术研究、祭祀、藏书、刻书等活动;增置学田,使书院的经费有一定的保障。书院倡导不附利禄、明辨通达的学风,促进了自由讲学和学术研究风气的形成。但由于官府的介入,这一时期的书院开始出现官学化的倾向。

(3) 私学

私学是宋代教育的重要组成部分,其办学形式多种多样,既包括一些著名学者开办的学术水平较高的私学,也包括仅有初级文化程度的一般村塾乡校,还包括家庭教育、蒙养教育以及部分私人讲学的书院。就其教学内容来讲,一般村塾乡校只是讲授一些启蒙性质的读写知识;水平较高的私学则主要以儒家的经典著作或科举的利禄之学为主;随着理学家在民间教学活动的日益活跃,讲求性理之学也逐渐成为私学的一个重要特点。

(4) 社会教化

社会教化是宋代民间普遍的教育手段。宋代在推行社会教化的过程中,逐渐产生了一些行之有效且易于为世人接受的组织形式。如,制定乡规民约,以约定俗成的方式在一定地域或家族范围内提倡或推广某种道德规范或行为准则;

举行传统的乡饮酒礼、祭孔释奠礼仪、堂会等活动,昌明礼乐之教;以皇帝或地方官员的名义,撰写规诫劝谕之类的公文布告,讲明事理,改造陈规陋习等。

2. 宋代的科举制度

宋代的科举考试处于一个调整、完善、变革的发展时期,有常科和制科之分。常科包括进士、九经、五经、开元礼、三史、三礼、三传、学究、明经、明法诸科,是常设科目。其中,进士科是宋代科举考试的主体,一般分为解试、省试、殿试3个级别,每个级别的考试内容、方法、难易程度有很大差别。明经诸科考试的内容,除开元礼、三史科、明法科外,大都是儒家经典著作知识;考试方式以帖经、墨义为主,个别学科加策论。制科由皇帝根据需要临时设置并亲自主持,考试内容一般以策论为主。

为了提高军官的文化素质,促进军队的正规化建设,宋代设置武举,以步射、马射、孙吴兵法、时务、边防律令等作为考试内容,培养和选拔军事人才。15岁以下能通经作诗赋的少年儿童,由州官推荐、经皇帝亲自考试后中试者,赐进士出身或同学究出身。关于科举考试的时间,最初并没有明确的规定,宋英宗治平三年(1066年)才确定"三年一举贡",并由此成为定制,延续到清末科举制度的废除。科举考试除按照常例录取外,还扩大科举名额,提高科举及第后的地位和待遇,直接授官。

为了防止科场舞弊,宋代做了积极的探索,如建立锁院制,实行别头试,采用糊名法,创立誊录制等,使科举考试制度日臻成熟和完善,但舞弊现象仍然防不胜防。

(二)辽金西夏的教育体制

1. 辽金西夏的各级各类教育

辽代的中央官学分设在上京、东京、南京、西京和中京五个地区,号称"五京学",设祭酒、司业、监丞、主簿、博士、助教等学官,以儒家的经典著作为主要教学内容,兼有养士、祭孔的双重职能。地方官学主要集中在汉族聚居区域,为汉族人开设,以儒家的五经注疏为教材,学官则设有博士、助教。此外,辽代还有重视经学、文学和道德的宫廷宗室教育,初级启蒙教育和依托藏书之所的私学教育,以经、律、论为三学的佛教寺院教育等。

金代的中央官学先后设有国子监、太学、算学、医学等学校。国子监和太学专门招收宗室、外戚、功臣以及三品以上官僚子弟,以汉语文字进行教学;算学则是一般官民家15岁以上、30岁以下者均可报考的;医学附属于太医院内,名额有限。此外,金代还创立了以本民族语言文字进行教学的女真国子学、女真太学。在地方上,主要有府学、州县学、女真府学,使用国子监统编教材开展教学,设教授、学正、学录等职,并以提举学校官主管学事。

西夏的学校大体包括国学、小学、宫学、太学四种。国学主要招收皇族、贵族及汉族官僚子弟,设教授讲授儒家经典;小学遍设于全国各州县;宫学又称内学,主要招收 7 岁~15 岁的宗室子弟;太学性质略同于宋代的太学,教学质量较高,同时也是国家举行释奠祭孔的主要场所。

2. 辽金西夏的科举制度

辽代在太宗时开始实行科举考试,但至景宗、圣宗时才正式创建科举考试制度,"辽起松漠,太祖以兵经略方内,礼文之事固所未遑。及太宗入汴,取晋图书礼器而北,然后制度渐以修举。至景、圣间,则科目聿兴。"①科举采用唐代科举进士科的模式,分为常科和制科。常科科目先后设有经义、诗赋、律科,并以诗赋、经义为主;制科正式设置于统和十二年(994 年),"诏郡邑贡明经、茂材异等"②。但由于科举的规模较小,录取人数较少,因此科举入仕者在整个官场中所占比例较小。

金代的科举考试制度"兼采唐宋之法而增损之"③。在考试科目的设置上,包括词赋、经义科,经童科和律科,女真进士科,宏词科,以及武举、恩科、进纳补官、学士院试等。考试分乡试、府试、会试、殿试 4 级,实行中央统筹管理和地方分区管制的方法。相对于辽和西夏,金代在科举制度方面的政策和措施最为完备,科举考试制度在整个国家制度中所占的比重也较大。

西夏的官职主要通过世袭封赐任命,但西夏后期对科举考试制度还是非常重视的。西夏的科举考试分为蕃、汉两科,其下各设经义、赋两个科目,汉科考试用汉字,蕃科考试用西夏文字;科举及第后,授予进士名分,官拜金判等职。"夏设蕃、汉二科以取士,蕃科经义、赋,与汉等,特文字异耳。公(高智耀)巍然擢第,授金判。未及大用,天兵西役,夏人举国归附。"④

(三)元代的教育体制

1. 元代的各级各类教育

(1)官学

元代的中央官学大致分为三种类型,即国子学、蒙古国子学和回回国子学、专业学校。其中,国子学属于国子监系统,是集贤院的下属机构,也是元初国家的最高学府,完全是一种蒙古贵胄学校。至元二十四年(1287 年),元代正式实行监、学分立之制,将国子学进行了调整,新的国子学设于元大都北城的东部,招生范围扩大到汉人和色目人,主要学习儒家经典著述。元世祖之后,国子学有名

① 《辽史·文学传序》。
② 《辽史·卷一三·圣宗本纪四》。
③ 《金史·选举志序》。
④ (元)不著撰人,王颋(点校):《庙学典礼》。

无实;元仁宗对国子学进行了大力整顿和推广,其体制得以逐渐完备。蒙古国子学和回回国子学虽然是与国子学并立的中央官学,但与国子学进行汉字教学不同,它们以少数民族文字进行教学。专业学校附设于专职政府部门之下,主要包括医学、天文学、算学等。但由于时兴时废,元代中央官学的影响和地位大不如前代。

元代地方官学号称有"四学"——儒学、蒙古学、医学、阴阳学。儒学专门讲授儒家传统的经史之学和经赋之学,各地路、府、州、县均有设置。蒙古学是专门学习蒙古语言文字的地方性教育机构,初建时只限于路级行政单位,后来逐渐扩大到府州一级。医学是儒学之外数量最多、普及范围最广的学校,除路级单位外,各府州郡县都开设了医学教育,并分别设有教授、学正、教谕等作为医学学官。阴阳学是进行天文、历算和数术教育的专门机构,仅在江南及腹里一带设置。但从总体水平上看,元代地方官学的普及程度和规模还是比较低的。

(2) 书院

书院是元代教育的重要组成部分,由于元代全面实行书院官学化政策,书院被纳入封建官学体系中。书院的学官由朝廷或各级官府统一任免并享受国家俸禄,书院的财权由国家统一掌管,民间捐建书院也要受到官方的认可。这一方面大大促进了书院教育事业的发展,另一方面也使书院丧失了自由讲学、注重学术、开放办学等传统优势,导致书院的学术水平和教学质量大幅下降。

(3) 私学

元代的私学具有多种类型:家塾、私塾类私学一般由富绅及权贵出资兴办,聘请著名学者担任教师;一些以教学为谋生职业的学者或者身为朝廷命官的私学家也开门办学。私学提倡学有所主、博采众长,因而教学内容比较博杂,除儒家的经史之学外,还包括天文、地理、数术、阴阳历法、医道等。

(4) 社会教育

社学是元代特有的一种社会教育组织形式。在元代农村,"社"是基层组织单位,朝廷按 50 家设一学的比例开办社学,社学学师经过一定的培训后上岗施教,教农民在农闲时学习文化知识,但社学更主要的任务还是进行伦理道德的教化和配合政策法令的宣传,实际上是基层政教合一的一种组织形式。

2. 元代的科举制度

元代科举考试制度正式建立于仁宗皇庆二年(1313 年),分乡试、会试、殿试 3 级进行,每三年举行一次。由于元代将民族划分为蒙古人、色目人、汉人、南人四个等级,因而,各等人在考试科目、答题要求、考试结果等方面是各不相同的,体现出明显的民族歧视。在考试内容方面,规定从《大学》、《论语》、《孟子》、《中庸》内设问,用朱氏章句集注"。① 自此之后,朱熹的《四书章句集注》成为科举考试的答题标准,取得了与《五经》同等的地位,对中国封建社会后期的文化教育产生了长达数百年的影响。

三、王安石、朱熹的教育思想

(一)王安石的教育思想

王安石(1021 年~1086 年),字介甫,号半山、荆公,江西抚州临川(今江西抚州)人,人称临川先生,北宋政治家、思想家、文学家。神宗在位期间,曾出任宰相,主持改革,推行新法。晚年致力于学术研究,主要著作有《临川先生文集》、《王文公文集》等。其中,《原教》、《伤仲永》、《慈溪县学记》等比较集中地反映了其教育思想。

1. 人性与教育的作用

王安石认为,人性是人所固有的心理活动和认识能力。情与性相一致,性是未发之情,情是已发之性;性是情之本,情是性之用,二者互为表里。情的善恶与后天的教育密不可分,虽然人的先天素质有所不同,但后天的教育和主观努力才是决定性因素。

2. 论学校教育

王安石认为,教育是造就人才最基本的途径,学校是培养人才的主要基地,同时也是政治舆论的阵地、宣扬教化的场所。"古之取士,皆本于学校,故道德一于上,习俗成于下,其人才皆足以有为于世。"②"古者井天下之田,而党庠、遂序、国学之法立乎其中。乡射饮酒、春秋合乐、养老劳农、尊贤使能、考艺选言之政,至于受成、献馘、讯囚之事,无不出于学。"③

3. 论教育的目的与内容

王安石认为,教育的根本目的在于培养实用人才,使"学士所观而习者,皆先王之法言德行治天下之意,其材亦可以为天下国家之用"。④ 也就是说,学校要培养的人才既要有"经术"理论知识,又要有解决社会实际问题的能力。为达到这一教育目的,就要对传统的儒学有所选择,学习广博的知识,做到古为今用。

4. 论教学方法

王安石反对强迫命令的教育方式,主张采用自然感化的教育方法,"善教者之为教也,致吾忠义,而天下之君臣义且忠矣;致吾孝慈,而天下之父子孝且慈

---

① 《元史·选举志一》。
② 王安石:《王文公文集·乞改科条例札子》。
③ 王安石:《王文公文集·慈溪县学记》。
④ 王安石:《王文公文集·上仁宗皇帝言事书》。

矣;致吾恩于兄弟,而天下之兄弟相为恩矣;致吾礼于夫妇,而天下之夫妇相为礼矣。……岂有制哉,自然而然耳。"①教师在教学过程中要善于启发,耐心细致;学生在学习过程中要不断思考,学会融会贯通。

(二)朱熹的教育思想

朱熹(1130 年~1200 年),字元晦,号晦庵,出生于福建南剑(今南平)尤溪县一个官宦世家。他一生致力于教育和学术研究,曾主持修复白鹿洞书院和岳麓书院,并参加书院的教学、管理工作。主要著作有《四书章句集注》、《近思录》、《朱文公文集》等。

1. 人性与教育的作用

朱熹认为人同万物一样,是禀受理与气而生的,理是第一性的,气由理派生并依赖于理,是第二性的。因此,人性分为"天地之性"与"气质之性"。所谓"天地之性",是指人生来就具有的仁、义、礼、智等道德观念;"气质之性"则是人禀受气而形成,具有善恶之分。因此,教育的作用就在于调整"气质之性"中的善恶成分,使人弃恶向善。

2. 明人伦的教育目的和培养"醇儒"的教育目标

朱熹认为,一般人的内心都有"人心"和"道心"两种成分,"道心"体现天理,"人心"体现人欲,只有"革尽人欲、复尽天理,方始是学"②。这个过程也就是"明人伦"的过程。他强调"父子有亲,君臣有义,夫妇有别,长幼有序,朋友有信,此人之大伦也。庠、序、学、校皆以明此而已。"③而学校教育的目标就是造就既有良好的品德和洞察一切的聪明才智,又能自觉恪守纲常道德和封建等级制度的"醇儒"或"圣贤"。

3. 教育阶段与教育内容

朱熹以年龄、心理特征、思维发展水平为依据,将教育分为两个阶段:小学和大学。他把小学教育比做"打坯模"阶段,认为从儿童幼小时就要进行良好的道德规范和道德行为的训练,"必使其讲而习之于幼稚之时,欲其习与智长,化与心成,而无扞格不胜之患也。"④小学教育要以"教事"为主,如"洒扫、应对、进退之节,爱亲、敬长、隆师、亲友之道"⑤。他甚至自编《小学》、《童蒙须知》,对儿童日常生活中应该遵守的礼仪、行为作了具体规范。大学教育是在小学教育基础上

---

① 王安石:《王文公文集·原教》。
② 《朱子语类·卷十三》。
③ 朱熹:《孟子集注·卷五》。
④ 朱熹:《小学书题》。
⑤ 朱熹:《小学书题》。

的深造,以"四书"、"五经"作为主要内容,"教之以穷理、正心、修己、治人之
道"①。

4. 教学原则与读书方法

朱熹认为,在教学过程中要坚持启发诱导、因材施教、循序渐进、博文约礼等
原则。至于读书之道,朱熹弟子根据他有关读书的经验和见解整理归纳了六条
经验:"曰循序渐进,曰熟读静思,曰虚心涵养,曰切忌体察,曰着紧用力,曰居敬
持志。"②

第二节　明代的教育

从公元 1368 年明王朝建立,到 1644 年灭亡,明代前后存在了 270 余年。在
这段时间内,随着政治、经济、文化、学术等背景的变化,明代的教育也进入一个
重新整理和发展的阶段。自洪武时期开始,明代统治者就对教育给予了极大的
关注。在"治国以教化为先,教化以学校为本"的文教政策下,明代建立了较为完
备的中央官学和地方官学体系,书院的发展也再度辉煌。王守仁作为明中叶著
名的哲学家和教育家,其教育思想产生了广泛而深刻的影响。

一、明代"治国以教化为先,教化以学校为本"的文教政策

明太祖朱元璋认为,衣食和教化是治理国家的当务之急,"衣食给而民生遂,
教化行而习俗美。……如是为治,则不劳而政举矣。"③而"明教化在于兴学校",
因此确立了"治国以教化为先,教化以学校为本"的文教政策。

其一,扩大学校教育规模。在中央官学方面,明洪武元年(1368 年),"令品
官子弟及民俊秀通文义者"入国子学肄业。洪武十五年(1382 年),改国子学为
国子监,设祭酒、司业、监丞、典薄、博士、助教、学正、学录、掌馔等职,负责学校的
教学和管理。永乐元年(1403 年),另设北京国子监。在地方教育方面,洪武二
年(1369 年),下令州、府、县普遍设立学校,并对教授、学正、教谕、训导、入学人
数、师生待遇等方面作了具体的规定。洪武八年(1375 年),命令天下乡村设立
社学,"延师儒以教民间子弟",将学校教育推广到全社会。

其二,重视人才选拔。明代统治者非常重视人才的作用,明太祖曾说:"贤
才,国之宝也……人君之能致治者,为其有贤人而为之辅也。"④因此,他非常重

---

① 朱熹:《大学章句序》。
② 程端礼:《程氏家塾读书分年日程·朱子读书法》。
③ 《明太祖实录·卷二六》。
④ 《明史·选举志三》。

视人才的选拔。明代的人才选拔制度主要有两种：荐举和科举。荐举所设科目有聪明正直、贤良方正、儒士、孝廉、秀才等等，"由布衣而登大僚者不可胜数"①。科举的地位更加提高，有"非进士不入翰林，非翰林不入内阁"的说法，明朝一代宰相170多人，由翰林出者十分之九。高级官员几乎全都出身于科举，科举已成为做官的唯一正途。明代官学生员，特别是国子监生，享有的优待之高是前代比不了的。

其三，加强思想控制。明代统治者推崇程朱理学，曾明确规定"国家取士，说经者以宋儒传注为宗"，并命翰林学士编撰《五经大全》、《四书大全》、《性理大全》等作为学校教科书，对其他学说则采取排斥态度。明代国子学和地方官学都制定了严密的学规，禁止学生议政，约束学生的言论、行动，明太祖朱元璋曾因《孟子》书中的民本思想和对君主不恭的言论而要罢黜孟子，因儒臣拼死谏劝而作罢，但令人编修《孟子节文》时将原书中不利于君主专制的言辞统统删去。对儒家"亚圣"尚且如此，一般儒者就更不用说了。明代甚至屡兴文字狱，迫害士人。

二、明代的教育体制

（一）明代的各级各类教育

1. 官学

明代官学的设置可分为中央官学和地方官学两大类。其中，中央官学包括国子监、宗学、武学；地方官学按其性质可分为儒学、专门学校和社学。

中央官学：国子监是明代最高水平的教育机构，在国家教育体系中占有重要地位，有北京国子监和南京国子监。国子监的学生来源多途，成分也比较复杂，可分为官生、民生和军生三类；监内设有祭酒、司业、监丞、博士、助教、学正、学录、典薄、掌馔等教官，各司其职；教学内容以"六经、诸史为业"，并学习本国律令、习射、书法等；教学形式按照正义、崇志、广业、修道、诚心、率性六堂32班组织进行；教法以会讲、复讲、作课、背书为主要方式；为了对教学实际效果进行评估，国子监通过考试来衡量学生的学习成绩。武学教育是比较专门的军事教育，正式设于建文四年（1402年），主要教习勋位子弟，使已有一定职衔的军官获得进一步的系统训练；教官由吏部铨选任命；教学内容虽因学生身份不同而有所不同，但书法、武艺操演是必修的内容；其教学形式和基本教法与国子监一样。宗学是专为贵族子弟设立的贵胄学校，由宗人府统一管理，以世子、长子、众子、将军、中尉年未弱冠者为招生对象，主要学习《皇明祖训》、《孝顺事实》、"四书"、"五经"等书。

---

① 《明史·选举志三》。

地方官学:明代地方按照中央政府的教育部署设立的学校叫做儒学,由提学官统一管理,主要有四种类型——府州县设立的儒学,地方军事机关都司、行都司以及卫所和苑马寺设立的儒学,在谷物财货集散地设置的儒学,在土著居民聚居地区设立的儒学。学校类型不同,其生源也各有不同。服务于国家的政治需要,儒学以教化为第一责任,以礼、乐、射、御、书、数设科教学,培养社会需要的实用人才,"学校之设,本以作养人材、穷理正心,俾有实效。"①专门学校包括医学和阴阳学。地方上设立医学、阴阳学都始于洪武十七年(1384年),但各方记载均不详细。社学主要设在城镇和乡村地区,以民间子弟为教育对象,招收8岁以上、15岁以下的儿童,学习《三字经》、《百家姓》、《千字文》、经、史、历、算等知识。

2. 书院

明代是中国书院再度辉煌的时期。书院在办学目标上同国家教育政策保持一致,因此其教学与儒学具有很强的一致性。如,书院的教学内容以儒家经典和史书为主;即使不同书院在教学方式上有所不同,但其主要方式是会讲。所谓会讲,即以聚会的形式组织教学或讲学。在明代,组织会讲的方式多种多样,有作为日常教学的会讲,有学者自动组织、定期举行学术聚会的会讲,有家族定期举行的会讲。会讲的时间、地点、内容也有相当大的不同,但在具体程序上则主要包括教官主讲、学生复讲和质疑答问三个环节。对于教学活动比较规范的书院来说,会讲并不能取代日常教学,学生的自学仍占据重要的地位。考试是书院教学的构成部分之一,由提学官、地方政府官员主持进行。

但明代的书院始终没有纳入国家规范的教育体系中,因此,国家没有义务向书院派遣官员、提供经费和实施管理。从这方面来讲,书院属于私立的性质。不过由于各级官员往往介入书院的实际建设过程中,不少书院在具体性质上又有别于其他私学。比如,书院的修复往往取决于官员对书院的态度;书院的学规不少是由时任官员制定或由其委托人来制定;大部分书院的山长或主讲人由地方官出面延请;书院的学生主要来源于各级学校。

3. 社会教化

明代统治者十分重视传统礼法制度,并以此来规范、约束人们的行为。一方面,统治者通过颁布法律来强制百姓遵守特定的等级秩序;另一方面,通过建立里长制度等社会基层组织,既督办赋税徭役,也兼办劝导乡民的责任。此外,统治者还通过提倡乡饮酒礼等习俗,申明养老以及旌表忠臣烈士、烈夫烈妇、孝子贤孙等。

---

① 《明太祖实录·卷一四六》。

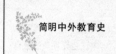
（二）明代的科举制度

明代科举在继承宋、元科举制度的基础上，建立了称为"永制"的科举定式，将八股文作为一种固定的考试文体，并将学校教育纳入科举体系，严重影响和制约了学校教育的发展。

明代立国之初，主要采取荐举制选拔人才。科举考试虽自洪武三年（1370年）正式开始启动，但直到洪武十五年（1382年）才逐渐取代荐举，成为主要的取士制度。洪武十七年（1384年），礼部向全国颁布实行科举"定制"，即每逢三年开科考试，分童试、乡试、会试、殿试四级进行。童试是科举的预备考试，包括县试、府试、院试三级，分别由知县、知府、各省提学官主持进行，院试录取者称为生员，俗称秀才、相公。乡试在省城举行，由皇帝钦命的正副主考官主持，录取者称举人，俗称孝廉，这是一种正式的功名和资格，可以经礼部铨选授官。会试在京城由礼部主持进行，中试者为贡士。殿试由皇帝主持，考试内容为时务策一道，以成绩确定考生的等第。

明代科举考试的文体固定为八股文。所谓八股文，"其文略仿宋经义，然代古人语气为之，体用排偶，谓之八股，通谓之制义。"①从结构上讲，它包括破题、承题、起讲、入手（又称出题、领题等）、起股、中股、后股、束股八个部分，其中起股、中股、后股、束股四部分是文章的主体，又各分两股，合称八股，八股文之名即是由此而来。作为一种考试文体，它在一定程度上促进了人才选拔的客观公正，但同时它也禁锢了士人的思想，败坏了士风、学风和社会风气，受到有识之士的猛烈抨击。

科举被确定为明代人才选拔制度后，学校与科举之间的关系更为密切。学校教育"储才以应科目"，"科举必由学校"②，也就是说，学校教育的直接目的是为了参加科举考试，而只有接受学校教育取得出身的学子才有资格参加科举考试。这一方面促进了学校教育事业的发展，另一方面也将学校教育纳入科举体系，使之成为科举制度的附庸。

三、王守仁的教育思想

王守仁（1472年～1528年），字伯安，浙江余姚人。因曾在阳明洞读书、讲学，自称为阳明子，后世学者称之为阳明先生。他出身在官僚家庭，考中进士后，历任各种地方官职，所到之处，制定规约，开办社学、书院，并亲自讲学。王守仁年轻时信奉程朱理学，后承袭陆九渊的"心学"，具有主观唯心主义色彩，在思想

---

① 《明史·选举志二》。
② 《明史·选举志一》。

界影响巨大。王守仁的语录、文录、杂文,由其弟子汇编成《王文成公全书》(也称《阳明全书》),其教育思想集中反映在《答顾东桥书》、《传习录》、《教约》等文中。

1. "学以去其昏蔽"的教育作用

王守仁认为,万事万物都靠心的认识而存在,"理"存在于"心","心即理",而心的本体就是"良知"。良知是与生俱来、人人具有的,是道德生成的根本及为人的本质所在。但"良知"在与外物接触过程中容易受物欲引诱而受到蒙蔽,教育的作用就在于去除这种蒙蔽而"明其心"。他说:"君子之学,以明其心,其心本无昧也,而欲为之蔽,习为之害,故去蔽与害而明复。"①

2. "明人伦"的教育目的

王守仁认为,"夫三代之学,皆所以明人伦。""唐虞三代之世,教者惟以此为教,而学者惟以此为学。当是之时,人无异见,家无异习。安此者谓之圣;勉此者为之贤;而背此者,虽其启明如朱,亦谓之不肖。下至闾井田野,农工商贾之贱,莫不皆有是学,而惟以成其德行为务。"所谓的人伦,即"'父子有亲,君臣有义,夫妇有别,长幼有序,朋友有信'五者而已"。②

3. 立志自得、知行合一的教育原则

王守仁强调学习必须树立正确、坚定的志向,只有如此,才能勤学不倦。他还认为,"夫学贵得之心。求之于心而非也,虽其言之出于孔子,不敢以为是也。"③意思是说学习不能盲从,必须开动脑筋,独立思考。教师的点拨作用固然重要,但"不如自家解化者,自一了百当。不然,亦点化许多不得"。④ 同时,"知"与"行"是密切相关、不可分割的。只有二者并进,才能达到认知与实践的统一。

4. 静处体悟、省察克治的道德修养方法

王守仁认为,道德修养的根本目的是"去蔽明心",因此,只有摒去一切私心杂念、体认本心,才能不断提高自身修养。但同时也要结合具体事物,"体究践履,实地用功"⑤,避免"喜静厌动,流入枯槁之病"⑥。此外,他还强调道德修养的自觉性和主观能动性,主张要不断进行自我反省和检察,自觉克制各种私欲。

5. 儿童教育

王守仁十分重视儿童教育,主张要顺应其身心发展的特点,"诱之诗歌"、"导之以礼"、"讽之读书",使儿童在德育、智育、体育等方面都得到发展。同时又要

---

① 王守仁:《王文成公全书·卷七·别黄宗贤归天台序》。
② 王守仁:《王文成公全书·卷二·答顾东桥书》。
③ 王守仁:《王文成公全书·卷二·答罗整庵少宰书》。
④ 王守仁:《王文成公全书·卷三·已下门人黄省曾录》。
⑤ 王守仁:《王文成公全书·卷二·答顾东桥书》。
⑥ 王守仁:《王文成公全书·卷三·已下门人黄省曾录》。

顾及儿童的实际能力,循序渐进,因材施教。

第三节　清初至鸦片战争前的教育

清初至鸦片战争前(1644年～1840年)这段时期是中国封建社会发展的最后阶段。这一时期的教育制度达到了相当完备的程度,同时也显露出盛极而衰的趋势。在"兴文教,崇经术"的文教政策下,清代建立起从国子监、满族官学、地方官学、书院到蒙学、社会教育的宝塔形教育系统。王夫之、颜元等著名教育家在抨击理学空疏无用的同时,提出了许多颇有见地的教育观点,在当时和历史上产生了重要的影响。

一、清初至鸦片战争前"兴文教,崇经术"的文教政策

清朝立国之初,顺治帝就下令礼部崇祀孔子:"先师为万世道统之宗,礼当崇祀,昭朝廷尊师重道至意。本内所开各款,俱应相延,期于优渥,以成盛典。"①并尊崇"六经""天德王道备载于书,其万世不易之理也",是"帝人修身治人之道",也是"臣子致君"之本,要求大小官员研究经术。同时,下令袭封孔子第65代孙为"衍圣公",加称孔子为"大成至圣文宣先师",并进行隆重的祭孔典礼。康熙帝曾亲撰《至圣先师孔子赞》一文,御书"万世师表"匾额,并亲自到曲阜祭孔。雍正御制《孔子诞辰告祭文》,对孔子的五代先人逐加封号,祭孔行跪拜礼。顺治、康熙、乾隆、嘉庆、道光、咸丰帝等都曾多次临雍释奠,宣扬朝廷尊孔崇儒的政策。国子监和全国各州府县学都设有孔庙,置孔子牌位。顺治元年朝廷还规定,各府州县官员每年春秋仲月必须按时行释奠先师礼,陈设礼仪与国子监丁祭一样。

在各派儒学中,清统治者大力提倡程朱理学,并将其定位为官方哲学。顺治年间规定科举考试"说书以宋儒传注为宗"②,下诏朱熹在婺源第15世子孙朱煌承袭翰林院《五经》博士,在籍奉祀。康熙年间下诏将朱熹列为十哲之一,在大成殿配享孔子;命大学士熊赐履、李光地等人编辑《朱子全书》,并亲自作序,认为"朱夫子集大成,而绪千百年绝传之学,开愚蒙而立亿万世一定之规,穷理以致其知,反躬以践其实,释《大学》则有次第,由致知而平天下,自明德而止于至善,无不开发后人,而教来者也"。③ 清高宗也认为它是"入圣之阶梯,求道之途辙","为国家者,由之则治,失之则乱,实有裨于化民成俗,修己治人之要。"④经过历

---

① 《钦定国子监志·卷首一》。
② 《钦定学政全书·卷六·厘正文体》。
③ 《御纂朱子全书·序》。
④ 《钦定学政全书·卷五·崇尚实学》。

代统治者的大力提倡,程朱理学成为清朝"兴文教"的指导思想,也是清代科举考试的基本内容。

为了发展文教事业,清统治者在中央和地方广泛设立学校,并制定各种严厉的学规加强对各级学校的管理和控制。对于汉族知识分子,清政府一方面采用开科取士和编辑书籍的方式加以笼络,另一方面则采用高压手段进行钳制和镇压。

二、清初至鸦片战争前的教育体制

(一)清初至鸦片战争前的各级各类教育

1. 官学

清代官学分为中央官学和地方官学两大类,具体包括国子监、满族官学、地方官学等。

国子监始设于顺治元年(1644 年),初时仅为汉人贵胄子弟就学之所,后来又有满洲勋臣子弟入学。国子监对学生的入学资格、修业年限、课程设置及考试等都有详细规定,它以"四书"、"五经"、《性理》、《通鉴》等作为主要教学内容,并学习清朝有关的诏、诰、表、策论等,其目标是培养官僚后辈人才。除日常教学之外,国子监作为全国最高学府,也承担一些社会工作,如负责有关全国文教的重大礼仪活动,"国子监掌成均之法,以时程课诸生;每岁仲春、仲秋上丁祀先师,则总其礼仪;天子幸学,则执经进讲;新进士释褐,则坐而受拜焉。"①此外,国子监还负责监督、管理算学馆、俄罗斯馆、琉球馆等特殊教育机构。国子监的最高领导是皇帝特派的管理监事大臣,祭酒则掌管日常事务,下设司业、助教、学正、学录等。

满族官学是清代教育体系中一种相对独立的教育层次,它专为满族、蒙古贵族、归附于满洲贵族的汉军子弟所设,形式繁多,包括八旗官学、宗学和觉罗学、景山官学和咸安宫官学、世职幼学和其他满族官学。其中,八旗官学在满族官学体系中办得最早、规模最大、影响最广,它以各旗 10 岁以上 18 岁以下聪明俊秀者为招生对象,由助教全面负责其事务管理,行政上则隶属于国子监;宗学和觉罗学是宗人府分别为宗室和觉罗子弟设立的贵族学校;景山官学和咸安宫官学是内务府为培养三旗佐领、管领下子弟而设的学校。除此之外,清代还陆续为八旗世袭官员子弟、汉军、盛京八旗与宗室子弟开办了专门的官学。在教学内容上,满族官学强调满蒙汉语文和弓箭骑射的学习。

地方官学可谓清代学校教育的基础,从京畿到直省、边疆地区、各府州县卫的治所等,都建立了官学,形成了空前庞大的地方教育网络。地方官学的大权由

---

① 《清文献通考·卷八三·职官七·国子监》。

朝廷掌握：各官学的设置、生额等，由朝廷控制；朝廷派学政掌管各地学务，制定教官的资格限定以及考核制度；通过形式多样的图书颁发，规定地方官学以"四书"、"五经"、《性理大全》、《资治通鉴》、《大学衍义》等书为学习内容，贯彻其地方教育方针；实行童试、拔贡、优贡等考试，向科举和国子监输送人才。此外，在东北、西南等少数民族聚居的地区以及驻防、垦屯地区，也先后为八旗、驻防、商人、苗族子弟专设旗学、卫学、商学、苗学，促进各民族文化的交融和发展。

2. 书院

书院是清代学校的重要组成部分，又是国学的重要补充形式。清代的书院仍袭宋明书院的规制，但已经官学化。在鸦片战争前，清代的书院可以分为三类：一是以讲求理学为主的书院；二是以博习经史词章为主的书院；三是以考课为主的书院。

讲求理学的书院坚持"学为圣贤"的教育目的，强调培养符合儒家道德规范的人才，因此其教学以道德修养为主，但内容并不限于性理，也包括经史等知识。在教学形式上，书院采用讲会与自学、考试相结合的方式。讲会大部分在书院内部进行，由全院师生参加，开讲者先读经一章，然后自上而下，人人更端质疑，但不得议论朝政。除了讲会，书院平时则以自学为主。考试则每半个月进行一次，由院长出题，或经艺或策论，限三日交卷。

博习经史词章的书院针对空谈心性、专习八股的积弊，主张讲求实学，倡导钻研经史、训诂、辞章。书院的学生可以根据自己的兴趣、专长，自由选择经史、性理、训诂、词章等加以深造；教师则由较为著名的学者和教育家担任，协力培养学生。同时，书院还把教学、研究与著述、出版联系起来，积极出版学生文集以及有关的教学用书。这对于破除空疏无用的学风，激发学生的学习积极性，培养学生的独立钻研能力，提高教学科研水平，具有重要的意义。

考课式书院在清代数量最多，影响也最大，它是指单纯或主要以考课为教学形式，以训练写八股文、参加科举考试为办学目的的书院。这类书院都有固定的考期，有命题、考课、阅卷、奖惩等一整套严密的考课制度。根据其教学制度的不同，可分为单纯考课式与考课—教学式两类。单纯考课式书院以训练作八股文、准备参加科举考试为目的，只有考课而没有教学，学生的级别身份、成绩与待遇紧密挂钩。考课—教学式书院重视学生在听讲后对知识的消化整理和复述，教学内容则不囿于八股文，往往根据院长的学术倾向扩大到经史、诗词等。

3. 私学与社会教化

清朝初年，统治者唯恐私学的讲学活动会导致反清复明，故不予提倡，反而予以抑制。后来清朝统治者看到私学屡禁不止，便改变了政策，提倡兴办私学。由于清代的地方儒学有名无实，青少年真正读书受教育的场所，除义学外，一般都在地方或私人所办的学塾里,因此清代学塾特别发达,遍布城乡。从经费来源上看,私学的性质大致分为三种:一是有钱人聘请教师在家教读子弟,称坐馆或家塾;二是塾师私人设馆收费教授生徒,称教馆或私塾;三是地方(村)、宗族捐助钱财、学田,聘师设塾以教贫寒子弟,称义学或义塾。

社会教化是面向平民百姓的教育。清代社会教化的主要形式是乡约教育,即由最高统治者亲自撰写《圣谕广训》作为教化的教材颁发到城乡各地,并派专人在每月固定的时间进行宣讲,普及道德和法律常识。除乡约外,对于"忠孝节义"之人,清代还通过建立牌坊、赐匾额等方式加以表彰,通过乡饮酒礼等形式进行敬老教育,提倡文明懂法、尊老敬贤、乐善好施等社会功德,以维护社会的稳定。

(二)清初至鸦片战争前的科举制度

清代将科举制度视为"国家抡才大典",制定各种科场条例,不断加强考试制度建设,以确保不同地区和不同政治、经济地位的士子之间的公平竞争,维护和巩固其统治。

清代科举考试分为常科和制科两大类。常科包括文科、武科、翻译科,是科举考试的主要形式。其中文科是清代科举考试的主体,始于顺治二年(1645年),士人依次进行童试、乡试、会试、殿试四级考试,可分别获得秀才、举人、贡士、进士称号。武科考试是为了选拔文武兼备的军事人才,每三年举行一次,实行武童试、武乡试、武会试、武殿试四级考试;乡试和会试分内外两场,内场试军事理论,外场试武艺和体力,主要包括马射、步射、技勇。翻译科是清统治者创设的科目,意在选拔满蒙语言文字翻译人才,始设于顺治八年(1651年),考试人数多寡由皇帝决定,考中者被授予理藩院和各部院满蒙中书、笔帖士等职。制科是常科之外、"为天子亲诏以待异等之才"[①]的特殊科目,设有博学鸿词科、经济特科、孝廉方正科。

如果科举及第,士人不仅可以入仕做官,取得社会身份和地位,而且可以获得荣华富贵,光耀门楣。这种巨大的物质利益和精神诱惑,使得士人无不竭尽全力获取功名,甚至铤而走险。因此,尽管清代科场条例名目繁多,但依然舞弊丛生、积重难返。再加上朝廷对科举的重视,造成学校受科举的影响不断加深,八股文成为学校教学的主要内容,学校的讲学形同虚设,教学管理松弛,学校已经完全丧失了其作为教育机构的独立性,成为科举的附庸。为了真正选拔到德才兼备的人才,统治者试图以崇实来倡导儒家道德,但在科举考试制度下,追求功名成为士子的唯一目标,即使统治者降格以求人才,仍然难以收效。

---

① 赵尔巽:《清史稿·选举志四》。

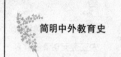

三、王夫之、颜元的教育思想

(一) 王夫之的教育思想

王夫之(1619 年~1692 年),字而农,号姜斋,湖南衡阳人。晚年隐居于湘西蒸左石船山(今湖南衡阳县曲兰),故后人称之为船山先生。他 14 岁考中秀才,后读书于岳麓书院,24 岁考中举人。明亡后,王夫之曾起兵抵御清军南下,失败后隐居山野,专事学术研究和教育活动长达 40 多年。其著述总计 400 多卷,800多万字,其中比较集中论述教育问题的著作主要有《书院》、《学记》等。

1. 关于教育的作用

王夫之认为,治理国家不外乎政教两件大事。论先后,政治在先,教育在后,"政立而后教可施";谈本末,"则教本也"[①]。两者之间的关系处理是否得当,直接关系到国家的盛衰存亡。在他看来,明朝灭亡的主要原因就是"教化日衰",以致国家在危亡关头没有"可用之士"。此外,他从"日生日成"的人性论出发,提出人性不是天生的,而是每天都在生长变化的,教育的作用在于使人继善成性,或改恶为善。

2. 关于教学原则和方法

王夫之认为教学过程是一个双边活动的过程,需要教者和学者两个方面的积极性,"施者不吝施,受者乐得其受","善教者必有善学者,而后其教之益大"[②]。也就是说,既要有教者的善教和乐教,又要有学者的善学和乐学。只有这样,教学工作才能取得最佳效果。以此为出发点,他提出了教学的原则和方法:其一,"因人而进"。王夫之认为,学生的素质各不相同,有钝有敏;学生的志量各不相同,有大有小;学生的德行各不相同,有优有劣;知识各不相同,有深有浅。因此,教师应该根据不同学生的实际情况,有针对性地进行教育,即"因人而进"。其关键在于深入了解学生,"深知其心"、"洞知其所蔽",然后"因其蔽而通之",以求其上进。其二,"教之有序"。王夫之认为,教学应该按照人的能力的发展顺序进行,即所谓"教之以序"。具体地说,教学可分为五个阶段:"始教之以粗小之事,继教之以精大之事,继教之以精大之理,乃使俱知粗小之理,而终以大小精粗理之合一。"[③]其三,学思"相资以为功"。王夫之继承孔子"学而不思则罔,思而不学则殆"的思想传统,认为学与思是相辅相成、相互促进的,只有不断地学习才能丰富自己的知识,也只有敢于独立思考才能充分发挥自己的聪明才智。

---

① 王夫之:《礼记章句·卷五》。
② 王夫之:《四书训义·卷五》。
③ 王夫之:《读四书大全说·卷七》。

他提出"学愈博则思愈远"、"思之困则学必勤","二者不可偏废,必相资以为功"①。其四,教必力行。王夫之非常注重实践,认为"学以求知之,求知之者,因将以力行之也,能力行焉,而后见闻讲习之非虚,乃学之实也"②。在他看来,只有躬行实践,见闻和讲习才能更加真切,所得的知识才真实可靠。

3. 关于教师

王夫之认为教师在教育过程中起主导作用,负有重大的责任,教师的教学态度、水平等直接影响学生的学习质量。因此,他对教师提出了一定的要求。其一,教师要像园丁培育花卉、农夫耕耘土地一样,孜孜不倦地做好教学工作。其二,"欲明人者先自明",教师须具有真才实学。"夫欲使人能悉知之,能决信之,能率行之,必昭昭然知其当然,由来不昧而条理不迷。贤者于此,必先穷理格物以致其知,本末精粗晓然具著于心目,然后垂之为教。"③其三,教师应该以身作则,用自己的模范行为教育和影响学生。他说:"立教有本,躬行为起化之原;谨教有术,正道为渐摩之益。""师弟子者以道相交而为人伦之一……故言必正言,行必正行,教必正教,相扶以正。"④

(二) 颜元的教育思想

颜元(1635年~1704年),字浑然,又字易直,直隶博野县(今属河北)人。因室名"习斋",学者称之为习斋先生。他出身贫寒,19岁中秀才,但随后却绝意科举,开设家塾,教授生徒。他青年时期笃信程朱理学,将自己的学舍称为"思古斋"。后来开始崇尚"习行",把"思古斋"改为"习斋",提出要学习礼、乐、射、御、书、数"六艺",以及兵、农、钱、谷、水、火、工、虞等经世治国的政务。晚年主持漳南书院,实行分斋教学。颜元从事教育工作几十年,弟子满天下,其教育著作主要有《总论诸儒讲学》、《漳南书院记》等。

1. 关于教育的作用

颜元认为,人性是性与形的统一,"形,性之形也;性,形之性也。舍形则无性矣,舍性亦无形矣。"⑤二者不可分割。同时,他也强调"形"是"性"的基础,"性"是"形"的作用。"性"的功能大小,即才力的强弱,完全是后天教育和训练的结果。在他看来,善与恶都是人的后天道德行为,教育的作用就在于"教人习善"、"戒人习恶"。也就是说,人的气质虽有差异,但只要从"重学"和"力行"上下工

---

① 王夫之:《四书训义·卷六》。
② 王夫之:《四书训义·卷五》。
③ 王夫之:《四书训义·卷三十八》。
④ 王夫之:《四书训义·卷三十二》。
⑤ 颜元:《四存编·存人编·卷一》。

夫,"全体者为全体之圣贤,偏胜者为偏胜之圣贤。"①对于那些已经染成恶习的人,只要主观努力,经过教育的训练或师友的提携,恶习也是可以革除的。

2. 关于教育的目的

颜元主张,要使社会安定,经济发展,必须通过教育培养经世致用的人才。他说:"有人才则有政事,有政事则有太平。""人才为政事之本,而学校尤为人才之本也。"②因此,颜元特别反对八股取士,认为八股取士使得士人只知谋取功名利禄而毫无"利济苍生"的能力,"八股行而天下无学术,无学术则无政事,无政事则无治功,无治功则无升平矣。故八股之害,甚于焚坑。"③有鉴于此,他提出废科举,兴学校,培养德才兼备的各级官吏以及各行各业的专门人才。

3. 关于教育内容

为了培养具有"实才实德"的人,颜元从"致富强"的政治理想出发,强调"以事物为教"、"以人伦日用为教",即教之以"实事"、"实物"。在他看来,"秦汉以来著述讲论之功多,而实学实教之为少",所谓训诂、清谈、性理之学,实际上都是一些空疏的东西。而孔子立教以文、行、忠、信为主,其中的文即周公的六艺,行即周公的六行,忠信即周公的六德,都体现了一个"实"字,因此应在教育内容中占重要地位。

4. 关于教学方法

颜元批判当时教人重记忆、读死书和悟心性的教学方法,提出以"习行"为主,强调只有通过亲身实行才能获得知识,只有通过反复练习才能巩固知识。他说:"孔子开章第一句,道尽学宗。思过读过,总不如学过;一学便住也,终殆,不如习过,习两三次,终不与我为一,总不如时习方能有得。"④"读得书来,口会说,笔会做,都不济事,须是身上行出,才算学问。"⑤因此,无论是教师的教,还是学生的学,都应该"向习行上做工夫,不可向语言文字上着力"⑥。

本章小结

宋辽金元明清时期,学校数量的增多、教育内容的扩充、教学对象的广泛、教育行政管理的进步等,展现了中国封建教育发展的多层次、多类型、普及化和庶民化,同时也显露出日渐形式化、空疏化的历史趋势;科举制度在实现定式化、追

---

① 颜元:《四存编·存性编·卷二》。
② 颜元:《四存编·存治编·学校》。
③ 颜元:《颜习斋先生言行录·卷下》。
④ 颜元:《颜习斋先生言行录》。
⑤ 颜元:《习斋记余·卷四》。
⑥ 颜元:《颜习斋先生言行录·卷下》。

求考试标准化的过程中逐渐走向空虚无用。以王安石、朱熹、王守仁、王夫之、颜元等为代表的教育思想家,在批判前人思想的基础上提出了很多新的见解,大大丰富和充实了中国古代教育思想宝库,产生了深远的影响。

∠ 思考题

1. 述评宋辽金元明清时期的文教政策。

2. 试述宋辽金元明清时期官学教育的发展。

3. 试论宋辽金元明清时期书院发展的特点。

4. 述评宋元明清时期科举制度的发展及其对学校教育的影响。

5. 试论王安石的教育思想。

6. 试析王守仁与朱熹教育思想的异同。

7. 王夫之提出的教育原则与方法有哪些?

8. 试论颜元的教育思想。

∠ 参考文献

1. 孙培青主编. 中国教育史[M]. 上海:华东师范大学出版社,2009.

2. 张鸣岐主编. 辽金元教育论著选[C]. 北京:人民教育出版社,1991.

3. 王炳照,阎国华主编. 中国教育思想通史(第3卷)[M]. 长沙:湖南教育出版社,1994.

4. 王炳照,阎国华主编. 中国教育思想通史(第4卷)[M]. 长沙:湖南教育出版社,1994.

5. 李国钧,王炳照主编. 中国教育制度通史(第3卷)[M]. 济南:山东教育出版社,2000.

6. 李国钧,王炳照主编. 中国教育制度通史(第4卷)[M]. 济南:山东教育出版社,2000.

7. 李国钧,王炳照主编. 中国教育制度通史(第5卷)[M]. 济南:山东教育出版社,2000.

8. 毛礼锐,沈灌群主编. 中国教育通史(第3卷)[M]. 济南:山东教育出版社,2005.

9. 陈学恂主编. 中国近代史研究(宋元分卷)[M]. 上海:华东师范大学出版社,2000.

∠ 进一步阅读文献

1. 何忠礼. 科举与宋代社会[M]. 北京:商务印书馆,2006.

2. 程方平. 辽金元教育史[M]. 重庆:重庆出版社,1993.

3. 张学强. 明清多元文化教育研究[M]. 北京:民族出版社,2006.

第五章

清末教育制度变革

从鸦片战争开始,以传教和通商为目的的西方列强,利用坚船利炮打开中国的大门,将中国强行纳入世界体系。通过不平等条约获得种种特权,列强开始向中国输出西方的生产方式、生活方式以及价值观念;与此同时,来自社会底层的被统治阶层开始从内部瓦解清王朝的统治。这种来自外部和内部的双重冲击,迫使晚清政府对以往的统治方式做出调适,应对所面临的危机。教育作为应对危机之一面,做出明显调整,从教育价值观念到教育内容再到教育形式、教育制度,中国传统教育开始发生变革,教育早期现代化开始起步。经过洋务运动时期、戊戌运动和清末新政,中国近代教育制度开始形成,并积淀了丰富的教育思想。

第一节 来自内外的冲击对中国传统教育的影响

1840年的鸦片战争,西方列强打开了中国关闭120余年的大门。不管中国人是否愿意,封闭的、建立在农耕基础上的中国社会再也难以按照以往的运行轨迹继续运行,而是被强行纳入近代资本主义世界体系。这种以军事侵略为表征,以不平等条约为保证,以经济掠夺和文化输出为目的的碰撞,大大改变了中国社会的运行轨迹。马克思指出:"清王朝的声威一遇到不列颠的枪炮就扫地以尽,天朝帝国万世长存的迷信受到了致命的打击,野蛮的、闭关自守的与文明世界隔绝的状态被打破了,开始建立起联系","英国的大炮破坏了中国皇帝的权威,迫使天朝帝国与地球上的世界接触。"[①]中国开始面临新的问题,一方面,带有侵略性质的西方列强和反对侵略的中国展开搏斗,构成民族史的主要内容;另一方面,以资本主义生产方式为特征的西方列强与以手工业和农业生产为特征的中

---

① 《马克思恩格斯选集》,人民出版社,1972年版,第2~3页。

国开始了工业文明与农业文明的碰撞,构成文明史的内容。在坚船利炮和廉价商品的冲击下,中国原有的社会生态系统已经难以按照旧有模式继续运行,需要做出相应的调整,继承、吸收、扬弃甚至进行根本变革成为调适的具体措施。正是在两种不同文明的尖锐冲突与对比中,中国传统教育的变革才真正开始。而处于社会底层的民众,以推翻专制统治为目的,以暴力革命为方式,对传统教育进行了革命式的改造。

一、外部力量对中国教育的影响

西方列强入侵后对中国教育的影响从多个方面体现出来,首当其冲的就是教育价值观与教育体制。与产业革命以后西方国家将教育作为提升人的能力的手段不同,清政府将教育作为控制人的手段。"重道轻艺"、"政教合一"的传统,依然被清代统治者所尊崇。在"重道轻艺"观念下,科学技术则被斥之为"奇技淫巧"、"雕虫小技"而予以抵制和排斥;而"政教合一",使得教育成为实施专制统治的工具,在功名利禄的诱惑下,教育的工具性被加强。清康熙皇帝就指出,"国家三年登造,束帛弓旌,不特尔身有殊,即尔祖父,亦增光宠矣。"①从现代教育分析,这种在考试支配下以猎取功名为宗旨的价值取向,已经背离了教育的本质。当晚清教育沉浸在文化知识和伦理道德教育阶段时,人类文明已经从原始的本性向智慧的理性阶段转变,人道、法律、实证、逻辑成为西方教育的普遍价值取向。而冠冕堂皇如"修身齐家治国平天下"的中国教育背后,隐藏的现实是引诱大批有志男儿对良宅美妾和万贯家财等功名利禄的无限向往和追求,读书入仕、升官发财成为教育价值的基本取向,这种价值取向辅以显亲扬名、光宗耀祖的虚名,使教育、学术演变为猎取功名利禄的手段。这种教育在罗致天下英雄时可谓疏而不漏,而一遇到工业文明的挑战,整个社会和知识阶层便陷入"人才之虚"的困境之中,不得不做出相应的调整。

为了适应资本主义生产方式的需要,西方教育的目的与内容也发生显著变化。尽管神学院还比较普遍地存在,但西方国家的教育目的逐渐转向培养资本主义生产方式需要的各级各类人才,自然科学、应用科学和人文社会学科成为主要的教育内容,确定了学前、初等、中等、高等教育,普通、职业、师范、特殊并立的教育体系。教学内容中渗透着人权、法制、自由和民主精神。因此,这时的西方教育在传授自然科学和人文社会科学知识、培养现代国民意识外,还培养学生的创新意识和能力,主动适应社会文化和生产发展的需要。由于教育与社会生产密切联系,使得教育成为推动社会生产力发展的重要力量。当西方教育与社会

---

① 《清圣祖实录》卷 208。转引自张仲礼著:《中国绅士》,上海社会科学院出版社,1991 年版,第218～219页。

发展密切联系时,中国教育依然与政治连为一体,以培养具有一定人伦道德的预备官僚为目的,教学内容则以严格遵守政府颁布的、经过宋儒注释过的《四书》、《易经》等传统典籍为主,"代圣人立言"、不越雷池半步成为人才衡量的标准。中国学生接触的这些内容,对于社会生产知识素无涉及,对于工业发展所需的自然科学与人文社会学科知识茫然无知,在与西方列强相遇时,显得束手无策。经过枪炮洗礼并付出惨重代价后,出现了"师夷长技以制夷"的号召,从技术层面反省中国教育存在的问题。

在教育制度方面,中国教育显然被当作实施控制的手段。明清以来的八股取士,要求所有读书人以相同文字、相同格式、同样概念,去阐释早已存在的相同道理,学问与实际无涉,知识与生产无关,学者与创新不关涉,教育与社会发展无联系,以至明末清初思想家顾炎武指出:"八股之害,等于焚书;而败坏人才,有甚于咸阳之郊所坑者。"[1]而八股取士制度盛行于整个清代。严复曾控诉:"举天下之圣智豪杰,至凡有思虑之伦,吾顿八纮之网以收之,即或漏吞舟之鱼,而已暴鳃断鳍,颓然老矣,尚何能为推波助澜之事也哉!嗟乎!此真圣人牢笼天下,平争泯乱之至术,而民智因之日窳,民力因之以日衰。"[2]正如巴西教育家弗莱雷所言:教育从来都不是中性的,要么解放人,要么驯服人。中国传统教育的旨趣显然不在于解放人而在于驯服人。无论是功名利禄的诱惑、文字狱的实施、取士制度的出台、教育内容的选择,都呈现出驯服的特点,而八股取士使得这种驯服进一步强化。借助制度之力,八股考试"将皆有聪明才智之俦入其彀",在其支配下的教育成为导致国家趋于衰亡的有力机制,"八股非自能害国也,害在使国家天下无人才。"[3]愚民是有效的统治手段,教育充当了愚民的主要方式。然而,这种方式引发的危害如此之大,不能不引起时人的关注,"八股固智慧,坏心术,资游手,积将千年之弊,流失败坏,一旦外患凭陵,使国家一无可恃。欲战则忧速亡,忍耻求和,则恐寝微寝灭。"[4]

与西方国家相较,中国教育在规模与效率方面存在巨大差距。从机构来看,晚清的教育体系相当完备,有蒙学馆、私塾、社学、义学等初等教育机构,有府学、州学、县学等中等教育机构,有相当于高等教育机构的中央太学,还有以切磋学问为主导的书院等等。据统计,至1825年,全国有府、州、亭、县、旗、卫各类官学1788所;书院数量更多,"统论清代二百余年,书院遍于天下,……合之十余行省

---

① 顾炎武:《日知录·拟题》。
② 严复:《论世变之亟》。转引自王栻主编:《严复集》(第一册),中华书局,1980年版,第2页。
③ 严复:《救亡决论》。转引自王栻主编:《严复集》(第一册),中华书局,1980年版,第40页。
④ 严复:《救亡决论》。转引自王栻主编:《严复集》(第一册),中华书局,1980年版,第43页。

必近二三千之数。"①教育发展的总体规模不容忽视。据张仲礼估算,太平天国前的全国生员(通过正规考试获得在各级官学读书资格的人,不包括通过纳捐获得这一资格者)约 74 万人。有学者据此估计,大致具有进入官学学习所需文化程度的人占总人口数的 9%左右,如果考虑到通过纳捐取得生员资格的人一般均应有一定的知识,那么总人口中的识字率将上升到 13%左右。② 这是一个相当高的比例。然而,数量庞大的私塾、蒙学馆、学校、书院,办学效率却非常低,这些教育机构中的学生少则数人,多则几十人,各自为政,在教师和学官指导下,以死记硬背的方式学习几种世代不变的典籍,与西方国家以教育普及为目的的班级授课制相较,效率极为低下。辅以狭窄的课程内容与僵化的取士制度,所培养的人才"四体不勤,五谷不分",不能进入社会生产领域,除弘扬儒家伦理道德与书写能力外,无补实用。

除了教育价值取向、教育目的、教育内容、教育教学组织形式、教育制度等方面存在问题,传统教育还将女性排斥在教育之外。"女子无才便是德"这一谬论的传播,使得占据人口半数的妇女的教育权利被剥夺,无异于一半国民力量被抑制,大大削弱了中国国民的整体力量。加之,男子教育仅限于德智两端,培养了大批只懂得"子曰诗云"、满嘴大道理却缺乏实践能力的文弱书生,当国家遇到危难,在救亡图存、富国强兵的时代召唤面前,难以担当时代赋予的使命,中国教育的危机爆发了。

二、来自内部力量对中国教育的冲击

如果说以上是来自外部的参照的话,1851 年的太平天国运动则从内部直接对传统教育产生冲击。1853 年太平天国定都南京后,颁布了《天朝田亩制度》,对文化教育事业做出调整,由此对中国传统教育产生剧烈冲击。这种冲击从以下几个方面体现出来:

其一,挑战孔孟学说的权威性。经过汉儒神学化改造与宋儒理学化改造并被统治者利用的儒家学说,已经成为统一思想、实施皇权专制统治的重要措施。儒家学说被定为一尊,儒家思想融入教育的各个方面,成为教育制度的核心、教育内容的主干,孔孟也被称之为"至圣先师"而受到顶礼膜拜。从文化的意义上而言,太平天国运动无疑是第一次大规模反孔群众运动,从内部开始冲击中国传统教育。早在太平天国运动酝酿时期,时为私塾先生的洪秀全即将孔子牌位驱出私塾,成为惊世骇俗之举;斥责孔子之书"甚差谬"、"教人糊涂","推堪妖魔作怪之由,总追究孔丘教人之书多错";编造出孔子被"皇上帝"捆绑鞭打、"哀求不

---

① 商衍鎏著:《清代科举考试述略》,三联书店,1958 年版,第 225 页。
② 陈学恂主编:《中国教育史研究:近代分卷》,华东师范大学出版社,2001 年版,第 5 页。

已"的故事。① 太平天国定都南京后,以政治力量废止孔孟以致诸子百家学说,代之以新政权需要的各种读物。"当今真道书者三,无他,《旧遗诏圣书》、《新遗诏圣书》、《真天命诏书》也。凡一切孔孟诸子百家妖书邪说者尽行焚除,皆不准买卖藏读也,否则问罪也。"②对诸子百家尤其是儒家之书,以丢弃、火烧、水浇等法尽行焚毁,对于胆敢教读或收藏儒家典籍之人,"一概皆斩"。起义军所到之处,以往官学、私学供奉的先师牌位一律被扫荡,废止以"四书"、"五经"作为科举考试出题和评判的依据,代之以颁发的各种诏书、圣书,所出题目如"四海一家皆兄弟"、"一统山河乐太平"、"上帝权能诛灭妖氛"等,时人记载:"其敢废圣籍,虚构谣言,竟以为儒林之式,取士之资,欲上掩乎孔孟,则斯文一厄,再见于秦火余烬者也。"③清廷正统人士将此喻之为秦始皇"焚书"的延续。太平天国以横扫一切的态度对待被清政府奉为神圣不可侵犯之学说,带有打破偶像崇拜的特点,但是这种打破是以一个偶像代替另一偶像的方式来进行,体现出深受传统文化影响的烙印。

其二,实施普及、平等的教育。在太平天国辖区内,所有成年人和儿童不分男女、长幼实施普遍、平等的政治教育、宗教教育和社会教育。《天朝田亩制度》规定:"凡二十五家中设国库一,礼拜堂一,……其二十五家中童子俱日至礼拜堂,两司马教读《旧遗诏圣书》、《新遗诏圣书》及《真命诏旨书》焉。凡礼拜日,伍长各率男妇至礼拜堂,分别男女行,听讲道理,颂赞祭奠天父上主皇上帝焉。"④曾在太平军中任职的英国人吟唎也记载:"每二十五家设一礼拜堂(大厅)。每礼拜日,师帅、旅帅、卒长更番至所统属的两司马礼拜堂中去讲道并巡察。全体兵士、人民、妇女、婴孩,每月聚会一次,于旷地搭起天篷,建立讲坛,听取王或官长的讲道,其内容系关于纪律、军事、民事和社会行政问题"⑤,从而使辖区内全体民众普遍接受教育。平等性体现在太平天国的科举考试与女子教育上。清代规定,凡出身不正者如门子、长随、番役奴隶、倡优、乐户、丐户、吹手等不许应试,并有不是本地人不能参加科考之规定,以表面的公平竞争掩盖事实上的不平等。然而,太平天国科举考试"不论门第出身",不论本地人还是外来者,皆可参考;太平天国尊重妇女地位,认为妇女为男子伴侣,在教育上受到与男子同等的重视,

① 洪秀全:《太平天日》。转引自中国史学会主编:《太平天国》(第2册),上海人民出版社,1957年版,第625页。

② 黄再兴:《诏书盖玺颁行论》。转引自中国史学会主编:《太平天国》(第1册),上海人民出版社,1957年版,第313页。

③ 张德坚:《贼情汇纂》。转引自罗尔纲主编:《太平天国史》(第2册),中华书局,2000年版,第1286页。

④ 中国史学会主编:《太平天国》(第1册),上海人民出版社,1957年版,第322页。

⑤ [英]吟唎著:《太平天国革命亲历记》(上册),中华书局,1961年版,第248页。

在宗教上对她们谆谆教诲,在宗教礼拜中给她们以适当位置。妇女除能接受与男子同等的教育,而且可以参加科举考试,通过考试者被委任以官职,从事行政事务。傅善祥曾以中式第一名的成绩被委以东王府东殿内薄书之职。

但是,就教育目的、内容与方法而言,太平天国运动中的教育平等性与普及性建立在政治与军事斗争需要的基础之上,是隶属于政治与军事的教育。太平天国的教育目的在于使其教育对象思想统一、行动一致,内容是带有浓厚宗教色彩与政治色彩的天国"诏书",方法是宣讲与礼拜。就其目的而言,与中国传统教育的价值取向基本相同。正如学者所言,"太平天国反对传统封建教育的等级性和两性差别,与其说是一种自觉的文化意识,毋宁说是一种不自觉的斗争需要。"①而以"四海一家皆兄弟"、"一统山河乐太平"为口号获得政权后的太平天国,迅速转向它曾经努力推翻的那一面。天国建都南京后,对孔孟之书由焚毁改为改造后加以利用,"孔孟之书不必废,其中有合于天情道理者亦多,即蒙真圣主御笔钦定,皆属开卷有益者,士果备而习焉,则焕乎有文,斐然成章。"②太平天国运动由推翻不平等的社会制度、解放劳苦大众转向新的等级关系,而带有荒诞色彩的宗教教义成为维护等级制度的思想核心,"'我乃上主皇上帝,尔凡人且不可设立天上地下各偶像来跪拜也。'今尔凡人设立各种偶像来跪拜,正是违逆皇上帝意旨。""皇上帝"取代了孔孟,天国领袖取代了专制皇帝,对于普通民众而言,跪拜依然不可缺少。发生在太平天国运动中的这种"为了控制而解放"的做法,几乎成为历史的惯性而一再重演,留给后来者无尽的思考空间。

作为一次农民起义,太平天国运动持续的时间不算很长,但其对中国传统文化教育的冲击剧烈而深刻。曾国藩在《讨粤匪檄》中称:"自唐、虞、三代以来,历世圣人扶持名教,敦叙人伦,君臣、父子、上下、尊卑,秩然如冠履之不可倒置。粤匪窃外夷之绪,崇天主之教,……士不能诵孔子之经,而别有所谓耶稣之说、《新约》之书,举中国数千年礼仪人伦诗书典则,一旦扫地荡尽。此岂独我大清之变,乃开辟以来名教职奇变,我孔子、孟子所痛苦于九原。"③太平天国运动以传统的方式、不同于传统的内容,从内部对传统教育进行了扫荡式的洗礼。

以通商和传教为目的的外来冲击与以反孔和平等为目的的内部冲击相结合,使得传统社会包括教育再也难以按照以往的轨迹继续平缓运转。对传统教育而言,传教士办学堂、译西书,太平军编新书、设教堂,都是异己力量,尤其是西方教育,以其先进的理念、实用的内容、高效的组织形式、灵活的方法等,体现出诸多的现代教育特点。而以普及性和平等性为特点的西式教育,与中国的等级

---

① 陈学恂主编:《中国教育史研究·近代分卷》,华东师范大学出版社,2001年版,第17页。

② 中国史学会主编:《太平天国》(第2册),上海人民出版社,1957年版,第552页。

③ 曾国藩:《讨粤匪檄》,《曾文公公文集》卷2,光绪丙子年刻本,第47页。

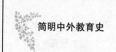

教育相比,显然更富生命力,代表了近代教育发展的基本趋势。

第二节 清末教育形态的变化(一)

来自内部和外部的双重冲击,促使中国教育形式开始发生变化。中国固有教育机构构成近代中国教育发生转变时的背景;教会教育则是西方列强强行在中国契入的异质教育形态;为了适应军事与外交的需要,语言学堂开始出现,随后发展演变为新式学校教育;为了抵御列强的军事与经济侵略,新式企业开始创建教育机构,企业教育开始出现;为了输入新知,留学教育成为西学东渐的重要方式;新式学校教育开始向制度化变迁,等等。通过多种路径,中国教育开始突破传统、缓慢地向近代变革。

一、作为背景的中国传统教育

士农工商是构成中国传统社会的主要社会阶层。作为文化精英,士的教育比较发达并形成比较完备的教育体系,官学与私学是培养士的主要机构。官学包括高级层次的中央官学和属于中级层次的地方官学,其主要职能是育才、储才,为政府输入合格的官僚;私学是与官学并立的重要教育形式,其主要职责是进行社会教化、文化传承和学术传播。由于"人们为了能够创造历史,必须能够升华,但是为了生活,首先就需要衣、食、住,以及其他东西。因此第一个历史活动就是生产满足这些需要的资料,即生产物质生活本身。同时这也是人们仅仅为了能够生活就必须每日每时都要进行的(现在也和几千年一样)一种历史活动,即一切历史的基本条件。"①中国传统教育还包括满足"物质生活本身"需要的教育,即农、工、商的教育。因此,中国传统教育至少包含两轨:即培养士的精英教育和培养农工商人的生活教育,前者以学校教育的形式加以实施,后者以学徒教育的方式予以实现。

(一)培养士的专门教育机构

根据史料记载,早在夏商周三代,中国就形成比较系统的学校教育制度。经过四千多年的发展演变,清代的学校教育制度已相当完备;从春秋战国时期开始的私学,不绝如缕,到清代也有较大发展。

1. 官学

清代学校制度沿袭明制,亦分为中央官学和地方官学两类。

中央官学。清代中央官学为"太学"或"国子监",是最高学府,学生来源为贡

---

① 《马克思恩格斯选集》(第1卷),人民出版社,1972年版,第32页。

生和监生。① 太学所设课程为"四书"、"五经"、《性理通鉴》等,兼习经史。除了贡生和监生,清代中央官学还有八旗官学、算学、宗学、觉罗学、景山学、咸阳宫学、旗学等。八旗官学、算学专收满、蒙、汉官僚子弟,宗学招收十岁以上未封宗室子弟,觉罗学招收觉罗氏八旗子弟,景山官学、咸阳宫官学招收将军子弟,旗学则是旗人学校的统称。因此,清代中央学校,主要是为统治集团及贵胄子弟而设立的带有特权性质的教育机构。

地方官学。清政府在各府、州、县都设有官学,学生为廪生、增生与童生②,各地有固定名额。府学、州学、县学开设的课程为《孝经》、"四书"、《诗赋》、《策论》、《诗文》以及《大清律》等,凡《御纂性理精义》、《圣谕广训》、理学、道德、经济、典故诸书都是学习内容,目的在于培养统治者所需要的、懂得等级"人伦"关系的社会精英。

2. 乡学

如果说官学主要设立在府州县和京师的话,乡学则主要设置在乡村;如果说官学主要由政府举办,乡学则呈现出官办和民间创办相结合的方式。中国拥有悠久的乡学历史,在发展过程中演变出多种形态。到清代,社学、义学、书院和塾馆、蒙馆等已经相当发达,担负着地方社会教化的职责。其中,书院是集藏书、讲学、人才培养于一体的重要教育机构,曾是培养学术人才的重要机构。清代初年,统治者担忧书院的讲学活动导致反清思想,对书院采取压制措施;然而,书院屡禁不绝,于是清政府由单纯的压制转为控制和利用。书院大多由封疆大吏控制,政府拨给经费,将书院变为官办或半官办性质,书院性质也从讲学变为对时文(八股文)的训练,将书院纳入官学轨道,"读书应举"成为书院的基本职能。部分书院游离于官方控制之外,如姚鼎主讲的南京钟山书院、阮元创办的"诂经精舍"与"学海堂",前者专讲词章,后者重视经史考据,排斥举业,培养了大批学术人才。

以上是中国固有制度化教育的主要形态。就形式而言,形成蒙学、地方官学、中央官学三级体系;从内容而言,主要是长期积淀形成的适合各个年龄段学子学习的儒家经典;就目标而言,"读书入仕"、为政府输入合格的预备官僚是其主要职责。

---

① 科举制度中,生员(秀才)一般隶属于本州、府、县学,若考入国子监继续读书者,则不再是本府、州、县的生员,而称为贡生,意指人才贡给了皇帝。根据形式,贡生可以分为岁贡、恩贡、拔贡、优贡和副贡诸生,俗称"五贡"。明清在国子监肄业者,统称为监生,由学政考取或由皇帝特许;监生可分为恩监、阴监、优监、例监和举监,俗称"五监"。参见上海师范大学教育系等编:《辞海·教育、心理分册》,上海辞书出版社,1980年版,第63页。

② 廪生、增生是廪膳生员,即明清两代由府、州、县按月发给银子补助生活的生员;童生又称文童,明清科举规定,凡应考生员(秀才)之试者,不论年龄大小,皆称童生。

（二）发生在生产、经营场所的教育

专门教育机构中不传授乃至排斥与社会生产、商业流通相关的知识,也不是为生产和流通领域培养人才,而这类知识与人才又是社会延续和发展不可或缺的内容。因此,这类人才由生产与经营场所自己承担,学徒教育是主要方式。学徒教育是历史久远并与社会生活、生产密切联系的一种教育形式,是在生产劳动和经营活动中、通过生产劳动与经营活动和为了生产劳动与经营活动,在父与子或师傅与徒弟之间实施的教育形式,集培养、使用与资历于一身,在人类社会发展过程中扮演重要角色。学徒教育在发展过程中,形成了相应的制度规范,即学徒制。学徒制形成后,使学徒教育目的更为明确,并有了相应的规范加以约束和制度加以保障。

相对于科举制这一显性但狭窄的社会流动机制,学徒制是社会底层民众实现社会流动的重要方式。在重道轻艺、重农抑商、重本抑末的农业文明时代,这种与生活和生产密切相关的教育不为正统教育所认同,甚至到近代中国依然如此,"中国素来以农立国,向以工商二业为下等阶级。其于商人训练之法,以收集学徒为唯一门径。故商业教育,遂不为士林所论列。"①虽不受正统人士认同,学徒教育依然得以延续,并随社会发展而变迁。在西方教育传入中国之前,学徒教育承担着职业技术教育的角色。

因此,在近代新式教育起步时,作为背景的中国固有教育由两部分构成,即:进行道德教育和文化知识传播的各级各类专门教育机构与进行生产和商业经营管理知识、技能传授的学徒教育。前者在专门的教育机构中进行并形成比较完备的教育体系,后者主要在生产和经营场所进行并有相应的制度规范加以保障。

二、强行契入的教会教育

明万历九年(1581年)意大利传教士利玛窦来到中国,此后到清康熙末年的一百余年中,西方传教士频繁来华。然而,由于传教士秉承教皇意旨在华传教,以平等对话的方式进行交流,引起包括皇帝在内的正统人士的反对,于是中西文化交流的通道被切断。但是,西方的通商与传教没有因为清政府的禁教与闭关政策而停止。它首先在中国的周边地区开始,随后拓展到中国沿海地区和通商口岸。受伦敦会支持,马礼逊于1818年11月11日在马六甲创办了英华书院。1842年中英《南京条约》签订后,英华书院于1843年迁往香港,1844年更名为英华神学院,1856年停办。英华书院虽非创建于中国内地,办学目的也在于为传

---

① 穆藕初:《中国之商业教育》。转引自赵靖:《穆藕初文集》,北京大学出版社,1995年版,第200页。

教服务,但作为第一所主要为华人创建的学校,培养了第一批懂得西学的人才。1836年,部分传教士与来华商人在广州美国商馆成立"马礼逊教育协会","以学校或其他方法促进或改善在中国之教育"为宗旨。1839年马礼逊学校在澳门成立,1842年11月迁往香港,成为香港开埠后的第一所新式学校。马礼逊学校以其丰富的西学内容、新型办学方式,开阔了在此求学的中国学子的知识视野,培养了一批懂得西学的人才。

以1842年《南京条约》签订为开端,一系列不平等条约接踵而来。除割地、赔款、派兵之外,列强获得了在中国传教、建学校等特权。截至1860年,天主教耶稣会传教士有50多人,在江南建立传教据点400多处,发展教徒7.7万余人,创办小学90余所;基督教传教士约100人,教徒2000人,设于广州、福州、厦门、宁波、上海五通商口岸的基督教新教小学达50余所,学生1000余人。[①]洋务运动时期,教会学校得到进一步发展。到1876年,教会学校达800所左右,学生人数也达到20000人左右;到19世纪末,教会学校总数达到2000所左右,学生人数超过40000人,其中中学占学校总数的10%,并在中学基础上出现了大学班级。洋务运动中出现了一批颇有影响的教会学校:1864年,登州文会馆在山东建成(即齐鲁大学前身);1867年,潞河书院在通州建成(发展为华北协和大学,随后改为燕京大学);1879年,培雅书院与度恩书院合并为圣约翰书院(后发展为上海圣约翰大学);1882年,中西书院在上海成立(随后与苏州的博习书院等合并为东吴大学);1885年,格致书院在广州成立(后发展为岭南大学);1888年,汇文书院在南京建成(后发展为金陵大学),等等。除此之外,传教士开始创办教育组织。1877年5月成立了基督教教会在华成立的第一个教育联合组织——"学校与教科书委员会",负责规范教学内容、编写教科书。1890年改组为"中华教育会",以"提高对中国教育之兴趣,促进教学人员友好合作为宗旨",对在华基督教教育进行指导。"中华教育会"成为中国基督教会教育的最高领导机构,不仅使得教会教育更具规范性和制度化,而且使得其职责范围大为拓展,对随后的教会教育发展产生广泛而深刻的影响。

作为强行契入中国的异质教育形式,教会教育从处于边缘逐渐成为洋务运动时期乃至20世纪初中国新式教育的重要形式。正是这种异质的教育为中国教育变革提供了参照系,成为中国新式教育效法的对象。教会学校从早期的几个通商口岸迅速向外延伸,规模由几个人拓展到数百人,程度由小学上升到中学、大学,目的由培养教徒到培养懂得现代科学技术知识的人才,内容由神学扩展到自然科学以及中国政教学术,教育对象由男子拓展到女童,教学组织形式、

---

① 顾长声著:《传教士与近代中国》,上海人民出版社,1981年版,第107,117页。

教育教学方法也与中国固有教育形成显著差异。尤其是教学内容与教学组织形式，为中国近代教育变革提供了参照，成为教育发展的方向。教会学校的广泛设立，成为西学东渐的重要形式，加速了西学在中国的传播，开阔了当时中国人的教育视野。在中国教育由传统向近代的转变过程，亟需大批懂得西学的师资，教会教育为新式教育的发展与推广提供了大量的师资。由此，教会教育也从处于边缘逐渐变为近代教育中不容忽视的一股力量，在高等教育方面尤其如此。

三、企业承担的教育职责

企业经常被当作经济单位，但是近代中国企业起步时首先考虑到的不是经济或盈利，而是应对列强的军事侵略。由于传统教育奉行"重道轻艺"和"学而优则仕"的价值取向，培养的人才不是流向生产部门，以至创办新式企业面临的一个直接问题就是缺乏相应人才。由此，企业开始与教育发生关系，一批企校一体的企业得以建成，担负起技术人才培养的职责。不仅如此，作为古典企业过渡形态的官办工艺局展开了相同的活动。清末企业教育成为中国教育早期现代化起步时期的重要一轨。

（一）新式企业承担的教育职责

近代中国第一个军工企业——安庆军械所的失败，与科技人才缺乏有着密切关系。李鸿章创办的上海洋炮局，一改曾国藩"不雇洋匠"的做法，并有"非用全副机器，延请外国巧匠，不能入手"之认识。但是，在李鸿章心目中，培养自己的科技人才才是根本所在："中国欲自强，则莫如学习外国利器；欲学习外国利器，则莫如觅制器之器，师其质而不必尽用其人。"[1]1866 年，左宗棠在福州创办船政局时，雇有洋匠多至 30 余名，并以合同形式规定：五年之内，外国技师教会中国工匠能按现成图式自造轮船；外国技师就铁厂的制造设备，教会中国员工能自己制造一切造船机器，限满之后，所有洋技师及洋匠概不留用，并着手创建福建船政学堂。[2] 随后创建的路矿等企业几乎采取同样做法。聘用洋技师、购置机器、教授中国工匠成为洋务运动时期新式企业运行的通行做法。福州船政局创建福建船政学堂，广州机器局附设西学馆，汉阳铁厂设立铁政局化学堂，等等。一批具有教育设施的企业得以建成（详见下表所示）。

① 《同治朝·筹办夷务始末》卷 25，故宫博物馆影印本，1930 年版，第 10 页。
② 陈元晖：《洋务运动时期教育》，上海教育出版社，2007 年版，第 298～299 页。

表 5-1　　　　　　　　部分清末新式企业设立新式学堂的统计表

学堂名称	创办时间	所属企业	学堂名称	创办时间	所属企业
福建船政学堂	1866	福建船政局	天津电报、水雷学堂	1880	天津机器局
操炮学堂	1874	江南制造局	广东黄埔鱼雷学堂	1884	广东黄埔鱼雷局
福州电报学堂	1876	福州电线局	旅顺口鱼雷学堂	1890	旅顺口鱼雷局
天津电报学堂	1880	天津电报局	湖北矿务局工程学堂	1890	湖北矿务工程局
广州西学馆	1881	广州机器局	驾驶学堂	清末	轮船招商局
上海电报学堂	1882	上海电报局	山海关铁路学堂	1895	津榆铁路公司
金陵同文电学馆	1883	金陵电报局	四川机器学堂	1907	四川机器局
两广电报学堂	1887	两广电报局	苏省铁路学堂	1907	苏省铁路有限公司
台湾电报学堂	1890	台湾电报局	湖北铁路学堂	1907	川汉铁路局

资料来源:陈元晖主编:《洋务运动时期教育》,上海教育出版社,2007 年版;孙虞棠编:《中国近代工业史资料(1840～1895)》第一辑,科学出版社,1957 年版;朱有瓛主编:《中国近代学制史料》第一辑,华东师范大学出版社,1983 年版。

　　"船政根本在于学堂"、"艺局本与学堂一体",洋务企业中的教育模式既非厂办学校,也非校办工厂,而是企校一体的企业,是教育型企业。企业建置明显反映出这一点,以福建船政局为例:铁厂、船槽、船厂、学堂同时开办,整个船政局统一规划,经费统筹使用;监督既负责工厂管理,又负责学堂管理;教习在负责制造的同时,还是传授知识和技术的教师;学生既要参加工厂生产,还要学习科技知识。设局制造的目的在于培养科技人才,左宗棠在筹划船政局时即指出:"习造轮船,非为造船也,欲尽其制造驾驶之术耳;非徒求一二人能制造驾驶也,欲广其传使中国才艺日进,制造驾驶辗转授受,传习无穷耳。故必开艺局,选少年颖悟子弟习其语言文字,通其算学,而后西法可衍于中国。"[①]福建船政局堪称近代中国第一个教育型企业,突现了通过教育与生产相结合、发挥企业的教育功能,以培养科技人才的价值取向。福建船政局的做法具有示范意义,多被后来创建的企业所效仿。

---

①　朱有瓛:《中国近代学制史料》(第 1 辑上册),华东师范大学出版社,1983 年版,第 353,355 页。

（二）工艺局中发达的学徒教育

转型时期的近代中国，更多的是古典企业。古典企业所需人才来自学徒，由学徒教育加以实施。这种情况在 20 世纪初开始发生变化。以光绪二十八年（1902 年）北京工艺局创办为肇始，各地纷纷设立官办手工工场——工艺局。工艺局是教养并举的机构，是古典企业向近代企业过渡的一种形态。它以购地置器、招募技师、教导艺徒为方式，以"讲求制造，提倡工艺"为主旨，积极实施教育活动，使得学徒教育非常发达。

学徒教育的发达，首先体现在设场授徒单位的增多和学徒人数的大幅增加。在地域分布上，从西北的新疆到东南的广东，从东北的黑龙江到西南的云南，从首善之区的京城到地处偏远的省份，普遍设立官办手工工场，工艺局的设立成为一次全国性的活动。另外，学徒人数不菲。工艺局所招学徒，少则数十人，多则数百人。

学徒教育的发达还突出体现在各个实施环节上。在专业设置上，各工艺局因地制宜，凡当地有传统和资源的专业都在设立之列，呈现出多专业并存的局面。如甘肃劝工局设制革、包皮箱、皮靴、裁绒、绸缎、织布、玻璃、皮盒、卤漆、铜铁器等科。同时，开始将普通教育与专业教育相结合，在重视技术训练的同时，注重格致、化学、电学等自然科学文化知识的传授，与传统的学徒制形成显著差异。在教学组织形式与教学方法方面，班级授课与实地训练是基本的教学组织形式。如福建工艺局以半日习艺、半日习文的方式展开，"每日下半午，教以制作皮器、漆器各工艺，上半午则在该局内附设半日学堂，肄习数字"。因材施教、因性施教成为最常用的教育教学方法，"募专门工师教之，查其灵钝，因性所近，分授各艺。""察其性情材质，再发工厂肄业，董劝兼施，徐图观感"。[1] 在师资聘用上，同样发生较大变化。其一，师资由两部分构成：一为专讲学理的教习，一为技术训练的匠目、工匠；两者分工协作，共同执教。其二，以合同来规范师资的权利与义务。北洋工艺总局要求所聘洋教习"指教制造方法、演说工艺要理"，"将所任制造各种方法尽心传授，务使匠徒、学生……毕业均可自行制造，考验如法。"教习"尚不能认真教授，或不遵调度，或不敦品行，即由工场公司管理员、学堂总教习禀知工艺局总办，将合同作废"。[2]

清末企业中的教育对中国教育早期现代化发展的作用不容忽视。不仅培养了一批急需人才，而且对新式教育本土化和传统工商教育的现代改造做出有益探索，同时带动了民营企业中教育活动的开展；不仅推动了企业自身的发展，而

---

① 彭泽益：《中国近代手工业史资料(1840～1949)》(第 2 卷)，三联书店，1957 年版，第 560,507 页。

② 章开沅：《周学熙集》，华中师范大学出版社，1999 年版，第 121,122 页。

且使得企业成为重要的教育场所。

第三节　清末教育形态的变化（二）

除了作为背景的传统教育、被强行契入的教会教育与发生在企业中的教育之外，清末国人开始自办专门的新式学堂，并开始派遣留学生，构成清末教育的重要两轨。

一、新式学堂

此处所言的新式学堂为中国人自办的专门新式学堂（区别于教会教育与企业中的教育机构）。由于中国人自办新式学堂最初出现于洋务运动时期，时称洋务学堂。鸦片战争后，涉外事件日益增多，对外语人才的需求日渐迫切，然而，中国教育固守传统并从其中继续汲取营养获得发展，却陷入教育越发展中国社会越缺乏发展后劲的局面，甚至连基本的社会需要也难以满足。1860 年 10 月，英法联军攻陷北京，签订《北京条约》并重新认定《天津条约》各条款。《天津条约》规定，在随后与中国的交涉中，仅使用英文、法文；作为过渡，在三年内配送中文，待中国选派学生学习外文后，即停附中文；如以后交涉文件中发生文词争议，均以外文为准。这种歧视性的规定，迫使清政府快速做出开办外语学校的决定。1862 年 6 月 11 日总理衙门下设负责教授英文和法文的同文馆。京师同文馆为洋务官员设立的第一所学堂。随后，上海、广州两地分别于 1863 年建成上海广方言馆和广州同文馆，此后一批新式学堂得以建成。到清末新政期间，新式学堂成为推广新式教育的主要形式。

（一）新式学堂的艰难起步及其快速发展

同文馆建成后，洋务官员希望增加天文算学内容以培养新式人才。然而，有着"华夷"之辩传统的中国，要正途出身者以"夷"人为师，向"夷人"学习，正统士人在心理上难以接受。加之，夷人"称兵犯顺，凭陵我畿甸，震惊我宗社，焚毁我园囿，戕害我臣民，此我朝二百年未有之辱"，士人在情绪上难以接受；而对"耶稣之教盛行，无识愚民半为煽惑"的认识，又增加一层警觉。于是，以倭仁为代表的一批正统中国士人反对在同文馆添设天文算学馆，即使设立也"不必奉夷人为师"。这股势力如此之大，以至于经过近半年之久的争论，天文、算学馆方得以建成。成立后的天文、算学馆录取学生 30 名，因程度太低，半年后经复试留下 10 名，并入英、法、俄文馆，天文、算学馆名存实亡，其新式学堂的性质也大打折扣。1869 年 11 月，美国人丁韪良被聘为京师同文馆总教习，对同文馆进行了改革，同文馆性质开始发生明显变化：第一，课程范围除语言外，扩大到数学、物理、化学、天文测算、万国公法、各国历史、地理等课程,使同文馆由单纯的外语学校发展为一所以外语教学为主、兼习各种"西学"的综合性学校。第二,拓展了同文馆的建制。先后设立德文馆、化学实验室、博物馆、翻译处、天文台、格致馆、东文馆(日文馆)等。第三,提高生源质量。从 1868 年开始,上海、广州两馆的优秀学生多被选入京师同文馆学习,提高了生源质量。1898 年的维新变法过程中,京师大学堂成立,同文馆科技教育部分并入京师大学堂;1902 年,京师同文馆并入京师大学堂。京师同文馆为培养外语人才的教育机构,其毕业生中多人从事涉外工作;随着洋务事业的发展与同文馆培养目标的调整,毕业生出路更广,在政府部门、军事部门、新式教育与实业部门任职者居多,也有部分参加科考获取功名或被送往国外进一步深造。

京师同文馆建成后,一批专门学堂相继成立。这些学堂可分为外国语言学堂、军事("武备")或技术学堂两类。这类学堂创办之后,增加自然科学内容,服务于"求强"、"求富"的目的。戊戌运动和清末新政期间,新式学堂获得长足发展,各级各类学堂在这一时期开始出现并逐渐形成体系。高等教育方面,1896年建成了既是教育机构又是教育管理机构的京师大学堂,清末新政期间各省纷纷设立高等学堂。中等教育方面,建成一批普通学堂,并且开始出现实业学堂和师范学堂。戊戌变法期间,各地还出现带有人才培养性质的学会,如北京强学会、上海强学会、湖南的南学会、广东的圣学会、湖北的质学会、江苏的苏学会、浙江的兴浙会、四川的蜀学会等等。1901 年,清廷发布"兴学诏书",开始大规模的兴学活动;1904 年颁行《癸卯学制》后,学校得到快速发展。据资料记载,1904年,全国有新式学堂 4222 所,在校学生 92000 余人;1909 年,学堂数量达到59177 所,学生人数 163 万 9921 人;1912 年,学堂数为 87470 所,学生人数近 300万人;与 1904 年相比,1912 年的学校数与在校学生数分别为其 20 倍和 31 倍。[①]从无到有,从少到多,新式学校获得了巨大发展,成为教育的主要形态。

(二)新式学堂的特点

新式学堂与中国固有的官学、书院、私塾等传统教育机构存在显著差异,这种差异从教育的培养目标、教学内容、教学方法、教学组织形式、入学对象、学校制度等多个方面体现出来。

与"明人伦"的中国传统教育目的和"学而优则仕"的价值取向不同,新式学校教育目的发生显著变化。洋务学堂的培养目标是造就各项洋务事业所需要的专门人才,涉及外交、律例、水陆军事、机械制造等等。戊戌变法期间,为适应变法需要,教育目的转变为培养具有"民权"意识和"科学"精神的新型国民,以民

---

① 陈学恂主编:《中国教育史研究·近代分卷》,华东师范大学出版社,2001 年版,第 108 页。

主、科学教育下的"新民"取代专制、愚昧教育下的顺民,这种国民具有德、智、体等方面的素质,成为具有资产阶级政治信仰、思想观念、道德修养和能够适应资本主义生产的掌握各种知识技能的人。清末新政期间,以"端正趋向,造就通才"为教育宗旨;1906年,清学部将"忠君"、"尊孔"、"尚公"、"尚武"、"尚实"作为教育宗旨。"忠君"、"尊孔"为中国政教所固有,亟宜发扬光大以抵制异端邪说;由于认为中国国民存在私、虚、弱等缺点,"必因其病之所在而拔其根株,作其新机",因此,中国民众最缺而亟宜针砭以图振起者为"尚公"、"尚武"、"尚实"。[1]即教育目的在于培养既有一定能力又能服从专制统治的人。

教学内容已不限于传统的经史义理和八股文章,而是不断加入新的内容。洋务学堂以"西文"、"西艺"为主,课程包括外语、自然科学和技术课程,注重学以致用。维新运动期间开始全面学习西学,不仅包括西方的自然科学技术,而且开始纳入诸如天学、地学、人学、生理之学、心理之学、群学(社会学科)、名学(逻辑学)、政治学等"西学"、"西政"的内容,以期通过这些课程的学习,培养学生的国民意识和能力。清末新政期间的教学内容则在"中体西用"的框架之内,教学内容呈现出新旧杂糅的特点。正如《重订学堂章程折》中所言:"无论何等学堂,均以忠孝为本,以中国经史之学为基,俾学生心术壹归于纯正,而后以西学瀹其智识,练其艺能,务期他日成才,各适实用,以仰副国家造就通才、慎防流弊之意。"[2]教学内容以中国固有的经史子集为基础,培植根本;以西方的自然科学技术知识为重要内容,增其智能。

教学组织形式与教学方法上,向班级授课与直观教学变迁。与传统的个别教学不同,洋务学堂有分年课程计划,确定了学制年限,采取班级授课制;教学方法则照顾学习者的接受程度,由浅入深、循序渐进地安排教学内容,建立了实习制度,一些学校中安排有实践课程,体现出理论与实践结合的特点。维新运动期间的教育还从传统书院自由讲学的方式中汲取营养,提倡批判,在批判的基础上发明新理,这种批判与发明新理的方式使得这一时期的教育带有解放思想和思想启蒙的性质。清末新政期间,尤其是《癸卯学制》颁行之后,针对各级各类学校制定了详细规定,班级授课制成为基本的教学组织形式,学年制与学期制成为定制;由于教学内容新旧杂糅的特点,使得教学方法既有传统的对经学的死记硬背,又有适合于新式教育内容的由浅入深、由简到繁等循序渐进、因性施教的方法。

在教育对象方面,出现中国人自办的女子学堂。与中国传统学校只招男子

---

① 陈元晖主编:《中国近代教育史资料汇编·学制演变》,上海教育出版社,2007年版,第543~546页。

② 陈元晖主编:《中国近代教育史资料汇编·学制演变》,上海教育出版社,2007年版,第298页。

而拒绝女子不同,清末女子教育开始受到重视。1898 年,上海绅商经元善筹集资金,在上海城南桂墅里设立"经正女学"。经正女学聘请中、外女士担任教师和管理人员,开设中西课程,其中属于中学课程的有《女孝经》、《女论语》、《女戒》及女红、绘画、医学等,属于西学课程的有英文、算书、地理、体操等。经正女学为近代中国第一所由国人自办的女子学校,起到开拓风气之先的作用。此后,中国女子学校得以渐次发展。

因此,新式学堂不仅在教育的目的、内容、组织形式、方法等方面与中国传统教育形成差异,而且在数量、规模方面得以迅速发展,成为中国教育早期现代化进程中的重要一轨。

二、留学教育

留学教育是输入新知的重要教育形式。早在两次鸦片战争期间,就出现了零星自发的留学现象。由政府派遣出国留学的主张出现在洋务运动之后。19世纪 70 年代初,中国已开设一定数量的洋务学堂,加之洋务人士对新式社会事业认识的加深,发现要全面学习西方先进技术,需要到西方国家深入学习并增加观感。于是,派遣留学生被纳入到洋务计划之中,留学教育开始形成。清末留学教育按其派遣时间与方向可分为四个阶段和去向,即留美幼童派遣、留欧学生派遣、留日高潮的形成与留美教育的转向。

(一)留美幼童的派遣

1872 年,在容闳倡导下,留美幼童得以成行,成为近代中国由政府派出的首批留学生。容闳于 1854 年在耶鲁获学士学位,是"毕业于美国第一等之大学"的中国第一人。容闳毕业当年即回国,致力于留学教育,实现"以西学制学术灌输于中国,使中国日趋于文明富强之境"[①]的愿望。1870 年,容闳向曾国藩提出派遣留美幼童的计划,由曾国藩奏请清廷获得批准,最终确定留学美国的有关事宜,具体内容如下:

在上海、宁波、广东等沿海省市挑选曾读经数年、年龄在 12 岁~16 岁之间的聪慧幼童,经考试合格后派赴美国留学,费用由海关进口关税中拨付。从1872 年开始,选派幼童数量每年为 30 名,共四年总计 120 名,学习期限为 15年。在上海设立"沪局",负责留学生出洋事务;在美国康涅狄格州首府哈特福德市设立"驻洋局"(后称"留学事务所"),负责留学生在美具体事宜与假期的中文补习;设立正、副委员(监督)作为管理人员,派数名"中学"教师同行作为"中学"师资。学生在美国除学习西学内容外,还需兼习中学,学习《孝经》、小学、"五经"

---

① 容闳著:《西学东渐记》,湖南人民出版社,1981 年版,第 23 页。

及国朝律例等书,在规定日期由正、副委员带到留学事务所拜祭至圣先师的牌位,讲授《圣谕广训》。1872 年 8 月 11 日第一期学童经上海预备学校培训后,在监督陈兰彬带领下从上海出发赴美。1873 年 6 月、1874 年 11 月、1875 年 10 月第二、三、四期各 30 名学童也按计划成行。其中,第二、第四期除 30 名正额外,还分别有 7 名和 3 名自费学生随行。

为了尽快适应美国生活和提高外语水平,幼童赴美后,被分派到美国教师家中。英文不合格者在教师家中接受语言补习教育,英文基础较好的学童直接进入美国小学的不同年级,而后由中学至大学。身处异国他乡,怀抱"强国"、"富国"之梦的幼童在美国渴求新知,勤奋好学,取得显著成绩。耶鲁大学校长普德等在致函总理衙门的函件中称:留美幼童道德"优美高尚","人人能善用其光阴","成绩极佳","咸受美人之欢迎"。① 1876 年举办的美国独立 100 周年纪念博览会上,幼童受到美国总统的接见,赴美参观博览会的中国官员看到留学生的作业展览会后,对美国的教育教学方法和留学生的学业成绩大加赞赏,"诚可见用心专而教法备焉"。②

由于培养目标与管理措施上的冲突,使得留学被迫中断。留美幼童赴美时的平均年龄为 13 岁,到美国后不久即开始学穿洋服,同美国教师一起参加祈祷及学校体育活动等,逐渐接受了美国的价值观念和行为方式。容闳认为在美国学习,这是难免的。而负责留学事务的总监督陈兰彬,希望幼童只接受西方的科学技术而拒绝其价值观念和生活方式,认为学生"习为跳掷驰骋,不复安行矩步",有损中国儒生的斯文。1876 年,代陈兰彬任留学总监的吴子登,不断向清政府致函,诋毁留学生"读书时少而游戏时多",并称"学生已多半入耶稣教"。吴子登指出:"此等学生,若更令其久居美国,必致全失其爱国之心,他日纵能学成回国,非特无益于国家,亦且害于社会。"于是,建议关闭留美事务所,召回留美学生。这种观点得到时任中国驻美公使陈兰彬的认可。陈兰彬称:留学生"外洋之长技尚未周知,彼族之浇风早已习染,已大失该局之初心","外洋风俗,流弊多端,各学生腹少儒书,德行未坚,尚未究彼技能,先已沾其恶习,即使竭力整顿,亦觉防范难周,亟应将该局裁撤"。这种言论得到国内思想守旧者的响应,加之美国兴起排华浪潮,助长了撤回留学生的影响力,致使洋务大员做出"日久弊生,有名无实"、"利少弊多,难资得力"的判断。1881 年 6 月,奕䜣奏请清廷撤回留美

① 陈元晖主编:《中国近代教育史资料汇编·洋务运动时期教育》,上海教育出版社,2007 年版,第 926 页。
② 李圭:《环游地球新录》。转引自钟叔河主编:《走向世界丛书》(第 1 辑第 6 种),岳麓书社,1985 年版,第 212 页。

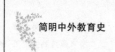

学生得到许可。1881 年 7 月,清廷正式做出撤回留学生的决定。① 这样,120 名留美幼童,除先期因不守纪律被遣返的 9 名、执意不归与病故者 26 名外,其余94 人于 1881 年分三批被遣送回国。

在回国的留美学生中,詹天佑和欧阳庚两人获得学士学位,60 人进入专业学习阶段,其他则为中、小学生。留美幼童承载着国人输入新知的希望,加上在美国的良好表现,骤然被遣返,时人表现出极大的愤慨和惋惜。尽管学业未成,但这批留学生依然为近代中国社会发展做出巨大贡献:第一批返回的 21 名学生均被送入电局学传电报,第二、三批学生由当时中国新式企业如福建船政局、上海机器局留用 23 名外,其余 50 名分赴天津水师、机器、电报、鱼雷局等处当差。在这批留美幼童中,后来分散到政界、军界、实业界、知识界等各个领域;在他们中间,有铁路工程师詹天佑、开滦煤矿矿冶工程师吴仰曾、北洋大学校长蔡绍基、清华学校校长唐国安、民初国务总理唐绍仪、清末交通总长梁敦彦、第一位美国华裔律师张广仁等等,成为近代中国历史上的知名人物。

(二) 留欧学生的派遣

派遣学生赴欧洲留学出于沈葆桢的建议,且以福建船政学堂的学生为主。1873 年 12 月,沈葆桢建议派学堂生徒随洋教习赴欧洲留学。当时认为英国航海技术与法国的造船技术处于世界先进行列,加之福建船政学堂后学堂以英语教学,有英语基础,前学堂以法语教学,有法语基础,于是,奏请选前堂优秀学生"赴法国深究其造船之方,及其推陈出新之理";选后堂天资聪颖、学有根柢者"赴英国深究其驾船之方,及其练兵制胜之理"。② 由于 1874 年日本侵略台湾,沈葆桢赴台筹备海防,加之因经济拮据,计划未能执行。1875 年初,趁福建船政局正监督、法国工程师日意格回法国为船政局购买设备之际,沈葆桢奏准派选后学堂学生刘步蟾、林泰曾与前学堂学生魏翰、陈兆翱、陈季同五人与其同行,以达"涉历欧洲,开扩耳目,既可以印证旧学,又可以增长心思"③之目的;1876 年,时任北洋大臣的李鸿章借回国的德国军官李劢协回国之际,奏请派武牟随其留学,得到准许后派遣王得胜等七人赴德学习军事,这批留学生成为近代中国官派留欧学生的先导。

1877 年 1 月,李鸿章、沈葆桢等联名奏请派学生出洋留学。奏折称:"西洋

① 陈元晖主编:《中国近代教育史资料汇编·洋务运动时期教育》,上海教育出版社,2007 年版,第910~924 页。

② 陈元晖主编:《中国近代教育史资料汇编·洋务运动时期教育》,上海教育出版社,2007 年版,第938 页。

③ 陈元晖主编:《中国近代教育史资料汇编·洋务运动时期教育》,上海教育出版社,2007 年版,第944 页。

制造之精,实本源于测算、格致之学",其制造的轮船不仅坚固耐用,而且行动迅速敏捷;而"中国仿造皆其初时旧式,良由师资不广,见闻不多",仅能循规蹈矩地模仿,而模仿之后,西人已"别出新奇,中国又成故步,所谓随人作计,终后人也。若不前赴西厂观摩考察,终难探制作之源"。驾驶方面,学堂学生于"测量天文、纱线,遇风保险等事,仍未得其深际。其驾驶铁甲兵船于大洋狂风巨浪中,布阵应敌,离合变化之奇,华员皆未经见。自非目接身亲,断难窥其密钥"。并厘定留学目标,制定留学章程:到法国学习制造者,要求"通船新式轮机、器具无一不能自制";赴英国学习驾驶者,须"精通改过水师兵法,能自驾铁甲于大洋操战";若学生中有天资聪颖、学有余力者,可以学习矿学、化学以及外交公法等课程。[①]

留欧学生共计派出三批。第一批于 1877 年 3 月 31 日在李凤苞和日意格的带领下出发。其中前学堂 12 名学生与 4 名学徒(1878 年又增派 5 名)赴法国学习制造,后学堂 12 名学生赴英国、西班牙等国学习驾驶,留学期限为三年。这批学生加上已在法国的魏翰、陈兆翔构成第一批留欧学生,共计 35 名。由于经费、生员等问题,1881 年底派出的第二批留学生仅有 10 名,分赴英、法、德三国学习营造枪炮、火药、轮机、驾驶、鱼雷等,期限仍为三年。第三批留欧学生于 1886 年6 月派出,学习制造者 14 人来自福建船政学堂前学堂,学习驾驶者 20 人,来自北洋水师学堂与福建船政学堂后学堂各 10 人。

留欧学生从 1880 年代陆续回国,对近代中国军事、科技乃至社会文化发展产生积极影响。在科技尤其军事科技发展方面,这批留学生将近代中国军舰制造技术推到一个新高度。曾任福建船政的裴荫森称:"制造船身学生魏翰、郑清濂、吴德章,制造轮机学生陈兆翔、李寿田、杨廉臣等六员,自出洋艺成回华,先后派充工程处制造以代洋员之任,历制开济、横海、镜清、寰泰、广甲、龙威等船,均能精益求精,创中华未有之奇。"[②]在教育和思想启蒙方面,留欧学生做出显著成绩。蒋超英、魏翰分别担任江南水师学堂和广东黄埔水师学堂总办,相当一部分留欧学生有过学堂教习的经历;其中,严复不仅担任北洋水师学堂总教习和总办二十余年,民国建成后出任北大的首任校长,致力于教育事业,而且通过翻译世界名著宣传进化论与天赋人权思想,对当时的思想解放做出重大贡献,影响更深远。留学生主要出自船政学堂和海军学校的学生,涌现出一批近代海军将领;另外,留学生在外交、实业与其他科技领域,也颇有建树。

洋务运动时期,两次派遣留学生的总数约在 200 人左右,构成甲午海战前留学生的主体。尽管人数较少,但迈出了中国教育走向世界教育的坚实一步,就学

---

① 陈元晖主编:《中国近代教育史资料汇编·洋务运动时期教育》,上海教育出版社,2007 年版,第951 页。

② 中国史学会编:《洋务运动》(五),上海人民出版社,1961 年版,第 381 页。

习西学而言,没有比留学更彻底的途径,留学教育作为教育的重要一轨被保留下来,并得到进一步发展。洋务时期的留学生依靠其自身所学,在近代中国多有成就,这对依靠参加科举考试获得功名而实现社会流动的中国传统观念,形成挑战。

(三)留学日本的勃兴

1896年中国驻日公使裕庚经总理各国事务衙门同意,选取13名学生随行前往日本学校附读,这是中国最早官派留日学生。受甲午海战的刺激,中国士大夫在分析日本迅速崛起的原因时,发现日本早期留学生起到重要作用,于是主张效法日本;加之,日本文字易于学习,日本同中国隔海相望、风俗与中国相似,西书也经由日本择要翻译出版等等,认为中国派遣留学生应首选日本,并通过各种方式向日本选派留学生。到1901年1月清政府实行"新政"前,到日本留学的学生大约有200人。①

清末新政议行后,政府多次提倡留学,并制定对留学毕业生给予相应科考功名的奖励章程,留日学生日渐增多。1905年,清廷发布废除科举制度的诏令后,文人士子为寻求新的进身之阶,纷纷赴日本留学,留日高潮开始形成。据日本学者实藤惠秀统计,截至1901年底,赴日留学生约280人,1904年约3000人,1906年达到8000人,之后人数逐渐减少。② 在如此短的时间里,有人数如此多的人到一个国家留学,在中国近代史上是空前的。其中,自费留学者略多于官派留学生的数量。

然而,大规模地赴日留学,呈现出盲目的特点。留学人数众多,普遍缺乏日语和西学基础,仅能到初、中等学校学习;专业选择以晋身较快的政法、武备为主,以至于清政府在1908年规定,凡官派留学生只准学习农、工、格致等专业,并不得改习他科。

留日归来的学生成为推动近代中国社会发展与变革的人才资源。清末兴学过程中亟需大批师资,这批学生成为新式学堂师资的重要来源;他们积极翻译西书,广泛传播资本主义思想文化观念,对思想解放起到积极作用;留日学生中的一部分结成革命团体,促成了辛亥革命的爆发,对近代中国社会变革产生重大影响。

(四)留学美国的转向:"庚款兴学"与留学美国

据统计,除留美幼童外,1900年前留学美国者近60人,且多受教会资助。从1901年到1908年,赴美留学者约280余人。但是,更大规模的留学美国出现

---

① [日]实藤惠秀著:《中国人留学日本史》,谭汝谦、林启彦译,三联书店,1983年版,第1页。

② [日]实藤惠秀著:《中国人留学日本史》,谭汝谦、林启彦译,三联书店,1983年版,第32～39页。

在 1908 年之后。1900 年发生庚子事变,次年,中国与各交战国签订《辛丑条约》,赔银 4.5 亿两,从 1902 年到 1940 年分 39 年还清,本息共计白银 9 亿多两。因事发时间为中国庚子年,史称"庚子赔款"。针对美国的排挤华工政策,1905年中国沿海发生抵制美货运动,引起美国朝野的关注。为了实现美国在华的长远利益,美国国会于 1908 年通过议案,决定从 1909 年起,将美国所得庚子赔款的一部分以"先还后退"方式返还给中国,用于发展留学美国的教育经费。美国的做法后来被部分国家效法,称为"庚款兴学"或"庚款退学"。

为顺利实施留学美国的计划,清政府制定《派遣留美学生办法大纲》,对留学事务做出详细规定,并在北京设立"游美学务处",负责留美学生的考选和派遣事宜;在华盛顿设立"游美学生监督处",作为留美学生的管理机构。留美计划从1909 年开始实施,计划每年派遣 100 名,因考试成绩不佳,1909 年派出 47 名,1910 年 70 名,1911 年 63 名。在直接派送留学生的同时,游美学务处于 1911 年4 月创建了留美预备学校——清华学堂。清华学堂招收 13 岁左右的儿童入学,隔年招收 10 名女生;西学教师主要来自美国,课程设置、教材选用、教学方法、生活习惯都以美国为样本,所用教科书、课堂讲解、会议、报告、讲演悉采英文。经过 8 年学习之后,到美国后通常可以进入大学三年级学习,其中大部分学生获得硕士或博士学位后回国。清华学堂对提高当时中国留美学生层次和系统引入西学发挥了重要的、积极的作用。"庚款兴学"达到了美国"把中国的留学潮流引向美国"的目的。1909 年后,留学美国的人数不断增加,中国留学生的结构以及留学趋向发生了重大变化。

新式学堂与留学教育是清末两种重要的教育形式。新式学堂获得快速发展,从零星建立到迅速推广,到清末民初之际,已经成为与传统教育机构并行的一种重要教育形式,并在目的、内容、组织形式、方法等方面与传统教育形成显著差异,在专业分化与教育管理制度方面也与传统形成差异,代表着近代教育发展的基本趋向。作为输入西学最彻底的方式,留学教育也成为中国教育早期现代化的重要一轨,并被保留下来。

第四节　清末教育制度变革

在教会学校的示范以及对外交涉的迫切需求下建立起的新式学堂,成为与传统显著不同的专门教育机构,随着时间的推移,对西方教育制度的借鉴范围不断扩展,不仅涉及学校制度、管理制度,而且开始厘定新教育方针、宗旨。

一、新式学校制度的初创及译介

近代中国教育是在内部力量与外部力量共同作用下逐步更新、依次展开的。

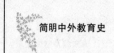

从创建不同的教育形式、拓宽教学内容开始,将西方国家器物文化引入中国,继而由表及里,认识到改革教育制度的必要性。在这种背景、认识和趋势下,西方近代学校制度被引入中国。

(一) 近代学制的萌芽

从京师同文馆开设天文算学馆和福建船政学堂建成之后的整个洋务运动时期,是近代学制萌芽时期。两个学堂对学生的入学条件、课程设置、修业年限、教学组织形式等做出规定,随后新式学堂在效法的基础上得以建成。然而,由于这一时期的新式学堂零星设立,缺乏整体规划,学校之间相互孤立,没有形成衔接学制系统。因此,洋务运动时期的新式教育仅仅是传统教育的点缀,儒学依然处于整个教育内容的主导地位,读书入仕依然是教育的导向,教育管理中有浓厚的官僚风气。但是,洋务学堂以西方近代科技文化作为主要课程,形式上也引入资本主义教育因素,尽管主观上没有与以科举为核心的旧教育体制对抗,却成为瓦解旧教育体制的有效方式,实际上推动了近代中国学校教育制度的改革。

在教育实践发展的同时,有关国外学制的著作不断出现在中国。1873 年,德国传教士花之安撰写的《泰西学校论略》系统地介绍了德国学校体系,涉及教学形式、教学内容、行政管理等等。1892 年,李提摩太撰成《七国新学备要》和《新学汇编序》两书,前者介绍英、法、德、俄、美、日、印度等七国的学校、报纸、图书馆等情况,并建议清政府设立"教育新部",作为推广新式学校的首脑机构;后者对西方学校教育的学科以及程度做了介绍。在传教士积极介绍西方学制的同时,一批中国人开始主动出国考察西方的教育制度。1866 年,斌春出访欧洲时,在笔记中记载:"欧巴罗诸国皆尚文学。国王广设学校,一国一郡有大学、中学,一乡一邑有小学。小学选学行之士为师,中学、大学又选学行最优之士为师,生徒多者至数万人。"[①]这成为国人最早介绍国外学校教育情况的文字之一。1879 年、1887 年,驻日公使参赞黄遵宪先后著成《日本杂事诗》、《日本国志·学术志》,详细介绍日本引进西方学校制度的过程和内容:设立文部省,全国遍立小学校、中学校、大学校、师范学校和专门学校,以及各级各类学校所设课程、所使的教学方法等。作者以亲眼所见、亲身感受为基础,赞扬欧美日近代学制的完备、内容充实、方法得当、思想民主,并以切肤之痛,针砭中国传统教育的弊病。

这种实践上的探索与理论上的分析介绍相结合,为清末教育制度发展提供理论与实践两方面的基础,为教育制度变革提供了必要条件。

(二) 近代学制的雏形:京师大学堂

1895 年的甲午海战失败以及《马关条约》的签订,极大地刺激了中国人,"唤

---

① 斌春:《乘槎笔记》附录《职方外纪》(卷 2),湖南人民出版社,1981 年版,第 3 页。

起吾国四千年之大梦,实自甲午一役始"成为这种刺激最直白的表述。于是,主张变法图强的维新运动开始形成。1898 年 6 月 11 日,光绪皇帝颁布《明定国是诏》,实施全方位的改革。7 月 3 日,光绪皇帝发布上谕,为"广育人才,讲求时务"、"振兴实学",决定"参用泰西学规",设立京师大学堂。委派孙家鼐为管学大臣,聘丁韪良为总教习,由梁启超负责起草京师大学堂章程,对办学总纲、课程设置、入学条件、学成出身、教习聘用、经费筹措与使用等做出详细规定。京师大学堂不仅是全国的最高学府,而且是全国最高的教育行政管理机构,章程总则规定:各省学堂皆当归于大学堂统辖。所以,京师大学堂的建成,标志着近代中国学制系统雏形开始形成。

京师大学堂的办学宗旨是"中体西用"。设专门的管学大臣、总教习、分教习、总办等作为教育管理人员。入学资格分为两部分:一为有一定中学根柢、获得一定功名者及其各大员子弟、长官后裔,一为各省中学堂已学成并领有文凭且保送进京的学生。章程规定,京师大学堂学生总数为 500 名,分头班(专门学科)与二班(普通学科)两部分。光绪帝还令各地督抚,将所辖区内大小书院一体改为兼习中西学的新式学堂,省会书院改为高等学堂,地区郡城书院改为中学堂,州县书院改为小学堂,高、中、小学堂之间相互衔接。课程分为普通学科与专门学科两类,普通学科课程包括:经学、理学、掌故学、诸子学、初等算学、初等格致学、初等政治学、地理、文学、体操等,是全体学生必修内容。同时规定,30 岁以下的学生从英、法、俄、德、日五种外语中必修一种。专门学科分为高等数学、高等格致学、高等政治学、高等地理学、农学等十门,学生于普通科修完后,各选一门或两门深造。配合学制和教学内容改革,1898 年 6 月 23 日,光绪帝发布上谕,废除科举中的八股取士制度,改试策论;7 月 11 日,下令开设经济特科。另外,专设藏书楼、仪器院,以广集中西书籍和各种科学教学仪器。

在京师大学堂筹办之际,发生"戊戌政变",使得京师大学堂章程所规定的内容没有得以贯彻。与原设想相比,正式开办的京师大学堂仅设有仕学院及附设中小学堂,学生不到 100 人,分为"诗""书""礼""易"四堂,所招学生皆为具有一定职衔的官员和举人。戊戌政变后,慈禧下令恢复八股取士,大学堂随之演变为科举预备场所。1900 年,八国联军焚毁了京师大学堂;1902 年,恢复开办,并被纳入清末学制系统。

(三)近代学制的形成:癸卯学制

在列强不断瓜分中国的狂潮中,国内要求改革教育的声音不绝于耳,尤其是1900 年八国联军攻陷北京,给清廷以强烈震撼。在严酷的情势下,1901 年 1 月慈禧太后以光绪帝的名义在西安颁布"预约变法"的上谕,拉开清末新政的序幕,教育作为新政的重要内容被予以关注。1902 年,清政府公布了《钦定学堂章程》

（又称《壬寅学制》），这是中国教育史上第一个较完整的学制体系，但未予实行。1904年1月13日，清政府颁行了《奏定学堂章程》（又称《癸卯学制》），是近代中国由中央政府颁布并且施行的第一个学制。在学制颁布和实施过程中，厘定了教育宗旨，废除了科举制度，组建了中央和地方教育管理机构等等。因此，《癸卯学制》奠定了近代中国学制的基础。它的实施实现了中国教育由古典向早期现代化的转变，促进了新式学堂的发展。

《癸卯学制》由一系列有关学制的文件构成，包括：《学务纲要》、《各学堂管理通则》、《蒙养院章程及家庭教育法章程》、《初等小学堂章程》、《高等小学堂章程》、《中学堂章程》、《高等学堂章程》、《大学堂章程》（附《通儒院章程》）、《初级师范学堂章程》、《优级师范学堂章程》、《任用教员章程》、《初等农工商实业学徒章程》（附实业补习普通学堂及艺徒学堂各章程）、《中等农工商实业学徒章程》、《高等农工商实业学徒章程》、《实业教育讲习所章程》、《实业学堂通则》、《译学馆章程》、《进士馆章程》等，所有这些章程统称为《奏定学堂章程》。由于公布年份为中国阴历癸卯年，又被称为《癸卯学制》。

《学务纲要》属于学制总纲，对学制各个方面做出概要说明。教育宗旨是教育价值观的集中体现，《奏定学堂章程》明确指出："立学宗旨，无论何等学堂，均以忠孝为本，以中国经史之学为基。俾学生心术壹归于纯正，而后以西学瀹其智识，练其艺能，务期他日成才，各适实用，以仰副国家造就通才、慎防流弊之意。"[1]这是中国近代教育史上首次由政府明确提出的教育宗旨，其目的在于维护皇权专制制度。1906年，清学部又将教育宗旨厘定为"忠君"、"尊孔"、"尚公"、"尚武"、"尚实"，构成中国近代第一个以政府法令形式确定的教育宗旨。其中，"忠君"、"尊孔"为中国所固有，旨在维护"中体"不可替代之地位；"尚公"针对中国国民之私，"尚武"针对中国国民之弱，"尚实"针对中国国民之贫，因此"亟宜箴砭以图振起"[2]。

学制系统纵向划分为三段七级，横向除普通外，还有实业、师范两类（如后页图所示）。第一阶段为初等教育（共计13年），包括蒙养院4年，初等小学堂5年，高等小学堂4年。蒙养院是幼儿教育机构，招收3岁～7岁幼儿，将幼儿教育纳入学制系统，标志着学前教育已进入国家规划的新阶段；初等小学堂属强迫教育阶段，高等小学堂4年。第二阶段为中等教育，仅设中学堂一级5年。第三阶段为高等教育，分三级：高等学堂或大学预科3年，分科大学堂3年～4年，通儒院5年，属研究性质。从小学堂到大学堂，修业年限总计20年～21年。在横向的各类学堂中，有与高等小学堂平行的实业补习学堂、初等农工商实业学堂和

---

① 舒新城编：《中国近代教育史资料》（上册），人民教育出版社，1961年版，第197页。
② 舒新城编：《中国近代教育史资料》（上册），人民教育出版社，1961年版，第225页。

艺徒学堂,与中学堂平行的有中等实业学堂、初级师范学堂,与高等学堂平行的有高等实业学堂和优级师范学堂。癸卯学制颁行时,禁止举办女学,但是,1906年后允许开办。1907年,学部颁布了《女子小学堂章程》和《女子师范学堂章程》。

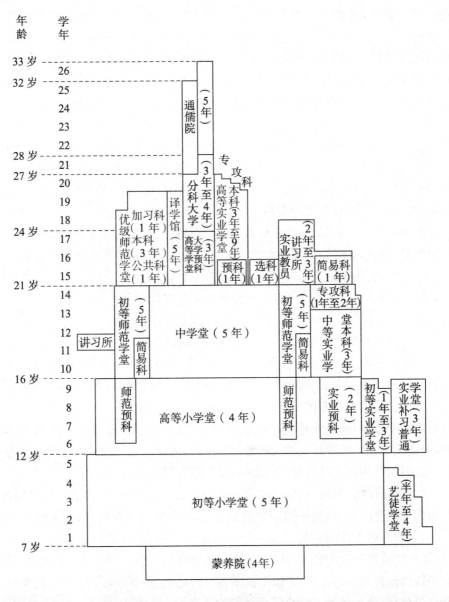

癸卯学制系统图

《癸卯学制》的颁行是近代以来学习西方教育的系统总结的成果,在中国教育早期现代化中具有标志性意义。它在直接参考日本间接吸收欧美学制基础上形成,反映出诸多资本主义教育特点。学制模仿西方通行的三级学制系统模式,分为初、中、高三段;规划了义务教育阶段和目标,反映了教育普及与平等的要求;确立德、智、体三育并举、协调发展的目标和模式,反映出现代教育制度的发展趋势。学制中出现实业教育,是对由来已久"重农抑商"经济制度的颠覆,拉近了教育与经济之间的关系;重视师范教育,强化师资训练;分年课程规划与班级授课制成为最基本的教学管理和教学组织形式;西学课程在课程总量中占有主导地位等等。这些规定,使得《癸卯学制》具有相当的现代性。然而,清末新政出于维护清王朝的专制统治需要,教育被当作实施统治的手段而非解放人的方式,出现在这种环境下的学制系统正是为实现政治意图和政府利益而制定,使得它又存在诸多缺陷。诸如"中体西用"的指导思想,旨在灌输专制伦理道德知识,培养学生效忠于专制皇权;虽没有明确的等级限制,但入大学堂有着严格的条件规定(如需要有为官者作保等),使得教育呈现出等级性;《各学堂管理通则》对教职员和学生做出诸多旨在维护专制秩序的禁令和严厉的惩罚条例,使得管理中有明显的专制痕迹。可见,清末学制是皇权受到威胁、统治者为了消除这种威胁时出台的教育制度,尽管增加了诸多新内容与做法,但其主旨没有发生变化。然而,正是这些新内容的实施与新做法的采用,使得清政府的教育主旨不断被改变,从而使得这种教育价值观与知识论和方法论之间呈现出不协调的一面。

二、科举制度的废除与教育行政管理机构的建立

科举与学校之间存在复杂的互动关系。科举制度是统治者维护统治的重要措施,然而,过度强化科举制度会使学校处于被压制之下,学校成为科举链条的一个环节。历史上曾多次出现科举与学校之争,但都以学校的失败而告终。在推行新式学堂时,这一矛盾再次爆发,科举制成为新式学堂得以普及的重要障碍,最终被废止。随着新式学校的普及与推广,清政府建立起从中央到地方的专门行政机构作为新式教育的管理部门,并不断得以完善。

早在百日维新期间,清廷已经出台了设立经济特科、取消八股考试的措施,伴随戊戌政变的发生,这一措施也被废止。1901 年清末新政开始后,设立经济特科、取消八股考试的措施又被实施。然而,一些封疆大吏已不满足于这种修补,提出递减科举取士名额而以学堂毕业生充任的主张。1903 年,袁世凯、张之洞等提出按科递减的方案,并拟出科举废除的期限、步骤和时间表,"学政岁科试分两科减尽,乡会试分三科减尽。"[①]随后,张之洞等人在 1904 年 1 月 13 日的《递

---

① 朱有瓛主编:《中国近代学制史料》(第 2 辑上册),华东师范大学出版社,1989 年版,第 105 页。

减科举重学堂折》中奏请在十年后废止科举得到准许。1905 年,袁世凯、张之洞等各省督抚会奏立废科举以兴学校,称科举是新式学校发展的巨大障碍:"科举一日不停,士人皆有侥幸得第之心,以分其砥砺实修之志。民间更相率观望,私立学堂者绝少,又断非公家财力所能普及,学堂绝无大兴之望。"①迫于情势,光绪皇帝于 1905 年 9 月 2 日发布上谕:"著即自丙午(1906 年)科为始,所有乡会试一律停止,各省岁科考试亦即停止。"由此,持续 1300 年之久的科举考试制度被废止。科举制度的废止为新式学校的发展扫清了障碍,出现了难得的兴学高潮。

清政府开始设立专门机构对教育加以管理。在中央,1904 年设立总理学务大臣,负责学务管理。1905 年 12 月,清政府设立学部,将原来的国子监并入,作为全国最高教育行政机关。学部最高行政长官为尚书,其次为左、右侍郎,首任学部尚书为荣庆,左、右侍郎分别为熙瑛和严修。学部下设 5 司 12 科,即:总务司,下设机要、案牍、审定 3 科;专门司,下设教务、庶务 2 科;会计司,下设度支、建筑 2 科;普通司,下设师范教育、中等教育、小学教育 3 科;实业司,下设实业教务、实业庶务 2 科;设视学官专门巡视京外学务。各司设郎中,各科设员外郎,主持司、科事务。学部还附设有编译图书局、京师督学局、学制调查局、高等教育会议所、教育研究所等机构,重视教育行政与教育研究之间的联系,注重实业教育的有效实施。在地方,根据《学务纲要》的规定,普遍设立学务处,负责当地学务。1906 年,清廷发布上谕,各省设提学使司作为该省专门教育行政机关,长官为提学使;提学使司下设总务、专门、普通、实业、图书、会计 6 科,设省视学 6 人,巡视各府厅州县学务;在府、厅、州、县设劝学所,为该地教育行政机构,县设视学 1 人并兼任学务总董。这样,随着新式学校的普及,清政府组建了一套从中央到地方的教育行政体系,保证教育的快速发展。

本章小结

受列强侵略和太平天国运动的影响,清末教育制度逐渐开始向现代教育制度转变。这种变革从多个方面体现出来:首先,出现了多种形态的教育形式,教育发展呈现出多路径发展的趋势,共同构成中国教育早期现代化起步时的主要形式。其次,维新变法时期,近代学制的雏形开始形成。在实践与借鉴的基础上,清末新政期间形成了近代中国第一个学制——癸卯学制,为清末学校教育发展提供了法律依据和制度保障,也为后来的学校教育制度提供了蓝本。再次,厘

---

① 朱有瓛主编:《中国近代学制史料》(第 2 辑上册),华东师范大学出版社,1989 年版,第 110 页。

定教育宗旨,为清末教育发展指明方向。最后,为了推动新式教育的普及与发展,清政府组建了从中央到地方的教育行政管理机构,并废除了在中国持续1300年之久的科举制度。作为专制王朝的教育制度,维护其专制统治是制定教育制度的出发点,"忠君"、"尊孔"的专制"纲常伦理"在教育制度中多有体现。但是,受到来自内部与外部的影响,使得清末教育制度无论在内容还是形式方面都呈现出一些现代教育制度的特点,从而使其具有明显的过渡性。

∠ 思考题

1. 概述近代中国教育起步时的几种主要的教育形式。

2. 评述企业承担教育职责的背景、原因及其具体实施情况。

3. 概述清末四次留学的基本情况。

4. 评述癸卯学制的基本内容及其作用。

5. 评述科举制度的废除以及废除科举制对中国教育的影响。

6. 概述清末教育行政管理制度的变迁。

7. 评述清末教育宗旨的主要内容。

8. 概述清末教会教育的扩张情况,并对教会教育的性质与作用做出分析。

∠ 参考文献

1. 李国钧,金林祥主编.中国教育制度通史[M].济南:山东教育出版社,2000.

2. 郭秉文编.中国教育制度沿革史[M].福州:福建教育出版社,2007.

∠ 进一步阅读文献

1. 陈元晖主编.近代中国教育史资料汇编(洋务运动时期教育)[M].上海:上海教育出版社,2007.

2. 周予同编.中国现代教育史[M].福州:福建教育出版社,2007.

3. 程湘泛编.中国教育行政[M].福州:福建教育出版社,2007.

4. 孙培清主编.中国教育管理史[M].北京:人民教育出版社,1996.

第六章
清末教育思想的变迁

　　清末教育思想的变迁大致经历了三个阶段，即"商战"教育思潮、维新教育思潮、清末新政期间的"中体西用"教育思想和资产阶级革命者的教育思想。三个阶段教育思想的变迁反映出中国当时面临的情状以及对所处环境认识的深化。

第一节　　"商战"教育思潮与维新教育思潮

　　鸦片战争前夕，中国社会的"衰世"已引起警觉的中国人重视。列强的炮火进一步加剧了清政府的危机，并激起了知识分子的思考。他们批评科举制度支配下的中国教育内容空洞而无实用价值，学用不符，不仅难以培养出真才实学之人才，而且利用功名利禄诱惑文人士子埋头于故纸堆，因此要求恢复三代以来的"经世致用"之学，主张凡有关民生日用的知识都应该学习，培养各行各业所需的实际人才。鸦片战争的爆发，使得"制夷"成为国人必须关注的内容。魏源在其所编《海国图志》一书中明确提出"师夷之长技以制夷"的思想，他将"夷之长技"理解为三方面，即战舰、火器、养兵练兵之法。不仅关注西方的舰、炮等制造技术的长处，而且留意到纪律、组织等人事制度，并希望能够把这些内容纳入中国教育之中。这种观点对于突破"夷夏之辩"、"奇技淫巧"等陈腐观念产生了一定影响，使中国教育从以民族文化为中心的传统封闭型向开放型转变并展开与世界文化的交流，迈出了关键一步。从19世纪60年代开始，晚清的封疆大吏开始掀起洋务运动，由重视"海防"的"兵战"进而演变为"求强"、"求富"的"商战"，形成"商战"教育思潮。然而，持续三十余年的洋务运动的弊端在"甲午"中日海战中暴露无遗，于是兴起"戊戌变法"运动，形成"戊戌"教育思潮。

一、"商战"教育思潮

　　第二次鸦片战争后，民族危机日渐加深，迫使传统经济与文化发生变革。资本主义生产方式的传入,使得中国固有的建立在手工基础上的生产方式的落后暴露无遗。所谓"有机器,则人力不能造者,机器能造之;十人百人之力所能造者,一人之能力能造之"。① 机器制造中工艺技术的应用,使得机制产品生产效率更高,质量更优,竞争力更强,"用机器以代人工,力匀而工省,制精而易成",其工作效率是事半而功倍,其产品价廉而工省;而传统手工技术基础上的产品,不仅"力费而效迟",而且"制造不如外洋之精,价值不如外洋之廉"②。两者竞争,"是犹驱跛者、躄者竭蹶奔赴与骏马争先,其不绝膑折足也几希。"所以,与洋货竞争,"必以制机,而后能收回利权";若无机器,"中国之工商即永不能力争先着也。"③"商战"思潮开始形成。

"商战"论者对资本主义生产方式有较为深了解。他们发现,西方国家生产方式之所以优越,因其采用先进的机器;之所以能够采用先进机器,是因为其科学技术发达;之所以科学技术发达,是因为掌握科学技术的人才多;之所以掌握科学技术的人才多,是因为其一业有一业之学堂。这样,他们将资本主义生产方式优越的原因归结于教育发达、才智之民多。郑观应指出:"国家之盛衰,系于人才;人才之优劣,出于学校。"而在讲求机器、制造之时的学校,已经大大不同于讲授古典内容的传统学校。他以英国为例指出:"查英国商务之兴,由于讲求农、工、商业,如格物学堂讲求树艺之道,工艺学堂讲求机器、纺织等事,商务学堂讲求经商服贾、货殖贱贵之理,皆所以兴商务也。"④所以,要与列强争胜,必设"格致学堂"、"工艺学堂"和"商务学堂"等专门性质的教育机构。陈炽也认为,中国在商务中屡屡失利的原因也在于,"人皆学而我独不学,因循颓废,听客所为"的缘故。⑤ 于是,"商战"论者,将教育作为商业发展进而与列强争胜的根本,"商战"教育思潮形成。

通过对西方资本主义生产方式的分析,"商战"论者开始反思中国固有教育,并对中国教育的空洞不实进行深刻揭露和辛辣批判。这种批判与揭露集中在两个方面:其一,教育内容方面,要求废除无用之时文。王韬指出:人才培养全赖教育,国家得人而兴,而中国教育却"率天下之人才而出于无用者……败坏人才,斫丧人才,使天下无真才"。⑥ 薛福成对"败坏人才"的教育历史、原因、结果做出分析:"宋明以来,专尚时文帖括之学,舍此无进身之途。于是轻农工商而专重士;又惟以攻时文帖括者,为己尽士之能事,而其他学业,懵然罔省然。"由于中国向

---

① 丁凤麟、王欣之编:《薛福成选集》,上海人民出版社,1987年版,第482页。
② 夏东元编:《郑观应集》(上册),上海人民出版社,1982年版,第626页。
③ 赵树贵等编:《陈炽集》,中华书局,1997年版,第224页。
④ 夏东元编:《郑观应集》(下册),上海人民出版社,1982年版,第177页。
⑤ 赵树贵等编:《陈炽集》,中华书局,1997年版,第272~273页。
⑥ 王韬:《原才》。引自钱钟书主编:《弢园文录外编》,生活·读书·新知三联书店,1998年版,第7,8页。

来不重实用人才的培养,致使需一专门人才"颇难其选"①。其二,在取士制度上,必须变革科举。"败坏人才"的教育内容,由僵化的科举制度而加强。郑观应指出,由于中国取士专尚制艺,"大小学堂只知教习举业,不肖讲求商贾、农工之学","读书不能入仕者,除教授外,几至无可谋生"②。"将一生有用之精神,尽消磨于八股五言之中,舍是不遑涉猎",几至"老而不悔",造就大量"髫龄就学,皓首无成"者,至于有关国计民生、风土人情及兵刑钱谷等实用学科,由于"非素所习",自然"措治无功"③。空疏无用的教育内容由于取士制度而加强,取士制度由于空疏的教育内容对人的残害程度更深,"虽豪杰之士,亦不得不有用之心力,消磨于无用之时文。"④消除这些弊端,必须废除无用之教育内容和变革取士的科举制度。正如薛福成所说:"中国果欲发愤自强,则振百工以前民用,其要端矣。欲劝百工,必先破去千年以来科举之学之畦畛。"主张破除无用之虚学,代之以能"振百工"、"前民用"的实学。⑤

"商战"论者还设想构建新式学校体系。郑观应在《西学》、《学校上》中建议中国参酌中外成法,建立新型教育体系。宗旨:富民强国;体制:中央立专门负责教育的大臣,地方则由疆吏督会同地方绅商共同负责;经费:就地筹款及捐资;学校系统:各州、县遍设小学、中学,各省设大学;对象:六岁以上儿童皆须入学,否则罪其父母;内容:根据学级,选择不同的教育内容,但须以实用自然科学知识为主。他指出:"如广设学堂,各专一艺,精益求精,人才自能辈出,日臻富强矣。"⑥而"人才日出,何患不能与东、西各国争胜乎"?⑦他进一步强调:"诚能集捐筹费,广开艺学,竭力讲求,以格致为基,以制造为用,……则机器日备,制造日精。以之通商,则四海之利权运于掌上也,以之用兵,则三军之器械取诸宫中也。此取威定霸之真机,而国富民强之左券也。"⑧此种以"民富国强"为宗旨,以机器制造为方式,以教育为基础的设想,成为郑观应"兵战"不如"商战","商战"即"学战"的认识逻辑。

"商战"论者多有商务经验,能从中国实际情况出发,学习西方先进经验。在阐述"商战"思想的同时,根据国际发展趋势和民族资本主义发展的需要,在寻求

① 薛福成著:《薛福成选集》,上海人民出版社,1987年版,第2页。
② 郑观应:《盛世危言·商务二》。引自夏东元编:《郑观应集》(上册),上海人民出版社,1982年版,第607页。
③ 夏东元编:《郑观应集》(上册),上海人民出版社,1982年版,第106页。
④ 舒新城编:《中国近代教育史资料》(下册),人民教育出版社,1962年版,第897页。
⑤ 丁凤麟、王欣之编:《薛福成选集》,上海人民出版社,1987年版,第482,483页。
⑥ 郑观应:《商战下》。引自夏东元编:《郑观应集》(上册),上海人民出版社,1982年版,第595~596页。
⑦ 郑观应:《学校上》。引自夏东元编:《郑观应集》(上册),上海人民出版社,1982年版,第267页。
⑧ 郑观应:《技艺》。引自夏东元编:《郑观应集》(上册),上海人民出版社,1982年版,第723页。

富强目的驱动下,评判固有教育的空洞不实、禁锢人的思想和能力,在思想层面对固有的旧教育进行否定。同时,他们积极介绍西方发达国家的教育情况,主张学习西学,提出在中国建立新式学堂,培养新型人才,尤其是各业需要的专门实用人才,是近代实业教育思想的源头。虽然持商战观点者对西方的认识在程度上存在差异,但都旨在建立一个发展资本主义所需要的教育体系,并为此做出积极探索。典型如郑观应,其个人经历、从业经验以及他的兴趣爱好、乃至认知程度,使其教育思想形成一个相对完整的体系,成为早期"商战"思潮中影响最大的代表人物,他的"兵战"不如"商战"、"商战即学战"思想成为早期重商思想的浓缩和升华,开启了随后的维新教育思潮,并被发扬光大。

二、维新教育思潮

中日甲午之战,给洋务运动沉重一击,民族危机进一步加深,出现了资产阶级的维新运动。所谓维新,是指在保留满清皇权前提下,以和平方式实施自上而下的改革,建立君主立宪政治体制,使中国走上资本主义发展道路。所谓维新运动,是为了实现上述目的而在思想、实践层面展开的社会改革运动,维新教育思潮即发生在维新运动期间。中国的贫弱,由于甲午战争的失败,被空前暴露。于是在思想界出现一股激进的维新变法思潮。他们认为,时至今日,"一切经国家治人民之大经大法",都应"改弦易辙",极力要求"变法图强",并大声疾呼:"今日中国不变法则亡",只有"变法"才是"治本"的"立国自强之策"。[①] 变法领域包括政治、经济、文化教育等等,目的在于中国实行资本主义,而最根本措施在于普及近代教育,"欲任天下之事,开中国之新世界,莫亟于教育。"[②]通过提高国民素质,培养具有资本主义所需要的新型国民,以拯救中国。维新教育思想的内容主要体现在两个方面:第一,揭露并批判中国教育的落后;第二,提出新的教育主张。

与清政府将教育作为统治手段不同,维新志士将教育当作解放人的方式。严复指出,已被八股考试绑架的教育内容,一反由浅入深、由简到繁的编排原则,致"垂髫童子……先课之以《学》、《庸》、《语》、《孟》,开宗明义,明德新民,讲之既不能通,诵之乃徒强记",禁锢人之智慧;由于受八股考试的制约,考试内容即为学习内容,强迫学生平时诵读陈篇,考试时因袭成文,"习为剽窃诡随之事",致使学生丧失"羞恶是非之心",坏人心术;八股考试支配下的教育目的单一,与社会生产严重脱节,使士人与农工商三个社会阶层壁垒分明,制造了大批官僚预备人

---

① 汪诒平:《汪康年年谱》。引自中国史学会主编:《戊戌变法》(4),神州国光社,1955年版,第204页。

② 梁启超:《康有为传》。引自中国史学会主编:《戊戌变法》(4),神州国光社,1955年版,第9页。

员,成为不事生产的社会游民,致使教育成为培养"滋游手"的活动。总之,在严复看来,八股取士支配下的教育,"使天下消磨岁月于无用之地,堕坏志节于冥昧之中,长人虚骄,昏人神智,上不足以辅国家,下不足以资事畜。"①主张废除八股取士制度,将教育从这种僵化的制度中解放出来,培养德智体全面发展的新人。

梁启超同样给中国教育以激烈批判。在八股考试控制下的教育,培养出大批愚民:农人不知植物,工人不知制造,商人不知万国物产,士兵不知测绘算数,妇女无以助其夫。愚民教育在巩固专制统治的同时,却使得专制者自己也被愚弄,结果使得整个中国处于被愚弄之中,成为愚人。"今科举之法,岂惟愚其民,又将愚王公,自非皇上天亶圣明,不能不假于师学,近支王公,皆学于上书房之师傅,师傅皆出自楷法八股之学,不通古今中外之故,政治专门之学,又何从而开其学识,以为议政之地乎?"在列强环伺之际,依然固守愚民教育,成为"自求败亡"的有效措施,"人皆智而我独愚,人皆练而我独暗",致使"内政外交、治兵理财,无一能举者"。梁启超主张立即"停止八股试帖,推行经济六科,以育人才而御外侮"。②康有为甚至认为,"中国之割地败兵也,非他为之,而八股致之也"③,力主改革以往的取士之法,为教育松绑,以便培养能够适合社会需要的人才。

维新思想家在批判传统教育弊端的同时,提出新的教育主张。在教育目的方面,他们提出培养德智体等多方面素质的新民。严复指出,中国积贫积弱的原因即在于"民力已茶,民智已卑,民德已薄"。要改变这种情况,须从这三个方面的素质入手,"今日要政统于三端:一曰鼓民力,二曰开民智,三曰新民德",唯有如此,方可造就真国民。"鼓民力"即提倡体育,包括禁止吸食鸦片和妇女缠足,使国民体魄强健、精神饱满、智慧卓越,"形神相资,志气相动,有最胜之精神而后有最胜之智略"。"开民智"即全面开发人民的智慧,提高人民的智能水平,涉及改革传统的教育目的、内容、体制,尤其是废除八股取士和训诂章句之学,讲求西学。"新民德"要从改变人民的奴隶地位开始,改变政治制度尤其是权力机关的产生制度,实行议会制,使国民享有相应的权利并承担相应职责。④梁启超指出,教育可以培养人的奴隶性,也可以培养人的权利意识,而民智是权利的前提和基础。他将"开民智"与"兴民权"相联系,权生于智,"有一分之智,即有一分之权;有六七分之智,即有六七分之权";权利与智识相联系,"昔之欲抑民权,必以

---

① 陈元晖主编:《中国近代教育史资料汇编·教育思想》,上海教育出版社,2007 年版,第 303～306
页。

② 陈元晖主编:《中国近代教育史资料汇编·教育思想》,上海教育出版社,2007 年版,第 246～247
页。

③ 陈元晖主编:《中国近代教育史资料汇编·教育思想》,上海教育出版社,2007 年版,第 147 页。

④ 陈元晖主编:《中国近代教育史资料汇编·教育思想》,上海教育出版社,2007 年版,第 298～301
页。

塞民智为第一义。今之欲伸民权,必以广民智为第一义。"①"民智"与"民权"有关联,却不等同。他说:"培养汉奸之才,亦何尝非人才;开奴隶之智,亦何尝非民智。"教育是"收效纯在于将来"的长远事业,是"制造国民"的宏大事业,而不是培养专为某个利益集团服务的工具。因此,梁启超的"新民"素质包含"品行智识体力",施以德育、智育、体育,使受教育者具备新道德、新思想、新精神、新的特性和品质,诸如国家思想、权利观念、政治能力、冒险精神以及自由、自治、自尊、尚武、合群、生利、毅力等,融民族性、现代性与开放性与一体,"为本国之民,为现今之民,为世界之民"②。维新思想家德智体三育并举的教育蓝图,基本确定了中国教育早期现代化的目标体系。

在教育内容方面,维新思想家积极主张纳入西学。康有为在《请开学校折》中,提出学习外国语、实用科学。梁启超在《变法通义》中称:"今之言治国者,必曰仿效西法,力图富强,斯固然也。"③"西法"不仅包括"西艺",还包括"西政"和"西教",举凡有关开民智、张民权的自然科学、人文社会学科都是中国效法的对象。既受过传统文化熏陶又接受了系统西方教育的严复,对西方的科学、民主、自由有较深体会,是近代中国从德、智、体三要素构建中国教育目标体系的第一人。将西方的自然科学——格致之学,作为"开民智"的主要内容;将西方涉及民主、平等、自由等社会学、政治学作为——群学,作为"新民德"的主要内容;将西方的军事体操,作为"鼓民力"的主要内容。总之,在维新思想家的思想中,要讲求西学,通过教育解放人,使人有体力、能力和德性,成为"新民"。④

在教育方法和学风方面,维新思想家提出借鉴西法。通过对西方的心理学与教育学研究成果的了解,对中、西教学法比较后,梁启超指出:"中国之教人,偏于记性也,……惟苦口呆读,必求背诵而后已。"建议仿效西法,由易到难,由浅入深,循序渐进,"先识字,次辨训,次造句,次成文,不躐等。"以直观、实物等手段,引起学生兴趣,使学生乐知、乐闻、乐学。⑤ 经过比较,严复发现中、西学风存在巨大不同。首先,西方倡导独立思考精神,不迷信古人、不盲从别人,"贵自得而贱因人,喜善疑而慎信古",侧重知识创新;而中学注重书本知识积累,因袭前人,绝少创新。其次,西学长于通过观察、试验、实测、归纳等实证方法独创新知或对

---

① 陈元晖主编:《中国近代教育史资料汇编·教育思想》,上海教育出版社,2007年版,第248,249页。

② 陈元晖主编:《中国近代教育史资料汇编·教育思想》,上海教育出版社,2007年版,第265~271页。

③ 陈元晖主编:《中国近代教育史资料汇编·教育思想》,上海教育出版社,2007年版,第202页。

④ 陈元晖主编:《中国近代教育史资料汇编·教育思想》,上海教育出版社,2007年版,第300页。

⑤ 陈元晖主编:《中国近代教育史资料汇编·教育思想》,上海教育出版社,2007年版,第218~234页。

前人结论进行验证和质疑,能够发明新知,据此得出"读书得智,是第二首事,惟能以宇宙为我简编,名物为我文字者,斯真学耳"。而中学沉涵于前人古籍,演绎发微,所做学问表面看来"持之有故,言之成理",但"若穷其最初所据,……则虽极思,有不能言其所以然者矣",原因即在于立论根据不是源自观察实验,而是想当然,陈陈相因,不究原委。①

在教育制度方面,维新人士主张效法西方建立现代三级学校制度。康有为在其《大同书》中描绘出一幅"大同社会"蓝图。在这个社会中,"无邦国,无帝王,天下为公",人人平等,教育是实现"大同社会"的方式,儿童属于整个社会,并设计了一个从胎教到大学院相互衔接的完整教育体系。其中,有进行胎教的人本院、小学院、中学院、大学院,根据不同年龄学生的身心特点施以不同的教育,以使人人因性成才。② 与康有为相似,梁启超在《教育期区分表》中也设计了一个从幼儿到成年之间完整的学校教育体系。他将受教育者划分为幼儿期(5 岁以下)——接受家庭教育和幼稚园教育,儿童期(6 岁~13 岁)——接受小学教育,少年期(14 岁~21 岁)——接受中学教育,成人期(22 岁~25 岁)——接受大学教育。根据学生年龄阶段和身心特点确定学制的不同阶段和年限,这是近代以来西方心理学的研究成果,梁启超成为近代中国最早系统介绍和倡导这一理论的中国学者。梁启超还提出"师范学校乃群学之基"的观点,主张在各省府州县普设小学和师范学堂,师范学堂的学生同时兼任小学教师,成为近代中国论述师范教育的第一人。严复将教育划分为初等、中等、高等三级体系,以不同的内容与方法实现各个阶段的教育目标。③

在教育对象上,维新志士主张男女平等,女子与男子拥有同样的受教育权。康有为指出:男女同属人类,同属天生,而数千年来各国压制妇女而使其不得科举、不得入仕、不得为议员、不得为公民、不得为学者,"乃至不得自主,不得自由。"这是人类历史上最大的不平等。在大同社会里,"男女平等,各有独立";教育方面,女子与男子具有相同的机会与条件,学业有成者,可以"选举、应考、为官、为师"。康有为还从人力资源开发以及对胎教和儿童教育影响的角度,说明女子教育的重要性,其思想中带有强烈的解放妇女的色彩。④ 梁启超通过系统考察各国情况后指出:女子教育水平是一国强弱的标志,中国欲救亡图存、由弱

---

① 陈元晖主编:《中国近代教育史资料汇编·教育思想》,上海教育出版社,2007 年版,第 299~230 页。

② 陈元晖主编:《中国近代教育史资料汇编·教育思想》,上海教育出版社,2007 年版,第 159~168 页。

③ 陈元晖主编:《中国近代教育史资料汇编·教育思想》,上海教育出版社,2007 年版,第 324 页。

④ 陈元晖主编:《中国近代教育史资料汇编·教育思想》,上海教育出版社,2007 年版,第 159~168 页。

变强,就必须大力发展女子教育;发展女子教育,须先破除女子缠足的陋习,让妇女有行动的自由。他于1898年参与经元善创办的第一所中国女学——经正女学,以实际行动推动女子教育的发展。

"商战"教育论者与维新思想家对教育的诸多方面进行了论述,有相当一部分内容成为开拓风气之先的议论,也成为后来教育发展的方向。他们认为教育具有不同种类,不同种类的教育具有不同的性质,实施的内容和方法也不一样,产生的结果大为不同。维思想家还将教育作为解放人的活动,以培养"新民"为目的,以德智体作为"新民"的基本素质,将西学精要与中国传统文化的优秀成分作为培养新民的主要内容,引入近代西方心理学与教育学成果,注重教育教学中的直观性和量力性原则,强调结合儿童身心发展特点选择适当的教育教学方法,主张改变盲目迷信前人和他人的习气,提倡独立思考、批判分析的学风等等,为清末新政教育改革以及随后中国教育的发展提供了丰富的思想资源和历史经验,成为开启中国教育早期现代化的一股重要力量。

第二节 "中体西用"教育思想与资产阶级革命者的教育思想

清末新政期间,亟需教育改革的主导思想。从维护皇权专制制度出发,张之洞对洋务运动以来处理中西文化的观点进行了系统总结,形成"中体西用"思想体系,成为清末新政教育改革的主导思想。与此同时,资产阶级革命者以推翻皇权专制建立资产阶级民主共和制度为目的,不仅挑战当时正统的教育思想,而且对维新志士的教育观点也进行了批判,形成资产阶级革命者的教育思想。

一、清末新政期间教育改革的主导思想:"中学为体,西学为用"

"中学为体,西学为用"简称为"中体西用"。在东、西方文化碰撞过程中,如何处理"中学"、"西学"的关系,成为摆在中国人面前必须面对的问题。守旧者以拒绝、排斥作为应对方式,认为学习"西学"就是"舍本逐末";而与列强交涉并多次领略西方军事科技产品的洋务官绅,认为西学是应对西方列强并与其争胜不可或缺的部分,强调学习"西学"的必要性。为保持皇权专制制度和应付守旧者的攻讦,洋务官绅提出"中体西用",即在保证"中学"主体地位的前提下,以"西学"补"中学"之不足。"中体西用"是清廷处理中西文化关系的基本态度,也是清末新政期间教育改革的指导思想。

"主辅"、"本末"、"体用"是中国传统文化固有的概念。早在1861年,冯桂芬在《采西学议》中就指出,"如以中国之伦常名教为原本,辅以诸国富强之术,不更善之善者哉?"①到 19 世纪 90 年代,持此类观点的人越来越多,表达方式也愈加明确。1892 年,郑观应在《西学》一文中指出:"泰西之强,强于学,非强于人。我则欲与之争胜,非徒在枪炮战舰也,强在学中国之学,而又学其所学也。"其原因即在于"中学其本也,西学其末也。主以中学,辅以西学,知其缓急,审其变通,操纵刚柔,洞达政体"。② 1895 年 4 月,沈寿康在《万国公报》第 75 期发表《匡时策》一文,其中明确提出"中学为体,西学为用"。1896 年,孙家鼐在《议复开办大学堂折》中指出:"今中国京师创立大学堂,自应以中学为主,西学为辅;中学为体,西学为用。中学有未备者,以西学补之;中学有失传者,以西学还之。以中学包罗西学,不能以西学凌驾中学,此是立学宗旨。"③"中学为体,西学为用"的内涵逐渐得以清晰,张之洞的《劝学篇》对这一思想进行了系统总结,使其形成体系,并对当时教育的产生了广泛影响。

《劝学篇》④的主旨即为"中学为本,西学为用","内篇务本,以正人心;外篇务通,以开风气"。书中对何谓"中学"、何谓"西学"以及"中学"与"西学"关系做出全面分析。"中学"也称"旧学",包括"四书五经,中国史事、政书、地图",要点是等级纲常名教。"三纲"是维护专制政权与家族伦理的基本准则,"五伦之要,百行之原,相传数千年更无异义",是当时的中国特色,"中国之所以为中国,实乃于此",是不可更改的。废除"三纲"意味着对专制统治秩序颠覆,而"开民智"、"张民权"正是维新人士所大力提倡的。张之洞从维护皇权专制的角度对民权、平等予以反对,并将"三纲"作为抑制民权、平权的有效方式,"知君臣之纲,则民权之说不可行也;知父子之纲,则父子同罪免丧废祀之说不可行也;知夫妇之纲,则男女平权之说不可行也"。可见,维新人士与清廷官绅都知晓教育具有不同种类,不同类别的教育具有不同的性质与作用。前者将教育当作人的解放、社会平等的方式,而后者则将教育当作抑制民权、维护等级制度的措施。

"西学"也称"新学",包括"西政"、"西艺"、"西史"。其中,"西政"、"西艺"为关键。"西政"是有关西方文教制度、工商财政、军事建制与法律行政等管理层面的文化,"学校、地理、度支、赋税、武备、律例、劝工、通商,西政也";"西艺"即近代西方科技,"算绘矿医、声光化电,西艺也"。就"西政"与"西艺"而言,各有特点,要按特点和需要进行取舍,"才识远大而年长者,宜西政,心思精敏而年少者,宜西艺。小学堂先艺而后政,大中学堂先政而后艺。"在张之洞的观念中,"西艺"显然难于"西政",须从小开始,着眼于长远;"西政"相对较易,适合于年长者,着眼于当务之

① 陈元晖主编:《中国近代教育史资料汇编·教育思想》,上海教育出版社,2007 年版,第 27 页。
② 陈元晖主编:《中国近代教育史资料汇编·教育思想》,上海教育出版社,2007 年版,第 89 页。
③ 陈学恂主编:《中国近代教育史教学参考资料》(上册),人民教育出版社,1987 年版,第 413 页。
④ 有关张之洞《劝学篇》的内容,详见陈元晖主编:《中国近代教育史资料汇编·教育思想》,上海教育出版社,2007 年版,第 100~113 页。

急,"西艺必专门,非十年不成;西政可兼通数事,三年可得要领。大抵救时之计,谋国之方,政尤急于艺。然讲西政着,亦宜略考西艺之功用,时知西政之用意。"

就"中学"与"西学"的关系,为"旧学为体,新学为用,不使偏废"。因为"中学"是中国人之所以为中国人的基本条件,关系一个人对民族、国家的认同和感情,"如中士而不通中学,此犹不知其姓之人","中学"益于人的品行修养,是做人的基础,"不先以中学固其根柢,端其识趣,则强者为乱首,弱者为人奴,其祸更烈于不通西学矣。"因此,学习者必须在"中学"的基础上学习"西学",以补"中学"之不足。对于当时"旧学恶新学"、"新学轻旧学"的现状,张之洞从理论上予以融通,他指出:"中学治身心,西学应世事",没有"中学","西学"失去方向;没有"西学","中学"失去力量。张之洞的《劝学篇》在阐述"中体西用"思想的同时,博采当时流行的各种教育改革建议,提出一系列教育改革的策略和具体措施,对清末新政期间的教育改革产生了深刻影响。

"中体西用"是在中国遭受列强侵扰又受到国内守旧势力抵制情况下提出的处理东西方文化关系的一种方式。之所以能够风靡清末并波及民国,主要原因在于它既主张保持中国传统的伦理价值,又要求有选择地接纳西方科技文化,在调适民族情感和与价值取向的冲突方面,颇能维系中国士大夫的心理平衡。而且"中体西用"思想在一定程度上看到了中西两种文化的特殊性与可融性,试图以中国传统文化为主体,以近代西方文化为辅助,使两者相辅相成。它是中国传统文化的一种变形,对于打破儒学一统天下的传统教育,起到积极作用,结果使得"西学"源源不断地输入中国。在"中体西用"的框架下,"西学"教育的内容、形式、规模、范围不断扩大。因此,"中体西用"为"西学"的顺利传入以及"西学"教育的合理性奠定了理论依据,促进了资本主义文化在中国的传播,而且为新式学堂的建立以及留学教育的发展创造了条件,这些对于突破封闭、僵化的传统教育结构奠定了良好基础。伴随西方社会政治学说的输入,平等、自由、民主等思想开始传入中国。经过维新人士的大力宣传,西学的中心已由科技领域推进到政治体制、价值观念、意识形态等领域,直接冲击专制主义政治制度和纲常伦理等"中学"的主体部分,对于思想解放和民众启蒙起到极大的推动作用。张之洞在这个时候抛出《劝学篇》,以维护专制等级制度,虽对启蒙运动有所抑制,但历史洪流已经形成,不仅维新思想家对其进行揭露①,革命者还以更为激进的方式加以应对。所以,在中、西文化开始接触之初,"中体西用"有其合理性。但是,作为

---

① 严复就以"体用一致"的文化教育观对"中体西用"思想进行批判。严复指出:社会是一个有机整体,中学有中学之体用,西学有西学之体用;西方社会"以自由为体,以民主为用"。体用不可分割,想以"中学为体,西学为用",无异于"以牛为体以马为用"、"取骥之四蹄以附牛之项领,从而责千里焉"。严复主张西方的自然科学与社会政治学说要一体学习。详见陈元晖主编:《中国近代教育史资料汇编·教育思想》,上海教育出版社,2007年版,第293,319~320页。

文化整合的一种方案,它在没有克服两种文化内在固有矛盾的情况下,以直接嫁接的方式实现两者的结合,必然会激起两者之间的相互排斥,遂被后来的"中西融通"思想所替代。

二、资产阶级革命者的教育思想

侵略者的侵略行径与晚清政府的消极应对不仅激起思想的争论,而且促成了革命团体的组建。1894 年 11 月 24 日,在日军攻陷旅顺屠杀中国平民时,孙中山在美国檀香山发起了资产阶级革命团体——"兴中会",开始宣传并策动以推翻满清政府为目的的革命活动。"戊戌变法"的失败与八国联军的入侵,使得更多的人由于对清政府的失望而加入到革命团体。资产阶级革命者以各种形式的革命宣传和教育活动,扩大革命思想的传播。在此过程中,形成革命派的教育主张。这种主张从两个方面展开:即对专制教育本质的揭露以及在与维新人士辩论中确立对教育的定位。

如前所述,教育具有不同种类、性质和作用,可以使人成为自由、自主的人,也可使人成为依附于他人的奴隶、奴才,这取决于人接受的是何种教育以及以何种方式接受这种教育。维新志士对此有比较深刻的认识,革命者对此有同样的认识,并以更为犀利的语言予以揭露和批判。早在 1897 年,孙中山就指出,受专制教育制度控制的文人士子,"终身所诵习者,不外四书、五经及其笺注文字",目的即在于"养成其盲从之性"[1]。《国民日报》刊载的《箴奴隶》一文中,革命者指出专制教育的目的就在于培养人的奴性,"于儿童学语之初,即告以奴隶之口号;扶立之顷,即授以奴隶之跪拜;……未几而入塾矣,先受其冬烘之教科,次受其豚立之桎梏,时而朴责,时而唾骂,务使无一毫之廉耻,无一毫之感情,无一毫之竞争心,而后合此麻木不仁天然奴隶之格。"邹容在其《革命军》一书中指出,中国传统教育就是培养人的奴性,教人"柔顺也,安分也,韬晦也,服从也,做官也,发财也",所选材料都是有益于培养奴性的教材,"我国所谓二十四朝之史,实一部大奴隶史也","汉学者流,寻章摘句,笺注训诂,为六经之奴婢",造就大批"五官不具,四肢不全,人格不完"的奴才。因此,他断言:"今日之中国,实无教育之中国。"因为,在他看来,平等、自由、自治、独立、进取、合群等才是人的基本特质,也是教育的主旨所在。[2]

"三纲"是专制教育的核心,也是束缚人们的精神枷锁,自然成为革命者批判的对象。他们从天赋人权思想出发,对维护专制等级制度"三纲"的实质予以揭

---

① 孙中山著:《孙中山选集》,人民教育出版社,1956 年版,第 23 页。
② 陈元晖主编《中国近代教育史资料汇编·教育思想》,上海教育出版社,2007 年版,第 621~623 页。

露。《大陆》杂志第九期刊载《广解老篇》一文指出：中国传统观念视"顺民奴隶以为忠，割骨埋儿以为孝，焚身殉葬以为节"，将此种违反人性的观念作为教育思想对学生进行教育，是对人性的践踏。革命者的矛头直指为维护专制统治的纲常名教。秋瑾以"欲脱男子之范围，非自立不可；欲自立，非求学艺不可"①，反对"夫为妇纲"的男女不平等以及"女子无才便是德"的愚民说教。邹容和陈天华则对"君为臣纲"的专制皇权观念提出挑战。他们认为作为国民，忠于国家则可，忠于国君则不可，"君若是不好，百姓尽可另立一个。"儒家学说是维护皇权专制的思想基础，孔子是儒学的开创者，革命者批判专制制度，自然将批判锋芒指向孔子。他们认为孔子思想原本还有可取之处，但经过历代专制者、思想者和统治者的改造，变为专门教人忠于君主、服从上级而丧失自我的一种思想枷锁，以致章炳麟称，中国"更八十世而无进取者，咎亡于孔氏"。②

革命者与维新者都重视教育的作用，但是两者对教育在政治中的定位出现了争议，乃至分道扬镳。维新人士以中国国民受教育程度普遍低下，缺乏自治和治理国家的能力，当务之急是发展教育、开通民智，提高民众的教育程度和素质水平。在国民素质没有普遍提高之前，骤然推行革命建立共和体制，有导致国家民族灭亡的危险，据此反对革命。严复指出，当时中国最严重的问题是愚、贫、弱，愚又是最关键，由愚而贫而弱，"无学而愚，因愚而得贫弱"。因此，当务之急是治"愚"；治"愚"的关键是发展教育，开启民智。1905 年在伦敦与孙中山会面时，严复明确地陈述了这种观点："以中国民品之劣，民智之卑，即有改革，害之除于甲者将见于乙，泯之于丙者将发之于丁。为今之计，惟急从教育上著手，庶几逐渐更新乎！"而孙中山激进地说："俟河之清，人寿几何！君为思想家，鄙人乃实行家也。"③"实行家"的结果从侧面证明了"思想家"洞察的深邃。这种以教育实现社会改良的观点有着广泛的影响力。当时在美国留学的穆藕初就曾言："共和国之主权在民，固也，而中国蚩蚩群氓，号称四百兆，试问有知识者几何？即使有知识，而醉心于自利者占去几何人？即不自私自利而昧于国情、暗于时势、短于判决力者，又占去几何人？则主权在民云云者，不过在少数有组织力并有操纵能力者之手中，于人民无与也。"他由此断言："故欲实行共和，非普及真正之国民教育不为功"。在国民教育未曾普及、"全部分人民之智识，万有不齐"之时，在有数千年暴政专制传统的中国骤然施行共和，"无异野马之奔腾，怒涛之横溢"，其结果只能是"狂妄者流，相与倒行逆施，为所欲为；各个性之劣点，不到于尽情暴露

---

① 陈元晖主编：《中国近代教育史资料汇编·教育思想》，上海教育出版社，2007 年版，第 625 页。
② 陈元晖主编：《中国近代教育史资料汇编·教育思想》，上海教育出版社，2007 年版，第 640 页。
③ 王栻编：《严复集》（第 5 册），中华书局，1986 年版，第 1550 页。

不止"。①

革命者同样重视教育的作用,但认为改造中国的第一步只能是革命,先以革命的方式推翻专制制度,建立起民主共和制度,才谈得上教育和其他事业的发展。在教育与革命的关系上,革命者认为先革命后教育或在革命中实施教育,实施革命教育。他们还认为革命本身具有开民智的作用,在革命中倡导民权、贯彻民主,养成共和国民的健全人格。

革命者与维新者的目标一致,都是为了达到"救国"的目的,而且都视教育具有解放人的功效,其差别在于采取的方式不同。革命者将革命作为救国的必要手段,维新者视教育为救国的根本;革命者欲从政治制度变革实现民主共和,维新者则将提高国民的教育程度和素质结构当作实现宪政的基础;革命者试图以剧烈革命为教育发展创造政治环境,维新者则期望通过教育的渐变达到政治制度的质变;革命者与现存政权采取决裂的行为,维新者则采取温和的诱导和利用之策;革命者试图通过暴力革命"毕其功于一役",维新者则强调文化改造与民主建设的长期性与艰巨性。辛亥革命后中国社会历史发展证明,共和制是需要建立在具有一定素养的民众基础之上的,也非一蹴而就即刻见效的。

本章小结

清朝末年是中国遭受列强蹂躏的时期,也是社会思想发生剧烈变化的时期。伴随洋务运动、维新运动、清末新政以及辛亥革命运动,形成不同的教育思想,这些思想既是运动的原因又是运动的内容。出于不同的目的,出现了对教育的不同定位;这种带有价值取向的教育定位,决定了不同的教育内容、教育教学方法。其中,洋务运动期间,政府将教育视为与西方列强争胜的方式,致力于西方科学技术知识的学习。戊戌变法期间,政府将教育视为解放人的手段,不仅涉及自然科学内容,还包括西方的社会科学内容。清末新政期间,作为统治者的清政府依然将教育作为控制的手段,以中国固有的纲常伦理为主体,并纳入若干西学内容,以挽救飘摇之中的王权;而革命者则将革命视为人的解放的手段,将教育视为传播革命思想、培养革命人才的基本方式。同样是在重视教育,不同的思想者却对教育做出具有重大差异的定位,而且教育在每一种定位中都发挥了一定作用。最终,革命者依靠暴力革命实现了政体的变革,教育也随之发生了变化。

∠ **思考题**

1. 简述"商战"教育思潮的基本内容。

---

① 穆藕初:《藕初五十自述》,商务印书馆,1929 年版,第 42～43 页。

2. 简述"维新"教育思潮的主要观点。

3. 评述"中体西用"教育思想。

4. 比较"维新"教育思想与"革命"教育思想的异同。

 参考文献

1. 田正平主编. 中国教育思想通史[M]. 长沙：湖南教育出版社，1994.

2. 毛礼锐，沈灌群主编. 中国教育通史（第 4 卷）[M]. 济南：山东教育出版社，1987.

 进一步阅读文献

1. 陈元晖主编. 近代中国教育史资料汇编（教育思想）[M]. 上海：上海教育出版社，2007.

2. 舒新城编. 近代中国教育思想史[M]. 福州：福建教育出版社，2007.

3. 削健彬主编. 中国教育思想史[M]. 北京：高等教育出版社，2001.

第七章
民国初年和新文化运动时期的教育变迁

1911 年 10 月 10 日,武昌起义爆发,革命力量以摧枯拉朽之势结束了清王朝的统治。1912 年 1 月,资产阶级革命党人在南京成立了以孙中山为大总统的中华民国临时政府。适应中国资本主义发展的需要,一批资产阶级革命家与教育家,从内容与形式两个方面对旧教育进行改革,按资产阶级的价值观确立教育宗旨,并对清末以来的教育制度进行改造,建立了新的教育行政系统,颁布壬子·癸丑学制,形成了一套与之配套的教育制度。尽管袁世凯一度推行复古主义的文化教育,但中国教育的早期现代化趋势已不可逆转。伴随资本主义生产方式在中国的推行以及新教育的发展,文化领域出现新文化运动,西方各种社会思潮与教育思潮开始涌入中国。从 1915 年到 1920 年,针对旧学制的弊端,学者从各个方面提出教育改革的要求,一些新的教育改革措施被付诸实施。1922 年"新学制"的制定,标志着中国近代教育体制由模仿日本,逐渐转向以欧美学制特别是美国学制模式为样板,并开始尝试与中国社会实际相结合的方向发展。

第一节　民国初年的教育制度与 1922 年的"新学制"

民国成立后,积极采取措施对旧教育进行改造。主要包括组织相应的教育行政机构,出台教育政策,确定教育方针,颁布新的学制系统。期间,袁世凯一度复辟帝制,专制教育有所回潮。新文化运动开始形成,对近代以来的教育进行重新思考,并形成新的教育主张;在此基础上,形成 1922 年的"新学制",中国教育在曲折中又达到一个新的高度。

一、民国初年的教育制度

1912 年元旦,孙中山在南京宣誓就任民国临时政府大总统,任命蔡元培为

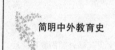

教育总长。1月9日,南京临时政府教育部正式成立,为全国最高教育行政管理机构。教育总长管理教育、学艺及历象事务,监管全国学校及所辖官署。教育总长、次长以下,设参事3人,及一厅三司:承政厅、普通教育司、专门教育司和社会教育司。在地方政府,形成相应的教育行政管理机构。由此形成民国初年从中央到地方的教育行政管理机构,其基本框架一直沿用到国民政府离开中国大陆。教育部的首要任务是恢复因政局变化而停滞的教育事业,并确立新的教育宗旨,建立一个新的教育行政系统和学校教育体系,为全国教育提供指导意见。

(一)发布政府公告,恢复教育秩序

1913年1月19日,教育部颁布了《普通学校暂行办法》和《普通教育暂行课程标准》,对学校和学校使用的教科书做出规定。《普通学校暂行办法》除要求各地学校在农历新年后如期开学,按原学期计划正常教学外,还规定:从前各项学堂,均改称为学校;监督、堂长,应一律通称校长;初等小学可以男女同校;小学读经科一律废止;凡各种教科书,务合乎共和民国宗旨,一律禁止使用清末学部颁布的教科书,民间流行的课本有尊崇满清朝廷及旧时官制、军制等字样的,应由该书局自行修改,学校教员如发现教科书中有不合共和精神者,可随时删改或呈请民政司或教育部通知该书局改正;废止旧时奖励出身,初、高等小学毕业者称初、高等小学毕业生,中学校、师范学校毕业者称中学校及师范学校毕业生。对于旧制与共和国体不相抵触的部分暂予保留,各州县小学应一律于元年三月初五日开学,中学和初级师范也应"视地方财力,亦以开学为主"。《普通学校暂行课程标准》对于初等小学校、高等小学校和师范学校的课程设置、开课时间及其周学时数作了明确规定,以便有章可循。上述两个文件,是民国初年教育改革的纲领性文件,对保障政体变革时普通教育的稳定起到重要作用。

(二)确定教育方针

在恢复教育秩序的同时,南京国民政府开始确立教育方针。针对清末教育宗旨的"忠君"、"尊孔",蔡元培提出"忠君与共和政体不合,尊孔与信教自由相违",主张取消;对于"尚公"、"尚武"、"尚实"三项则加以改造,使其符合资产阶级民主主义教育的要求,重新表述为公民道德教育、军国民教育、实利教育,并增加世界观教育和美感教育,提出"五育并举"的教育方针。1912年7月10日召开全国临时教育会议,蔡元培在《开会词》中比较了君主时代教育与民国教育的本质区别:"君主时代之教育方针,不从受教育者本体上着想,用一个人主义或一部分主义,利用一种方法,驱使受教育者迁就他主义",目的在于"使受教育者富于服从心、保守心,易受政府驾驭";民国教育方针,"应从受教育者本体上着想,有如何能力,方能尽如何责任;受如何教育,始能具如何能力",要"立于国民之地位,而体验其在世界在社会有何等责任,应受何种教育"。[①] 会议基本采纳了蔡元培的建议。9月2日,教育部公布的民国教育方针为:注重道德教育,以实利教育、军国民教育辅之,更以美感教育完成其道德。教育方针包含德、智、体、美四因素,以道德教育为核心,将受教育者培养成具有共和国国民健全人格作为首要任务,以军国民教育和实利教育促进体育和智育,希望通过教育发挥个人的体力与智力,在捍卫国家主权、抵制武人政治和振兴民主经济方面发挥作用。

在中华民国临时政府致力于肃清专制教育时,窃取临时政府权力的袁世凯在北京建立北京政府,为维护独裁政治,开始复古教育。措施有:其一,恢复尊孔祭孔,利用孔子的象征意义为专制政治服务;其二,以"爱国、尚武、崇实、法孔孟、重自治、戒贪争、戒躁进"的宗旨取代民国元年制定的教育方针,希望借助传统文化平息革命风潮,恢复社会秩序、维护独裁统治;其三,重新确定儒学作为学校教育的基本课程,论证儒学的教育价值,并拟定各级各类学校实施儒学教育的基本方案。由于袁世凯尊孔读经出于政治意图而非文化动机,不在于发扬儒家学说中的真善美,而在于借助儒学的等级名分抵制民主革命思想,引起民主人士的愤慨而奋起反击。随着袁世凯的病死和帝制的破产,专制教育的回潮亦被抑制。

(三)壬子·癸丑学制的出台

癸卯学制为仿效日本学制而成,虽经多次修订,但批评意见不断。民国建成后,国体变更,重新制定学制已势在必然。在参照日本学制的基础上,结合中国实际经验,形成民国初年的新学制,于1912年9月公布,因当年为阴历壬子年,故称壬子学制;1913年8月,教育部陆续公布《小学校令》、《中学校令》、《师范教育令》、《专门学校令》、《大学令》、《实业学校令》、《小学校教则及课程表》、《中学校令实施规则》、《师范学校规程》、《高等师范学校规程》、《公私立专门学校规程》、《大学规程》、《私立大学规程》、《实业学校规程》等法令,使得壬子学制得以充实和具体化,由此形成一个全面完整的学制系统,史称壬子·癸丑学制,又称1912~1913年学制(如后页图所示)。

---

① 蔡元培:《开会词》。见高平叔编:《蔡元培教育论集》,湖南教育出版社,1987年版,第40页。

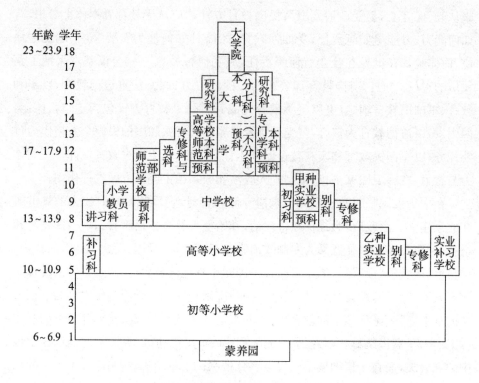

壬子·癸丑学制(1912～1913 年学制)

从纵向结构看,壬子·癸丑学制将整个学程分为三段四级,共 18 年。初等教育阶段分初等小学校(4 年)和高等小学校(3 年),共计 7 年;中等教育阶段只有一级,4 年或 5 年;高等教育阶段一级,内分本科、预科,共计 6 年或 7 年。此外,上有大学院,下有蒙养园,不计年限。

从横向结构来看,壬子·癸丑学制可分为三个系统:一是普通学校系统,由小学而中学,由中学而大学或专门学校;二为师范教育系统,包括师范学校和高等师范学校,分居中、高两段;三为实业学校,包括甲、乙两种,分居初、中两段。此外,还有补习科、各种预科、讲习科、专修科、进修科等。

作为借鉴日本的学制,壬子·癸丑学制创新性不大,基本上沿袭了清末以来日本学制模式,依然保持从小学至大学的普通教育为主干,兼重师范教育和实业教育的结构。但是,与清末学制相比,还有一些明显特点:第一,缩短了学制年限,修业年限总计缩短 3 年,有利于教育普及和教育平民化;第二,女子享有与男子平等的法定教育权,有利于男女平等;第三,取消了奖励毕业生科举出身,废止高等教育中的保人制度,有利于消除教育中的等级性;第四,规定一年三个学期:8 月～12 月为第一学期,1 月～3 月为第二学期,4 月～7 月为第三学期。假期安排为:暑假,高等学校 55 日,中学 40 日,小学 30 日;年假,一律 20 天;春假(清明节),一律 7 天。另外,壬子·癸丑学制废止清末学制中学阶段文、实分科的做法。壬子·癸丑学制的课程标准也呈现新的特点:废止"读经讲经"课,突出近代学科和资本主义文化在教育中的地位,同时批判地继承了中国传统文化中的优秀成分;提高唱歌、手工、图画等在课程中的地位,注重学生动手能力和美育及情感教育。

壬子·癸丑学制是民国第一个学制,颁布后又进行了适当调整,方向是更符合资产阶级民主教育的要求,一直沿用到 1922 年"新学制"出台。

二、新文化运动对专制教育的批判及其改革

民国建成不久即将权力让出,袁世凯及其北洋军阀执政期间,在文化教育领域中出现回归传统教育的趋势。于是,在思想文化领域出现一场以"民主"、"科学"为目的的反专制、反愚昧的"新文化运动",对维护专制制度的专制教育进行猛烈批判,倡导引进和学习西方先进文化教育观念和做法,反思和重建传统文化与教育。"五四"运动期间,思想得以空前解放,知识分子的现代国民意识开始形成,以探索中国社会进步的出路为目的,大量西方现代教育思想传入中国,知识分子从其中加以选择与汲取,展开各种新式的教育试验,使得教育思想与实践广泛展开,形成不同的教育思潮与教育运动。在舆论与实践的推动下,北洋政府对教育做出调整,到 20 世纪 20 年代中国现代教育观念和教育制度开始形成。

(一)新文化运动对独裁政权和传统教育的抨击

袁世凯获得临时政府大总统的职位后,为维持社会稳定、巩固独裁政权,又将希望寄托于孔孟之道。1912 年 9 月袁世凯下令提倡"孔教",1913 年 6 月颁布《大总统复学校祀孔令》,下令学校恢复祭祀孔子,1915 年 2 月颁布《特定教育纲要》规定中小学一律加读经一科,使教育回归到"尊孔读经"的轨道上。文化教育中的这种回归不仅受到革命者的抵制,而且遭到大批具有民主主义思想的知识分子如陈独秀、李大钊、胡适等人的批判。他们于 1915 年 9 月创办《新青年》,作为舆论阵地,以民主、科学为理念,在思想、文化、教育领域对以旧道德、旧礼教为核心的尊孔读经进行激励的批判,抨击旧教育的落后与没落,大力提倡资产阶级的新教育。陈独秀指出,"三纲"是强调"片面的义务,不平等之道德,阶级尊卑之制度",是"奴隶道德",是专制政治和专制教育的核心;[1]是中国一切不幸的根源,"中国历史上、现社会上种种悲惨不安的状态,也都是这三样道德在那里作

---

① 陈独秀:《宪法与孔教》,《新青年》第 2 卷第 3 号。

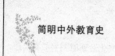
怪"。① 鲁迅则以小说为载体,对礼教吃人予以深刻揭露,他借"狂人"之口说:"我翻开历史一查,这里是没有年代,歪歪斜斜的每页上都写着'仁义道德'几个字。我横竖睡不着,仔细看了半夜,才从字缝里看出字来,满本都写着两个字是'吃人'。"②

不仅如此,民主人士还对清末以来的教育进行了深刻反省。他们发现清末以来的教育尝试进行变化:废除了科举,模仿了西洋的学制,各地建立大批学堂,而且课程日趋完备。然而,受传统观念的抑制,这种形式上的变化并不意味着教育的发展与进步。蔡元培指出:"吾国教育界,乃尚牢守几本教科书,以强迫全班之学生,其实与往日之《三字经》、四书、五经等,不过是五十步与百步之相差。"③形式的改变不意味着实质的变化,数十年对西方教育的学习不过是新瓶装旧酒,简单模仿,食洋不化,远离西方教育的真精神——民主与科学;学与用严重脱节,教育依然是为受教育者获得一个身份。鉴于此,陈独秀主张学习西方教育的"真精神"。"真精神"为何?"法律上之平等人权,伦理上之独立人格,学术上之破除迷信、思想自由","弃神圣经典与幻想,而重自然科学的知识和日常生活的技能",实施真正的"共和国国民之教育"。④ 民主主义知识分子将教育当作解放人的一种社会实践活动,培养具有民主、平等、自由意识和科学素养的人,对迷信权威、抑制思想、压抑个性、脱离实际的旧教育予以揭露和批判,从教育目的、内容、方法做出新的理解和解释,对新文化运动期间的新教育思想的形成起到积极作用。

(二)新文化运动中新教育观念的形成及教育改革

以民主与科学为价值取向的新文化运动,在教育方面提出鲜明的教育主张。

首先,教育个性化。教育个性化肯定个人价值,强调"个人解放",包含思想上、行动上的解放以及对个人权利、尊严的强调,是教育民主化的核心内容。他们认识到"吾国文化较诸先进之国相形见绌"的根本原因就在于"个性主义"被抑制,将人动物化。专制教育视万民若群羊,抹杀人的个性,施用牧民政策,"牧民政策之下,个人无位置,尽群羊而已",是培养造就顺民的教育,无所谓人类之价值。他们畅言:"一社会之中,各个人之价值愈高,则文明之进步愈速,吾人若视教育为增进文明之方法,当自尊重个人始。"共和政体之下,"政治因尊重个人,故

---

① 陈独秀:《调和论与旧道德》,《新青年》第7卷第1号。

② 鲁迅:《狂人日记》,《新青年》第4卷第5号。

③ 蔡元培:《新教育与旧教育之岐点》。参见刘铁芳编:《新教育精神》,华东师范大学出版社,2007年版,第163页。

④ 陈独秀:《近代西洋教育》,《新青年》第2卷第4号。

曰共和,曰民权。教育因尊重个人,故曰自动,曰自治,曰个性"。① 个性主义从以下几个方面体现于教育:教育机会均等,人人有受教育权利;教育要尊重人,尤其尊重学生;尊重学生的个性差异,避免整齐划一的模式,使人各尽其性;反对随便教育,教师要有教育学、心理学的知识储备,反对灌输教育和被动接受,"灌进去的知识学问是没有多大用处的,真正可靠的学问都是从自修得来"。② 因此,个性解放思想开始促使人们从受教育者的角度考虑教育问题,从而对整个教育观念产生冲击。

其次,教育平民化。教育平民化是民主思潮在教育上另一体现,民主包括自由、平等、互助等要素,要求个人有独立发展的自由,体现在教育上是性别之间、社会阶级之间的平等,并通过互助合作的方式予以实现和保障。教育平民化导致的一个直接结果是,教育关注的重心开始下移。平民就是"苦力",依靠出卖体力维持生活的人。其"苦"在于没有权利、缺少文化、从事体力劳动,其"力"在于蕴含着改造社会的巨大潜力。因此,"唯有努力于教育机会的平等,使人人所蕴藏的无限能力都有发展的机会"。③ 教育平民化旨在打破统治者阶层对教育的垄断以及学校对教育的垄断,使平民能够方便地受到与其生产生活密切相关的教育。

第三,教育实用化。教育与社会生产、学生生活不相关涉是中国古代正规教育的特点,近代教育尝试克服这一难题,然而,数十年的教育改革不仅没有使这种情况有所好转,反而有进一步加剧的趋势。陈独秀从中西比较的角度指出:"西洋教育所重点是世俗日用的知识,东方教育所重的是神圣无用的幻想;西洋学者,重在直观自然界的现象,东方学者,重在记忆先贤先圣的逸文。"④因此,中国教育不切实用,是造就"四肢不勤、五谷不分"之人的装饰教育。胡适直接指出:"社会所需要的是做事的人才,学堂所造就的是不会做事又不肯做事的人才","学校只管多,教育只管兴,社会上的工人、伙计……还是只是用没有受过教育的人"。⑤ 因此,新文化运动中,开始强调教育与社会需要和个人需要之间的联系,考虑教育结构与社会结构的合拍,同时要求对学校教育做全面改革,沟通教育与生活、学校与社会之间的联系,重视发挥学生的主动性和创造性。

第四,教育科学化。科学是新文化运动追求的目标之一,也是构成新文化运动思想启蒙和思想解放的重要内容。科学贡献于教育主要体现在两个方面:即理性的怀疑和对科学方法的追求、科学精神的养成。理性的怀疑旨在打破对权

---

① 蒋梦麟:《个人之价值与教育之关系》,《教育杂志》第 10 卷第 4 期。
② 蒋梦麟、胡适:《我们对于学生的希望》。选自葛懋春、李兴芝编:《胡适哲学思想资料选编》,华东师范大学出版社,1981 年版,第 138 页。
③ 晏阳初:《平民教育》,《新教育》第 7 卷第 2～3 期。
④ 陈独秀:《近代西洋教育》,《新青年》第 2 卷第 4 号。
⑤ 胡适:《归国杂感》。见《胡适文存》(卷 4),上海亚东图书馆,1921 年版,第 10 页。

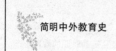

威的盲目崇拜,敢于质疑,在质疑、释疑过程中推进学术和教育的发展,推动人的发展;打破盲目崇拜需要科学的方法和精神,克服"有假定而无实证"、"有想象而无科学"的中国传统思想的通病。科学方法的运用重于科学知识的获得,而科学方法运用的目的在于养成科学精神;科学精神是求真务实的精神,养成科学精神的教育是"真教育";"真教育""乃自动的而非他动的;乃启发的而非灌输的;乃实用的而非虚文的;乃社会的而非私人的;乃直视的而非幻想的;乃世俗的而非神圣的;乃全身的而非单独脑部的;乃推理的而非记忆的;乃科学的而非历史的"。①

新文化运动促成中国现代教育观念的形成,也推动了新文化运动时期的教育改革。新文化运动中的教育改革从以下方面体现出来:其一,废除尊孔读经,恢复民国初年的教育宗旨。1916 年 6 月袁世凯去世,9 月,政府撤销了袁世凯颁布的教育纲要,并废止所谓的"教育要旨";10 月,废除中小学读经内容;1917 年5 月,否定"孔教为国教"的提案;1919 年 4 月将"养成健全人格,发展共和精神"厘定为民国教育宗旨;10 月由教育部采择实施。其二,大力推动学校教育,中小学校获得较快发展。1912 年全国在校小学生 2776373 人,到 1919 年已增加到5722213 人,在校学生人数增加一倍多。中学教育方面,1915 年全国有中等学校444 所、学生 69770 人,到 1922 年,学校数量与在校学生数增加到 547 所、103385 人;同时,对学校教育目的、内容、方法方面也做出调整。其三,改革师范教育和大学。1913 年开始调整全国师范布局,筹划六大师范区,每区设师范学校一所,即直隶、湖北、四川、广东、江苏、东三省,将原有师范学校并入六所高师或降格为普通师范,形成以北高师和南高师为代表的新型高等师范学校,带动全国师范教育和中小学教育的发展。大学改革始于蔡元培任北京大学时,对大学性质、办学目的、办学原则、学校管理、系科设置、培养方式等的全面改革,使北京大学成为一所现代大学,并被其他高校所效仿,成为民国时期高等教育的一场革命,有力推动了新文化运动的发展。

三、1922 年的"新学制"

近代中国学制变迁经历了不断向西方学习并予以适当调适的过程。癸卯学制虽经民初改革有所改进,形成壬子·癸丑学制,但问题依然较多。如小学过长(7 年)、中学过短(3 年),中等教育侧重普通教育而且以升学为主要目标,重视体系完备与划一而缺乏灵活性,缺乏对中国社会实际的有效关注而一味模仿、移植等等,已经难以适应社会生产与生活的需要。经过新文化运动中各种教育思潮与教育改革的推动,改革学制的呼声不断高涨。经过数年努力,1922 年 11 月 1

---

① 陈独秀:《答胡子承》,《新青年》第 3 卷第 3 号。

日以大总统令颁布了《学校系统改革案》,即 1922 年的"新学制",又称"壬戌学制"、"六三三学制"。它是近代中国教育史上持续时间最长、影响最大的一个学制。

"新学制"以教育的"民主"与"科学"为取向,充分吸收新文化运动以来的教育试验和研究成果,融入包括实用主义教育思想在内的各种合理成分,依据下述七项标准制定:(1) 适应社会进化的需要;(2) 发挥平民教育精神;(3) 谋个性发展;(4) 注意国民经济力;(5) 注意生活教育;(6) 使教育易于普及;(7) 多留给地方伸缩余地。这些标准以概括的形式,反映了新文化运动以来新教育思想和思潮对于教育改革的基本要求。新学制学校系统见下图。

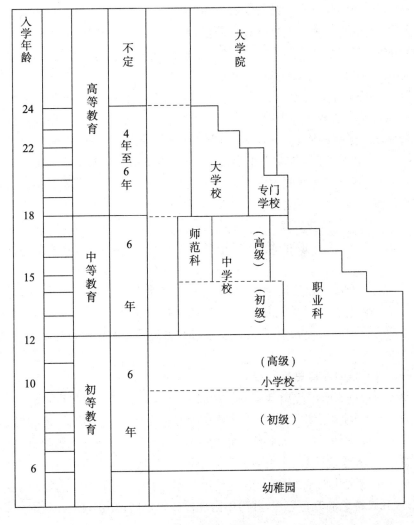

1922 年学制系统图

1922 年"新学制"呈现出一些新的特点:第一,初等教育趋于合理。幼儿教

育与小学教育衔接,确定幼儿教育在学制中的地位;缩短小学教育年限,改小学7年为6年;分为初、高两级:初级小学4年,属义务教育,高级小学2年,利于初等教育普及。第二,调整中等教育结构。改中等教育年限4年为6年,加强与高等教育的衔接,改中等教育一段为两段,增强地方办学和学生选择的伸缩余地;中学开始实行选课制和分科制,适应不同发展水平的学生需要。第三,缩短高等教育年限,取消大学预科,有利于大学的专业教育与科学研究。第四,加强职业教育。不仅在小学高级阶段增置职业教育准备,而且在中学开设各种职业科,兼顾学生的升学与就业。第五,师范教育类型增加。中学师范学校修业6年,后3年实行分组选修制;改高等师范学校为师范大学,并在普通大学开设教育科。第六,根据学生身心发展特点划分教育阶段,确定了"六三三"学制,使其更符合现代教育的特点。"新学制"还对各级各类学校课程设置做出详细规定,凝结了大批教育界和思想界人士的智慧和心血。

"新学制"参考了美国学制,却没有盲从,更多体现出中国教育实际发展的需要。它强化了职业教育与中等教育,克服升学与就业之间的矛盾;关注以选课制和学分制增加学制的弹性,并照顾不同学习对象的发展水平;提高师范教育水平,缩短小学教育年限,推动中小学教育普及,基本适应当时中国资本主义工业发展对教育的要求,使其成为中国教育早期现代化发展的一个重要标志。该学制除做局部调整外,主体框架一直沿用到新中国成立。

第二节　蔡元培的教育思想及20世纪20年代的教育思潮

民国初年及新文化运动期间,教育与救国联系在一起,教育思想非常活跃,其中以蔡元培的教育思想尤其具有代表性。到20世纪20年代,以美国为代表的西方教育思想大量传入中国,涌现出多种教育思潮和教育改革运动。

一、蔡元培的教育思想

蔡元培(1868年~1940年),浙江绍兴人,5岁入私塾,16岁考中秀才,22岁中举人,25岁中进士,27岁得授职翰林院编修。受甲午海战刺激,留心时事,学习日文、西学。蔡元培从1898年开始从事教育活动,先后出任民国教育总长、北京大学校长、大学院院长、中央研究院院长等,一生致力于中国教育和学术发展。身负深厚传统文化根柢的蔡元培,先后赴日本、德国、法国等国家留学并考察教育,形成独具特色的教育思想,并为中国现代教育发展做出卓越贡献。

（一）"五育并举"的教育方针

针对专制时代与共和时代对教育的不同要求,1912年初,蔡元培发表《对教育方针之意见》,从"养成共和国民健全之人格"的目的出发,提出军国民教育、实利主义教育、公民道德教育、世界观教育和美感教育"五育并举"的教育思想,成为民国初年教育方针的基础。

其中,军国民教育强调进行军事体育训练,旨在培养国民之强健体格,以便外争国权、内避武人政治。实利主义教育即智育,以人民生计为普通教育的核心,开发国民之智识,提高国民的生产能力。公民道德教育即德育,以自由、平等、博爱为内容,自由突出个体对思想、人格独立的追求,平等强调对他人权利和人格的尊重,博爱强调对他人之同情、关怀。世界观教育是教育的最高境界,以超越现实幸福为目的。他认为,世界可分为"现象世界"和"实体世界",现象世界与时空相连,可以被经验到,受因果律制约,是相对的、隶属于政治的,现象世界以追求现世幸福为目的;实体世界是超时空的,可直观感悟而不可经验,不受因果律制约,存在形式是绝对的,实体世界以超越现实幸福为目的。世界观教育就是要培养人们立足于现象世界又能超越现象世界而贴近实体世界的精神境界。美感教育即美育,是与世界观教育密切相连的教育。蔡元培认为美感"介乎现象世界与实体世界之间,而为津梁"。美感教育可以使人摆脱现实情感束缚,超越利害关系,净化心灵,将人从现象世界导入实体世界,因此美感教育既是内容也是方法。

对于五育的关系,蔡元培以形象比喻予以说明:"譬之人身,军国主义者,筋骨也,用以自卫;实利主义教育,胃肠也,用以营养;公民道德教育者,呼吸机循环机也,周贯全体;美育者,神经系也,所以传导;世界观者,心理作用也,附丽于神经系,而无迹象之可求。此五者不可偏废之理也。"[①]五育虽各有侧重,但要同时并进,不可偏废。

(二)改革北京大学,践行现代大学精神

北京大学由京师大学堂演化而来,虽经历任校长变革,但官僚习气依然浓厚。1917年,蔡元培出任北京大学校长后,开始改革,使北京大学面貌发生根本变化。蔡元培的改革包括:

1. 明确大学的性质、改变学校风气

蔡元培认为"大学者,研究高深之学问也",将大学定位成"纯粹研究学问之机关,不可视为养成资格之所,亦不可视为贩卖知识之所。学者当有研究学问之兴趣,尤当养成学问家之人格"。[②] 这既是对教师的要求,也是对学生的要求。

---

① 蔡元培:《对于教育方针之意见》。见刘铁芳编:《新教育精神》,华东师范大学出版社,2007年版,第13页。

② 高平叔主编:《蔡元培全集》(第3卷),中华书局,1984年版,第191页。

对于教师，要能够利用"大典"创新知识、创新价值观念，并能够培养出具有这种品质和能力的人才；对于学生，则要求抱定求学、研究学问的宗旨，"入法科者，非为做官；入商科者，非为致富。"①确定大学性质及宗旨之后，蔡元培积极为这一宗旨的实现创造条件。首先，是整顿教师队伍。教师群体是大学性质得以保证和宗旨得以实现的基础，只有教师具有这种品质与能力，学生方可依此而行。根据这一思想，蔡元培对不称职的教师予以辞退，同时积极聘请具有真才实学、热衷于科研与教学者到北京大学任教。其聘任教师只论对学问的兴趣与能力，而不论国籍、年龄、学历、思想倾向，从而使得大批学者云集北京大学，为北大发展奠定师资基础。其次，创造条件，积极为北大师生的研究活动提供支持。蔡元培认为，大学不仅是传授知识而且是创造知识的机关，而创造知识必须以问题为对象、以研究为方法，并需要相关条件予以支持。于是，他在北大创设各种研究所，购置大量图书供师生参考，并组织"进德会"以砥砺德行，提高师生的道德水平，培养师生的正当兴趣。

2. 贯彻"思想自由，兼容并包"的办学原则

大学是研究公共学术而不是研究被某些人或集团指定的学问。蔡元培将"思想自由，兼容并包"作为管理北大的指导思想，"无论为何种学派，苟其言之成理，持之有故，尚不达自然淘汰之命运者，虽彼此相反，而悉听其自由发展"。②这是保证教师能够自由地从事研究与创新知识、创新价值观的基本保证，也是大学宗旨得以实现的保障。由此，北京大学云集了各家各派学者，呈现出中国教育史上难得的百家争鸣局面。为使"思想自由，兼容并包"的原则得以贯彻，蔡元培创制"教授治校"的民主管理模式。"教授治校"的核心是由学术人才管理学校事务，集中体现了北京大学的办学宗旨。

3. 扩充并沟通文理、改年级制为选课制（学分制），实现大学宗旨中对学生的承诺

为改变大学"重术轻学"的观念，强调基础学科的重要性，蔡元培将北京大学原来的工、商、文、理、法五科改为文、理、法三科，突出文理，强调基础理论的作用。由于文理渗透已经是学科发展的趋势，为避免文理学科学生互相隔离、缺乏沟通，蔡元培采取废科设系的做法，打通学科之间壁垒，便于学生形成综合的知识结构。设置选课制不仅为打通文理界限提供了制度保障，而且使得学制也具有一定弹性，学生只要修满必要学分即可毕业，不拘年限。

除以上所述，北京大学还于 1920 年招收 3 名女生入学，开中国公立大学招

---

① 高平叔编：《蔡元培教育论集》，湖南教育出版社，1987 年版，第 152 页。

② 蔡元培：《致〈公言报〉并答林琴南函》。见高平叔编：《蔡元培教育论集》，湖南教育出版社，1987年版，第 231 页。

收女子之先河；实行旁听生制度，将学术和教学活动向社会开放；举办平民学校和夜校，努力为社会服务等等。在蔡元培的主持下，北京大学得到全方位的改革，成为中国高等教育发展的一个里程碑，对于中国现代大学的形成产生深远影响。

（三）教育独立思想

"教育独立"，意味着教育有自己的特性和发展逻辑。教育自身的特性与发展逻辑的实现需要一定的条件，"教育独立"即为教育特性得以维持和发展逻辑得以顺利实施的保障。在《教育独立议》一文中，蔡元培首先明确教育的特性：帮助受教育者发展自己的能力，完成自己的人格，对人类文化发展尽到一份责任，做出一份贡献；而不是要把受教育者塑造成一种特别的器具，给那些怀有其他目的的人去使用。

蔡元培认为政党、教会与教育在目的、性质上存在严重对立。政党与教育的对立表现在：教育要平衡发展人的个性和群性，政党则要造成一种特殊的群性，为本党服务，抹杀受教育者的个性；教育是求远效的，其效果不可能在短时期内表现出来，是着眼于未来的，而政党是求近功的，考虑的往往是眼前利益；在政党政治背景下，政权更迭频繁，由于政党理念不同，必然影响教育方针政策的稳定性，进而影响教育的成效。所以，教育必须超脱各派政党之外。教会与教育的矛盾体现在：教育是不断进步的，文化学术的发展总是后人超越前人，因此教育内容不断更新，并力图创造新知识；教会则是保守的，《圣经》所载句句为真理，不容批评，不容变更。教育是共同的，促进不同国家之间的文化学术交流和相互吸收，共同发展；而教会之间由于宗派之见，互相排斥，教会办教育必然会妨碍文化学术交流和进步。因此，教育要保持自己的特性、完成自己的使命，必须保持独立地位，不受政党和教会的控制，交由教育家办理。教育独立包括教育学术与教育内容独立，教育方针保持稳定，不受政治干扰；教育经费独立，建立独立的教育会计制度；教育行政独立，设立专管教育的行政机构，不附设于政府部门，由懂教育的专业人士主持，不受政局变动影响；教育脱离宗教而独立，不受教会控制。

在整个中国古代，不仅官办教育受政治的直接控制，私学也不断受到政治的干扰。权力介入教育可能会为教育带来某种好处，但会改变教育的特性，使得教育成为政治的工具而被异化。蔡元培提出教育独立，强调教育的特殊性、独立性、自主性，维护教育的特质和基本宗旨，反映出蔡元培对教育本质的领悟与坚守，也反映出教育者对教育的认识与政府、教会对教育在认识上的差异。这种观点，不仅在民国时期具有积极作用，即使在今天依然具有不可忽视的价值。

蔡元培曾被委以教育要职，对民国教育的发展产生重大影响。他的教育思想中贯穿着对民主、科学、自由、平等和对个性解放的追求，充满民主主义色彩；他在教育实践中锐意改革，为建立资产阶级民主教育制度做出巨大贡献，尤其是

对北京大学的改革,影响深远,奠定了20世纪初中国大学教育的基本格调,奠定了他作为具有远大理想和坚毅品格的杰出教育家的地位,成为一代学人的精神表率和大学灵魂的象征,至今熠熠生辉。

二、20世纪20年代的教育思潮

新文化运动时期是社会思想与实践急剧变革的时期,也是西方教育思想大量传入中国的时期。到20世纪20年代,出现了各种教育思潮和教育改革运动,大大推进了近代中国教育思想的繁荣与实践活动的发展。

(一)平民教育思潮

平民主要指权利缺失、不能获得教育机会的劳苦大众,包括大批底层社会民众;平民还指平等、民主,即人人拥有平等的权利与机会。平民教育旨在使普通民众获得平等教育机会的权利,是教育民主的重要内容。倡导平民教育,是民主思潮在教育中的体现与应用,也是各种不同政治倾向者关注的重点。有知识与无知识不仅是教育差别,而且分属"劳心"与"劳力"两个阶层,影响到其社会地位与享有权益。因此,教育民主化——平民化是政治民主化的保证。具有共产主义思想的知识分子多持这一观点,逐渐将平民教育引向共产党领导的工农革命教育。资产阶级知识分子则将平民教育视为救国和改良社会的主要手段,试图通过平民教育实现平民(民主)政治。他们反对教育权利被统治阶层垄断,提倡"平等主义的教育",倡导知识分子帮助劳苦大众积极去获取教育,"不先有了平民教育,哪能行平民政治?哪能使用平民政治的工具?……所以,我们要来仔细谈根本改造的教育,不愿去高论'空中楼阁'的政治"。[①]在平民教育思潮的推动下,北京高等师范学校的教职员工和学生于1919年10月组织了平民教育社,将这种思想付诸实施。1923年,由朱其慧、陶行知、晏阳初等人发起成立了中华平民教育促进会,以"除文盲,做新民"为目的,在全国各地劳动群众聚集地区和单位设立平民教育机构,大规模地推行平民教育。由于认为中国平民绝大多数在乡村,1927年后平民教育重心逐渐转入乡村,并演变为乡村教育运动。

(二)实用主义教育思潮

实用主义教育思潮源自美国杜威的教育学说。这种观点认为,"传统教育"存在诸多弊端,在批判"传统教育"弊端的基础上提出"现代教育"。其核心是:儿童中心、教育即生活、学校即社会、从做中学,主张教育要以儿童为中心而非以教师为中心,以儿童的经验为中心而非以教材为中心,以儿童的活动为中心而非以课堂为中心。民国初年,实用主义教育思想经过蔡元培等人的介绍为国内教育

---

① 《发刊词》,《平民教育》第1号,1919年10月10日。

界所了解,1913 年黄炎培发表《学校教育采用实用主义之商榷》,使得实用主义教育思想得以传播。杜威的中国学生回国后积极宣传和实践杜威的教育思想,加之 1919 年 5 月 1 日杜威来华讲学达两年多时间,先后到达 11 个省份,各地报纸、杂志系统刊发杜威演讲内容,"儿童中心"、"教育即生活"、"学校即社会"的思想得到广泛传播,使得实用主义教育思潮得以形成。杜威的实用主义教育受到认同并广泛传播,源自其符合中国知识分子通过教育实现社会改良和教育救国的要求。杜威将教育看作人类社会进化最有效的一种工具,学校教育对改造社会的作用远较政治、法律、警察有效得多,这种观点符合中国知识分子通过教育改良社会、避免暴力革命的思想;同时,实用主义教育的核心观点也符合改革传统教育内容脱离社会需要、脱离儿童生活,传统教育方法死板教条、无视儿童能动性等弊端的要求。实用主义教育思想认为教育过程即教育目的,"教育即生长",实质是以教育自身的目的为目的;将儿童在学校中的活动视为课程,将依照儿童心理顺序展开的活动视为教材;主张从做中学,在活动中学习等等,成为当时一批教育者从事教育活动的理论指导。实用主义教育思潮的传播,对 1922 年的新学制创立、教育独立、职业教育、平民教育、乡村教育、生活教育等多种教育思潮产生影响,同时引发课程教材、教育方法改革的实验运动。

(三)职业教育思潮

职业教育是职业与教育的结合,旨在通过教育使人拥有谋生的基本技能,使中等资质以上的学生能尽其所长,使人无弃才、物无弃用、地无弃利,促进实业发展,达到国富民裕之目的。职业教育思潮由清末民初实利主义教育和实用主义教育思想演变而来。资本主义生产方式在中国的渐次采用,对科学技术以及掌握科技人才的需求日渐迫切。近代以来学习西方教育时过度留意教育体系、教育组织的完备,而忽视教育与社会生产的联系,出现大面积学生毕业即失业的情况,使得对教育的批评之声不绝于耳。从 1915 年开始,全国教育会联合会不断提出职业教育议案,以往注重实用主义教育者开始转向职业教育,职业教育思潮逐渐形成。1917 年,黄炎培发起成立近代中国第一个专门研究、试验和推广的职业教育机构——中华职业教育社,从理论与实践两个方面推动职业教育的发展。1918 年全国职业教育机构达到 531 个,1926 年达到 1695 个,形成全国范围的职业教育运动,而且涌现出以黄炎培为代表的系统的职业教育理论家。职业教育思潮的发展对 1922 年的新学制产生重要影响,并对当时教育实践产生普遍影响。到 1930 年代中期,职业教育思潮逐渐走向消沉。

(四)科学教育思潮

科学教育是科学与教育的联姻,其基本内容包括用科学方法进行科学教育和用科学方法研究教育。用科学方法进行科学教育,即按照教育原理和科学方法进行科学内容的教育,使学生获得科学知识、技能以及养成科学态度,是科学的教育化。1921 年美国教育家孟禄应邀来华调查中国教育,认为中国科学教育有两大缺点:一是科学课程不够科学,对科学概念不甚明了;二是科学方法应用不够科学。学校仅仅开设理工科课程不能算科学教育,科学教育必须有研究科学之人并用科学方法解决问题。用科学的方法研究教育,是要通过应用各种心理和教育统计与测量的试验与量表的编制,研究儿童心理和教育心理以及学校教育中的相关问题,是教育的科学化。20 世纪 20 年代,以南京高等师范学校和北京高等师范学校为中心形成两个研究基地。在科学的感召下,他们认为教育是科学,应以科学的方法进行教育研究,得出较为精确的结论,因此积极倡导教育测量与心理测量,根据测量结果编制教材、选择教学方法,并在高校开设相关课程,培养专业人才。科学教育思潮影响所及,使得用科学方法研究教育的做法蔚然成风,各种测量、测验、统计、调查成为 20 世纪二三十年代教育普遍采用的研究方法。这种研究方法的采用,使得有关教育内容及其教学方法也趋于科学化,出现道尔顿制、设计教学法、蒙特梭利教学法、自学辅导法等等,高等学校中开始设立培养教育科学专门人才的学科和专业。

(五) 国家教育思潮

国家教育思潮的基本内容是:教育是国家的工具,教育目的对内是保持国家安宁和谋求国家进步,对外是抵御侵略、延存国脉;教育是国家的任务,教育设施应完全由国家负责经营、办理,国家对教育不能采取放任态度。其要旨在于以国家为中心,反对社会革命,通过加强国家观念的教育来实现国家的统一与独立。[①] 国家教育思想在清末经日本传入中国并受到重视。由于这种思想与新文化运动中提倡的"民主"、"个性"等观念冲突,一度衰落。但是,1922 年后经一批有留学经历者的提倡而获得广泛传播。他们认为,教育是社会的产物而非个人理想的产物,教育的作用在于"同化",让每个社会分子拥有共同的情感和信仰,然后才能聚沙于盘、维持社会稳定。教育的目的在于:(1) 培养自尊精神以确立国格;(2) 发展国华以阐扬国光;(3) 陶铸国魂以确定国基;(4) 拥护国权以维系国脉。[②] 教育是一种国家主权、国家事业、国家制度和国家工具,而不属于任何党派、地方、私人、教会或外国,教育主权须独立、统一,必须反对任何党派、地方、私人、教会和外国教育;将教育权收归国家,为此必须实施国家主义教育。只有如此,才能促进国家的统一与独立。国家主义教育思潮以抵制列强侵略,主张收回教育权;以培养好国民,倡导教育国有,提供平等的教育机会;以教育学术独

---

① 金林祥主编:《中国教育思想史》(第 3 卷),华东师范大学出版社,1995 年版,第 349 页。

② 余家菊编:《国家主义教育学》,中华书局,1925 年版,第 32 页。

立,反对教育隶属于党派。这些观点表现出其爱国的一面,但是国家教育思想以牺牲个人为代价而重视国家,与"五四"以来的教育观念相抵触;加之,模糊的"国家"观念为党派控制教育提供了口实,引来大量批判之声。国民党北伐胜利后,国家教育思想被明令禁止而陷于消沉。

（六）新民主主义教育思潮

新民主主义教育是以马克思主义为理论指导的教育,其主旨是以工农劳苦大众为对象、将教育作为革命斗争的武器,向工农大众灌输阶级意识、唤起劳工觉悟,实现工农群众的解放。在共产党领导下,新民主主义者将教育当作解放人、实现社会平等的手段。1922年,中国社会主义青年团第一次全国代表大会通过《关于教育运动的决议案》,提出三项教育改革措施:（1）社会教育方面,提高社会青年的知识和社会觉悟,并使年长失学者获得普通文化教育;（2）政治教育方面,要求对多数无产阶级青年宣传社会主义,启发并培养他们的政治觉悟及批判能力;（3）学校教育方面,要求改革学校制度,使一般贫困青年得到初步的科学教育,实施普通的义务教育,发动学生参加校务管理,取消宗教和一切不平等的待遇。

教育平等是新民主主义教育思想的重要内涵,争取平等的教育权利、启发工农群众斗争觉悟是新民主主义教育的重要特点。共产党人将工农教育作为开展革命的有力武器,围绕提高工农文化水平和政治觉悟的目的,采用多种方式进行教育活动,从而使新民主主义教育思想和实践迅速发展。李大钊指出:"劳工聚集的地方,必须有适当的图书馆、书报社,专供工人在休息时间阅览。……像我们这教育不倡、知识贫弱的国民,劳工补助教育机关,尤是必要之必要。"[1]在城市,要使劳工"工不误读,读不误工,工读打成一片";在农村要"利用乡间学校,开办农民补习班"。[2] 新民主主义教育者在城市依靠全国职工组织以及各级工会开展工作,在农村则以农会为组织中心。从1920年底北京工厂主义小组,在长辛店开办劳动补习学校为开端,各种工人补习学校、夜校、子弟学校、演讲会、阅报社等组织在全国工人聚集区蓬勃展开,为提高工人文化知识水平、唤醒工人觉悟、促进工人团结起到极大作用。在农村,1923年彭湃首先在广东海陆丰地区创建农会,设立农民学校,实施农民教育,随着农民运动的深入,农民教育得以普遍展开。工农运动的发展以及马克思主义的传播,需要大批具有理论素养的干部,共产党人还创办了诸如湖南自修大学、上海大学等干部学校,以满足革命的需要。新民主主义教育运动随共产党的革命运动而转移,历经土地革命、抗战时

---

① 人民出版社编:《李大钊文集》(上册),人民出版社,1985年版,第633～634页。
② 人民出版社编:《李大钊文集》(下册),人民出版社,1985年版,第172,843页。

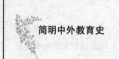

期、解放战争时期和中华人民共和国初期,成为新中国教育的重要源头。

（七）学校教学法的改革

近代以来,西方的教学法开始传入中国,其中传入最早、影响最大的是赫尔巴特的教学法。赫尔巴特以儿童心理过程为依据,将教学过程划分为明了、联想、系统和方法四个阶段。后来被他的学生齐勒修改为预备、提示、比较、总括、应用五段,称为"五段教学法"。五段教学法以书本知识为学习对象,以教师为主导,注重课堂教学形式的规范化,比传统私塾的个别教学与死记硬背优越,尤其给教师教学以很大便利,于是得到普遍应用。由于这种教学法自身的缺陷并被机械地理解和应用,逐渐与传统重灌输的注入式讲授合流,成为压抑学生个性发展并导致教学过程死板、沉闷的局面,影响教学质量的提高。新文化运动中,随着新的教育思想的传入和教育思潮的形成,开始对赫尔巴特的教学法进行改革,其中以设计教学法和道尔顿制对中国的中小学教学实践影响为大。

设计教学法是由美国教育家克伯屈等依据杜威的实用主义教育思想和桑代克心理学而提出的一种教学法。这种教学法主张由学生自己决定学习目的与内容,并在自己设计、实行的单元活动中获得有关知识和形成解决实际问题的能力。它主张从实际中获得学习材料,打破科目界限,摒弃教科书,教师的作用在于利用环境去引发学生学习动机,帮助学生选择活动所需的材料。根据目的,设计活动分为创作、欣赏、问题研究、技能训练等;其一般程序为:引起动机、确定目的、制定计划、实施完成、检查评价。由于这种教学法关注学生的主体性与独立性,重视学生学习动机与兴趣,注重教学与学生生活活动的联系,克服了中国传统教学中的注入式讲授,切合当时教学改革的需求,从1917年传入中国后,受到普遍重视和应用。然而,设计教学在使用过程中出现了问题:由于教学过程是学生自发的活动,造成各年级学习单元经常重复,学生获得一些支离破碎的知识,过于重视学生的主动性而使之放任自流;更为重要的是,设计教学法对师资有着极高的要求,而当时中国不仅师资不足,而且对这种教学法实质的领会与应用也存在问题,致使这种教学法在试验一段时间后,成为研究的重要内容。

道尔顿制由美国进步主义教育家柏克赫斯特女士于1920年在马萨诸塞州道尔顿学校实施而得名,是相对于班级授课制的一种个别教学制度。其基本原则是:自由,去除阻碍学生自由学习和教师对学生的不合理规定,配合自由的手段养成学生自我支配的能力;合作,将学校当作社会组织,打破班级界限,学生既为团体成员,又保持个人独立性;时间预算,破除班级授课制,由学生在规定时间里,自行制订计划、自行学习。其实质是让每个学生对自己的学习进度、学习内容、学习方法、学习效果负责,注重教师的指导而非主导作用,强调因材施教和学生独立学习能力的培养,对改变学生机械、被动地学和教师呆板、整齐划一地教起到矫正作用。道尔顿制于 1922 年传入中国后即被开始试验,1925 年柏克赫斯特到中国访问,使得道尔顿制的宣传和试行达到高潮。由于道尔顿制本身存在理论缺陷和师资、设备等方面不足,使得这种教学制度实施一段时间后,陷于消沉。

本章小结

辛亥革命的成功,结束了两千多年的皇权专制制度,教育随之发生变革,开辟了中国资产阶级教育的新时代。资产阶级以自己的价值取向对教育做出改革:制定新的教育方针,建立起资产阶级民主主义教育制度系统,完成了资产阶级依法改革专制教育的法定程序。壬子·癸丑学制以法定形式集中表达了资产阶级民主改革教育的构想。根据民主精神,清除了清末学制中的专制性因素。由于袁世凯的倒行逆施,民国初年的教育出现较大反复,导致专制教育回潮现象。随后的新文化运动,以科学与民主为价值取向,在教育领域兴起反思和改革专制教育、学习西方近代教育的热潮,不仅出现以蔡元培为代表的资产阶级教育家,而且形成各种教育思潮和教育运动,极大提高了当时中国教育的实践水平和认识水平,推动了中国教育的发展水平,创造了中国教育历史上又一个百花齐放、百家争鸣的辉煌时期。中国教育家与学者探索教育的热情空前高涨,并开始融入世界教育发展的潮流之中,不仅教育观念发生重大转变,教育实验与改革也轰轰烈烈地开始进行,为 20 世纪二三十年代中国教育的繁荣打下了基础。

∠ 思考题

1. 评述"壬子·癸丑学制"的主要内容、性质和特点。
2. 比较 1922 年"新学制"与"壬子·癸丑学制"的异同。
3. 评述蔡元培教育思想的主要内容。
4. 新文化运动促使教育观念发生了哪些变化?
5. 20 世纪 20 年代出现了哪些教育思潮? 主要内容及特点如何?

∠ 参考文献

1. 李华瑞主编. 民国教育史[M]. 上海:上海教育出版社,1997.
2. 孙培青主编. 中国教育史[M]. 上海:华东师范大学出版社,2005.

∠ 进一步阅读文献

1. 陈元晖主编. 中国近代教育史资料汇编·教育行政机构及教育团体[M]. 上海:上海教育出版社,2007.
2. 田正平主编. 中国教育史研究·近代分卷[M]. 上海:华东师范大学出版社,2001.

第八章
南京国民政府时期的教育变迁

　　1927年北伐革命节节推进之时,国民党违背孙中山"联俄、联共、扶助农工"的新三民主义,发动"四一二"事变与共产党决裂,并在南京成立国民政府。由此,教育开始发生明显分化:国民政府以教育为巩固政权的方式,积极推行符合其政治意图和政府利益的教育,并制定一系列政策、措施予以保障;共产党人则以教育作为启发民众思想、唤醒其阶级觉悟、实现民众解放的手段,广泛地实施民众教育;公共知识分子则坚持自己的教育信念,在教育领域践行自己的教育信念。在不同力量的博弈之中,教育得到快速发展。日本发动侵华战争后,中华民族同仇敌忾,共赴国难,在"抗战建国"的国策下,制定出战时教育方针,采取一系列应对措施,使得教育在异常艰苦的情况下,依然取得显著的成绩。抗战之后,国民党出于维护其专制统治的目的,在其统治区实施专制教育,重视政治对教育的控制,强化教育为政治服务,导致民众的对抗,最终随着国民党的军事溃败和政治瓦解,这种专制独裁的教育随之终结。

第一节　国民政府时期的教育宗旨及教育制度

　　教育宗旨是一国教育发展的总目标,应当具有稳定性。由于近代以来教育发展处于不断向外学习之中,加之国内政局动荡、政权更迭频繁,致使教育宗旨屡经变更。民初教育方针确定后不久即被袁世凯变更,新文化运动时期又恢复资产阶级共和精神;受杜威教育思想的影响,1922年的"新学制"只有教育标准而没有教育宗旨。南京国民政府成立后,以"党化教育"作为教育方针,随着南京政府对全国控制的实现,代之以"三民主义教育"宗旨。由此,专制主义和独裁精神渗透到教育宗旨之中,国民政府从宏观上实现了对教育的控制。教育宗旨的实现需要相应的配套措施予以保障,教育行政管理制度、学制、课程标准乃至课程内容与学业成绩评定等等,成为实现教育宗旨的有机环节。正是由于这一系列教育制度的出台,部分地实现了国民党的政治意图和政府利益,国家和民众利益却被抑制或忽略。

一、"党化教育"的实施、废止与"三民主义"教育宗旨的厘定

1927 年蒋介石在南京召开的"五四"运动纪念大会上提出实行"党化教育",授意各省成立"党化教育委员会",拟定"党化教育大纲",用三民主义感化"误入歧途之青年","使学生受本党之指挥而指挥民众"。同年 7 月,国民政府教育行政委员会通过《国民政府教育方针草案》,将"党化教育"解释为:在国民党指导下,根据国民党的根本政策制定教育方针,求得教育的"革命化"、"科学化"、"民众化"和"社会化",按照国民党的"党义"和政策精神改组学校课程,培养各类专门人才,使学生走出学校后都能做党的工作。"党化教育"的实质是:以国民党党义为教育宗旨,以管理国民党的办法管理教育,以国民党的组织纪律为学校的规章制度,以训练国民党员的办法训练学生,实现学校教育的国民党化,使教育成为推行"一个政党,一个主义"的工具。目的在于强化国民党对学校教育的控制,实现其一党专制的政治意图。国民党将"党化教育"当作"今日教育上最重要的问题",在课程中渗透国民党党义,在学校中配备专职教师,并制定《各级学校党义教师检定委员会组织条例》、《检定学校党义教师条例》作为实施依据。

"党化教育"的推行产生恶劣的影响,甚至国民政府地方教育机关也对此严厉批评。上海市教育局特别撰文指出:

课程中尽量采用党的教材,不但要想把全部的三民主义,灌输给学生,叫他们生吞活剥。并且语文中充满了革命伟人的伟大史传,常识课中尽装着国民党里的一切政纲,音乐课必唱"革命之歌",形艺也学"革命画报"……真把党的一切,当作日常功课了。

不仅如此,形式上也模仿党的仪式。寻常集会须瞻仰总理遗像,恭读总理遗训,等同于"清朝八股时代童生们临考时恭默的'圣谕广训'一般";墙壁上贴满党的标语,乃至杀人放火的挂图也时常悬挂在校内;凡是党的运动,不但中等以上学校的学生参加,有时小学生也要参加。被时人喻为"党教育"、"党的传习"。①

"党化教育"露骨地表达出国民党的政治意图,遭到大批进步人士的抨击。国民党内对"党化教育"实施及其后果也产生怀疑,加之"党化教育"含义模糊。1928 年 5 月在南京召开的全国第一次教育会议上,决定废弃"党化教育"一词,代之以"三民主义教育",并通过了《三民主义教育宗旨说明书》。由此,"党化教育"在名称上被否决。

---

① 以上引文详见舒新城编:《近代中国教育思想史》,福建教育出版社,2007 年版,第 275~276 页。

1929年4月26日，以南京国民政府名义颁布的《中华民国教育宗旨及其实施方针》规定："中华民国之教育,根据三民主义,以充实人民生活,扶植社会生存,发展国民生计,延续民族生命为目的;务期民族独立,民权普遍,民生发展,以促进世界大同。"[①]"三民主义教育宗旨"由此得以确立,成为国民政府实施教育的法定依据。"三民主义教育宗旨"的颁布使教育发展有序可循、有法可依,对于稳定教育秩序和教育发展具有导向作用。抗战中对教育方针有所调整,如将教育为抗战服务的近期任务与教育为战后国家重建的远期目标结合起来,使教育在艰苦的战争环境中仍然有所发展。然而,这种教育为维护独裁统治服务,以"一个领袖、一个主义、一个政党"为价值取向,"一个领袖"使其带有独裁性,"一个主义"使其带有专制性,"一个政党"使其带有专政性。就此而言,国民政府时期的教育没有走出传统教育的窠臼,在具体做法方面也如此。如以"违背法令"、"不合规程"、"办理不善"、"查到宣传共产书籍"等借口,查封大批具有不同价值取向的学校,成为对维新以来"民主"、"科学"价值追求的反动,使教育沦为维护国民党专制统治的工具,一直持续到国民党离开中国大陆。

二、国民政府时期的教育制度变革

南京国民政府成立后,对教育制度做出调整。在管理体制方面,设立中华民国大学院,地方实行大学区,形成新的教育管理制度;对1922年"新学制"做出局部调整,以适应教育发展的需要;为了加强对学校教育的管理,建立起训育制度;为了控制学校和学生,实行童子军训练和军训制度;为了控制教育内容,实行了教科书审查制度;为了使各级各类教育能够整齐划一,实行毕业会考制度。南京国民政府时期的教育制度为其教育宗旨的实现提供了制度保障,对于教育自身发展,则产生广泛而深刻的影响。

1927年6月,国民党中央执行委员会通过蔡元培等人的提案,仿照法国教育行政制度,在中央设立中华民国大学院取代教育部,主管全国教育;在地方,试行大学区,取代各省的教育厅。随后,国民政府任命蔡元培为大学院院长,并公布《中华民国大学院组织法》,10月1日,大学院正式成立。大学院为全国最高学术和教育行政机关,隶属于国民政府,管理全国学术和教育行政事宜。大学院设院长一人,综理全院事务;下设秘书处、中央研究院、国立学术机关和各种专门委员会。在地方则根据当地经济、教育、交通等情况划分为若干大学区,每区设大学一所、设校长一人,负责大学区内的学术与教育行政事务。蔡元培尝试以管理北京大学的方式,对整个中国教育行政管理制度做出调整,以期使教育与学术

---

① 教育部编:《第一次中国教育年鉴》(甲编),开明书店,1934年版,第8页。

结合,实现教育行政机构的学术化,使教育能够按照自身逻辑发展;同时,还可以使教育摆脱官僚体制的支配,使教育设备、教育经费以及教职人员得以保障,通过大学委员会与大学区评议会合议的制度,使国家和地区教育决策与实施民主化。因此,大学院和大学区制度是新文化运动时期教育理念延续的结果。然而,由于条件未备,想利用一种制度改变落后的中国教育面貌愿望虽然良好,却遇到严重问题,尤其是受到政治干扰。正如学者研究后所指:"由于理想过高,期以学术领导行政,使教育行政学术化,其结果因人谋不臧,反使学术机关官僚化,非但未能增高效率,且使行政效能日趋低落。尤其以大学统率中小学,忽略中小学实际需要,削减中小学教育经费,导致中小学居于附庸地位,而遭中小学界激烈反对。"①大学区制度在试行过程中,不仅有来自大学区的反对而且有来自中小学的反对,致使蔡元培于 1928 年 8 月辞职。11 月 1 日,国民政府下令改大学院为教育部,隶属于国民政府行政院,原大学院一切事宜由教育部办理。至此,大学院与大学区制的尝试失败。

出于推行"三民主义"教育的需要,实现政党对教育的控制,国民政府采取了一系列行政和非行政的手段。1928 年 5 月,中华民国大学院第一次全国教育会议期间,对 1922 年学制的部分内容进行修正后予以颁布,史称"戊辰学制"。"戊辰学制"以根据本国国情、适应民生需要、提高教育效率、提高科学标准、谋求个性发展、使教育易于普及、为地方留伸缩之可能为原则,对初等教育、中等教育、高等教育的宗旨、培养目标、课程设置、修业年限及其相互衔接关系做出规定。"戊辰学制"出台,在保证教育有法可依、促进学校教育发展的同时,加强了国民党对教育的控制,并使国民党党义广泛渗透到教育之中。国民政府还采取三种措施,实现了对学校和学生的控制:

第一,建立训育制度。1928 年 10 月,国民政府发布"训政"时期施政宣言,要求普及"三民主义"国民教育,对学生实施党义教育,以"三民主义"统一学生思想,并于 1932 年发布《整顿教育令》,以"整饬学风"为名,排斥异议,加强对教师和学生的控制。为了加强对学校的管理和控制,1931 年 8 月和 1932 年 6 月,教育部分别公布《各级各类党义教师及训育主任工作大纲》和《今后中小学训育上应特别注重之事项》,前者要求党义教师和训育主任时时接近学生,以匡正其思想、言论和行动;后者则要求通过举行晨会的方式,养成服从互助习惯。为了实现对学生的控制,国民党中央常务委员会于 1928 年 5 月通过《中国国民党童子军总章》,规定:凡 12 至 18 岁之青少年皆须入伍受童子军训练;未满 12 岁之幼童,愿受者可组织党幼童军,并将童子军训练作为必修科目。为了培养具有"三

---

① 雷国鼎编:《中国近代教育行政制度史》,台北教育文物出版社,1983 年版,第 334 页。

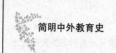
民主义"思想的革命青年,国民政府规定高中以上学校实施军训,并将军训作为学分计入成绩,军训不合格者不得补考、不得报考大学。

第二,实行教科书审查制度。1927年,国民政府实施"党化教育"时,即要求将国民党党义及其政策融入课程之中并能予以发扬,同时规定审查和编写教科书,通过《组织教科书审查会章程》,以国民党党纲、党义和"三民主义"作为审查教科书的标准。1929年,教育部明令各级各类学校采用的教科书必须经过教育部审查,否则不得发行并采用,并对教科书审查的政治、内容、组织形式、语言文字、印刷装帧等标准做出具体规定,如政治标准为"适合党义,适合国情,适合时代",内容标准为"内容充实,事理正确,切合适用"等。[1] 1932年6月设立国立编译馆,会同教育部普通教育司代表政府负责中小学教科书的编辑审定事宜。随后对教科书的审定更为严格,经审定后的教科书为教育部部编教科书,推广到全国学校使用。教科书审查制度的施行,对教科书的编写与出版起到规范作用,在一批著名学者和富有经验的教师、出版界有识之士的努力下,出版了一批优秀教材,并积累了丰富的教科书编写的经验。然而,教科书审查制度的实施,也使得国民党党义和"三民主义"精神广泛渗透到教科书之中。

第三,毕业会考制度。国民政府对教育的控制,不断激起学潮、教育界要求保障教育经费和教师薪金的风潮,政府深以为忌。1932年5月,教育部以"整齐小学、初级中学、高级中学"学生毕业程度与"增进教学效率"之名,颁布《中小学毕业会考暂行规定》,令全国各省市县教育行政主管部门对该地所属公立以及立案之私立中小学应届毕业生,经过学校考试合格后实行会考,各科考试成绩合格者始能毕业,不及格者须补考,三科不及格者须留级,由此开始民国时期中小学的毕业会考。随后一系列法令规定各级各类学校执行毕业生会考制度。在一个地区文化、经济、教育发展极为不平衡的国家,毕业会考制度对于整齐各地各校教学水平和教学质量产生了一定的积极作用,也使教育教学有了一个基本参照系。但是,南京国民政府主要出于政治意图,将毕业会考制度作为对学校和学生控制的手段,通过增加负担使学生安心埋头于学校而无力旁顾,不顾及学生、教师和教育界的呼声与建议。这导致毕业会考制度从出台到具体实施都不断遭到来自学校的抵制,出现典型如西南联大四年级学生组织的反总考委员会,率全校毕业班学生联合抵制高校总考制的现象。

教育事业是公共事业,教育发展有自身特点。教育宗旨是带有价值取向的教育发展的总方向,需要依据教育自身的性质与特点来厘定。教育宗旨厘定清楚,才可能对知识进行合理的选择与编排,才可能选择合适的教学方法并制定相

---

① 教育部编:《第一次中国教育年鉴》(乙编),开明书店,1934年版,第99页。

应的制度予以保障,教育自身正常了,才能发挥教育能够发挥的作用,才能为社会发展服务。南京国民政府出台了大量教育管理制度,对教育过程中的各个环节做出规定,这种做法对于规范教育活动起到一定作用。然而,由于国民政府管理教育活动出于政治意图和政党利益的考虑,视教育为实现政治目的的手段,以政治目的代替教育目的,以政治手段为教育管理手段,以管理政府部门的措施管理教育活动,虽然使教育在规模和数量上获得快速发展,却与教育自身的性质与特点渐行渐远。这种违背教育自身逻辑的做法,虽然有强大的政府力量和制度因素作为保障,却遭到大批有志于教育事业的学者、知识分子、教师和学生的反对,最终在以解放为价值取向的人民革命中被终结,成为国民政府留给后来者的一个沉重经验教训。

第二节 沦陷区、国统区与解放区的教育运动

由于军事和政治原因,1931 年尤其是 1937 年之后到 1945 年之间,中国领土实际上被分割为三个部分,并在三个区域形成三种不同的教育模式,产生三种不同的结果。在日军占领区,实施的是奴化教育,引发中国人民的反奴化教育运动;在国民党统治区,政府加强对教育的控制,以教育实现其政治意图,引发国统区的民主教育运动,在抗战胜利后尤其如此;在共产党领导下的解放区,教育作为解放人的方式,新民主主义教育获得较快发展。奴化教育以日本侵略者的失败而终结,国统区的教育因民主教育运动而风雨飘摇,新民主主义教育因符合民主教育的需要而获得快速发展。

一、沦陷区的奴化教育与反奴化教育运动

"九一八"事变后,由于国民政府的不抵抗政策,东北地区迅速沦为日本侵略者的殖民地。七七事变后,日本侵略者很快攻占了华北、华东、华中和华南的大片领土,扶植建立了华北和南京的伪政府,大半个中国处于日军的殖民控制之下,成为沦陷区。为了实施殖民统治,日军在其占领区采取残酷屠杀手段镇压中国人民反抗侵略的同时,利用怀柔奴化的文化教育推行其殖民统治,从而使得奴化教育成为日本对华侵略的组成部分。日本的奴化教育激起了沦陷区人民的抵制,形成反奴化教育运动。

日本侵略者的奴化教育从多个方面体现出来。首先,破坏中国的教育事业。从占领东北开始,日军即对中国的文化教育事业实施毁灭性的破坏。在伪满洲国成立后的五个月中,焚烧中国历史文化图籍和其他进步书籍 650 余万册,禁止使用中国教材,封闭东北地区的所有大学,严格控制其他学校,对进步师生实施

残酷镇压。七七事变之后,日军所到之处,中国的文化教育事业惨遭毁灭。据资料介绍,从 1937 年 7 月至 1938 年 8 月,沦陷区有 91 所高等学校被破坏,占全国高校的 85％;沦陷区中等学校 1926 所,有 50％的中学生无法上学;有 129700 所小学与幼稚园受到破坏,占全国总数的 44％;被破坏的图书馆 2118 所,民众教育馆 835 所,博物馆 42 所,文物保存所 54 处,被破坏的文化教育事业财产总额超过 3 亿元,另有大批文物、典籍被掠夺。[①] 在中国尝试教育与社会现代化过程中取得一定成绩时,日军反人类的侵略行径却予以致命的摧残。其次,实施奴化教育。在日本侵略者的操纵下,伪满政府规定在"满洲国"不准悬挂中国国旗,不得使用"中华"之名,不得使用中国教材,借助儒家典籍,以"王道"为教育方针,粉饰侵略者对中国人民的侵略、压迫与殖民,实施奴化教育。1937 年 5 月颁布《学制纲要》,以"养成忠良之国民"为教育方针,并建立奴化教育体系。随着沦陷区域的扩大,日本侵略者以"日支亲善"、"共存共荣"灌输给沦陷区的学生,并编辑出版"日中亲善"、"日汪提携"的教科书,以实施"中国日本化"的奴化教育。

日本的奴化教育没有使沦陷区的爱国师生屈服,他们通过各种方式与日伪政府展开斗争。他们参加东北抗日联军和抗日义勇军,组织各种社团与秘密组织,举行文艺演出与读书会,反对强迫教授日文、日语,不参与日军组织的庆祝游行,以中文与日文交替使用的游击教学等方式,抵制日本的奴化教育。同时,中共的地下组织举办各种教育培训机构,与沦陷区的爱国师生遥相呼应,并给予积极的支持与鼓励。最终,日本军事侵略失败,沦陷区的奴化教育得以终止。

二、国统区的教育民主运动

经过八年艰苦卓绝的英勇奋战,中国人民迎来抗日战争的胜利。抗战胜利后,教育事业进入恢复阶段,在"和平建国"的愿望与各方的努力下,民国教育事业不仅得以快速恢复,而且有了进一步的发展。然而,当人们渴望在和平安定的环境中接受教育时,国民政府在美国政府支持下,于 1947 年 7 月发布《堪平共匪叛乱总动员令》,实施内战。"内战"成为首要任务,教育经费被削减,国统区失去最基本的教育发展条件,教育开始凋零;加之,国民政府对学校和师生的思想控制与政治迫害变本加厉,引发国统区人民的民主教育运动。从 1945 年 5 月始,陶行知发表了一系列以"民主"为主题词的文章,讨论民主教育。在《民主》一文中,他提出政治民主、经济民主、文化民主、社会民主、国际民主并做出简要分析;在《民主教育》一文中指出,"民主教育是民有、民治、民享之教育",民主教育"以达到天下为公"之目的,是"全民教育,以实现全民政治"。因此,"我们反对党化

---

① 延安时事问题研究会:《抗战中的中国文化教育》,上海人民出版社,1961 年版,第 28～34 页。

教育,反对党有党办党享的教育,因为党化教育是把我们的公器变做一党一派的工具"。① 由此拉开了反党化教育的民主教育序幕。1945 年 9 月,上海大中学校学生 5000 余人在马歇尔住所前举行游行示威,提出"反内战"、"反对美国援助国民党进行内战"、"反对美军驻华"等要求,揭开广大师生反内战的序幕。11 月 25 日,由西南联大发起包括云南大学参加的"反内战时事晚会"遭到国民政府军警的封锁,激起学生的罢课抗议,但遭到政府的镇压,酿成"一二·一"惨案,引发全国性的抗议活动。加之,教育经费被削减,教师的实际收入与学生培养投入不断下降,1947 年 5 月,爆发了以"要饭吃、要生存"、"反内战、反饥饿"、"抢救教育危机"为主题的全国学生民主运动,要求增加教育经费;随后,平、津、沪、杭、汉等地学生纷纷响应,各种游行、示威、请愿活动频繁发生,尽管不断遭到国民政府的迫害,却引起国统区其他社会阶层民众的同情,由此引发更大规模的反对独裁统治、争取民主权利的斗争运动。

学生民主运动成为国统区内人民争取解放斗争的先锋,成为争取民主和民族解放的一股强大力量。这股力量配合人民解放战争,加速了国民党统治的崩溃,并为随后的新中国培养了大批急需人才。

三、解放区的新民主主义教育运动

在日本人统治的沦陷区实施奴化教育与在国民党统治的国统区进行教育控制的同时,在共产党领导下的解放区里新民主主义教育得到蓬勃发展。

首先,在不同历史时期制订出不同的教育方针,但解放人与社会平等的价值取向一直贯穿始终。新民主主义教育思想在 20 世纪 20 年代即开始出现,在解放区得到进一步发展。1931 年 11 月,中华苏维埃共和国成立。在第一次全国工农兵代表大会通过的《宣言》中,明确提出苏维埃政权的教育性质:"工农劳苦群众,不论男子和女子,在社会、经济、政治和教育上,完全享有同等的权利和义务","取消一切麻醉人民的封建的、宗教的和国民党的三民主义教育"。② 1934 年 1 月,毛泽东将苏区的教育方针概括为:"以共产主义精神来教育广大的劳苦群众,在于使文化教育为革命战争和阶级斗争服务,在于使教育与生产劳动联系起来,在于使广大中国民众都成为享受文明幸福的人。"③抗日战争期间,在陕甘宁边区文化界抗日救亡协会第一次代表大会上,毛泽东做了《新民主主义的政治

---

① 陶行知:《民主教育》,《民主教育》创刊号,1945 年 11 月。
② 中央教育科学研究所编:《老解放区教育资料》(一)《土地革命战争时期》,教育科学出版社,1981 年版,第 27 页。
③ 中央教育科学研究所编:《老解放区教育资料》(一)《土地革命战争时期》,教育科学出版社,1981 年版,第 20 页。

和新民主主义的文化》的报告,指出:新民主主义文化就是"民族的科学的大众的文化"。[①] 所谓"民族的",是指具有中华民族独立、尊严和特性的教育,既不一概排斥也不"全盘西化",而是取精去糟、经过扬弃的教育;所谓"科学的",即以理论联系实际、实事求是为原则,对于中国传统教育既不因循也不一概否定,而是批判继承;所谓"大众的",是指对劳苦大众施以平等、民主的教育,将普及与提高、干部教育与群众教育相互区别又加以联系。在解放战争期间,为配合战争需要,将知识分子划入"劳动人民"范畴,扩大教育界的统一战线;随着解放区的扩大,逐渐将教育工作重心从农村转向城市,从农业的、军事的转向工业建设;同时,还对美国文化教育进行了清算。新民主主义教育方针随战争形势不断进行调适,为战时教育发展以及战争的胜利做出巨大贡献,也使其带有明显的战争与政治烙印。

其次,通过多渠道、多形式的措施使得教育获得快速发展,形成针对不同教育对象的不同教育形式,如针对成人的各种夜校、读书班、星期学校,针对儿童的劳动小学、列宁小学,针对专业人才培养的师范学校、艺术学校、农业学校,针对军事和行政人员的干部学校等等,在不同时期根据重心不同又有所调整。最终,形成干部教育、成人教育、社会教育、普通教育等不同形式和不同层次的教育体系。解放区的教育实践为解放区教育发展和解放战争做出巨大贡献,同时形成鲜明的特点。第一,教育以政治变化为转移。共产党人以解放劳苦大众为目的,但认为解放劳苦民众须从政治入手,以革命的方式来进行,因此,教育为政治服务是其显著特点。无论从教育方针的制订、教育内容的选择以及教学组织形式、教学法的应用上,还是教育的组织管理上,都指向服务政治和战争的需要,强调对政治和战争环境的适应。第二,教育与生产、生活相联系。消灭专制制度,使劳动人民获得政治、经济和文化教育上的解放,是解放区开展民主主义革命的基本任务之一。彻底改变脱离生产、生活实际以培养精神贵族为目的的教育,成为解放区教育的主要任务。因此,教育与生产生活相结合、实施与生产生活相联系的教育,成为解放区教育的重要特点。第三,拓宽办学渠道,依靠群众办学。解放区经济基础差,办学又需大笔经费,而翻身群众又有教育需求,于是依靠群众、拓宽办学渠道成为兴办教育的重要形式。由群众自己办自己需要的夜校、识字班,政府资助群众办普通小学,政府办的干部教育与群众实际需要相联系成为主要方式。

解放区的教育随着时势变化而做相应调整,获得巨大的发展。在发展过程中形成诸多特点,积累了丰富的经验,构成新民主主义教育的主要内容,既有力

---

① 毛泽东:《新民主主义论》,《毛泽东选集》(第2卷),人民出版社,1991年版,第708~709页。

地配合了土地革命战争、抗日战争和解放战争，又推动了解放区的政治、经济和文化的发展以及社会风气的改善，为新中国的教育发展奠定了一定基础。但是，由于新民主主义教育发生在战争环境中，一直与政治及战争联系在一起，因此带有浓厚的政治与军事色彩。这在战争年代极富生命力，但在和平年代，却有与教育自身发展逻辑不一致之处，需要做出相应调整，以适应和平时期教育正常功能的发挥。

第三节　杨贤江和黄炎培的教育思想

杨贤江是最早尝试用马克思主义世界观和方法论考察中国教育问题的理论家和教育家，为马克思主义理论在中国的传播并创立中国无产阶级教育理论体系做出过重大贡献。黄炎培是近现代中国著名的爱国主义者和民主主义教育家，将毕生精力贡献于中国的职业教育事业，是中国近代职业教育的创始人和理论家。

一、杨贤江的教育思想

杨贤江(1895年~1931年)，字英甫，又名李浩吾，浙江余姚人。1917年毕业于杭州省立第一师范学校，之后入南京高等师范学校辅助陶行知工作，其间开始撰写有关青年问题的论文；1919年参加"少年中国学会"，1920年任广东肇庆县民国师范补习所教务主任，1921年任商务印书馆《学生杂志》编辑，撰写并发表大量有关青年和学生学习、事业、生活问题的文章；1922年加入中国共产党，协助恽代英编辑《中国青年》，介绍马克思主义，由此，开始投入革命工作；1927年赴日本避难，并进行教育和社会科学的研究与翻译工作；1928年，撰成我国第一部运用历史唯物主义分析世界教育历史的著作——《教育史ABC》；1930年撰成我国第一部运用马克思主义论述教育原理的专著《新教育大纲》。1931年8月，病逝于日本长崎。在短暂的30余年的生命中，杨贤江留下300余万字的著作，对于马克思主义教育学说在中国的传播和中国的马克思主义教育原理的建立做出了卓越贡献。

（一）运用马克思主义原理分析教育的本质、教育与政治和经济的关系

在《新教育大纲》中，杨贤江对"教育是什么"做出解释。他指出教育与政治、法律、宗教、哲学等观念形态一样，由经济基础决定又反作用于经济基础；同时，教育还以具体的教育实践活动反作用于经济基础。他说，学校"是社会的劳动领域，为赋予劳动力以特种的资格的地方，就是使单纯的劳动力转变为特殊的劳动

力的地方"①,认为教育是劳动力再生产部门。这样,教育具有了双重属性,既属于上层建筑又属于经济基础。他还从教育发展演变历史的角度对这一问题做出分析:在原始社会,"教育的发生就植根于当时当地的人民实际生活需要;它是帮助人营造社会的一种手段。"②因此,原始社会的教育的目的,一是获得生活资料,一是获得精神的安慰;前者以"实用教育"为内容,后者以"宗教教育"为内容。方法上则是在生产生活中通过生产生活来进行,人人都是教育对象,享有受教育的权利与义务。私有制出现后,教育"质变"为"社会的上层建筑之一",在奴隶社会和封建社会,教育与劳动分离,教育权跟着所有权走,教育专为支配阶级的利益服务,两种教育开始对立,男女教育不平等。进入资本主义社会后,又出现教育的"独占化与商品化"。因此,在这些历史时期,教育属于上层建筑和观念形态之一。未来社会是一个没有阶级的社会,教育在更高形态上恢复其本来意义,表现为教育与劳动结合,实施普及的、真正平等的教育,教育又成为"社会所需要的劳动领域之一"。

(二) 分析并评判流行教育观点

20 世纪 20 年代是社会动荡与变革的年代,专制统治的加重与新思想的不断输入,使教育界中流行着各种教育观点,影响着人们对教育的清晰认识,杨贤江在《新教育大纲》中对这些流行的教育观点进行了分析和批判。

批判教育"四说",阐明教育内涵。"教育神圣"、"教育清高"、"教育中正"和"教育独立"是当时流行的关于教育的四种表述,即教育"四说"。杨贤江认为,这四种观点都掩盖了教育的本来面目,带有欺蒙、麻痹作用。"教育神圣"说将教育视为"觉世牖民"的事业,但统治者从来都是将教育作为自己的统治工具,而不在于启发民智、与民为善。以封建教育为例,其教育只有"愚民"而未有"牖民",只有"囿世"而没有"觉世";资本主义教育目的,就在于造就适应其经济组织的劳动力。一味赞扬教育神圣者,不仅表明他的无知与迷信,而且证明他的"学者良知"已被统治阶级利用和麻醉。"教育清高"说认为教育是"清苦"、"高贵"的事业。杨贤江指出,教育界之"清"超不过"清道夫",而其"苦"远不及"苦力"。"教育清高"说既将教育与政治隔离,又将教育与劳动隔离,使教育者沦为空谈者。"教育中正"说将教育视为不偏不倚的"公正事业"。在杨贤江看来,在阶级社会,教育具有阶级性,无中立教育可言,不仅教育机会不平等,甚至教育经费、制度、内容等,都被统治者所控制。因此,"教育中正"说实质是不讲是非,甚至是假中正之

---

① 中央教育科学研究所、厦门大学编:《杨贤江教育文集》,教育科学出版社,1982 年版,第 413 页。
② 中央教育科学研究所、厦门大学编:《杨贤江教育文集》,教育科学出版社,1982 年版,第 413～414 页。

名,行偏私之实。"教育独立"说将教育视为特立独行的事业。杨贤江指出,凡是有不平等制度的地方,教育都是统治者实施统治的工具,受政治的影响。不问政治而专讲教育,是既无常识也无良心;作为正直的教育者,应致力于将教育作为革命的一个方面,推翻不平等的制度。

批判教育"三论",阐明教育职能。在 20 世纪 20 年代,流行"教育救国"、"教育万能"、"先教育后革命"等论点,夸大教育的作用。杨贤江指出,这些观点颇有危害性,必须予以澄清。针对"教育万能论",杨贤江指出,教育固然能够推动社会发展,但是教育又同时受社会政治经济制度的制约,教育不能脱离具体的环境而具有非凡的本领。如果政治不良、经济发展不平衡,当权者、富有者主宰着教育,不仅教育应该发挥的作用难以发挥,即使教育本身具有的功能也难以发挥,这反而成了教育无能。针对"教育救国论",杨贤江指出,"教育救国"是有前提的,其前提就是中国社会得到合适改造;只要列强与军阀政府未被推翻、殖民地地位没有摆脱,以为教人识字读书便能救中国,不啻是空谈,不但不能救国而且可以转移人们的视线。至于"先教育后革命论",杨贤江指出这种观点带有迷惑性。因为统治者不可能允许自己所支配的教育去培养革命人才,更不会通过这种教育革自己的命,因此,需要将革命与教育联系起来,将教育当作革命的手段,在革命前、革命中和革命后实施有利于革命的教育。

另外,杨贤江还对当时流行的一些观点如教育的"劳动化"、"生活化"、"科学化"等进行了分析和批判,在分析批判的基础上,揭示教育的本质,阐明教育者的使命。

（三）对青年的"全人生指导"

所谓"全人生指导",是指全面关心、教育和引导青年,对青年学习和生活中遇到的各种实际问题予以全面、正确的指导,使其能在德、智、体各个方面健康成长,成为"完成的人",能够改进社会。针对青年问题,杨贤江写过 300 余篇教育论文、200 多封信,从青年的理想、修养、健康、求学、择友、社交、婚恋等各个方面给予指导,杨贤江也被誉为"青年一代最好的指导者"。

青年期是人的身心发展重要变化的时期,或向上或堕落,在很大程度上取决于这个阶段。青年问题既表现在心理上,又表现在认识上,处理不好,极易出现各种问题,使青年误入歧途。看到青年问题的严重性和青年问题缺乏教育者的关心,杨贤江以《学生杂志》为载体,提出对青年进行"全人生指导"。

1. 人生观指导

人生观是对人的生存价值和意义的根本看法,杨贤江对青年人生观问题予以高度重视。杨贤江指出,在半封建半殖民地的中国社会,青年中普遍存在三种人生观:生活目的不明确,缺乏追求,随波逐流;不满社会腐败,却又无力改变之感,悲观消极;虽有改造社会的愿望,却缺乏信心和勇气,没有正确的方法。这些问题的存在,使青年生活和学习失去方向。杨贤江认为,青年要将自己的需要、中国的实际与时代发展的趋势结合起来思考人生的目的,通过对人类有所贡献使自己的人生富有意义,以勤勉、执著和奋斗的态度摆脱旧观念、旧势力的束缚,开辟人生和社会的新天地。针对青年的消极悲观,杨贤江主张变消极为积极、变悲观为乐观,投身革命,干预政治。青年应多研究时事,寻求改变现状的方法;深入群众,在实践中学习和研究"新兴社会科学",提高理论水平,获得改变社会的方法。这是不良制度下的社会出路,也是青年的出路。学习是青年的义务和权利,也是获得勇气、信心和能力的途径,学习不是为了获得功名利禄、出人头地,而是为救国做准备,所以要"求学不忘救国,救国不忘求学"。① 鉴于当时劳动群众子弟缺乏受教育机会和学校教育本身存在的问题,杨贤江倡导青年自学。不仅从书本中求知,更要从社会生活中学习知识,将读书、观察与社会实践结合起来,使自己拥有改造社会的能力。

2. 生活指导

对于青年生活,杨贤江提出诸多富有启发性的建议。完满的青年生活,不仅包含学习活动,还包括健康生活、劳动生活、公民生活以及文化生活等等,目的在于使青年"要有强健的体魄和精神,要有工作的知识和技能,要有服务人群的理想和才干,要有丰富的风尚和习惯"。② 健康生活以体育为基础,在于养成强健体魄和坚强意志,是个人过其他生活的基础;劳动生活也称职业生活,是维持个人生命和促进文明的要素,是个人幸福的源泉;公民生活是社会的生活,要处理好个人自由与团体纪律之间的关系,因为个人不能离开社会而单独存在;文化生活包括科学、艺术、语言、常识、游历等研究和欣赏的活动,是促进社会进步与增加人生情趣的活动。这是青年必须面对的四类生活,针对四类生活,要对青年进行四方面的指导,即体育锻炼与卫生健康指导、劳动和职业指导、社交与婚恋指导、求学和文化活动指导。杨贤江指出,青年正确生活态度的特征是活动性的、奋斗性的、多趣性的、认真性的,即"身体发达,耳目聪明,感觉敏锐,是活动性的表征;勇敢有为,反抗强暴,扶持弱小,是奋斗性的表征;天真烂漫,爱好艺术,富有幽默意味,是多趣性的表征;热诚恳挚,真情实感,绝无遮饰委曲,是认真性的表征"。③ 青年应努力求得生活内容的健全、多趣、适应需要以及生活形式有规律有计划。

---

① 杨贤江:《求学于救国》,《生活杂志》第 11 卷第 4 号。
② 杨贤江:《求学于救国》,《生活杂志》第 11 卷第 3 号。
③ 杨贤江:《青年的生活》。见中央教育科学研究所、厦门大学编:《杨贤江教育文集》,教育科学出版社,1982 年版,第 128 页。

杨贤江致力于将马克思主义教育学说应用于中国教育问题的分析,著成《新教育大纲》与《教育史 ABC》,并创造性地对教育本质问题做出阐述,为中国的马克思主义教育理论建设做出了突出贡献。同时,杨贤江对中国青年教育问题的全面关注,提出了"全人生指导"的青年教育思想,对当时的青年健康成长,产生了广泛影响。

二、黄炎培的教育思想

黄炎培(1878 年~1965 年),号楚南,后改为韧之、任之,江苏沙川(今属上海市)人。出身贫苦知识分子家庭,早年父母双亡。9 岁随外祖父接受蒙学教育,20 岁在家乡任塾师。随后,开始参加科考,先后考取秀才和举人功名。1901 年考入南洋公学特班,师从蔡元培并受到蔡元培思想的深刻影响。1902 年创办沙川第一所新式学堂——沙川小学堂及开群女学,正式开始新式教育的试办并积极投入教育实践活动与理论研究之中。1913 年发表《学校教育采用实用主义之商榷》,提倡教育与学生生活、学校与社会实际相联系。1917 年联络教育界与实业界知名人士在上海发起成立中华职业教育社,此后积极提倡职业教育,致力于职业教育的普及与推广。其间,筹办南京高等师范专科学校、东南大学、上海商科大学、厦门大学等高等学校。"九·一八"事变后,投身抗日救亡活动。1941 年参与创建中国民主政团同盟,一度任主席;1945 年发起组织民主建国会,被推为召集人。中华人民共和国成立后,历任政务院副总理兼轻工业部部长等职,1965 年 12 月 21 日病逝于北京。黄炎培主要关注的是职业教育,积淀了丰富的职业教育实践经验和丰厚的职业教育思想。

(一)职业教育的功能定位:为个人、种群和国家做准备

黄炎培认为,职业具有双重职能:为己谋生、为群服务,适应分工制度和个人发展需要。教育具有满足两重职业需要功能。因此,职业教育就是"用教育的方法,使人人依其个性,获得生活的供给,发展其能力,同时尽对群之义务"[1],职业教育的作用就在于"为个人谋生之准备"、"为个人服务社会之准备"、"为世界、国家增进生产力之准备"。[2] 对个人而言,人人有谋生之能力;对教育而言,无不教之民,人人可以接受教育;对社会而言,可以解决日益严重的生计问题、消灭贫困,进而使每个公民能够享受基本的自由权利。因此,黄炎培是将教育放在整个社会发展过程中加以考察,来确立职业教育的重要性。职业教育事关个人、教育

---

① 黄炎培:《河车记》,黄炎培著:《断肠集》,生活书店,1936 年版,第 46 页。
② 黄炎培:《职业教育谈》。见中华职业教育社编:《黄炎培教育文选》,上海教育出版社,1985 年版,第 59 页。

和社会问题,需要在学制中占有相应的位置:要建立从初级到高级的职业教育系统,并将职业教育贯穿于全部教育过程和全部职业过程,建立起职业陶冶、职业指导、职业教育、职业补习的教育体系,即体现出职业教育的一贯性;不仅要有职业教育体系,其他教育中亦须与职业教育相互沟通,但须避免偏执而走向极端,即注意职业教育的整体性;学校教育须兼顾升学与就业,两者同时并重,避免出现偏颇,即注意职业教育的正统性。黄炎培对职业教育的定位揭示出职业教育的若干规律,对随后的职业教育发展影响颇大。

(二)职业教育的目的:"使无业者有业,使有业者乐业"

所谓"使无业者有业",是指通过职业教育培养适合于资本主义生产方式需要的各级各类人才,在推动工商业发展的同时解决生计问题、失业问题,使人才不至浪费、生计得以保障,侧重人的素质培养;所谓"使有业者乐业",是指通过职业教育培养人的道德智能,使人能够热爱并胜任所从事的职业,进而能有所发明创造,造福于人类,侧重于人的规格养成。黄炎培的职业教育目的与他对职业教育的定位是一致的,或者说是职业教育定位的具体规划。

(三)职业教育的办学方针:社会化、科学化

黄炎培重视职业教育的社会化、科学化,认为这是办好职业教育应该遵循的基本方针。所谓社会化,是指办理职业教育,必须注意时代趋势与应走之途径,社会需要某种人才,创办某种学校,职业教育的原则,着重在社会需要。所谓职业教育社会化,包括:以教育为方法、以职业为目的的职业教育宗旨的社会化,以知识技能、道德品质培养适合社会生产所需人才的职业教育目标的社会化,学校专业、课程、教学、程度等与社会需要相联系的办学模式的社会化,充分调动包括教育界、实业界在内的各种力量共同参与的办学方式的社会化。1926 年,他将这一思想概括为"大职业教育主义",指出"办职业学校的,须同时和一切教育界、职业界努力的沟通联络;提倡职业教育的,同时须分一部分精神,参加全社会的运动"。[1] 所谓科学化,是指"用科学来解决职业教育问题"。[2] 黄炎培指出,职业事关个人、实业等国计民生问题,舍科学不能成功。他将职业教育工作分为两大部类:一类是物质方面的工作,包括农业、商业、工业、家事等专业的课程设置、教材选编、教学训练、实习设施的配置等;一类是人事方面的工作,包括教育管理组织、机构自身建设等。两方面的工作都需遵循科学原则:前者事前要调查与实

---

[1] 黄炎培:《提出大职业教育主义征求同志意见》。见中华职业教育社编:《黄炎培教育文选》,上海教育出版社,1985 年版,第 155 页。

[2] 黄炎培:《我来整理整理职业教育的理论和方法》。见中华职业教育社编:《黄炎培教育文选》,上海教育出版社,1985 年版,第 169 页。

验,事中要精心安排,事后要勤于总结;后者要运用科学的管理法于职业教育的管理之中。遵循科学的原则,黄炎培尝试将职业心理学与社会心理学引入并运用到职业教育之中,率先在中国运用心理测试的手段进行职业学校学生招生,并根据学生心理性向确定学生适宜从事的职业,还参照德国的方法制成七种心理测验器。

(四)职业教学方法论:"做学合一"、"手脑并用"

黄炎培指出,人类文明是人用"手和脑两部分联合产生出来的",而中国传统社会的教育与社会实际分开,一面是士大夫"死读书老不用手",一面是劳动者"死用手老不读书"。因此,必须矫正传统教育与传统职业的缺陷,"使动手的读书,使读书的动手,把读书和做工两下并起家来"。[1] 他以清末以来的实业教育为例指出,所办实业教育不是教农工商等实业,而是教学生读农业、工业、商业的书;虽名之以实业教育,课程与教学依然重理论轻实习,其实质依然是读书教育,致使学生富于欲望而欠于能力。"职业教育的目的乃在养成实际的、有效的生产能力。欲达成此种境地,需要手脑并用。""单靠读书,欲求得实用的知识和技能","是万万学不成的"。[2] 因此,"手脑并用"、"做学合一"是职业教育的方法论。为了使得这种方法得以贯彻,黄炎培指出,职业学校要附设工厂、农场、商店等,作为学生实习场地;招收学生须考虑其家长的职业背景,便于接受家长指导并随家长实习;课程安排需充分考虑实习分量,使实习能够占到课时的半数;学生毕业须在工作单位实习一年,强化动手能力并证明能够胜任工作后,发给毕业证书等等,以期通过这些方式造就具有实际能力的人才。

(五)职业道德教育:"敬业乐群"

"敬业乐群"是黄炎培为中华职业学校题写的校训,是对职业道德教育的基本要求。所谓"敬业",是指热爱所从事的职业、能为所从事的职业尽职尽责,并能为从事的职业和全社会做出贡献;所谓"乐群",是指具有优美和乐知之情操以及共同协作之精神,具有合作、服务和奉献精神。黄炎培认为,职业道德是职业的方向,职业教育要以"为群服务"为第一要义,因此职业教育不仅要传授职业知识和技能,更重要的是养成职业道德。职业道德是人成为新国民的标志,新国民具有高尚纯洁的人格、博爱互助的精神、侠义勇敢的勇气、刻苦耐劳的习惯和坚强贞固的节操,这些品质都需要职业道德熏陶。职业教育是增加社会财富的教育,人们热爱所从事的事业,富于责任心、事业心和创造力,具有合作意识和能力,亦须有职业道德教育。同时,职业道德教育实施的目的在于打破社会"万般

---

① 中华职业教育社编:《黄炎培教育文选》,上海教育出版社,1985年版,第194页。
② 黄炎培:《心远心影》,黄炎培著:《蜀南三种》,国讯书店,1941年版,第97页。

皆下品,唯有读书高"的传统偏见。

作为中国近代职业教育的开拓者,黄炎培的职业教育思想不仅对中国职业教育理论发展做出突出贡献,而且为中国职业教育实践活动的有效展开做出前瞻性的研究。而黄炎培推广职业教育、创办职业学校,随时征询社会需求与各界对学校和学生的要求,定期邀集实业界和教育界知名人士发表对职业教育的观点,积极参与职业教育实践活动,不仅为自己的职业教育思想的完善奠定了实践基础,而且对中国职业教育的发展做出积极探索,奠定了他在职业教育领域中的卓越地位。

第四节　晏阳初和梁漱溟的教育思想

晏阳初与梁漱溟是现代中国著名的教育家、乡村教育试验和理论的奠基人,开中国知识分子关注并改造农村教育之先河,对近代以来关注城市教育的趋向有所修正,并对乡村教育的实践与理论建设做出突出贡献。

一、晏阳初的教育思想

晏阳初(1890 年～1990 年),又名遇春,字阳初,是现代中国著名教育家,世界平民教育运动与乡村改造运动的倡导者。晏阳初出生于四川省巴中县一个书香家庭,17 岁入成都美国教会创办的华美高等学校肄业。23 岁赴香港圣史蒂芬孙书院读书,随后转入圣保罗书院。1916 年赴美入耶鲁大学半工半读,1918 年毕业后赴法国为欧洲战场的华工实施教育,首开华工教育,成为他从事平民教育的开端。1920 年获得普林斯顿大学历史学硕士学位后回国,任中华基督教青年会全国协会平民教育科科长;1923 年发起成立中华平民教育促进会,任总干事,由此开始积极致力于平民教育运动。1929 年将中华平民教育促进会总会由北平迁入河北定县,开始实施以整个县为单位的彻底的、集中的乡村实验。1943 年,晏阳初被美国百余所大学的学者推选为"现代世界最具革命性贡献的伟人"之一,与爱因斯坦、劳伦斯、杜威等人齐名,是获此荣誉的唯一东方人。1950 年赴美定居,开始从事国际平民教育运动,曾任国际平民教育委员会主席、联合国教科文组织特别顾问,赴多个发展中国家指导乡村建设。1967 年出任国际乡村改造学院首任院长,1987 年获美国政府颁发的"终止饥饿终生成就奖"。1986 年,中国政府为"中华平民教育促进会"和"中国乡村建设学院"恢复名誉。1990 年 1 月,晏阳初病逝于美国纽约,享年 100 周岁。晏阳初的著作被编辑为《晏阳初文集》、《晏阳初全集》。

（一）对乡村教育的定位

致力于乡村建设，是晏阳初长期从事平民教育实践和调查研究后做出的决定。早在 1920 年，他就曾在长沙、烟台、杭州等处进行平民教育实验，就任平民教育促进会总干事后，提出"除文盲，做新民"的思想，推行平民教育。但是，他在开展平民教育过程中发现，"中国的广大人口是农民，中国的经济基础在农村，改造中国就应该从改造农村，建设农村做起。而研究农村建设，民族再造，亦非到农村去，在农村研究这个问题不可"。① 认识到中国平民的绝大多数在农村，而农村的平民又多为文盲。因此，乡村教育成为实现平民教育理想的重要内容。正是有此认识，1927 年平民教育促进会开始乡村建设实验，1929 年平民教育促进会将总部由北平迁往河北定县，希望以一个县为单位进行实验，逐渐推广并最终达到改造中国社会的宏伟理想。晏阳初曾指出："中国的一个县份，实在是一个社会生活单位，不仅是行政区域的单位。中国的国家，是由 1900 多个县份构成的。"②整个中国由 1900 多个社会生活单位组成，先以一个单位作为实验室，进行乡村建设和县政实验，获得经验可为其他各县借鉴，最后达到改造中国社会的目的。所以，晏阳初是以改造中国的视角来看待乡村教育的。

（二）"四大教育"与"三大方式"

通过对定县的调查研究，晏阳初指出农村问题集中在四个方面，即"愚"、"穷"、"弱"、"私"。所谓"愚"，是指中国人民有 80% 是文盲，不但缺乏智识，简直是目不识丁；所谓"穷"，是指中国最大多数人民的生活，简直是在生与死的夹缝里挣扎着，谈不到什么叫生活程度；所谓"弱"，是指中国最大多数人民是毋庸讳言的病夫；所谓"私"，是指中国最大多数人民不能团结、不能合作、缺乏道德陶冶，以及公民的训练。③ 有此数种问题存在，任何建设事业都难以实施。要从根本上解决此四大问题，必须从教育入手，实施"四大教育"，即文艺教育、生计教育、卫生教育、公民教育。文艺教育以攻"愚"，培养知识力。从文字和艺术教育入手，使人民认识基本文字，获得求知的工具，为一切建设事业做准备；首要工作是消除青年文盲，将农村优秀青年组织起来，成为农村建设的中坚分子。生计教育以攻"穷"，培养生产力。从农业生产、农村工作等方面入手：对农民实施农业科学教育，将农业科学应用到诸如选种、园艺、畜牧各部分工作，提高生产；教育农民学会合作，组织合作社等，使农民在农村经济破产的情况下能够得以补救；除改良手工业外，还需提倡其他副业，以充裕其经济生产力。卫生教育以攻

① 宋恩荣主编：《晏阳初文集》(第 1 卷)，湖南教育出版社，1989 年版，第 531 页。
② 宋恩荣主编：《晏阳初文集》(第 1 卷)，湖南教育出版社，1989 年版，第 246 页。
③ 宋恩荣主编：《晏阳初文集》(第 1 卷)，湖南教育出版社，1989 年版，第 247 页。

"弱",培养强健力。农民身体孱弱,是因为缺乏科学的医疗设施与良好的卫生健康习惯,因此,卫生教育要使每一个农民,都能得到科学医疗的机会。公民教育以攻"私",培养团结力。通过公民道德训练,使每一个公民能够了解个人与社会的关系,发扬公共心观念,培养团结力,实现中国的复兴,因此,公民教育是根本。晏阳初认为"四大教育"是"救国救民的唯一方法","因为在全国人民没有知识力、生产力、强健力和团结力以前,随你用什么方法来号召,都是不成的。所以只有平教才是根本,其余都是枝节。"①

"三大方式":学校式教育、社会式教育和家庭式教育。"四大教育"需要通过"三大方式"来实现。学校式教育是指平民学校和"统一的村学"教育,是"四大教育"的总枢纽。"统一的村学"是对儿童的教育,实施文化、经济、卫生和政治四方面的内容;平民学校针对青少年,分为初、高两级。初级平民学校以识字教育为主,增强学生读、写、算的能力,内容是"四大教育",实行导师传习制;高级平民学校的目的是培养执行建设计划的村长和同学会会长,学习社会学、政治学、经济学、农学和卫生学。另外,还有生计巡回学校,以训练农民获得农业生产技艺。社会式教育,是青年农民在平民学校毕业后继续接受的教育,是通过社会教育如读书会、演说比赛会、演新剧、练习投射、合作社、自治社等为一般群众及有组织的农民团体实施教育的一种方式,教学内容依然是"四大教育"。家庭式教育,是针对家庭不同地位成员、用横向联系的方式组织起来进行的教育,以"四大教育"为内容,但侧重家庭方面如卫生习惯、儿童保护、家庭预算、家庭管理、妇女保健以及生育节制等,家庭式教育以组织家主、主妇、少年、闺女、幼童集会等家庭会的方式展开。

"化农民"与"农民化":乡村教育的目的和方法。农民虽然未受过书本知识的教育,却富有实际生活的知识与技术。因此,将科学知识通俗化、简单化使得农民能够科学化,是乡村教育的重要目标。为了实现这一目标,晏阳初提出"化农民"与"农民化"。"化农民"就是要让农民发生变化,将科学的知识与农民的经验结合起来,使农民的素质结构发生变化;"农民化"是要从事乡村教育者加强与农民的联系,与农民打成一片,以便更好地改变农民,改变乡村。晏阳初指出:"给乡下佬办教育,我们必须先从乡下佬学。要中国有希望,须乡下佬有希望,要乡下佬有希望,须乡下佬识字,受教育。"②"我们欲'化农民',我们必须先'农民化'。"为此,他要求那些接受东洋教育、西洋教育和城市教育的知识分子们"抛下东洋眼镜,西洋眼镜,都市眼镜,换上一副农夫眼镜"。"在农村做学徒"、"给农民

---

① 宋恩荣主编:《晏阳初文集》(第1卷),湖南教育出版社,1989年版,第175页。
② 宋恩荣主编:《晏阳初文集》(第1卷),湖南教育出版社,1989年版,第230页。

做学徒"。① 1929 年,中华平民教育促进会总部迁往河北定县,晏阳初带领大批知识分子,放弃城市舒适优越的生活,举家迁往农村,出现"博士下乡"的壮观景象。正是在这种情况下,通过对知识分子的"农民化"的方式,达到"化农民"的目的,可见晏阳初的良苦用心。

晏阳初的乡村建设实验取得了显著效果,从 1930 年代开始,不断有中外人士参观访问。美国著名作家斯诺在他的《西行漫记》中专门介绍河北定县的科学文化普及工作,并撰文在 1933 年 12 月 12 日的《纽约星期日先驱论坛报》盛赞晏阳初主持的乡村建设实验。晏阳初希望通过"四大教育"、"三大方式"解决他所认定的中国农村存在的"愚"、"穷"、"弱"、"私"四个基本问题,从改变乡村开始,进而改变中国,使中国走向富强。但是,他显然忽视了一些重要的事实,即"愚"、"穷"、"弱"、"私"只是问题的现象、表征,而非问题的根本,教育虽然可以在一定程度上解决这些问题,但显然不是治根措施,不公平的社会制度才是问题的根本原因。但是,晏阳初的教育思想和实践活动为解决中国农村、农业和农民问题提供了不可多得的历史经验和思想资源,他的"四大教育"、"三大方式"思想,把乡村教育与乡村经济、文化、卫生、道德等方面建设共同来进行,学校、家庭、社会协调促进的系统工作,是中国教育史上的创举,对于打破狭隘的教育观念也不无裨益;他在进行理论思考和实施乡村教育的时候,能够坚持独立的学术和研究精神,显得尤为可贵。

二、梁漱溟的教育思想

梁漱溟(1893 年～1988 年),中国近现代著名新儒家代表者和教育家。字寿铭,原籍广西桂林,出生于北京的官宦家庭。1906 年入顺天中学堂学习,阅历甚广,自责极严。为求人生问题,研读西洋哲学、印度宗教与中国周秦宋明诸子著作;为求社会问题,1911 年顺天中学堂毕业之际,加入同盟会。1912 年任《民国报》记者兼编辑,热衷社会主义;1913 年醉心于佛法,闭门研读佛经,1916 年著成《究元决疑论》发表于《东方杂志》,受蔡元培赏识,一年后被聘为北大哲学系讲师,讲授印度哲学、印度宗教;1924 年辞北大教职,赴山东曹州办第六中学高中部;1928 年筹办乡村讲习所,欲从乡治入手,改造旧中国;1929 年,赴河南辉县创办河南村治学院;1931 年,赴山东邹平创办山东乡村建设研究院,并兼任邹平实验县县长,从事乡村建设实验与理论研究,在邹平、菏泽、济宁等地开展实验,探索民族自治之路,直到抗战爆发。抗日战争与解放战争期间,致力于民主运动。解放后任政协委员,晚年创办中华文化书院。著有《东西方文化及其哲学》、《乡

---

① 宋恩荣主编:《晏阳初文集》(第 1 卷),湖南教育出版社,1989 年版,第 221 页。

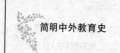

村建设理论》、《人心与人生》、《中国文化要义》等。

（一）乡村建设与乡村教育理论

所谓乡村建设,是在保存既有社会关系的基础上,通过乡村教育的方法,实现乡村生产方式的变化,进而实现中国的经济改造和社会改良。所谓乡村教育,就是通过适当方式、对乡村农民实施符合乡村需要的教育,达到改造乡村和社会的目的。与晏阳初将中国问题概括为"愚"、"穷"、"弱"、"私"四种现象不同,梁漱溟从文化比较的角度,对中国问题的原因做出分析。他认为,西方文化崇尚科学的方法、人的个性和社会性发展,一味外求,尽管科技发达,却抛弃自己、丧失精神;印度文化努力于人生问题的解脱,采取一种将自身"翻转向后"的出世态度;中国文化追求人与人之间的妥洽关系,采取一种自身内求"持中调和"的态度,世界文化的未来是中国文化的复兴。中国文化早在周公、孔子时代就被充分发挥,因此中国是一个"理性早启,文化早熟"的文化。由于受西方文化的侵扰,导致中国文化严重失调,由此引发了诸多问题。"中国的问题,并不是什么旁的问题,就是文化失调;——极严重的文化失调,其表现出来的就是社会构造的崩溃,政治上的无办法。"[1]因此,中国的问题,就是文化失调的问题,其他所有问题如社会散漫、消极无力等等,都由此而发;解决中国的问题,也只能从文化入手。

梁漱溟认为中国传统社会是"伦理本位、职业分立"的社会。"伦理本位"是指中国社会以道德为本位,以亲情为纽带的人际关系重于宗法与家庭;"职业分立"是指中国社会的士、农、工、商仅是职业的不同,虽有贫富贵贱差别,却升降不定,流转相通,未成对立之势。在这种社会结构下,不会产生阶级对抗。因此,不可以阶级对抗或暴力革命而应以文化调适的方式解决。由于中国社会是乡村社会,80%以上的人生活在乡村,因此,中国传统文化、道德和理性之根在乡村,保存中国传统文化必须从乡村开始,加之近百年来中国乡村遭到极大的破坏,所以,中国如要重建,必须从乡村建设开始。"只有乡村有办法,中国才算有办法,无论在经济上、政治上、教育上都是如此。"[2]乡村建设是手段而非目的,乡村建设的目的在于中华民族与中国社会的重建,"乡村建设,实非建设乡村,而意在整个中国社会之建设,或可云一种建国运动"。[3] 乡村建设与乡村教育正是实现这一建国运动的两个方面。

就乡村建设与乡村教育而言,教育又是手段,建设是目标。梁漱溟认为,中国文化已经严重失调,教育是延续传统并求得进步的途径,为建设中国文化,必

---

① 中国文化书院学术委员会编:《梁漱溟全集》(第2卷),上海人民出版社,1989年版,第164页。
② 宋恩荣编:《梁漱溟教育文集》,江苏教育出版社,1987年版,第45页。
③ 中国文化书院学术委员会编:《梁漱溟全集》(第2卷),上海人民出版社,1989年版,第161页。

须借助教育之力。因此,建设与教育不能分开。与暴力相比,教育是更有效的社会改造手段,人类社会之所以有暴力革命,就是因为教育没有居于领导地位。而且,中国社会改造的实质就是如何达到现代文明的问题,是如何以中国固有精神为主吸收西洋文化或融入现代文明以求得自身文化进步的过程,是一个教育过程。所以,建设必须寓于教育,以达乡村的进步和社会改造,乡村建设必须"纳社会运动于教育之中,以教育完成社会改造"。①

(二)乡村教育的组织形式

在山东省主席韩复榘支持下,梁漱溟于1931年赴邹平开办山东乡村建设研究院,开展乡村建设实验和研究。他把村学、乡学、乡农学校作为推行乡村建设的主要形式。乡农学校由学长、学董、教员与学众组成,学长、学董由乡村领袖组成,是乡农学校的管理者;教员是受过乡村建设研究院专门训练的乡村建设者,学众则是乡村中的一切人。乡农学校分村学和乡学两级,村学招收文盲和半文盲入学,是乡学的基础单位;乡学招收识字的成年农民入学,是村学的上层机构。乡农学校的组织原则为:第一,"以教统政"、"政教养卫合一",即乡农学校是教育机构和行政机构的统一,以教育为主导,由乡村学校借助教育实施政治与经济措施;第二,学校式教育与社会式教育"融合归一"。在乡农学校中成立儿童部、成人部、妇女部和高级部。儿童部实施学校式的普通教育,重视陶冶精神,每日授课。成人部、妇女部以社会式教育进行,农闲时上课,为照顾妇女成人特点,还增设育婴和家政课程。高级部招收接受过四五年以上教育的青年学生为主,培养乡村建设的骨干人才,使学生知晓自己所处的时空,明白自己所处地位以及所面临问题。因此,乡农学校的课程分为两大类:一类是各类学校共有的课程,包括普通课程和精神讲话。精神讲话就是用旧道德巩固他们的自信力,然后用新知识来改变不适用的旧习惯,以适应现在的新世界。他认为精神讲话非常重要,是启发民众思想、陶冶民众精神的主要途径。一类是根据各校自身环境而设的课程,如有匪患的地方,开设讨论匪患的课程,成立自卫组织,做自卫训练;再如在产棉区,可组织农民学习植棉技术、纺织技术,建立合作社,等等。农乡学校的教育内容切合于农村生产和生活的需要,服务于乡村建设。

梁漱溟认识到中国社会问题的严重性,并立足于中国传统文化尝试改造中国社会。他认识到中国农村教育的缺失,并身体力行地到农村创办教育,将现代科学思想与方法传入农村,对农村教育的发展、农民科学技术水平的提高、农村社会风气的改善等,做出了突出贡献。然而,与晏阳初一样,梁漱溟以"伦理本位,职业分途"为前提,试图在伦理本位的基础上重建中国社会的新秩序,希望通

① 宋恩荣编:《梁漱溟教育文集》,江苏教育出版社,1987年版,第248页。

过改造乡村达到改造中国社会的目的,无视当时中国社会的阶级矛盾和冲突,抵制社会性质的变化,致使乡村建设的功效难以达到预期目的。梁漱溟后来也认识到:"我们走上了一个站在政府一边来改造农民,而不是站在农民一边来改造政府的道路。"①

第五节　陶行知和陈鹤琴的教育思想

陶行知是"五四"以后我国最有影响的教育家之一,他的生活教育理论和实践极大地推动了"五四"以后中国教育的改革与发展,在中国教育史上占有极其重要的位置。陈鹤琴是近现代中国儿童教育理论和实践的开拓者,一生致力于新式教育的本土化探索,为建设有民族特色的儿童教育理论与实践做出卓越贡献,他的"活教育"理论极富生命力,对于矫正传统教育弊端提供了有价值的思路。

一、陶行知的教育思想

陶行知(1891年~1946年),原名文浚,后改名知行、行知,安徽歙县人。出身贫寒家庭,1906年教会崇一学校校长免费允其入学,开始接受西方教育;1909年入南京汇文书院,次年转入金陵大学文科,改名知行;1914年毕业后赴美留学,先入伊利诺大学学市政,获政治学硕士学位;后入哥伦比亚大学研究教育,师从杜威,获"都市学务总监资格凭"。1917年秋回国,入南京高等师范学校,正式介入教育领域,历任教授、教务主任兼教育科主任、东南大学教育科主任等职,讲授教育学、教育行政、教育统计等课程,主编《新教育》、《新教育评论》,介绍实用主义教育理论。1922年中华教育改进社成立,任总干事;1923年辞去教职,与朱其慧、晏阳初等在北京发起组织中华平民教育促进会,1926年为中华教育改进社起草《改造全国乡村教育宣言书》,提出"筹募一百万元基金,征集一百万位同志,提倡一百万所学校,改造一百万个乡村"的口号。1927年在南京创办晓庄师范学校,提出"生活即教育"、"社会即学校"、"教学做合一"等思想,形成独具特色生活教育理论;1932年在上海创办"山海工学团",尝试将学校、工厂与社会连成一片,以图教育普及。1934年创办《生活教育》半月刊,正式改名为"行知",以示人生态度和学术追求。1936年发起成立国难教育社,1938年成立生活教育社,1946年在重庆创办社会大学,推行民主教育。1946年7月25日,在上海病逝。陶行知的论著被汇集为《陶行知全集》、《陶行知教育文选》等。

---

① 中国文化书院学术委员会编:《梁漱溟全集》(第2卷),上海人民出版社,1989年版,第581页。

（一）对教育基本概念的重新阐释

陶行知视教育为解放人的活动，据此对教育中的诸多基本概念做出新的解释。

关于教育：陶行知认为有"传统教育"与"新教育"或"生活教育"之分。"传统教育"是吃人的教育。它教学生死读书、读死书、读书死，消灭学生的生活力、创造力，不教学生动手、用脑。在课堂里，只许学生听讲，不许问。从小学到大学，十六年的教育受下来，肩不能挑，手不能提，面黄肌瘦，弱不禁风。再加上不间断的考试，到大学出来，脚也瘫了，手也瘫了，脑子也用坏了，身体健康也没有了。这叫死读书。所以，它叫人吃自己。传统教育的害处还不止于此，它还要叫学生吃别人。它不教劳心者劳力，不教劳力者劳心，它教人升官发财，发农民、工人的财。吃农民工人的血汗，所以它是吃人的教育。[1]"生活教育"也叫新教育、创造教育。它不教学生吃自己，也不教学生吃别人，它教人生活、教人做人，做自己的主人。它教人读活书、活读书、读书活。新教育使人天天改造、天天进步、天天往好的路上走。新教育的目的在于使学生养成自主、自立、自动的共和国国民。[2]生活教育是发现学生的力量、解放儿童的创造力的教育。包括：解放儿童的头脑，头脑解放才能发生新思想，思想贯通，才有信仰，有了信仰，才有力量；解放儿童的双手，双手被束缚，就不能执行大脑的命令，而且双手被束缚还会影响思想的发展；解放儿童的嘴，允许儿童说话，有说话的自由；解放儿童的空间，创造需要广博的基础，解放了空间，才能搜集丰富的材料，扩大知识的眼界，才能发挥内在的创造力；解放儿童的时间，给学生充足的时间，否则会泯灭学生创造的天性。生活教育的关键是民主，只有民主的目的、民主的方法才能办到。[3]

关于学校：陶行知认为，学校的势力极大，可以使好人变坏也能使坏人变好，能使人成龙也能使人成蛇，能让人多活几年也可叫人早死几年。学校有死的有活的。以学生全人、全校、全天的生活为中心的，是活学校；死学校只围着书本转，介于两者之间的是不死不活的学校。学校生活是社会生活的起点，必须与社会生活息息相通，改造社会环境需要先从改造学校环境做起，"凡应当改造的，一丝一毫都不肯轻松放过，才能表现真精神。师生不能共同改造学校环境而奢谈社会改造，未免自欺欺人。"[4]

关于教科书：教科书是教育教学的重要载体、工具，陶行知主张用书而不是记书、背书。他说："书是一种工具，一种生活的工具，一种'做'的工具。工具是

---

① 陶行知：《传统教育与生活教育有什么不同》，《生活教育》第1卷第20期。

② 陶行知：《新教育》，《教育潮》第1卷第4期。

③ 陶行知：《创造的儿童教育》，《大公报》1944年12月6日。

④ 陶行知：《我之学校观》，《徽音》第29、30期合刊。

给人用的;书也是给人用的。"①就像锄头、斧子是农民的工具一样,教科书是学生的工具,工具是为实现目的服务的。而且,"书里有真知识和假知识。读它一辈子不能分辨出它的真假;可是用它一下,书的本来面目便显了出来,真的使用得出去,假的便用不出去。"②他以形象的语言来说明"用书"的重要性,"用书如用刀,不快便须磨。呆磨不切菜,何以见婆婆?"③但是,中国的老师和学生迷信书本,以为要想耕田、织布、治国、平天下只要读读书就行了,岂不知如此以来,只有思想而没有行动,教师们教死书、死教书、教书死,学生们读死书、死读书、读书死,一个个成为书呆子。工具的价值在用,所以,他主张用书而非迷信书、记书、背书,"行行都成了用书的人,真知识才愈益普及,愈能发现了。"④因此,陶行知没有否定书本知识的作用与价值,而是主张对书本知识的应用而非死记硬背。

关于教师:教师是教育活动的具体实施者,是教育灵魂的坚守者,陶行知给教师以高度重视。他指出:家不重师,则家必破产;工不重师,则工必简陋;国民不重师,则国必不富强;人类不重师,则世界不得太平。教师要具有两种素质:一、有真知灼见;二、肯说真话,敢驳斥假话,不说谎话。教师要具有五种精神品质:信仰心、责任心、共和精神、开辟精神、试验精神。教师的作用主要不在于教,而在于指导学生去学。教师的职能在于引导学生追求真理学做真人,"千教万教教人求真"。教师要:(1)追求真理,反对虚伪。"教师只能说真话,说假话便是骗子,怎能做教师呢?""让真理赤裸裸地出来和小孩子见面。不要给他穿上天使的衣服,也不要给他戴上魔鬼的假面具。"⑤(2)教人求真求取真知。即要努力锻炼学生,使他们得到观察、质疑、假说、试验、印证、推想、分析、会通、正确等种种能力和态度,去探求真理的源泉。(3)要培育真人,献身真理。"平时要以'仁者不忧,智者示感,勇者不惧,达者不恋'"的精神培养学生和我们自己;有事则以"'富贵不能淫,贫贱不能移,威武不能屈'"的方式加以应对。⑥

关于学生:学生是以学习为主要任务的人,陶行知将学与生分开解释。学是自己去学,不是坐而受教;老师说什么,学生也说什么,那是学戏,是录音机。生

① 陶行知:《教学做合下之教科书》。见方明编:《陶行知教育名篇》,教育科学出版社,2005 年版,第178 页。

② 陶行知:《读书与用书》,《生活读书》第 1 卷第 1 期。

③ 陶行知:《教学做合下之教科书》。见方明编:《陶行知教育名篇》,教育科学出版社,2005 年版,第178 页。

④ 陶行知:《"伪知识"阶级》。见方明编:《陶行知教育名篇》,教育科学出版社,2005 年版,第 130页。

⑤ 陶行知:《中国大众教育概论》。见方明编:《陶行知教育名篇》,教育科学出版社,2005 年版,第252 页。

⑥ 陶行知:《为民主斗争前仆后继》。见胡晓风、金成林主编:《陶行知全集》(第 9 卷),四川教育出版社,1998 年版,第 716 页。

是生活或生存。所以,学生是学会生活或生存的人,学习人生之道,不可学是学、生是生。[①] 学生学做真人,学做实事,学会自主、自立、自动。自主是做自己、自然界和社会的主人,达到富贵不淫、贫贱不移、威武不屈;自立,能够自衣自食,依靠自己而非别人;自动,是主动,积极行动。他说:千学万学,学做真人。

作为人民教育家,陶行知将自己毫无保留地奉献给祖国和人民的教育事业,"捧一颗心来,不带半根草去"、"为了苦孩,甘为骆驼"。他热爱人民、热爱儿童,为劳苦大众获得教育殚精竭虑,勇于探索民族教育之路。他尊重儿童的创造性,不满于将儿童培养成未来的主人翁,而让儿童"做现在的主人","敢探未发明的新理"、"敢入未开化的边疆",积极参与教育实践活动,在实践中形成新理论;在新的理论指导下,更有效地展开实践活动。因此,陶行知的教育理论因实践而得以不断丰富,实践活动因理论指导而有效实施。在实践的过程中,形成了"生活教育"理论。

(二)生活教育理论

生活教育理论是陶行知教育思想的核心,是经过陶行知长期的教育实践和理性思考的结果,集中反映了他的教育价值观、知识论和方法论。作为长期接受教会教育和西方教育的教育家,陶行知的教育思想深受西方尤其是杜威教育思想的影响。杜威力图改变传统教育以适应资本主义生产发展的需求,强调教育与生活、学校与社会的联系,提出"教育即生活"、"学校即社会"的"现代教育"理论。陶行知曾在《生活即教育》一文中自言:"'教育即生活'是杜威先生的教育理论,也是现代教育思潮的中流。我从民国六年起便陪着这个思潮到中国来。八年的经验告诉我说:'此路不通。'在山穷水尽的时候才悟到教学做合一的道理。所以,教学做合一是实行'教育即生活'碰到墙壁头把头碰痛时所找出来的新路。'教育即生活'的理论至此乃翻了个筋斗。……没有'教育即生活'的理论在前,绝产生不了'教学做合一'的理论。但到了'教学做合一'理论形成的时候,整个教育便根本改变了方向。这个新方向是'生活即教育'。"可见,陶行知的生活教育理论是在杜威教育思想影响下,结合中国教育实际情况加以改造的结果。与杜威将重心放在教育与学校不同,陶行知将重心放在生活和社会。

早在 1918 年,陶行知就有了生活教育思想,1919 年将生活教育概括为"生活的教育"、"为了生活而教育"和"为了生活的提高、进步而教育"。1922 年形成了"教学做合一"的认识,1927 年在南京晓庄师范学校开始实验,并形成系统的"生活即教育"、"社会即学校"、"教学做合一"生活教育理论。其中,"生活即教育"是核心,"社会即学校"是场所,"教学做合一"是方法论。

---

① 　陶行知:《新教育》,《教育潮》第 1 卷第 4 期。

"生活即教育"的基本含义为："给生活以教育，用生活来教育，为生活向前向上的需要而教育。从生活与教育的关系上说：是生活决定教育。从效力上说：教育要通过生活才能发生力量而成为真正的教育。"①生活教育有着丰富的内涵。首先，生活含有教育意义。从横向来看，过什么样的生活即受什么样的教育；从纵向来看，生活与人生共始终，生活教育也与生俱来，与生同去。陶行知主张人们在生活中选择和创造"向前向上"的"好生活"，接受好的教育。其次，实际生活是教育的中心。生活教育是生活所原有、生活所自营、生活所必需的教育，教育不能脱离生活，教育要通过生活来进行，无论是教育内容还是教育方法，都要根据生活的需要；生活教育是在日常生活中行动的教育，而非教育时一套，行动时是另外一套。最后，生活决定教育，教育改造生活。生活决定教育表现在教育的目的、内容、原则和方法都为生活所决定，教育是为了生活。同时，教育能够改造生活，推动社会进步和人的解放。他说："教育是民族解放、大众解放、人类解放之武器。"②教育不仅改造社会生活，而且改造着每个人的生活，"教育的作用，是使人天天改造，天天进步，天天往好的路上走。"③"生活即教育"主要强调教育要以生活为中心，反对传统教育以书本为中心而脱离实际生活，这对于破除传统教育脱离民众、脱离生活的弊端，有重要意义。

"社会即学校"，是"生活即教育"思想在学校与社会关系问题的具体化。"社会即学校"首先指社会具有学校意味，或社会为学校。由于社会是生活的场所，因此也就成为教育场所，也即"社会即学校"。陶行知认为，那种没有生活做中心的教育、学校、书本就是死教育、死学校、死书本。因此，要打通学校与社会之间的渠道，将学校延伸到社会、延伸到大自然，将学生从鸟笼似的学校中解放出来。同时，社会是大众的学校，需要给社会大众以教育，鼓励劳动民众向社会学习、在社会中学习。其次，"社会即学校"意指学校含有社会的意味。他主张拆掉学校围墙，依据社会需要、利用社会力量，建成学校、工厂、农村和社会打成一片的学校，学校通过社会力量以谋进步，社会依靠学校力量意图改进。陶行知的"社会即学校"扩大了学校的外延，意在克服传统学校与社会生活的脱节，学生孤陋寡闻，而以社会为学校，使得教育的材料、内容、方法和环境都可大大增加，有利于扩展学生的知识，增加学生对社会的了解，增强学生的能力。

"教学做合一"，是"生活即教育"的方法论。陶行知曾解释说："教学做只是一种生活之三个方面，而不是三个各不相谋的过程。同时，教学做合一是生活法，也是教育法。它的含义是：教的方法根据学的方法；学的方法根据做的方法。

---

① 陶行知：《谈生活教育》，《战时教育》第 5 卷第 5 期。
② 陶行知：《谈生活教育》，《战时教育》第 5 卷第 5 期。
③ 陶行知：《教育潮》第 1 卷第 4 期。

事怎样做便怎样学,怎样学便怎样教。教与学都是以做为中心。在做上教是先生,在做上学是学生。"[①]"教学做合一"首先要求"在劳力上劳心"和"劳心上劳力"。陶行知指出,传统社会中劳力者与劳心者分属两途,互相割裂,造成只劳力不劳心的"田呆子"和只劳心不劳力的"书呆子",致使中国科学的种子长不出来。因此,必须将两者集合起来,使每个人都成为心力都劳者,既有知识又有能力。其次,"教学做合一"意味着"从做中学"、"从做中教"。"从做中学"要求实践、行动,在实践的基础上学。他曾形象地说:"行动是老子,知识是儿子,创造是孙子。""从做中教"要求"有教先学"——教人者先教自己,"为教而学",明白所教对象为什么而学、要学什么以及怎么学等;"有教有学"——要求教育者即学即教,会者教人,能者教人做。最后,"教学做合一"还意味着对灌输式教学法的否定。灌输式教育消灭学习者的意识,无视学生的需要,将学生的头脑视为书本知识的容器。对此,陶行知予以坚决抵制,他主张教的法子要根据学的法子,学的法子要根据做的法子,而做又服从于学生的生活需要。作为教学方法论的"教学做合一"在陶行知的"生活教育"理论中具有重要地位。他曾自述,正是"教学做合一"思想的形成,才使得他的思想从"教育即生活"转向"生活即教育",使得他的生活教育理论得以形成。

陶行知于1936年将它的生活教育理论概括为六个特点:生活的、行动的、大众的、前进的、世界的和有历史的。1946年,他又将生活教育方针总结为民主的、大众的、科学的、创造的。因此,陶行知的生活教育理论是一种属于大众的并且为大众服务的教育。他的生活教育理论是对传统社会中教育与生活、学校与社会、动手和动脑相互背离的反动,他对教育基本概念的重新阐释,显示出强烈的时代气息,时至今日依然富于启发性。

二、陈鹤琴的教育思想

陈鹤琴(1892年～1982年),现代中国著名儿童教育家。浙江上虞人,出生于小商人家庭,幼年丧父。8岁入私塾,14岁入杭州教会学校蕙兰中学,接受新式教育;1911年入上海圣约翰大学,不久入清华学校;1914年清华学校毕业后赴美留学,先后就读于霍普金斯大学、康奈尔大学及哥伦比亚大学。1918年获哥伦比亚大学教育学硕士学位后,开始攻读心理学博士学位,1919年接受南京高等师范学校聘请回国执教。由此开始中国儿童教育科学化的探索,成为我国最早应用观察和实验方法研究儿童心理发展的学者。1930年代末,提出"教活书、活教书、教书活"的"活教育"思想,1940年展开实验,1943年开始形成实验体系,

---

① 陶行知:《教学做合下之教科书》。见方明编:《陶行知教育名篇》,教育科学出版社,2005年版,第178页。

在此基础上形成"活教育"思想体系。陈鹤琴的教育思想主要体现在幼儿教育和活教育两个方面。

（一）幼稚教育思想

1920 年底，陈鹤琴以儿子陈一鸣为研究对象，进行持续长达 808 天的儿童身心发展的观察、记录和研究，形成《儿童心理之研究》一书。1923 年，在自建住宅办起鼓楼幼稚园，以此作为推行科学的、适合中国国情的幼稚教育实验基地。在长期的研究中，形成对幼儿教育的深刻见解。

在幼儿教育意义方面，陈鹤琴认为幼稚教育是：(1) 形成"健全的人格"之基础。从出生至 7 岁是人的幼稚期，是人生最重要的一个时期或奠基时期，人之习惯、语言、技能、思想、态度、情感都在这一时期打下基础，会对人的一生产生深远影响。因此，对人的培养要从"小"从"早"开始。(2) 是一切教育的基础。人一生会受多阶段、多类型的教育，但幼稚教育是一切教育的基础，会对各种教育产生深刻作用和影响。因此，就整个教育事业来说，"第一须注重幼稚时期的教育"。[①] (3) 可以减轻妇女的负担并使特殊儿童得到社会的养护。近代中国妇女除参加工作，还需照顾子女，不仅增加妇女的负担而且对两者都产生负面影响。因此幼稚教育最大的作用，"在于方便工作妇女的从事工作，使她们不致因照顾子女而忽视工作，或者因从事工作而忽视子女"。[②] 这是对工作妇女解放的一种思想主张。不仅如此，幼稚教育还可使儿童得到合适的养育，对于特殊儿童更是如此：使天才儿童得到合适的培养，使残疾儿童得到合适的照顾，而且可以根据儿童个性，因材施教，各得其宜。

在幼儿教育的改进方面，陈鹤琴针对当时中国幼儿教育中不合中国国情、不合儿童心理等种种问题，提出：(1) 幼稚教育要适应本国国情。由于近代以来的中国教育带有抄袭国外教育的弊端，甚至儿童所听故事、所玩玩具、所采教材、所用方法都是外国的，不仅中国儿童难以适应，更不适应中国国情。因此，对于国外好的东西要进行改造，并在改造的过程中创造出适合中国国情的幼稚教育形式。(2) 幼稚教育要克服四大弊端：即让儿童与社会、环境多接触来革除接触环境少，以丰富多彩的活动内容革除功课过于简单，采用团体教学法革除团体动作太多，制定明确的目标革除幼稚教育中的模糊教育目标。同时，幼儿教育要寓教于乐，通过不同游戏将知识系统地传授给儿童，将所学的功课打成一片，逐渐形成综合看问题的习惯。

在研究方面，陈鹤琴提出科学地研究幼儿心理的思想。陈鹤琴认为，儿童教

① 陈鹤琴著：《陈鹤琴教育文集》(下卷)，北京出版社，1983 年版，第 7 页。
② 陈鹤琴著：《陈鹤琴教育文集》(下卷)，北京出版社，1983 年版，第 126 页。

育是一门科学,只有了解儿童,才可能教好儿童;而要真正了解儿童,就必须做深入的研究,只有"搞好幼儿教育的科学研究工组",才能"摸索出一条中国化的幼儿教育路子"。① 在长期的实验与研究基础上,陈鹤琴认为最关键的是研究儿童的心理变化与特点。因此,研究儿童心理既是实施幼稚教育的前提,也是研究的核心内容。基于这种认识,陈鹤琴撰写了《儿童心理之研究》与《家庭教育》等幼儿教育的权威著作。在研究中,陈鹤琴发现儿童具有四个最主要的心理特征,即:好动心,是儿童接触周围世界的利器,要予以尊重、给予机会并适当刺激;模仿心,是儿童学习语言、风俗、技能的心理机制,成人应予以正确引导;好奇心,是知识的门径,对儿童的发展、文化观念的形成,具有莫大的影响,要教育儿童充分利用;游戏心,是儿童的天性,是儿童内在潜能得以发挥的方式,也是儿童个性得以形成的方式,幼稚教育需要善于利用儿童的这种活泼的天性。

陈鹤琴长期从事幼儿教育事业,为中国幼儿教育发展做出可贵探索,并形成比较完整的思想体系,对中国幼儿教育事业做出了突出贡献。

(二)"活教育"理论

"活教育"是陈鹤琴将杜威现代教育思想与中国教育实际相结合并经过扬弃之后形成的一种教育理论。它旨在打破以课堂、书本和教师为中心而漠视活动、经验和学生的传统教育,主张发挥学生的主体性,密切教育与实际生活、学校与社会实际的联系。"活教育"就是以活的教育内容、活的教育方法培养活的人,其主旨是如何做人、如何谋求社会进步和人类发展。陈鹤琴的"活教育"理论包括"做现代中国人"的目的论、"读无字之书"的课程论和"做中学"的方法论。

1."活教育"的目的:"做现代中国人"

陈鹤琴指出:"做'人'不易做,做'中国人'不易做,做'现代中国人'更不易做。"② 人与动物的差别即在于人的社会性和创造性,人能够借助社会关系和创造性参与生活、适应自然、改进社会、谋求个人及人类的幸福。因此,学会"做人"是"活教育"目的的第一步;然而,"做人"的表述过于抽象,因为人总是生活在具体的时空领域。因此,"活教育"的进一步目的在于"做中国人"。陈鹤琴认为,因为我们共同生活在一个国度,拥有同样的历史,命运息息相关,所以,做一个中国人,要懂得爱护养育自己的土地,热爱自己国家的历史,爱自己的同胞,并能为国家的强大而不懈努力。因此,"做中国人"是"活教育"目的的民族特性。在此基础上陈鹤琴提出"做现代中国人",体现出时代性。"现代中国人"要具有五方面的素质和品格。其一,"有健全的身体",以身心并重的教育养成学生健全的身

---

① 陈鹤琴著:《陈鹤琴教育文集》(下卷),北京出版社,1983年版,第215页。
② 陈鹤琴著:《陈鹤琴全集》(第4卷),江苏教育出版社,1991年版,第356页。

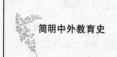

体,以健全的身体为学问追求、道德实现和完美人生的基础,应付现代中国的艰巨事业。其二,"有建设能力",建设需要观念与能力,通过参与校内外各种活动,为学生创造动手条件与机会,体会建设之艰难、提高建设之能力。其三,"有创造的能力",教育既可扼杀亦可培养学生的创造意识与创造力,"活教育"要充分培养学生的创造意识与能力。其四,"能够合作",缺乏团结精神、不善合作,是近代中国衰落的重要原因。"活教育"要培养学生从小即有协作意识与合作精神,这种精神要靠自觉认同、民主力量而非强制力量形成。其五,"要服务",陈鹤琴将服务精神看作一种品德,也是人与动物的重要区别,懂得服务、善于服务,从服务中体会做人的乐趣并获得做人的尊严。

2. "活教育"的课程:大自然与大社会

陈鹤琴反对一味地钻入故纸堆、以书本知识为主的传统教育,而要向自然、社会求知,因为大自然、大社会就是"活教材"。他指出:"活教育的课程是把大自然、大社会做出发点,让学生直接向大自然、大社会去学习","去向活的直接的'知识宝库'探讨研究"。[1]"活知识"是让学生读无字之书,从自然、社会中求知,即让学生在与自然、社会接触之中,在亲自实践和体验中获得实践性知识。将儿童从"知识牢狱"的学校和六寸宽、八寸长的书本中解放出来。陈鹤琴重视"活的"、"直接的"知识,反对"死的"、"间接的"知识。他没有绝对反对书本知识,而是主张以"活知识"为主,即使书本知识也需加以应用,在应用中使其活化并检验其真伪。"活教材"的编排需要照顾到儿童的身心特点以及儿童的生活方式,符合儿童与自然、社会环境的交往方式。为此,他提出"五指活动"的"活教材"编排方式,即儿童健康活动,包括卫生、体育、营养等;儿童社会活动,包括史地、公民、时事等;儿童科学活动,包括生物、数学、化学等;儿童艺术活动,包括音乐、美术、手工等;儿童文学活动,包括阅读、写作等。"五指活动"是一个整体,就像一只手的五个指头,需要协调起来才能发挥手的功能,追求儿童完整的生活。

3. "活教育"的方法:"做中学,学中做"

陈鹤琴指出,"做"是学生学习的基础,也是"活教育"的基本方法,重视学习过程中儿童主体地位和实践经验的获得。因为"做"就会与事物发生接触,促使儿童了解事物发生发展过程,认识事物性质;而且,在"做"中才会产生兴趣,兴趣愈浓,做事能力就愈强;只有自己做,才有助于自己的思考;只有通过做,才能促使儿童去探讨和发现真知识、真世界,获得活知识。因此,做有助于鼓励儿童去思想、去发现,是激发儿童主体性的最有效方式。但是,儿童的"做"带有盲目性,因此在鼓励儿童"做"的同时,教师要运用各种心理学、教育学理论予以指导。需

---

① 陈鹤琴著:《陈鹤琴全集》(第4卷),江苏教育出版社,1991年版,第364,365页。

要注意的是，指导不是代替，不是直接告诉答案，更不是命令、控制和灌输，而是利用各种有效方式予以启发、诱导。为此，他总结了以"做"为中心的十七条教学原则和"活教育"教学的四个步骤，即：实验观察、阅读思考、创作发表和批评研讨。实验观察是通过观察和实验，获得直接经验，使儿童对事物拥有直观认识；阅读思考是在实验观察的基础上，查找、阅读并思考相关问题的文献资料，对事物有较为完整的认识；创作发表是将自己实验观察与阅读思考的结果，以故事、演讲和报告等形式表述出来；批评研讨是经过小组讨论，共同研究，以便互相启发，对事物有完整认识。四个步骤是一个完整过程，不是机械的和割裂的，共同体现"做中学，学中做"的精神。

正如陈鹤琴自己所言，他的教育思想曾受杜威现代教育思想的影响，但与陶行知一样，陈鹤琴在应用的过程中，对杜威的教育思想进行了批判性的吸收、改造和发展，形成自己独特的儿童教育思想与活教育思想。他批判中国传统教育忽视儿童、忽视儿童的活动、忽视儿童的经验，努力改变传统教育以学校和课堂为中心而忽视社会生活，以书本知识为中心而脱离实际和实践，以教师为中心而漠视儿童存在等严重弊端，创造性地提出"活教育"思想，对中国近现代教育实践与理论发展产生过重要影响，其思想精神在今天依然具有启发性。

本章小结

南京国民政府时期的教育，是中国现代资产阶级教育发展的成熟期。在 20 世纪 20 年代初到 1937 年，资产阶级教育发展达到一个鼎盛时期，为中国教育现代化奠定了基础。就教育制度而言，南京国民政府颁布了大量法令，通过教育立法保障、规范和发展教育。因此，无论是在教育的规模上还是质量上，都比清末与北洋政府时期有较大发展。学校教育日趋完备、观念日渐更新、内涵日益丰富、方法与手段也不断丰富，学校教育向现代方向发展。

在教育思想和教育理论方面也取得丰硕的成果。在政府的重视与推动下，一批爱国教育家，出于提高民族科学、文化和教育水平实现振兴国家的愿望，依据不同的理念，采取不同的方法，探索改造教育、改良中国社会的道路，形成丰富多彩的教育理论，使中国教育理论在整体上从简单模仿步入本土化尝试与自我创造阶段，教育理论研究几乎涉及所有教育领域，为中国教育发展积淀了丰富而宝贵的思想资源。

然而，由于南京国民政府奉行"一个政党、一个主义、一个领袖"的政策，将教育当作实施专制统治的工具，在教育领域中实行专制主义，反共、反人民、反民主，使其又带有典型的传统教育痕迹，最终走向人民的反面，随着政权的失落而走向没落。

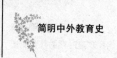 **思考题**

1. 评述国民政府的教育宗旨。

2. 国民政府为加强对学校教育的管理与控制采取了哪些措施?

3. 评述杨贤江对中国马克思主义教育理论的贡献。

4. 评析黄炎培职业教育思想的主要内容及特点。

5. 比较晏阳初与梁漱溟乡村教育思想的异同。

6. 评述陶行知对教育基本概念重新阐释的意义以及"生活教育"理论的基本内容与现实意义。

参考文献

1. 李华瑞主编. 民国教育史[M]. 上海:上海教育出版社,1997.

2. 田正平主编. 中国教育史研究·近代分卷[M]. 上海:华东师范大学出版社,2001.

进一步阅读文献

1. 高平叔编. 蔡元培教育论著选[M]. 北京:人民教育出版社,1991.

2. 方明编. 陶行知教育名篇[M]. 北京:教育科学出版社,2005.

3. [巴西]弗莱雷. 被压迫者教育学[M]. 顾建新等译. 上海:华东师范大学出版社,2001.

4. [美]迈克尔·W·阿普尔. 意识形态与课程[M]. 黄忠敬译. 上海:华东师范大学出版社,2001.

下 编

外国教育史

WAI GUO JIAO YU SHI

第九章
外国古代的教育

外国古代教育史,历经漫长的岁月,地跨亚、非、欧三大洲,内容极其恢弘庞杂。本章拟分四节对外国古代教育的发展历史予以论述。其一,原始社会的教育,主要对原始社会的特点、教育的起源、教育的内容及其特征等问题予以述评;其二,东方文明古国的教育,主要对古巴比伦、古埃及、古印度和古希伯来的教育成就及其特征予以介绍;其三,古希腊的教育,主要对雅典和斯巴达的城邦教育制度、古希腊"三哲"的教育思想及其影响等问题进行论述;其四,古罗马的教育,主要对古罗马不同历史时期的教育特征进行简单的介绍,并对基督教教育、西塞罗和昆体良的教育思想予以述评。

第一节　原始社会的教育

在漫长的原始社会中,出于自身繁衍和生存的需要,原始人群中逐渐出现了一种独特的以传授日常生活和生产劳动等为主的活动,即教育活动。尽管这种教育活动处于初级和萌芽阶段,但却成为文明社会教育的起点。

一、原始社会与教育起源

关于人类起源于何时的问题,学术界尚未达成共识。据考古发现证实,最早的直立人大约出现在距今 600 万年前。如果以制作工具作为人类产生的标志,那么最早的人类产生于距今约 250 万年以前。[①] 经过数百万年的演进,在奴隶社会出现之后,原始社会才逐渐走向终结。教育活动作为人类一种独特的社会现象,是伴随着原始社会的演进而发展的。

---

① ［美］时代生活出版公司:《人类文明史图鉴·人类的黎明》,赵沛林译,吉林人民出版社/吉林美术出版社,2000 年版,第 28 页。

迄今为止,学术界主要根据两种标准来划分原始社会历史的发展状况。其一,是根据工具的制作和使用。由于原始人类通常使用石制工具,故而原始社会又被称为"石器时代"。石器时代又分为"旧石器时代"和"新石器时代"两个时期。所谓的"旧石器",是指"打制石器";而"新石器",是指"磨制石器"。到公元前1万年左右,旧石器时代逐渐走向终结,人类社会开始进入新石器时代。① 在新石器时代,随着新工具的产生,出现了原始的畜牧业和种植业,人类也由单纯的"食物采集者"转变为"食物生产者"。这一转变具有革命性的意义:生产手段的变革导致剩余产品、私有观念、私有制和阶级的出现,原始社会开始走向瓦解,人类社会逐步迈入奴隶社会时期。其二,是依据血缘家族制度的演变,来划分原始社会的发展状况。有的学者将原始社会划分为四个时期:前氏族、母系氏族、父系氏族以及由原始社会向阶级社会过渡的军事民主制时期。旧石器时代的大部分属于前氏族时期(又称"原始公社时期")。自母系氏族起,人类社会开始步入新石器时代。

关于教育的起源问题,学术界主要有以下几种具有代表性的学说:一是"生物起源说",以法国学者利托尔诺(Charles Letourneau,1831年~1902年)为代表。该学说认为,教育是所有生物的一种本能,不独为人类所有,动物界中同样存在教育现象。二是"心理起源说",以美国教育史学家孟禄(Paul Monroe,1869年~1947年)为代表。该学说认为,教育起源于人的无意识的模仿,属于人类一种自发的心理现象。三是"劳动起源说",由前苏联学者提出。该学说以恩格斯的"劳动创造人"的理论为依据,认为教育是在劳动过程中产生的。我国学者也倾向于接受教育的劳动起源说,并在此基础上提出过"需要起源说"、起源于"人类自身的发展"、人类在"劳动过程中形成的超生物经验"等观点。

上述关于教育起源的学说,实际上可以划分为两大类:第一类,是"生物起源说"和"心理起源说",这些学说在西方学术界有一定的代表性;第二类,是"劳动起源说"及其衍生的各种学说,在社会主义国家较有代表性。在第一类中,无论是将教育的起源解释为生物学现象抑或是心理学现象,实际上都视教育为一种无意识、无目的的活动。尽管生物起源说注意到了动物与人的联系与演进关系,但是它却忽视和否认人与动物之间的本质区别。心理起源说提出了模仿在儿童学习中的意义,有其独到的合理性,但是它却忽视了成人在儿童教育中的指导作用。第二类的劳动起源说,将教育看作是人类独有的、有意识、有目的的活动,认识到劳动和人类的社会生活在教育起源过程中的关键性作用,为全面揭示教育的起源问题提供了坚实的基础。需要指出的是,关于教育起源的问题仍然需要

---

① [美]爱德华·麦克诺尔·伯恩斯、菲利普·李·拉尔夫:《世界文明史》(第1卷),罗经国等译,商务印书馆,1988年版,第10~19页。

深入的研究。

原始社会跨越了数百万年的漫长岁月,但由于史料的匮乏等原因,我们对原始社会及其教育状况还知之甚少。"自文字发明以后,人类才进入文明时期。对人类教育活动的记载,亦属文字产生以后的事情。"[1]现代人对原始社会及其教育状况的认识,主要来源于三方面的依据:一是考古学、人类学和民族学的研究;二是对非洲和北美洲等地区尚处于原始社会发展阶段的居民所进行的实地研究;三是古代典籍中的有关记载。由于上述研究和资料均存在着难以克服的局限性,因而其结论尚带有诸多的不确定性。

二、原始社会的教育及其特征

教育活动与人类的发展如影随形。教育在人类和人类社会形成的初期阶段,就已经出现其萌芽,并且呈现出其独有的特点。

(一)原始社会的教育内容

在原始社会的发展过程中,人类积累了一定的生产和生活经验;这些经验的保留和传递,离不开教育活动的参与。就其发展程度而言,原始社会的教育尚处于非形式化、低水平的阶段,尚未分化为一种独立的、专门的社会活动。其教育内容可以归纳为以下诸方面。

其一,生活和劳动教育。劳动是人类区别于其他动物的本质性活动。在生产力水平极其低下的原始部落,为保证部落的繁衍、生存和基本生活需求,必须要求所有的部落成员掌握必要的生活和劳动技能。年长者向儿童传授基本的生产劳动经验,也就成为原始社会教育的重要内容。生产劳动教育的内容,是随着原始社会人类劳动经验的积累而不断发展的。在旧石器时期,人类劳动主要局限于采用简单的打制石器进行狩猎、捕鱼和采摘等。进入新石器时代之后,人类开始制作磨制石器、骨器、陶器、青铜器等新器具。同时,原始的农业和畜牧业也得以产生与发展。与此相关的生活和劳动技能,显然是这一时期教育的主要内容。

其二,社会行为规范教育。人类是社会动物,只有依赖集体的力量才能得以生存。原始人类在长期的发展过程中,逐渐形成了各种社会行为规范,并要求所有的社会成员了解和恪守这些社会规则。在原始部落中,儿童从小就开始跟随长者学习氏族、部落、家庭的禁忌和风俗等社会行为规范。随着儿童年龄的增长,教育的内容也不断扩充,目的在于让他们学会相互合作,了解部族的传统和业绩,以及忠于部族的献身精神。这种自发形成的社会道德和行为规范,无疑起

---

① 贺国庆、于洪波、朱文富:《外国教育史》,高等教育出版社,2009年版,前言。

到了约束成员言行、协调部族内部关系的作用。此外,原始部族中一些独特的禁忌、处理人际关系的道德行为规范,也构成了教育的重要内容。

其三,原始宗教教育。在原始社会,由于对自身和外部世界认识的缺乏,对生老病死、风雨雷电等自然现象的恐惧,原始人类逐渐在艰难困惑的日常生活中形成了直观和神秘的思维方式。原始人类认为,"在现实的客观世界之外,还有一个超自然、超人世的神灵世界,它们不仅左右着自然界的各种变化,而且支配着人类的命运,应当崇拜、敬奉它们,以求得其庇护和恩赐。这样,宗教观念与神灵崇拜就逐渐产生了"。[①] 进入旧石器时代晚期,原始部族中出现了音乐、舞蹈等丰富多彩的宗教仪式活动。这些活动,被原始人看作是向神灵表达敬畏之情以及祈求神灵赐富的必要手段,因此也是所有社会成员所必须掌握的教育内容。

其四,体育和军事教育。在原始社会,无论是日常生活还是生产劳动都需要人们具有强壮的体魄和敏捷的活动能力。例如,打磨石器、凿穴而居、围猎捕鱼等,都要求人们能吃苦耐劳和具备敏捷灵活的技能。这些活动既是原始人类日常生活的主要内容,同时也是体育的萌芽形式。在原始社会后期,由于部族之间战争频繁,武器的制作和使用、实战技能和方法等军事知识,也随之成为原始社会教育的重要内容。

(二)原始社会教育的特征

尽管原始社会的教育活动还没有从日常生活和生产劳动中分化出来,但这种教育活动也已经体现出诸多方面的特征。

其一,原始社会的教育与日常生活和生产劳动是融为一体的。几乎所有的日常生活活动,都既是生产过程,也是教育过程。儿童在这种生活和教育高度结合的同一性过程中,逐渐掌握各种技能并成长为合格的部族成员。这种教育方式具有"从做中学"和"教学做合一"等基本特征。

其二,由于原始社会尚未出现私有制和阶级分化,因此教育活动具有原始的平等性。通常,原始部落对所有儿童实行公养公育,不存在少数人独享教育的特权现象。只是在进入母系氏族阶段之后,随着劳动分工的出现,男孩和女孩所接受教育的内容和方法,才开始有所区别。到了原始社会末期,随着生产力水平的提高,出现了剩余产品并由此而导致阶级分化和特权阶层,教育才逐渐与生产劳动相脱离,并逐渐演变为少数特权阶层的禁脔。

其三,原始社会的教育尚未分化为一种独立的、专门的社会活动。由于原始社会生产力水平低下和物质资料匮乏,教育的组织和方法还处在原始状态。当时,没有文字、教科书、学校及专职教师,教育的形式和方法主要是靠成人的言传

---

① 李世安:《世界文明史》,中国人民大学出版社,2000年版,第9~10页。

身教、奖惩、观察和模仿等。

最后，必须指出的是，教育是人类社会所独有的一种特殊的社会现象。原始社会的教育，是一种有目的、有意识地培养下一代的社会活动，它与动物界中的抚养、模仿等本能活动有着本质的区别。原始社会的教育传授的是原始人类在长期的生产生活中积累下来的后天经验、知识，而不是动物的先天本能，这与动物界中无意识的本能活动存在着本质的区别。

第二节　东方文明古国的教育

在经过漫长的原始社会之后，人类社会开始进入文明时代。除中国外，东方文明古国还包括古巴比伦、古埃及、古印度和古希伯来。距今 6000 年左右，人类最早的文明中心出现在西亚的两河流域和北非的尼罗河流域。距今约 3500 年～3000 年左右，印度河流域和黄河流域又相继形成了两个文明中心，上述四者被称为东方文明古国。人类有史可载的教育，发端于东方的文明古国，它们创办了最早的学校，也诞生了最早的教育思想家。

一、古巴比伦

古巴比伦是人类已知的历史最悠久的古代东方文明古国，它位于西亚地区的幼发拉底河与底格里斯河(简称"两河流域")流域之间的美索不达米亚平原。古巴比伦文明的前身是由苏美尔人创立的苏美尔文化。距今约 5000 年前，苏美尔人就已经在美索不达米亚平原上繁衍生息。据记载，苏美尔人曾发明过灌溉、铸铁、造船、烧制陶器、制作铁器等技术。公元前 3500 年左右，苏美尔人发明了文字。他们用削成三角尖头的芦苇笔写成的文字，被后人称为"楔形文字"。他们在泥板上刻写文字，然后将泥板烘干，以便保存，形成了所谓的"泥板书"。此外，他们在天文、历法、数学和医学等方面也取得了非凡的成就。

公元前 2000 年左右，苏美尔文明被战火摧毁。公元前 19 世纪，位于幼发拉底河中游的巴比伦国逐渐兴起，并在国王汉谟拉比(前 1792 年～前 1750 年)统治时期达到鼎盛。汉谟拉比统一了两河流域，建立起古巴比伦王国，并颁布了古代第一部比较完整的法律——《汉谟拉比法典》。他的统治使苏美尔文明重获生机，并以此为基础形成了更为发达的巴比伦文明。公元前 538 年，古巴比伦被波斯帝国所灭，古巴比伦文明也从此凋敝。

在苏美尔时期，文字的发明和泥板书的使用，为专门的教育机构——学校的出现奠定了基础。考古学发现，两河流域的学校遗址所处的年代，大约在公元前

2500 年到公元前 2100 年左右。① 当时的学校被称为"埃都巴"(Edubba),意为"泥板书舍"(Tablet House)。这是一种专门培养"文士"或"书吏"的教育机构,因此又被称作"文士学校"。所谓的"文士",是苏美尔人对那些能够识文断字之士的尊称。除书写外,文士还需掌握天文、历法、灌溉、算术和宗教等方面的知识。由于宗教在苏美尔的社会生活中占据着支配地位,因而只有寺庙中的僧侣才享有接受教育的特权。史学家由此推断,两河流域的学校首先产生于寺庙。汉谟拉比统一两河流域后,全国各地开始普遍设立多种类型的文士学校。

文士学校的组织和管理非常严密。校长被称为"乌米阿"(Ummia,意为"专家"),负责统一管理学校。协助校长处理学校日常事务的人,被称为"阿达·埃都巴"(Adda Edubba,意为"泥板书舍之父")。教学工作则由教师"都布萨"(Dubsar,意为"泥板书者")承担,而"塞斯布加"(Sesbgal,意为"大兄长")则以学徒的身份帮助教师指导学生的学业。"塞斯布加"由学习成绩优秀的年长学生担任,在他们达到一定水平后,可以成为正式教师。文士学校中的学习刻板单调,教师对学生的体罚司空见惯。

文士教育分为初级和高级两个阶段。在初级阶段,主要学习苏美尔文。儿童先学基本音节,然后学习拼音和词汇。常用的教学方法主要是临摹和抄写,诸如文学作品、政令文件和法律文本等。在掌握基本的读写知识后,学生还要学习数学和法律等知识。初级阶段教育毕业后,可以获得初级文士的资格,然后进入政府部门接受高级阶段的教育,主要是通过实习掌握各种实用的知识和技能。文士教育结束后,一些学有所成的文士会聚集在"智慧之家"(House of Wisdom),继续从事"高级研习活动"。尽管目前我们对"智慧之家"的具体情况尚知之甚少,但是它应该是一种尚处于萌芽状态的高等教育机构。

作为人类最早的文明发源地之一,古巴比伦创造了辉煌的文化,并对波斯、古希伯来、古希腊等古代文明产生过重大影响。古巴比伦的教育也先于其他文明古国,古巴比伦可谓"人类最初的学校教育的摇篮,也是人类正式教育的起点"。②

二、古埃及

古埃及位于非洲东北部尼罗河下游,是人类最早的文明发祥地之一。古埃及人在文字、数学、天文、历法、教育、建筑和医学等方面都曾取得过辉煌的业绩。

早在公元前 4000 年左右,古埃及地区就出现了最初的政府形态。公元前

① James Bowen. *A History of Western Education*. Vol. I [M]. London and New York: Routledge, 2003 年版,第 13 页。

② 滕大春:《外国教育史和外国教育》,河北大学出版社,1998 年版,第 16 页。

3200 年～公元前 3100 年左右,美尼斯王(Menes)统一了埃及,建立起埃及王朝。此后,古埃及历经了几个王国统治时期。公元前 332 年,马其顿国王亚历山大率军入侵,古埃及成为西方的占领地。在此后的漫长岁月里,埃及成为古罗马的殖民地,灿烂的古埃及文明也因此被蒙蔽,直到 1798 年拿破仑远征埃及时,才逐渐为世人所重新发现。

尼罗河是哺育古埃及文明的摇篮。尼罗河纵贯埃及全境,每年定期泛滥;泛滥后留下的沃土,为农耕文明的发展奠定了丰厚的基础。古埃及人掌握的自然科学知识,大都与尼罗河的涨落和泛滥有关。为了准确地计算河水泛滥期,古埃及人根据天象变化安排农时,因此获得了最初的天文知识。洪水消退之后,被冲垮的土地需要重新整饬,数学、几何学、测量学等方面的知识也随之被积累起来。古埃及人建造的金字塔,被誉为人类建筑的奇迹。

公元前 4000 年左右,古埃及人发明了象形文字。此后,经过长期的改进和演变,发展出 24 个辅音字母。后来,"这些字母,由埃及人传给腓尼基人,由腓尼基人带到地中海,最后,由希腊罗马传遍西方。字母可算是东方人留给西方世界的最大文化遗产"。[①] 古埃及人发现,用一种生长于尼罗河畔的长茎植物制作的"纸"方便耐用,便于保存,他们便将文字写在这种"纸草"之上,形成了所谓的"纸草书"。近代考古学者发掘出的大量"纸草书",成为研究古埃及文明的重要资料。

古埃及人创建了较为完备的教育制度,其学校类型主要有以下几种:

一是宫廷学校(Court School)。它附设在宫廷,是培养王室和贵族子弟的教育机构,教授的内容包括读、写、算等基础知识,还包括政治、法律等专业知识。学生毕业之后,经过实习锻炼,出任不同级别的官职。

二是寺庙学校(又称"僧侣学校",Temple School)。宗教在古埃及拥有强大的影响力,僧侣是享有诸多特权的有产和有闲阶级,这为他们研究高深学问提供了基础。寺庙学校主要传授天文学、数学、建筑学、医学等科学知识。由于教学内容的专门化程度高,后世常常将寺庙学校视为高等教育机构。

三是职官学校(Department School)。这是一种专门培养政府机构各级官吏的学校,通常附设于政府机关内,负责训练本机关所需官吏。它招收贵族子弟入学,以吏为师,教学内容与机关的日常政务联系密切。有学者推断,这可能是最早的公立学校。

四是文士学校(Scribe School)。这是一种为社会培养能熟练书写和计算工作的学校,教育内容以书写、计算为基础,还包括公文写作、财会等实用知识,招

---

① [美]威尔·杜兰、幼狮文化公司译:《世界文明史·东方的遗产》,幼狮文化公司译,东方出版社,1998 年版,第 119 页。

生范围也较广。

重视实用知识和实践技能的传授,是古埃及教育的基本特征。教师往往针对现实需求,并采用观察、实习等方式开展教学。但是在语言文字的教学中,常见的教学方式是灌输、背诵、临摹和抄写等,存在着机械、呆板的特征,学生稍有差误,教师便会施以体罚。

三、古印度

古印度文明可追溯到大约公元前 2500 年。最初,达罗毗荼人定居于南亚次大陆并创造出灿烂的"哈拉巴文化"(Harappa)。公元前 2000 年左右,中亚的游牧部落雅利安人入侵印度,并逐渐在这里建立起王国,创造出了本民族的文字——梵文和婆罗门教。

古印度文明是一种宗教占主流的文明,其中婆罗门教和佛教对古印度文明产生过重要影响。婆罗门教是雅利安人进入印度后,结合印度原始宗教而形成的。婆罗门教认为,"梵天"(Brahma)是创造和掌管宇宙万物的最高神灵,其宗教经典是《吠陀》及解释吠陀的《梵书》、《奥义书》等。婆罗门教具有强烈的等级色彩,宣扬"轮回说",要求人们尊法行善,以寄希望于来世的幸福。

古印度又属于种姓和等级制度森严的文明。公元前 1000 年之后,随着婆罗门教的发展,印度出现了"种姓"制度。按照种姓高低,人们被分为四个等级:婆罗门、刹帝利、吠舍和首陀罗。前三者属于"再生种姓",他们死后可获重生;后者首陀罗是"一生种姓",死后不可再生。种姓之间等级森严,各种姓的职业固定且实行世袭制,不同种姓之间不得通婚。

公元前 6 世纪,婆罗门教在战火中渐趋衰微,被新兴的佛教所取代。据传,佛教是由悉达多·乔答摩(Siddhartha Gautama,即释迦牟尼)所创。佛教虽然也宣扬因果轮回,但却反对种姓制度,倡导众生平等,因而赢得了底层民众的信仰。公元前 3 世纪时,佛教曾一度被定为国教。公元 10 世纪之后,佛教在印度逐渐衰落,但却传至中国、日本、朝鲜和东南亚等地区,并一直流传至今。

(一)婆罗门教的教育

在佛教兴起之前,古印度的教育主要由婆罗门教所垄断。只有婆罗门、刹帝利和吠舍三个种姓的子弟,才享有接受教育的权利。早期,婆罗门教的教育活动主要是在家庭中进行的,教育内容以背诵《吠陀》经典为核心。公元前 8 世纪后,古印度出现了一种被称作"古儒"(Guru)的人。他们粗通经义,在家中招收弟子,传授《吠陀》经文。后来,古儒的居所演变为最初的学校,称为"阿什拉姆"(Ashram),又称"古儒学校"。古儒学校一般只招收七八岁左右的男孩,入学前须先经考核,只有品行优良者方可入学。经古儒认可后,学生即迁入古儒家中开始漫长的学习(一般为 12 年)。古儒学校教育内容的核心是《吠陀》经典。

(二)佛教教育

公元前 6 世纪后,佛教和佛教教育开始兴盛。佛教教育具有一定的平民性和平等性,没有等级和性别歧视。佛教教育的内容主要是佛学经典和宗教仪式,教育方法除讲授和背诵外,还包括讨论、问答、辩论等方式,学习氛围比较宽松活泼。教育的场所以寺庵为主,但是男性只能在寺院中而女性只能在尼庵中接受教育,两者有严格的区分。通常,由僧侣担任教师,学生一般自 8 岁开始学习,学习期限为 12 年。在佛教教育繁荣时期,诸多大型的寺院业已成为具备高等教育性质的学术活动中心,如那兰陀寺(Nalanda)、瓦拉比寺(Valabhi)等。这些寺院藏有大量图书,僧徒众多,经常举办讲座和讨论会,学术氛围浓厚。我国唐代僧人玄奘法师曾在那兰陀寺研习佛法经义,并带回大量的佛学经典。

四、古希伯来

古希伯来位于现在的巴勒斯坦地区,是人类文明的发祥地之一。希伯来人由以色列和犹太两个部落组成。公元前 20 世纪中期,希伯来人开始从西亚移居到巴勒斯坦地区。公元前 11 世纪,形成了统一的以色列一犹太王国。公元前 10 世纪后期,王国分裂为以色列和犹太两个国家,其中犹太国以耶路撒冷为国都。公元前 722 年和公元前 586 年,以色列和犹太分别亡于亚述与巴比伦。公元前 538 年波斯吞并巴比伦后,希伯来人重新返回家园,并建立起以犹太教为基础的国家。公元 70 年,罗马帝国征服巴勒斯坦地区,犹太人从此流离失所。

古希伯来文明最重要的遗产,莫过于犹太教及其经典《圣经》(即基督教《圣经》中的《旧约全书》)。犹太教的教义主要有以下三个特点:其一,是彻底的一神教思想。它只崇拜上帝耶和华,认为他是宇宙间唯一全知全能的主宰,犹太人必须恪守耶和华通过摩西所传的十条戒律(即"十诫")和其他律法。其二,坚信犹太人是上帝的"选民"。这是其民族自信心和自尊心在宗教思想上的突出表现。其三,是救世主信仰。亦即,相信上帝将派救世主使犹太人脱离苦难,以耶路撒冷为都城重建本民族神圣的国家。

古希伯来人向来有重视家庭教育和宗教教育的传统。希伯来人的家庭有实行男性家长制的习俗,教育子女被看作是父亲的天职。值得一提的是,希伯来家庭的男性家长制与家庭民主的风气水乳交融,儿童的天性和意见往往会得到高度的重视。家庭教育的首要内容是陶冶儿童的宗教情操,养成他们对耶和华的崇敬之情。此外,有关法律、职业和生活技能等,也是教育的必要内容。

希伯来的学校教育主要以宗教仪式和宗教教义为核心,犹太教经典是学生必修的内容。自公元前 4 世纪起,希伯来语逐渐蜕变为民间很少使用的古语。

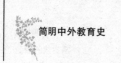

但由于犹太教的经典都是用希伯来语写成的,因此要求学生必须掌握它。由于当时宗教经典不允许抄写,所以学校一般只教学生认读,并不教其书写。在教学方法上,一般是由教师口授,学生背诵和记忆。这种机械的教学方式常常引起学生的反感和厌学,教师则以严格的纪律和体罚等手段予以约束。教师在教学过程中往往会鼓励学生提问,认为只有善于提问者才是善于学习的人。

尽管犹太(以色列)人长期过着颠沛流离的生活,但其民族意识却在犹太教、家庭教育和学校教育的影响下从未泯灭过,他们因而也成为多灾多难、但却自强不息的典范。犹太教的很多宗教思想也经由基督教而流传后世,进而影响了整个西方世界。

第三节　古希腊的教育

古希腊是现代西方文明的摇篮。古希腊的城邦教育制度和古希腊"三哲"(苏格拉底、柏拉图、亚里士多德)的教育思想等,对西方教育的发展产生过深远的影响。

一、古希腊城邦的教育制度

自公元前 8 世纪起,古希腊就逐渐形成了奴隶制国家,并建立起了以城邦(Polis)为基础的政治和社会制度。在诸多的城邦中,斯巴达(Sparta)和雅典(Athens)最具代表性,同时也是古希腊城邦教育制度的典型。

(一)斯巴达的教育

斯巴达位于伯罗奔尼撒半岛的南部。公元前 8 世纪,斯巴达人通过军事扩张建立起奴隶制城邦国家。城邦中的居民分为三个等级:斯巴达人是统治者,享有一切政治和经济等特权;处于中间阶层的是庇里阿西人(Perioeci),他们有人身自由,但没有公民权;希洛人(Helots)处于最底层,是没有任何公民权的奴隶。公元前 7 世纪时,斯巴达人仅有 3 万,而希洛人则有 25 万。为有效控制希洛人,斯巴达人组建起一支以本民族成员为主的强大军队,使整个城邦成为壁垒森严的大兵营。这种全民皆兵的政治模式,直接影响到斯巴达教育的发展。

以军事立国的斯巴达,体现在教育目的上,主要以培养身强力壮、骁勇善战、足智多谋的勇士为首要任务。斯巴达人视教育为国家的重要事务,设有专门的教育官员管理教育。为了保证种族的优越性,儿童出生后即为国家所有。所有婴儿都要经过严格挑选,只有那些身体健硕的婴儿才能被留下,病弱残疾者则被遗弃于山野。被留下的儿童在 7 岁之前由母亲或保姆负责养育,7 岁以后开始在专门的军事训练营接受训练和教育。

儿童 7 岁开始进入"军事训练营"接受训练。他们被编为"小队"(Bua),由最为勇敢机智的儿童担任"队长"(Buagos)。若干小队组成一个"大队"(Ila),由 20 岁左右的青年人担任"大队长"(Ilarches),负责体能和道德训练。体能训练以"五项竞技"(赛跑、跳跃、摔跤、铁饼、标枪)为主;道德训练的目的是培养谨慎、节制、坚韧和服从等品质。军营训练异常艰苦,儿童们甚至无法得到基本的衣食温饱。有时,儿童会被教唆去偷窃,以便培养他们机智和狡黠的品质。偷窃行动一旦失败,就会遭到鞭笞。军营中体罚盛行,而受到体罚者"还要高高兴兴地接受鞭打,当作使自己坚强的训练"。①

年满 18 岁以后,斯巴达青年在经过一定仪式的考验后,即成为"青丁"(Ephebe),进入"埃佛比"(Ephebia,又称"青年军事训练团"),接受为期两年的强化军事训练。这种训练主要是实战演练,例如,在夜间对希洛人发动突袭,以提高青年战士的实战技能。埃佛比训练结束后,年满 20 岁的青年开始服兵役,同时承担对少年儿童的训练任务。30 岁时取得正式的公民资格,到 60 岁方从军队退役。

另外,斯巴达人非常重视道德教育,其目的在于培养忠诚、英勇、机智、果敢等品质。斯巴达的音乐教育也甚为发达,音乐教育的目的是培养儿童勇敢作战、服从长者、遵守纪律和自我控制的品格。为了让女性具备强健体魄,以保证生育健康的儿童,斯巴达人还特别重视对女性的教育。但是,智育在斯巴达教育中地位甚低,大多数斯巴达人目不识丁。

军事化的国家体制和军事化的教育体制相互强化,方使斯巴达得以在古希腊诸邦中曾经称雄一方。但这种单纯尚武的教育模式存在着严重的缺陷,它只重视军事技能的培养,忽视甚至排斥个人的智慧和才能,最终使斯巴达城邦的文化落后于古希腊的文明进程。

(二)雅典的教育

雅典位于希腊中部的阿提卡半岛,土地贫瘠,不宜种植粮食作物;但是拥有天然良港,利于航海和工商业的发展。公元前 7 世纪～公元前 6 世纪,雅典在政治上进行过多次改革,最终形成了民主政体。民主的政治体制对雅典文化和教育的发展产生了深刻的影响。

雅典城邦的教育目的与斯巴达存在着诸多的差异。斯巴达的教育目的是培养优秀的军人,而雅典的教育目的则是培养健美体魄与高尚心灵完美统一的人。二者在教育目的上的不同诉求,也使得它们在教育模式和教育方法上存在着诸多差异。

---

① [英]博伊德,金:《西方教育史》,任宝祥、吴元训主译,人民教育出版社,1985 年版,第 13 页。

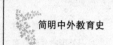

在教育的组织形式上,雅典城邦并不像斯巴达那样完全由国家垄断教育,雅典国家的专门教育机构只负责对 16 岁～20 岁的青年进行教育,而 16 岁以前的教育则根据具体情况由家庭和社会力量负责。这成为雅典城邦盛行私人办学的主要原因。

雅典城邦的学校教育内容涉猎广泛,诸如体育、道德、哲学、文化、音乐、舞蹈等,目的在于促进人的全面发展。雅典的教育注重个性和潜力的发展,反对专业或职业化的训练。音乐的学习不是为了培养音乐家,体育也不是为了培养专业运动员,所有科目的设置,仅仅是为了陶冶情操、形成强壮的体魄最终实现人的均衡发展。

雅典的儿童在 7 岁之前通常在家中由父母养育。7 岁之后,男孩在"教仆"(Pedagogue)的陪同下进入由私人开办的音乐学校(Music School,又称"弦琴学校"),接受专门的学校教育,而女孩则继续在家中接受母亲的教育。音乐学校所传授的内容比较广泛,除了阅读、书写、算术、音乐、唱歌、朗诵等基础知识外,还包括哲学、法律和自然科学等。可以说,所有被认为有利于增长智慧和陶冶心灵的知识,都可能成为音乐学校教育的范畴。这种广博的教育内容与雅典的民主体制有关,如阅读和书写是雅典公民选举时必备的能力;海外贸易则需要一定的运算能力;音乐和舞蹈被认为能够陶冶心灵,形成高尚的品德。

雅典人特别重视体育。孩童自幼年时即开始体育,主要实行坐立行走等基础锻炼,以使其行为规范,姿势优美。从 13 岁起,儿童即进入"角力学校"(Palaestra,或称"体操学校")进行严格的训练,主要包括"五项竞技":赛跑、跳跃、摔跤、铁饼和标枪。"角力学校"的训练内容虽然与斯巴达的"军事训练营"相似,但其目的却不是为了提高军事素质,而是锻炼身体的各个部位,形成健美的体格。16 岁后,大多数少年开始进入社会谋业,少数人则进入国立体育馆(Gymnasium)接受体育、智育和审美教育。年满 18 岁后,经过严格的年龄和出身等方面的审查,青年被记录在城市公民册,成为"青丁",进入"埃佛比"接受进一步的军事训练。20 岁时,他们即可被授予正式的公民称号。

雅典的道德教育并非一门独立的学科,而是贯穿于雅典的所有教育活动中进行的。例如,通过听神话故事、英雄传说等,培养儿童忠诚和勇敢的意识;通过体育训练,形成青少年坚忍不拔和公平竞争的品质;通过音乐教育,来陶冶儿童品性等等。

据记载,雅典教师的社会地位低下,收入菲薄,多由穷困潦倒者甚至由赎身奴隶担任。尽管当时雅典已有文法教师、音乐教师和体育教师等几类教师,但是他们并非真正的职业教师。这些教师通常开办私立学校,招收 7 岁～16 岁的学生,并收取一定费用。学校的教学条件也非常简陋,没有固定的教学场所,通常

"教师在哪里,学校就在哪里"。①

二、古希腊的教育思想

古希腊的科学、哲学和教育思想,对西方文化产生过重大影响。尤其是被誉为"古希腊三哲"的苏格拉底、柏拉图和亚里士多德,为后世留下了宝贵的教育思想财富。

(一) 苏格拉底的教育思想

苏格拉底(Socrates,前 469 年～前 399 年)是古希腊雅典著名的哲学家、教育家。苏氏之父是雕刻师,其母是助产士,家境殷实。在西方哲学史上,他开拓了从自然哲学向伦理哲学转变的新时期。他终生坚持悬疑、穷知,力行"有教无类"的教育原则和"产婆术"等教学方法,被东西方学术界誉为"西方的孔子"。与孔子一样,苏氏一生"不立文字",他的思想主要体现在其弟子柏拉图的著作《柏拉图对话录》(*Dialogue of Plato*)中。

苏格拉底主张每个人都必须接受教育,认为教育是发展人的才能、陶冶情操的必经之路:"无论是天资比较聪明的人或是天资比较鲁钝的人,如果他们决心要得到值得称道的成就,都必须勤学苦练才行。"②他认为,在雅典的民主政体中,官员接受教育尤其重要,因为治国的重任必须由接受过良好教育的德才兼备之人承担。在他看来,培养德才兼备的政治家和哲学家是教育的最高目的。德才兼备的治国者应该是学识渊博的人,"一个好的政治家的首要条件是他要具备广博的知识,不仅有着关于善、美德的知识,而且要对国家的情况了如指掌。只有这样,他才能达到他所希望达到的目的,才能较容易地把城邦治理好"。③ 因此,在教育内容方面,政治学、伦理学、雄辩术、公共事务等方面的知识是不可或缺的。另外,几何、天文、算术等实用知识也被列为必学科目。

苏氏认为,教育的首要任务是培养美德。道德认识和道德素质并非与生俱来,必须经由教育获得正确的知识,人才能具备完善的道德,道德与知识(智慧)是统一的。"既然正义的事和其他美而好的事都是道德的行为,很显然,正义的事和其他一切道德的行为,就都是智慧"。④ 这就是苏氏著名的"知识即美德"(Knowledge is Virtue)的命题。这一命题意味着:知识本身即善。行为以知识为基础,方属善行;否则愚行、蛮行、蠢行即会纷纷出笼。由于苏氏认为德行建立

---

① R. Freeman Butts. *A Cultural History of Western Education: Its Social and Intellectual Foundations*[M]. New York: McGraw-Hill Company, 1955:37.
② [古希腊]色诺芬:《回忆苏格拉底》,吴永泉译,商务印书馆,1984 年版,第 116 页。
③ 滕大春:《外国教育通史》(第 1 卷),山东教育出版社,1989 年版,第 250 页。
④ [古希腊]色诺芬:《回忆苏格拉底》,吴永泉译,商务印书馆,1984 年版,第 117 页。

于知识之上，而知识可教，故德行亦可教。这一命题为道德教育的可行性提供了理论依据，道德意识和道德判断也因而成为德育的重要任务之一。

苏格拉底认为，真理以潜在的形式存在于心灵的深处，教师的任务不是传授业已既定的知识，而在于通过诘问、讨论等方式，澄清错误与模糊的认识，从而发现真理。苏格拉底在其教学中形成了以问答、诘难、诱导为特征的谈话式教学方法，后人称之为"苏格拉底教学法"或称"产婆术"或"助产术"。这种教学法由四个步骤组成：反讽、助产术、归纳和定义，即在谈话中，通过不断追问与辩难，使学生意识到自己的谬误，进而从具体现象中找到事物的共性和本质，并上升到一般概念。苏氏的"产婆术"之于教育和教学寓意深远：漫漫求知路，大楼再高，大师再多，环境再好，最终还要靠自己——教师只能起引导作用而已。

（二）柏拉图的教育思想

柏拉图（Plato，前 427 年～前 347 年）是古希腊著名的哲学家和教育家。他出身于名门望族，早年受过良好的教育，20 岁时曾师从苏格拉底学习哲学。苏格拉底被判死刑后，柏拉图开始了长期的游学生涯。回到雅典后，柏拉图创办了学园（Academy），从此潜心于教育和著述 40 年，终使学园成为当时希腊世界哲学和科学的圣殿。其代表作是《理想国》和《法律篇》。

柏拉图认为，最完美的"理想国"应由三类人组成：一是哲学王（有智慧的统治者）；二是军人、官吏等；三是劳动者。只有这三类人安分守己，和谐相处，国家才能长治久安。民主的政治需要配合精英教育；治病需要良医，而治国则需要智慧。至于一般民众，尽可像相信良医那样相信哲学王。他提出："除非哲学家成为我们这些国家的国王，或者我们目前称之为国王和统治者的那些人物，能严肃认真地追求智慧，使政治权力和聪明才智合而为一；那些得此失彼、不能兼有的庸庸碌碌之徒，必须排除出去，否则的话……对国家甚至我想对全人类都将祸害无穷，永无宁日。"[1]可见，柏拉图教育思想的最终目标是培养哲学王。

柏拉图认为，教育乃立国之本，因而教育应由国家来创办和经营；教育部长应该是首席部长。人是最好的动物，但是一旦无德无知，就是最坏的动物；其功过全在是否接受适当的教育。以此认识为基础，柏拉图对教育的阶段进行了较为明确的划分。

第一阶段为学前教育期。他是西方教育史上首先提出学前教育的人。他认为，幼年是性格形成的关键时期，应重视对儿童的道德熏陶。自出生后至 3 岁，儿童要在家中接受父母的养育。3 岁之后，要进入儿童游戏场接受游戏、音乐和舞蹈等方面的教育。

---

① ［古希腊］柏拉图：《理想国》，郭斌和、张竹明译，商务印书馆，1986 年版，第 214～215 页。

第二阶段为普通教育期。年满 7 岁的儿童开始进入国家举办的初等学校，如文法学校、弦琴学校和体操学校，接受普通教育，学习内容以初步的读写算、音乐和体育为主。

第三阶段为军事训练期。年满 18 岁的青年进入"埃佛比"接受为期两年的军事训练。学习军事技能、音乐、算术、几何、天文等实用知识，目的在于培养素质全面的军人。

第四阶段为深入研究期。经过筛选，少数年满 20 岁的优秀青年，要继续研究高深的科学理论，主要学习"四艺"，即算术、几何、天文和音乐。学习科目虽与前一阶段大致相同，但目的绝非为了实用，而是要使学习者的心灵更加纯洁，更能够逐步接近真理。年满 30 岁后，大多数人将充任公职，成为国家的高级官吏，少数人则进入下一教育阶段。

第五阶段为哲学教育期。年满 30 岁后，极少数最优秀的英才，要专门学习哲学。5 年之后，学习者将在实际工作中经受锻炼，直到 50 岁。只有那些在实际工作和理论学习中成就卓越、特别是在哲学上的饱学之士，最终才会成为柏拉图理想中的哲学家兼政治家——哲学王。由此可见，柏拉图所谓的"哲学王"的教育贯穿于人的一生，并且始终坚持理论与实践相结合的培养原则。

另外，柏拉图还重视女子教育，认为在国家和社会事务方面，女子与男子是平等的，"在国家中，没有一件事是专属男子干的，也无一件事是专属女子干的"。① 女子应与男子一样，接受同等的音乐、体育和军事教育。

柏拉图的教育思想有颇多的建树，如国家应重视对全体公民进行教育，首倡学前教育的重要性，主张身心和谐发展，确立"四艺"的课程体系，将教育与政治理想联系起来等等。但是他的许多教育观点也成为后世长期争论的话题，诸如技艺性的教学不配为真正的教育、理想的教育乃英才教育、教育政策应由哲学王制定等等。

（三）亚里士多德的教育思想

亚里士多德（Aristotle，前 384 年～前 322 年）是古希腊一位百科全书式的学者，在诸多学术领域均有造诣。亚氏之父曾为马其顿王的宫廷御医，他本人曾任亚历山大大帝的教师。他曾师从柏拉图 20 余年，在学期间常与柏氏争论，体现"吾爱吾师，尤爱真理"之学风。亚氏学问涉猎甚广，与教育相关者，有《政治学》和《伦理学》。

亚里士多德的教育思想，是以他的哲学、心理学和灵魂论思想为基础的。他认为，人是由躯体和灵魂两部分组成的，而灵魂又包括理性和非理性两个部分。

---

① 滕大春:《外国教育通史》(第 1 卷)，山东教育出版社，1989 年版，第 279 页。

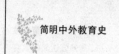

其中,非理性部分又可分为营养和感觉两种成分,营养的灵魂、感觉的灵魂和理性的灵魂分别对应于植物的灵魂、动物的灵魂和人的生命,三者既独立存在又相互联系。亚里士多德认为,人的灵魂如同一块白板,所有的知识都是经由后天的感觉而获得的。这与苏格拉底和柏拉图认为知识来源于先天的观点存在着很大的区别。亚里士多德灵魂论的提出,对后来教育理论的发展产生了巨大影响。他关于人的灵魂由三个部分组成的观点,成为实施"三育"(即体育、德育和智育)的理论依据。他的"灵魂白板说",也为日后心理学的发展奠定了基础。

亚里士多德认为,由于人的发展是按照躯体→非理性灵魂→理性灵魂的顺序进行的,因而教育的发展阶段也应该遵循这一先后循序:体育→德育→智育。首先,应该以开展体格教育为主,使人拥有健全的体魄;其次,应以道德教育为主,使人形成完善的道德观念,养成良好的习惯;最后,应实施智育和美育,使人的理性灵魂得到充分发展。亚氏也认识到,要培养身心和谐发展的人,必须重视人的天性、习惯和理性。只有重视人的天性,在良好的环境中形成良好的习惯,并通过良好的教育发展人的理性,人才能成为有良好德行的人。

亚里士多德将青少年的教育划分为三个阶段:(1)从出生到7岁为家庭教育阶段。该阶段是儿童身体发育的关键期,应该引导儿童做些适合肢体发育的运动,使儿童形成健康的体格。5岁之前的儿童不宜学习任何功课,以免妨碍身体发育;5岁之后方可开始课业学习,但也不宜过重。此外这一时期的教育内容还应包括游戏、讲故事等。(2)7岁~14岁为初等教育阶段。该阶段的主要任务是发展人的非理性灵魂,应以儿童的情感道德培养为主。教育内容包括阅读、书写、体育锻炼、音乐和绘画等,其目的在于促进儿童的身心和谐发展。(3)14岁~21岁属于教育的中、高级阶段。为发展理性灵魂,应该开设"四艺"、哲学、物理、文法、文学和伦理等课程。

亚里士多德是古希腊教育思想的集大成者。他的"灵魂说"和"白板说"对后来的教育理论产生了深远影响;他关于教育分期的观点,为人们进一步认识儿童的身心发展规律、并以此为依据划分教育阶段等提供了参考。

第四节　古罗马的教育

古罗马是指从公元前8世纪兴起于意大利半岛中部的文明,经历过3个时期:王政时期(公元前8世纪~公元前6世纪)、共和时期(公元前6世纪~公元前1世纪)、帝国时期(公元前1世纪~5世纪)。帝国时期,罗马国力达到鼎盛,成为一个地跨欧、亚、非的庞大帝国。由于王政时期的罗马教育缺乏可靠的资料,本节仅对共和时期以后的罗马教育予以介绍。

一、古罗马的教育制度

古罗马的王政时期大致相当于古希腊的荷马时代,基本上属于原始社会晚期。共和时期是古罗马文明形成的重要阶段,教育逐渐走向规模化和制度化。

(一)共和时期的教育

公元前 6 世纪,古罗马开始建立起由贵族选举产生的两名执政官共同管理国家的共和政体。公元前 6 世纪至公元前 3 世纪,属于共和早期。在共和早期,大多数罗马人以务农为生。由于当时外族入侵频繁,罗马的教育形成了独特的"农民—军人"模式,教育的目的一方面要使儿童掌握必要的农耕技能,另一方面又要将其培养成英勇善战的军人。

公元前 3 世纪起至罗马帝国创建,属于古罗马共和后期。在该时期里,古罗马先后征服了包括意大利、马其顿、希腊等地区,成为地中海的主人。该时期的古罗马教育深受希腊的影响。罗马兼并希腊之后,大批希腊教师和学者纷纷来到罗马,以办学为生,古罗马逐渐形成了初等、中等和高等学校体系。共和后期的初等学校被称作"小学"(Ludus),属私立性质,招收 7 岁～12 岁的平民儿童,主要学习基本的读、写、算和《十二铜表法》及道德规范等。中等教育机构是文法学校,学生主要来自贵族家庭,招收年满 12 岁的学生,教授文法和语言。最初的文法学校几乎完全由希腊人开办和主持,主要学习希腊文和古希腊经典著作。公元前 1 世纪,在西塞罗等一批罗马本土学者的推动下,拉丁文学日渐兴盛,社会上出现了一批拉丁文法学校,学生兼学希腊文和拉丁文,以西塞罗等人的著作为教材。具有高等教育性质的机构是修辞学校(Rhetorical School,或称雄辩术学校),招收年满 16 岁的学生,开设雄辩术、辩证法、文学、历史、法律、数学、天文学、几何、伦理学、音乐等内容广泛的课程。在共和后期,由于参与公共事务的人往往需要具备娴熟的雄辩技巧,所以在中等和高等教育机构里,文法、雄辩术和辩证法等课程占据核心地位。

(二)帝国时期的教育

公元前 1 世纪～5 世纪,是罗马帝国时期。帝国时期的前 200 年,罗马达到空前繁荣,形成了辉煌的古罗马拉丁文化。为了帝国的长治久安,原来在共和时期培养雄辩家的教育目的,在帝国时期逐渐被改变为培养忠顺的臣民。为此,帝国逐渐垄断了教育的创办权和管理权。一方面,帝国在各地开办公立学校,原有的私立学校也被改为公立。78 年,帝国还设置了国立修辞学讲座,担任首任主讲教师的就是著名教育家昆体良。74 年,罗马帝国皇帝韦帕芗(Vespasian)下令免除教师缴税赋和免服兵役等公民义务,他还为文法和修辞教师提供薪金,这后

来演变为由国家支付部分教师薪俸的制度。①

在帝国时期,初等教育阶段基本上延续了共和时期小学教育的模式和内容。在中等教育阶段,拉丁文法和罗马文学在学校教学中逐渐占据主导地位。高等修辞学校的教育目标由原来培养雄辩家,逐渐转变成为帝国培养顺从的官吏。

值得一提的是,韦帕芗曾在罗马城和平大庙(Temple of Peace)建立起一座宏伟的图书馆。后来,这所图书馆演变为著名的高等教育中心,有人甚至将其视为罗马帝国唯一的大学。在这所特殊的学校里,设有教授职称,后来教授职称被其他学校所效仿。

二、基督教的兴起及其教育

基督教产生于公元 1 世纪前后,时值罗马帝国的鼎盛时期。在帝国广袤的疆域里,被残酷奴役和压迫的民族起义频发,甚而招致更严厉的镇压和统治。在这种严酷的环境中,基督教平等博爱的教义就自然成为人们寻求精神慰藉的归宿。

基督教信奉上帝为最高神灵,宣称众生皆是上帝的子民,人人平等。教徒之间应互相周济、共度患难。上帝之子耶稣会在世界末日降临人间,对世人进行最后的审判,基督教的信徒将会获得救赎,升入极乐世界。392 年,基督教被定为罗马国教。395 年,罗马帝国分裂为东、西两部分。1054 年,基督教分裂为两部分,东罗马帝国的基督教被称为"东正教",西罗马帝国的基督教被称作"天主教"或"罗马教会"。476 年西罗马帝国灭亡后,基督教成为中世纪西欧社会的实际统治者,对西方文明产生了深远影响。

在罗马帝国时期,基督教创办的教育机构主要有两种:一是教义问答学校,二是修道院组织。教义问答学校又分为初级和高级两种。"初级教义问答学校"主要传授有关教义和宗教礼仪等方面的知识,对象既包括成人也包括儿童。"高级教义问答学校"属于高等教育性质的机构,传授的内容除宗教和教义以外,还包括形而上学、伦理学、逻辑学、物理学、几何、天文、解剖学等。

帝国后期,基督教逐渐形成了修道院(Monastery)组织。修道院起源于基督教教徒的隐修生活。在罗马帝国早期,基督教曾遭到残酷镇压。为逃避迫害和专心修道,一些教徒远离尘世,通过苦思冥想和节衣缩食等方式苦行修炼。4 世纪时,部分隐修教徒开始集体修行,从而演变为修道院组织,并开始从事某种形式的宗教教育活动。

---

① S. R. Sharma. *History of Ancient Education*[M]. New Delhi: Omsons Publications, 2005:179.

三、西塞罗的教育思想

西塞罗（Marcus Tullius Cicero,前 106 年～前 43 年）是古罗马杰出的思想家、文学家和教育家。他学识渊博、涉猎广泛,在诸多领域均有造诣,其典雅的拉丁文体促进了拉丁文学的发展,对当时罗马和其后的欧洲文学产生了深远的影响。他的教育思想集中体现在其《论雄辩家》一书中。

西塞罗是第一位公开承认罗马人不是哲学家而是法学家的人,而法学家必须善于雄辩。当时,罗马元老院是政治家们的演讲广场,令人折服的口才往往可以左右重大的政治决策。西塞罗认为,一味沉迷于思考的哲学家,顶多达致独善其身,而雄辩家则可惠及大众,兼善天下。西塞罗认为,只有那些精通雄辩术的人,才具备从事政治的资格。

他认为,真正的雄辩家应该具备下列条件:其一,某些天赋才能,如快速的反应能力、良好的口才、优雅的声调、匀称的体态等。其二,善良、公正和正义等基本素养。其三,必须掌握各种重要的知识和自由艺术（Liberal Arts）。所谓重要的知识,是指各国政治制度、法律、军事和哲学等内容。自由艺术则包括文法、修辞、算术、几何、天文、音乐等学科。除此以外,伦理学也是雄辩家所需掌握的重要学科。其四,在修辞学方面要有高深的造诣。

西塞罗认为,雄辩家的教育和训练形式通常有三种:阅读和讨论、试写演讲稿、模拟演说。① 阅读和讨论有助于学习者通晓各种知识,形成良好的思维习惯;撰写演讲稿可以锻炼思维和表达能力;而模拟演说则是检验演讲稿是否合理以及提高演说效果的重要途径。他特别强调,演讲稿的写作练习切忌半途而废,必须持之以恒。

西塞罗关于雄辩家的教育思想产生了深远的影响。他在拉丁文法和文学方面的成就,成为文艺复兴时期文学家效仿的典范,形成了所谓的"西塞罗主义"（Ciceronianism）。

四、昆体良的教育思想

昆体良（Marcus Fabius Quintilianus,35 年～100 年）是古罗马著名的教育家。他出生于西班牙,其父在罗马教授雄辩术,他也随父亲在罗马接受过雄辩术教育。昆体良长期在罗马从事教育活动,成就卓著。公元 78 年,他被任命为国立修辞学讲座的首位主讲教师。退休之后,他开始专心著述,写成宏篇巨著《雄辩术原理》一书。

---

① James Bowen. *A History of Western Education*. Vol. I [M]. London and New York: Routledge, 2003:181.

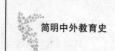

在教育的目的方面,昆体良宣称,他所培养的是"善良的、精于雄辩的人",也就是雄辩家。他认为,善良在雄辩家的各项素质中居于首位。雄辩家肩负着宣扬正义和指导人们趋善避恶的重任,雄辩家的首要条件是具备高尚的道德情操。

在知识的学习方面,昆体良提出过针对雄辩家教育的具体课程计划。在学前阶段,儿童应从认识字母、学习书写和阅读开始,逐步掌握语言。他在西方教育史上首次提出并探讨了双语(即希腊语和拉丁语)学习的问题。他认为双语的学习应坚持先学希腊语、后学拉丁语的顺序,因为拉丁语是罗马人的日常生活用语,不教自会,而希腊语作为外来语,必须经过系统的教授才能掌握。在粗通希腊语后,双语的学习方可齐头并进。在学校教育阶段,昆体良所设想的教育内容包括:文法、修辞学、音乐、几何、天文学、伦理学、辩证法和物理学等,并对每门学科在培养雄辩家过程中所起的作用均作了详细阐释。他所设想的这些课程及其对这些课程的理解,包含着基础教育与专业教育关系的朴素思想。

在雄辩家的培养途径上,昆体良提出了两条独到的见解:一是提倡合理的学前教育;二是认为雄辩家的教育应在学校而非家庭中进行。当时流行的观念是,7岁以前的儿童最适合道德教育而不适合智育。而昆体良认为,儿童自开始说话起,就应该对其施以恰当的智育。当然,学前阶段的智育必须遵循儿童的心智发展规律,切不可揠苗助长。他认为,学校教育具有诸多家庭教育难以企及的优势,例如,学校中的集体生活有助于儿童养成适应公共生活的习惯和参与社会活动的能力;在学校中结下的同窗友谊可以使人受益终身;在集体中的学习不仅可以起到激励学生的上进心,还可使学生学到多方面的知识等等。

昆体良还提出了许多颇具见地的教学原则与方法。例如,教师应坚持启发诱导的原则,以此激发学生的学习兴趣;应遵循因材施教的原则,根据学生不同的情况进行有针对性的教学;教师不应该体罚学生,认为这是对儿童的凌辱,绝不可取,等等。另外,为了提高教学效率,他还提出了分班授课的初步设想。他认为,在同一时间里同一位教师完全有可能对多名学识程度相仿的学生传授知识。当一名教师在讲解某一知识或解答问题时,所有听讲的学生都可从中受益。这种观点可以被看作是班级授课制的思想萌芽。昆体良还对教师的基本素质进行过描述,如高尚的道德、渊博的知识、娴熟的教学技巧、对学生要怀有"父母般的感情"、关爱而不放纵、严格而不冷酷、奖惩得当、耐心施教等等。

昆体良是古希腊和古罗马教育思想的集大成者。其《雄辩术原理》一书是西方教育史上第一部完全讨论教育的著作,其中所涉及的教育目的、原则和方法等,几乎完全被此后罗马帝国时期的学校和教师所沿用,并对文艺复兴乃至其后西方教育的发展产生了深远的影响。

本章小结

外国古代教育史历经漫长的历史岁月,涉及几种不同类型的文明形态,内容极其恢弘庞杂,为人类教育实践和理论的积累留下了宝贵的遗产。

原始社会是人类产生和发展的最初形态。在原始人类的生存和发展过程中,教育发挥着不可或缺的重要作用,并为人类生产和生活经验的传承、知识的积累、人类智力水平的提高、向文明社会的演进等等奠定了坚实的基础。需要指出的是,由于原始社会的情景不可复演并且没有任何文字的记载,因而我们对原始社会及其教育状况的了解尚不全面且不确定。

近代以来,由于欧美科技和物质文明所占据的强势地位,西方学者曾一度将西方文明的摇篮——古希腊视为人类文明的源头,"西方中心论"正是这种认识的直接反映。但是通过对东方文明古国(古巴比伦、古埃及、古印度、古希伯来)的考察表明,早在古希腊文明兴盛之前,古代东方文明就业已出现并且已经发展到相当成熟的地步,例如,世界上最早的文字、最早的书籍、最早的学校等等,都首先出现在东方。事实上,即便是西方人引以为豪的古希腊文明也曾在很大程度上受益于古代的东方文明。

在西方文化和教育史上,古希腊的文化和教育占有非常重要的地位。古希腊人不仅创建了发达的城邦教育制度,而且也形成了丰富而深刻的教育思想,例如,对身心和谐发展的关注、对道德教育的倡导、对博雅教育的追求等等,都成为此后西方教育发展的直接基础。古希腊留给后世的教育遗产,在罗马帝国时期被传播到古代东西方世界的辽阔地域,对后来教育的发展产生了深远的影响。

古罗马在吸收古希腊教育成就的基础上,建立起了较为完善的学校教育制度,它在雄辩术教育和法学教育等领域曾经取得过辉煌的业绩。以西塞罗、昆体良为代表的古罗马教育家们也在长期的教育实践中发展出了丰富的教育理论,在教育的基本问题和具体方法上提出了颇具价值的观点和主张。古罗马的基督教教育在中世纪时期曾经一度繁荣和发达,尽管它曾备受后人诟病,但它在保存和发展古罗马文明方面也发挥过一定的作用。

∠ 思考题

1. 简述关于教育起源的各种学说。
2. 概括原始社会的教育内容及其特征。
3. 东方文明古国的教育有哪些贡献?
4. 比较斯巴达和雅典城邦教育的异同。
5. 述评与比较"古希腊三哲"的教育思想。

6. 述评西塞罗和昆体良的教育思想。

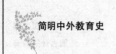 参考文献

1. [美]路易斯·亨利·摩尔根. 古代社会[M]. 杨东莼等译. 北京:商务印书馆,1981.

2. [美]威尔·杜兰. 世界文明史·东方的遗产[M]. 幼狮文化公司译. 北京:东方出版社,1998.

3. [英]博伊德,金. 西方教育史[M]. 任宝祥,吴元训主译. 北京:人民教育出版社,1985.

4. 张斌贤,褚洪启等. 西方教育思想史[M]. 成都:四川教育出版社,1994.

5. 赵祥麟. 外国教育家评传:第一卷[M]. 上海:上海教育出版社,1992.

6. [美]S. E. 弗罗斯特. 西方教育的历史和哲学基础[M]. 吴元训等译. 北京:华夏出版社,1987.

7. [古罗马]昆体良. 雄辩术原理(选)[M]. 任钟印译. 武汉:华中师范学院教育系,1982.

8. 滕大春. 外国教育通史:第一卷[M]. 济南:山东教育出版社,1989.

∠ 进一步阅读文献

1. [美]爱德华·麦克诺尔·伯恩斯,菲利普·李·拉尔夫. 世界文明史[M]. 罗经国等译. 北京:商务印书馆,1988.

2. 贺国庆,于洪波,朱文富. 外国教育史[M]. 北京:高等教育出版社,2009.

3. [古希腊]柏拉图. 理想国[M]. 郭斌和,张竹明译. 北京:商务印书馆,1986.

第十章
中世纪的教育

"中世纪"一词最早出现于文艺复兴时代,是指古希腊、古罗马文化衰落之后到文艺复兴前这一"中间的世纪"。它以公元476年西罗马帝国灭亡为起点,大致延续到15世纪末16世纪初的"新航路"开辟。从世界范围内看,中世纪主要是指封建社会。由于各个民族、国家向封建社会过渡的条件、途径并不相同,各国封建社会开始和结束的时间并不完全一致,封建制也各有特点,但封建的生产方式构成了中世纪社会生活的基础。公元476年,西罗马帝国在奴隶和隶农不断起义和北方日耳曼部族的双重打击下走向灭亡。在西罗马帝国的废墟之上,西欧的封建制度逐步形成;东罗马帝国(拜占庭)约在7~8世纪时,也过渡到封建社会;阿拉伯人则在7世纪中叶实现了这一过渡,并于8世纪中叶建立了庞大的封建帝国。本章所论述的中世纪教育,就是针对这一时期而言的。

第一节 西欧中世纪的教育

西欧的中世纪延续了一千多年,其中公元5世纪到公元11世纪被称为中世纪早期,是西欧封建社会逐步形成的时期;从公元11世纪起,西欧便进入了封建社会的繁荣期,被称为中世纪后期。无论是在前期还是后期,基督教会都一直处于政治和文化的支配地位,渗透并影响着西欧教育的发展。尤其是在中世纪早期,基督教在意识形态上居于独尊的地位,也垄断了教育。"由于基督教会对整个教育的垄断,以及它在政治分裂的中世纪所处的精神领袖的位置,基督教的价值和道德标准成为判断一切事物的标准。无论是宗教事物还是世俗事物,均被纳入了它的神学逻辑之中。"[①]因此,西欧中世纪的教育是和基督教的发展紧密地联系在一起的。

---

① 黄洋:《世界古代中世纪史》,复旦大学出版社,2005年版,第349页。

一、西欧中世纪早期的教育

中世纪早期,随着基督教统治地位的确立,宗教教育逐渐成为当时教育的主流,并形成了以修道院学校、大主教学校和教区学校为主的学校类型。除此之外,也存在一些世俗教育的类型,如宫廷学校和骑士教育,但二者也往往并不能和基督教割裂开来,与基督教会有着千丝万缕的联系。

（一）基督教教育

罗马帝国灭亡后,罗马的教育制度随之坍塌,拉丁学校和修辞学校也几乎荡然无存。除了教士,几乎无人能读写拉丁文,而有学问的教士也是凤毛麟角。最初,基督教对教育漠不关心,因为在他们看来,"当时最紧要的工作,不是知识的获得,而是品德的涵养",①他们注重的是归属上帝的纯净心灵。教会领袖也排斥古希腊和罗马的学术,致使象征希腊哲学思潮大本营的雅典大学于公元529年被关闭。然而不久后,随着形势的变化,一些教会领袖有条件地接受了古希腊和古罗马的文化,并从自身发展的需求出发,逐渐兴办起教育。正如英国教育史学者博伊德所言:"教会办教育不是因为教育本身是好的,而是教会发现,不给信徒特别是不给教士以学习圣经和履行宗教职责所要求的过去那种文化,教会就不能做好自己高尚的工作。"②渐渐地,教会举办的教育超出了最初的唯一的宗教目的,为青少年一般生活做准备也成为教育的主要目标之一。在基督教教育的历史发展中,逐渐形成了以修道院学校、大主教学校和教区学校为主的学校类型。

修道院学校。它也被称为寺院学校、僧院学校,是当时最主要的教会学校。它起源于修道院制度。修道院早在公元3世纪左右已经出现。最初它们并非真正的教育机构,而只是一种教徒集体修行的场所。由于当时社会危机的加重,许多基督教徒开始悲观厌世,以独居修道作为逃避严酷现实的出路。后来隐居修行的人日益增多,便建立起公共的清修场所,开展集体的苦修活动,如共同用膳、共同祈祷等等,形成了修道院。进入中世纪后,修道院制度不断完善,特别是公元6世纪初,本尼狄克特（St. Benedict of Nursia,约480年～550年）制定了教规,其中第48条规定,凡能肩挑担子的人,每天至少要有7小时的劳动,2小时的阅读。这一规定促使僧侣们开始重视读经学习。修道院也逐渐附设起学校,承担起教育的职责,并发展成为中世纪西欧最典型的教育机构。

修道院学校最初是培养"圣童"的学校,主要招收那些年龄较小而长大后准

---

① （台湾）林玉体：《西方教育思想史》,九州出版社,2006年版,第113页。

② ［英］博伊德,金：《西方教育史》,任宝祥、吴元训主译,人民教育出版社,1985年版,第98～99页。

备担任神职人员的男孩。后来招生范围逐步扩大,修道院学校也开始招收只在学校学习知识,而学成后仍为俗人的学生。这两类学生一般都是分别受教,前者为"内学",后者为"外学"。这些学生一般 10 岁左右即可入学,学习期限为 8 年左右。这些学校主要强调宗教信仰的培养,"服从"、"贞洁"和"贫穷"被视为主要的宗教品质。

修道院学校的课程以"七艺"为主,但在这一时期,"七艺"被渗透了浓郁的宗教神学色彩,神学成为整个课程体系的灵魂。修道院学校的教师,主要由教士担任,采用个别方式进行教学。教学方法主要由教师口授和学生背诵、抄写相结合,教学使用拉丁语。这些学校的纪律十分严酷,体罚盛行。

大主教学校。这是与基督教的主教制度相统一的一种学校。基督教传遍罗马帝国全境后,曾划分主教教区,各主教教区内均设立大主教学校,由主教直接管理。大主教学校主要招收贵族和高级僧侣子弟,目的也是培养较高级的僧侣。这些学校的性质和水平与修道院学校相近,学校设备较好,学科内容也较丰富,但数量有限,许多大主教学校发展为后来的中世纪大学。

教区学校。这种学校一般设在村落教堂的门房或牧师的家中,设备简陋,以一般居民的子弟为教育对象,收取一定的学费。主要教授内容为神学、诵读、写字和唱赞美诗,教学语言也是拉丁语。在各种基督教学校中,教区学校是设备最差、教学质量最低却最普及的学校。

（二）世俗教育

在整个中世纪,除基督教会和高级教士构成的教会封建主外,还存在许多世俗封建主。与之相关的世俗教育成为与基督教教育并列的另一种教育形式。

宫廷学校。宫廷学校是一种设在国王或贵族宫廷中的学校,主要培养王公贵族及其后代。这种学校由于其特殊性在当时并不普遍,并且主要与国王个人或贵族对教育作用的认识和重视程度密切相关。在所有宫廷学校中,最具代表意义的是法兰克王国卡洛林王朝的查理（Charles the Great,742 年～814 年）兴办的宫廷学校。

公元 768 年查理即位后,奉行扩张政策,经过几十年的征战,建立了一个庞大的封建帝国。为了培养宗教神职人才和帝国的各种管理人才,查理以很大的热情倡办教育。他曾多次颁布法令,要求各种神职人员认真学习,以便发挥自身教育的职能。同时还广招天下的饱学之士到法兰克帝国境内兴办学校,传播知识,其中最有影响的人物是英格兰著名学者阿尔琴（Alcuin,约 735 年～804 年）。阿尔琴原为英国北部约克地方的大主教学校的教师,学识渊博,通晓希腊文、拉丁文,精于文法和修辞。公元 782 年,查理邀请阿尔琴来到宫廷,协助自己办理教育。查理亲率皇后、王子、公主等众皇亲以及侍从和廷臣子弟接受阿尔琴的教育和指导。宫廷学校的教学科目主要是"七艺"及拉丁语、希腊语等。教学方法因年龄而异,对成人无固定系统的教法,以讨论为主;对儿童则多采用当时修道院学校盛行的问答法。教师一般采用编写好的对话体的教材,与学生一问一答,通过问答达到记诵的目的。关于查理兴办宫廷学校的目的,奥地利历史学家弗里德里希·希尔认为:查理"创办学院并不像后代人文主义者想象的是为了学术本身,而是为了使被统治的阿里安教派信徒、异教徒或形式上接受正统基督教信仰的国家都归顺一个神——王,基督和基督在地上的代表查理"。① 简言之,查理兴办宫廷学校的目的就在于用教育的手段巩固与维护卡洛林王朝的封建统治。这也是所有宫廷学校的教育目的。

骑士教育。骑士教育是西欧封建社会的一种特殊教育形式。它主要采用家庭教育的方式,是与西欧中世纪盛行的骑士制度相适应的一种培养勇猛豪侠、忠君敬主的武士的教育。骑士教育发端于9世纪后半期,至11、12世纪十字军东征时达到巅峰,14世纪开始衰落,16世纪基本消失。

西欧封建社会具有鲜明的等级性,大小封建主之间存在复杂的关系。最高的封建主是国王,下面分别是公、侯、伯、子、男爵,最低级的贵族即是骑士。他们一般是贵族家庭中的次子,由于欧洲奉行长子继承制,他们不能继承家庭的封地和爵位,只拥有很少的土地和农民。主要靠替国王和大贵族打仗,获得分封和奖赏。在整个中世纪,骑士不但构成了最主要的军事力量,而且代表着一种风度、一种制度和一种精神。骑士教育就是培养这种骑士的教育。

骑士教育的实施一般分为三个阶段:从出生到七八岁,为家庭教育时期。儿童在家里接受母亲的教育,主要内容是道德教育、宗教教育和身体的养护等。七八岁以后,进入侍童教育时期。男孩被家长送到比自己父亲高一级的贵族家里充当侍童,侍奉主人和贵妇,直至十四五岁。在侍奉主人和贵妇的日常生活中,侍童学习上流社会的礼节和行为规范。这时的教育内容一般为"骑士七技",即骑马、游泳、投枪、击剑、打猎、弈棋和吟诗,有时也包括识字、拉丁语等知识内容,以便成为身体强壮、能征善战的武士。十四五岁以后,进入侍从教育阶段。这一阶段,侍童变成男主人的侍从或者护卫,主要的任务是照料男主人的一切生活起居,如遇战争,侍从要以自己的生命誓死保卫主人和主妇。到21岁时,经过一系列的授职仪式,正式获得骑士封号。此后一生他以征战为业,骑马持矛随封君作战既是他的职责,又是他的特权。骑士的技艺和训练以及军事职责使其与其他社会阶层区别开来。

综观骑士教育的整个过程,其实就是一种典型的武夫教育,其崇尚的勇敢、

----

① [奥地利]弗里德里希·希尔:《欧洲思想史》,赵复三译,广西师范大学出版社,2007年版,第38页。

忠心、服从、慷慨诸品质都是与当时的封建等级制度和其作为信奉基督教的士兵的身份相适应的。

二、西欧中世纪后期的教育

经过五六百年的发展,到了 11、12 世纪,西欧的经济开始复苏,工商业者聚集的城市开始出现,随之出现了新兴的市民阶层,并逐渐发展为推动社会进步的主要力量。另外,十字军东征也将东方较发达的文化带入欧洲,开阔了欧洲人的视野。社会生活的变化和文化的进步,要求教育随之变化以适应新形势的要求。但在当时的教育领域,基督教教育仍然占有支配地位,根本不能满足社会对新教育的需求。此时,中世纪大学和城市学校的产生与发展,即是适应当时形势发展的产物。

（一）中世纪大学

在欧洲出现中世纪大学以前,东西方各国的高等教育已存在几千年。但这些对高深学问的探求往往表现为著名学者及其弟子们个人的努力,而没有发展为一个促进和保护集体求学的专门机构,严格地讲,它们还不能称之为"大学"。"大学"专指 12 世纪初在西欧出现的一种高等教育机构,这种机构形成了自己独有的特征,如组成了系(Faculties)和学院(College),开设了规定的课程,实施正式的考试,雇佣了稳定的教学人员,颁发被认可的毕业文凭或学位等等。从这个意义上讲,我们可以说大学起源于 12 世纪。它们的出现,深受当时的行会、教会、修道院等社会组织的影响。

最早的中世纪大学出现于 12 世纪初的意大利和法国,如意大利的萨勒诺大学和波伦亚大学、法国的巴黎大学等都是在原有的专门学校或大主教学校的基础上发展而来。如萨勒诺大学最初是一所医学校,1137 年发展为教授医学的萨勒诺大学,1231 年得到政府的正式承认。继以上三所学校之后,西欧许多国家纷纷成立了一些大学,其中最著名的有英国的牛津大学和剑桥大学、法国的蒙彼利埃大学、德国的海德堡大学、葡萄牙的里斯本大学等等。

中世纪大学的教学目的是进行职业训练,因而往往分成文、法、神、医四科进行教学。但四科在大学中的地位并不相同,一般是文科最低,相当于大学的基础教育阶段,是学习其他专门学科的基础。通常学生十三四岁入学后,先学习文科五到七年,学成后获"学士"或"硕士"学位,这是进入其他几科学习的资格。分科的学业结束之后,学生可获博士学位,这是学生从事大学教学或其他职业的条件。中世纪大学的学位及学位制度,以后虽几经变化,但一直流传至今。

中世纪大学的组织和管理方式受到商业模式的影响。它模仿当时手工业的组织形式,形成了一种类似行会的组织,即由教师和学生组成的特殊组合。中世纪大学具有相对的独立性,也享有许多特权。学校内部事务的日常管理与各种决策,不受当地教会和封建主的管辖,而主要由大学师生负责。在具体的管理类型上,主要有两种:一是学生担任校长,掌管教授选聘、学费的数额、学期的时限及授课时数等一切学校事务的,被称为"学生大学",如波伦亚大学。南方各国如意大利、西班牙、葡萄牙等国家的大学多采用这种管理制度。一种是"先生大学",学校行政由教师掌握,校长也由教师担任,如巴黎大学。欧洲北方各国如英国、德国、丹麦、瑞典等多采用巴黎大学的模式。除管理上的自治性质外,大学师生还可自由讲学、游学,拥有审理裁判权,赋税、关税、兵役的豁免权,颁发讲演特许证,罢教、迁移权等。大学所拥有的这些权利也是相对的,教会等其他社会势力有时也会影响到大学的发展及其内部事务的管理。尽管如此,大学却已经不再是基督教学校了。

中世纪大学的出现具有深远的历史意义。它打破了教会对教育的垄断,也开启了一个开放和理性的时代。它重视传授文化科学知识,注重研究,对发展科学和知识、推动人类文明进步发挥了积极作用,正如恩格斯所言:"因为有了大学,所以一般教育,即使还很坏,却普及多了"①。大学拥有一定的自治权和特权,有一定的民主和自由,为当时的学术论争提供了舞台,活跃了当时的思想文化活动,有利于科学研究和学术的繁荣,也促进了城市的发展和繁荣,在一定意义上为文艺复兴和宗教改革作了准备。许多伟大的学者和改革家都是在中世纪大学成长起来的,如但丁、彼得拉克、薄伽丘、伊拉斯谟、路德、加尔文等等。学生们进入大学通常是为了将来担任某一职位而接受必要的专业性质的培训,在它们的影响下,中世纪文化开始由神学的虚幻转向关心实际生活中遇到的问题,改变了人们认识事物和思考问题的角度。然而中世纪大学的教学内容和形式,并没有完全达到符合实际的需要,学术辩论通常枯燥无味,也极易成为保守主义的堡垒。尤其是中世纪后期的大学,由于坚持知识的传统形式,排斥一切新知识,从而被教会和国家用作维持现状的工具,在一定程度上阻碍了社会的进步和科学的发展。

(二)城市学校

10 到 11 世纪,西欧的经济开始复苏,手工业逐渐从农业中分离出来,商业也有了进一步的发展,城市也开始出现。随着城市的发展,新兴的市民迫切需要掌握初步的文化知识和实际技能。而原有的教育机构根本不能满足这一新要求。于是,在城市中开始出现了一些新式学校,例如,由手工业行会创办的行会学校,由商人联合会创办的基尔特学校等,这些学校被统称为城市学校。这些学

---

① [德]恩格斯:《自然辩证法》,中共中央马恩列斯编译局译,人民出版社,1955 年版,第 158 页。

校与原有的教会学校不同：在培养目标上，主要满足新兴市民阶层对教育的需求，培养能从事商业、手工业者的专门人才；在课程设置上，注重世俗知识的教学，特别是常用的读、写、算的知识以及与商业、手工业密切相关的知识；在管理领导权上，它们不再属于教会，而是由新兴的代表城市各阶层的市政机关管理；教学语言使用本民族语。

城市学校的产生，适应了当时西欧社会发展的需要，是教育上的进步现象。它打破了教会对教育的垄断，将世俗知识和学问引入学校领域，扩充了当时学校教育的内容。当然，这些学校的发展也并非一帆风顺，有时也受到教会的打击和各种刁难。但历史的潮流不可抗拒，到 15 世纪，西欧几乎所有的国家都已经举办了这种学校。

第二节　拜占庭的教育

公元 395 年，罗马帝国分裂为东西两部分，西部仍以罗马为首都，称为西罗马帝国；东部以君士坦丁堡为首都，称东罗马帝国，因其首都是古希腊城市拜占庭的旧址，因此又被称为拜占庭帝国。公元 476 年，西罗马帝国由于蛮族的征服而走向灭亡。当时的拜占庭帝国尽管也受到蛮族入侵的冲击而发生动荡，但帝国却依然存留下来，延续了约 1000 年之久，这就使得拜占庭帝国成为古希腊和古罗马文化的直接继承者。公元 7 世纪，拜占庭帝国逐渐向封建制过渡，到 11 世纪末逐渐完成了封建化的过程，确立了封建制度。在长期的发展中，继承古希腊和古罗马文化传统的拜占庭帝国，在新兴基督教文化因素和近东文明古国文化的影响下，发展起自己独特的拜占庭文化，对教育的发展产生了重要的影响。

从公元 313 年君士坦丁大帝颁布"米兰赦令"、接受基督教为合法宗教起，基督教就不是一个教义统一的宗教，内部存在着许多派别分歧。这期间由于罗马帝国的分裂和原有的宗教教义的分歧，公元 1054 年西派教会的教皇和东派教会的牧首相互开除对方的教籍，从此东西教会彻底分裂。在拜占庭，尽管基督教也为国教，但拜占庭的基督教会和西欧的基督教会在国家权力方面所处的地位却有很大不同。基督教作为一种超政权力量存在的前提就是国家政权力量的式微。在拜占庭，基督教会从未有像西欧的基督教会那样成为凌驾于世俗政权之上的政治势力。它始终是在世俗政权之下从事宗教活动。强大的世俗政权、发达的城市和频繁的贸易以及长期存在的基督教，使得拜占庭在教育上形成世俗教育和基督教教育并存的局面。

在拜占庭，一直存在比较发达的世俗教育。它的世俗教育直接承继了古典教育的传统。学校用希腊语进行教学，拉丁语逐渐被遗忘。儿童从 6 岁～8 岁开始入初级学校,学习语言、修辞、算术以及《荷马史诗》等,教育的方式以阅读和背诵为主。拜占庭的中等教育机构为文法学校,学习的基本内容为文法和古典作品研究。在拜占庭最发达并对后世产生较大影响的是高等教育。当高等教育在中世纪的西欧几乎绝迹的时候,在拜占庭的首都君士坦丁堡和其他一些大城市仍继续存在着发达的高等学校。如雅典大学、亚历山大利亚的医学和哲学学校、贝鲁特的法律学校等等,都是当时古典文化教育的中心。在这些学校中存在时间最长、影响最大的是君士坦丁堡大学。这所学校创办于公元 425 年,是一所由帝国政府直接设置的、目的在于培养高级官吏的大学。5 世纪时,曾有 30 多位教授在这所学校主持希腊语、拉丁语、演讲术、法学、哲学等讲座。6 世纪时,雅典大学遭到关闭后,这所学校成为整个拜占庭的教育中心。尽管 7 世纪时君士坦丁堡大学的教学活动曾一度中断,但后来又得到重建,成为拜占庭和阿拉伯地区乃至西欧各国青年学子们向往求学的圣地。11 世纪后期开始,随着帝国经济和军事压力的与日俱增,君士坦丁堡大学逐渐走向衰落。另外,拜占庭还存在着大量的私立学校。这些学校既有初级学校,也有各种专门学校,它们都注重传授古典科学文化知识,在教学内容上与基督教会学校形成对立,成为当时传播古典文化的又一重要渠道。

除世俗教育外,拜占庭的教会教育也占有重要地位。但与西欧不同,拜占庭不存在高于王权的教会势力,拜占庭教会直接受皇帝领导,因此,教会的教育也是受王权控制的。但是,教会也利用教会与世俗政权的斗争从皇帝手里取得优厚的赏赐和各种特权,能够举办自己的学校,发展教育事业。在拜占庭,教会教育的显著特征就是集成古希腊文化的传统,用希腊哲学的观点和方法来钻研神学理论,探讨和研究神学问题。在当时基督教会的主要教育机构——修道院和座堂学校中,尽管它们主要的教育内容为基督教义,但一些古典文化知识都得到较好的保存,使得这些学校也成为保存和传播古希腊文化的重要场所。

可以说,在整个中世纪,拜占庭是欧洲文化教育最发达的国家,其发达的文化教育对欧洲各国都产生了重要影响。由于地缘关系,东欧各国,如保加利亚、俄罗斯等国都从拜占庭那里获得丰厚的给养,这些国家正是通过拜占庭接触并融合了古希腊和古罗马的优秀文化,促进了本民族文化的进步和发展。在西欧,当基督教会垄断了全部的教育与文化、古希腊和古罗马文化损失殆尽的时候,借助十字军东征,西欧又从拜占庭获得了失传已久的古希腊和古罗马的文化,并直接承接了拜占庭高度发展的文化成就。尤其是拜占庭帝国灭亡之后,逃亡西欧的大批拜占庭学者将文化带入欧洲,方便了人文主义学者对古典文化的学习和接受,为文艺复兴运动的产生奠定了基础。

第三节 阿拉伯国家的教育

阿拉伯是发达较晚的地区。直到公元 7 世纪初期,穆罕默德才假借《古兰经》所创立的一神教——伊斯兰教,完成了阿拉伯半岛的统一,在麦地那建立了政教统一的国家。到 8 世纪中叶,阿拉伯建成了地跨亚、非、欧三大洲的撒拉森大帝国。在这一过程中,随着帝国疆土的扩大,阿拉伯地区和东西方文化的接触进一步增多,也由于阿拉伯帝国的许多"哈里发"(阿拉伯语音译,是伊斯兰教职的名称,原意为"代理人"或"继位人")推行一种较为开明的文教政策,从而使其吸取了东方的波斯、印度的学术和西方古希腊、古罗马的文化,慢慢形成了自己独特的以伊斯兰教为核心的阿拉伯文化,并在数学、天文学、医学、化学等方面取得了辉煌的成就。但是后来统治集团分崩离析,统一的大帝国分成了东、西、南三个独立的国家。东方以巴格达为中心,称为黑衣大食;西方以科尔多瓦为中心,称为白衣大食;南方以开罗为首都,称为绿衣大食。公元 11 世纪之后,阿拉伯国家还分别两次受到异族统治,在黑衣大食境内建立了塞尔柱帝国和奥斯曼帝国。但无论什么时期和地域,阿拉伯国家的教育都与伊斯兰教有着密切的联系。

一、撒拉森帝国和各大食国的教育

伊斯兰教创立之前,阿拉伯尚处在蒙昧时期。伊斯兰政权建立之后,随着政治、经济、文化发展的需要,教育逐渐发展起来,各级各类的教育机构陆续出现。

(一)昆它布

这是一种简陋的初级教育场所,通常由教师在家设校教学,教学内容简单,一般仅为读写。这种教育机构在伊斯兰教建立之前已经存在,后来随着伊斯兰教势力的扩张,各地遍设清真寺。清真寺在传播伊斯兰教之外,也附带办有昆它布对儿童进行教育。教学内容也有了变化,主要以教授伊斯兰经典《古兰经》为主,除此之外也有诗歌、文法、书法、简单的算术知识等。由于阿拉伯地域广阔,不同地方的昆它布在课程上也有不同,但都属于简单的初级的教育。

(二)宫廷学校和府邸教育

这是一种教育王子、皇族子孙及各种王孙贵族的教育机构。这种机构的课程以《古兰经》为主体,也教授一些诗歌、辩论术和历史等知识,同时注意养成未成年人庄严的举止和保持优美的仪表。帝王的宫廷还举行各种高深学术的讨论,并形成学术沙龙。宫廷既成为政治活动的中心,也成为文化教育的中心。

（三）学馆

学馆是学者在家讲学的地方。学者利用自己家宅进行知识传授在阿拉伯是相当盛行的现象。这种机构以学者为中心，传授高深的知识，与私人创设的初级教育场所——昆它布在程度上有很大差异。

（四）清真寺

清真寺原为伊斯兰教徒礼拜的圣地，后来也发展为审理诉讼的法庭和教育机构。在撒拉森帝国时期，每征服一地，都要在当地建立清真寺，从此，清真寺的数量激增。这些清真寺在从事宗教活动之外，也担负有教育的职责。除了在寺内设立具有初级教育性质的昆它布外，还经常邀请知名学者在其中讲学，通过讲学和论辩而成为实施高等教育的机构。

（五）图书馆和大学

由于穆斯林尊重学术，伊斯兰国家的图书馆非常发达，各大食国都设有富丽堂皇而完善的公立图书馆，成为培养文人学者的一种特殊形态的高等教育。如公元 9 世纪初哈里发迈蒙在巴格达建立的赫克迈图书馆便发展为一所高等学府。这些公立的图书馆常常拥有华贵的馆舍和讲究的设备。穆斯林学者在此开展一系列的学术活动，也吸引了各国学生在此听课研究，对保存和传播古典文化以及促进阿拉伯文化的发展起到重要作用。

二、塞尔柱帝国和奥斯曼帝国时期的教育

塞尔柱帝国是公元 11 世纪由突厥人的一位酋长塞尔柱及其孙子在消灭黑衣大食后建立的帝国。为培养帝国的治理人才，塞尔柱帝国逐渐取消以往私人办校和讲学的传统，由国库支付教育经费，政府建立新型学校。这种新型学校便成为国家的机构，受政府的监督，承担起主要的教育任务。这一时期不仅产生和发展了新型的高等学校——尼采米亚，而且也注意发展初级教育，使得学校教育在一定程度上得到普及。

奥斯曼帝国是 14 世纪由小亚细亚的突厥人建立的帝国。政权巩固之后，奥斯曼帝国也模仿塞尔柱帝国尼采米亚高等学校的制度，设立了宫廷学校。这种学校招收经过严格考察的 12 岁～14 岁的儿童。学生的生活和学习受到学校的严格控制，教育内容主要有学科、体育、战术和专业训练等。其中，《古兰经》及其讲解是最主要的学习内容。这种宫廷学校在维持其政权上发挥了重要作用，但它刻板的生活方式和鄙陋的文化知识却对伊斯兰教文化的发展产生了阻碍。

阿拉伯帝国横亘东西，历史跨度较长，不同时期和不同地域的教育存在着很大差异，但由于都深受伊斯兰教的影响，也有其一致性，与西欧的基督教教育颇

为不同。在阿拉伯国家,教育和教师都受到普遍的重视与尊重;在课程上,尽管以《古兰经》为主要内容的神学教育占有主导地位,但是也不排斥异教学术;教学组织形式和教学方法灵活多样;私人教育捐款和各种教育基金多有设立等。这些特征对促进阿拉伯文化教育的繁荣产生了重要的影响。

由于阿拉伯人对异教和异教文化的开明态度,使得他们可以兼容并蓄,在吸取世界各国先进的文化教育基础上,形成了独具特色的阿拉伯教育。他们的学校培养了大批杰出的学者和科学家,对世界文明做出了突出贡献。在西方文明消失殆尽之际,阿拉伯学校、学者和图书馆在保存以及传播古希腊和古罗马古典文化方面也做出了不可磨灭的功绩,后世的欧洲人正是通过阿拉伯人重新认识古希腊学术的。阿拉伯教育,尤其是阿拉伯大学,其制度、课程、教师的地位及学生的游学等等,也对欧洲大学产生了重要影响。

本章小结

封建制度的形成、发展和解体是整个中世纪历史发展的主线。尽管世界各国在文化教育上的发展并不平衡,却也可以看到这一时期教育的一些基本特征:

其一,宗教性。中世纪,文化教育深受宗教的影响。尤其是在西欧,原有的发达的古罗马文化逐渐退出了现实的视野,转为潜在的影响因素,走向前台的是基督教。基督教垄断了西欧的一切文化和教育。科学,包括自然科学,也被基督教神学——过滤或基督教化,成为基督教的组成部分。教会办理各种学校,教会学校几乎是这一时期西欧唯一的教育类型。教育的目的是培养对上帝虔诚的教士,教师主要由僧侣担任,教学内容尽管以"七艺"为主,但渗透着浓郁的神学精神。在拜占庭帝国,尽管教育的宗教性没有西欧浓厚,但基督教也是影响乃至决定教育发展的重要因素。阿拉伯帝国的教育,则与伊斯兰教息息相关。

其二,阶级性和等级性。与当时的政治制度相适应,中世纪的教育具有鲜明的阶级性和等级性。不同的等级享有不同的教育权利,接受不同内容的教育。在西欧,除世俗的封建主之外,整个基督教会也是一个大的封建主,内部存在着森严的教阶制度。不同等级的教会学校培养不同等级的宗教人才,一般的教区学校只是对一般居民进行宗教信仰的灌输。在拜占庭帝国,无论是作为基督教教育还是世俗教育,学校的类型和级别都有明显的差异,培养不同等级的各种人才。在阿拉伯帝国,尽管统治者大都重视教育,但王公贵族和一般穆斯林所能接受的教育也有很大差异。高等学校主要面向的是有地位和经济实力的贵族,一般穆斯林只能在昆它布等初级的教育机构接受粗陋的教育。

∠ 思考题

1. 简述教会学校的基本类型及其在西欧中世纪的地位与作用。

2. 简述西欧中世纪世俗封建主教育的主要形式。

3. 试述中世纪大学的产生及其在教育史上的地位与作用。

4. 简述拜占庭教育及其特征。

5. 简述阿拉伯教育及其影响。

6. 简述中世纪教育的基本特征。

∠ 参考文献

1. [英]博伊德,金.西方教育史[M].任宝祥,吴元训主译.北京:人民教育出版社,1985.

2. [美]朱迪斯·M·本内特,C·沃伦·霍利斯特.欧洲中世纪史[M].杨宁,李韵等译.上海:上海社会科学院出版社,2007.

3. 滕大春.外国教育通史:第二卷[M].济南:山东教育出版社,2005.

4. 夏之莲.外国教育发展史料选粹:上册[M].北京:北京师范大学出版社,1999.

5. [叙]托太哈.回教教育史[M].马坚译.北京:商务印书馆,1946.

6. 徐家玲.拜占庭文明[M].北京:人民出版社,2006.

7. Frederick Eby, Charles Flinn Arrowood. *The History and Philosophy of Education Ancient and Medieval*[M]. Prentige-Hall, Ing. , 1946.

8. James Bowen. *A History of Western Education*. Vol. I[M]. London:Methuen&Co. Ltd, 1972.

9. Alan B. Cobban. *The medieval universities：their development and organization*[M]. London：Methuen&Co. Ltd. 1975.

∠ 进一步阅读文献

1. [英]博伊德,金.西方教育史[M].任宝祥,吴元训主译.北京:人民教育出版社,1985.

2. [美]朱迪斯·M·本内特,C·沃伦·霍利斯特.欧洲中世纪史[M].杨宁,李韵等译.上海:上海社会科学院出版社,2007.

3. 滕大春.外国教育通史:第二卷[M].济南:山东教育出版社,2005.

第十一章
文艺复兴与宗教改革时期的教育

文艺复兴与宗教改革是欧洲在意识形态领域发生的思想解放运动,对教育产生了重要的影响。本章在对文艺复兴和宗教改革时期的教育发展进行分析的基础上,着重介绍夸美纽斯的教育实践和教育思想。

第一节　文艺复兴时期的教育

从 14 世纪到 17 世纪的大约 300 年间,欧洲在意识形态领域发动了一场以"复兴希腊、罗马古典文化"为口号的反对封建主义和教会神权的思想解放运动,史称"文艺复兴"。文艺复兴创造了欧洲继古希腊、罗马文化繁荣之后的第二个文化高峰,推动了教育领域内的深刻变革。

一、文艺复兴与人文主义教育

文艺复兴孕育于中世纪文明之中,发生在封建制度渐趋瓦解、资本主义生产方式萌动发展之时,它以人文主义为对抗宗教神学的思想武器,促进了艺术、文学、建筑、宗教、自然科学及社会生活诸领域的变革,人文主义新教育也因此应运而生。

人文主义对立于中世纪的基督教和经院哲学,以人为中心,以人学、人性、人权反对神学、神性和神权,并肯定追求现世幸福和乐观进取的奋斗精神。其主要特征为:第一,歌颂人的价值和尊严,反对中世纪教会视人为上帝渺小的创造物、人须服从神、神的权威至高无上等谬论;主张发挥人的聪明才智与创造潜质,宣扬奋发有为,反对消极被动的人生态度。第二,倡导理性与智慧,宣扬个性解放与思想自由,反对绝对信仰与盲目服从教会、教义和教规。第三,肯定现世生活,主张人应遵循自然本性,追求世俗享乐与现世幸福。第四,反对空洞无物的经院哲学和虚伪造作的文学形式,反对科学研究中的唯心主义先验论,强调关注人学

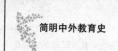

与批判、客观的治学精神。人文主义"通过新的思维方式和方法,对自然科学和普遍的现实问题产生了影响"[1],成为人文主义教育的精神内核。

虽然不同时期、不同国度的人文主义教育有着不同的内容与表现形式,但皆因秉承了人文主义的一般要求而肯定教育对人的促进作用,并在教育目的、对象、内容、原则和方法等方面表现出更多共性。

在教育目的上,新兴资产阶级希望培养性格完满、身体强健、朝气蓬勃、勇于进取的一代新人。因此,人文主义教育家以古希腊身心和谐发展的教育理想为蓝本,提出教育就是要发展儿童个性,培养全知全能、身心及道德和谐发展的人。15世纪意大利新建的学校曾这样描述教育目的:"教育者是塑造儿童个性的人。个性不是预先强加的……它是仁慈与完满,是与全人类相关的、为掌握所有技能提供可能……"[2]

在教育对象上,为满足新兴资产阶级政治斗争与经济发展的需要,人文主义教育家通过开办新式学校扩大了受教育的范围,基本打破了只有封建地主和教会僧侣子弟才能享受教育的局面。如城市学校招收更多普通市民阶层的子女,有些宫廷学校的创办者在教育贵族子弟外,也招收贫民子女。当然,由于人文主义教育以培养绅士、君主或朝臣为目的,"事实上,真正能够享受人文主义教育的是那些君主、显贵和富裕市民的子女"[3],多数穷人的孩子仍被拒于学校门外。

在教育内容上,人文主义教育的范围得到了扩展。在智育上,扩大了学科范围,除重视古典人文学科外,还开始吸纳自然科学的内容,并将传统"七艺"的教育内容,增加到十一门学科,改变其对神学的依附地位,新增了历史和道德哲学,将文法分为文法、文学和历史,几何学分为几何和地理学,天文学分为天文学和力学;在德育上除把培养宗教虔敬作为基本内容之外,还重视爱国、勇敢、勤勉、荣誉心等世俗道德品质养成;体育上则采用各种锻炼身体的制度和方法。

在教育原则与方法上,人文主义教育注重方法创新,反对旧教育盛行的体罚、机械学习及对儿童个性的压制,提倡遵循儿童兴趣与个性差异,通过活动、游戏、会话、探究与讨论、启发诱导、直观和实物等教学方法,激发儿童学习的主动性。人文主义教育还注重建立和谐民主的师生关系,营造宽松和谐的学习氛围。

人文主义教育可概括为如下几个特征:第一,人本性。不管是培养目标对个性全面发展的追求,还是教育方法对儿童天性的尊重,都体现出对人的力量、价

---

① [意]加林:《意大利人文主义》,李玉成译,三联书店,1998年版,第1页。

② Robert Black. *Humanism and Education in Medieval and Renaissance Italy*: *Tradition and Innovation in Latin Schools from the Twelfth to the Fifteenth Century*[M]. London: Cambridge University Press, 2001:15.

③ 陈曦文:《基督教与中世纪西欧社会》,中国青年出版社,1999年版,第188页。

值与潜能的充分肯定。第二,古典性。人文主义教育在课程设置上具有明显的"复古"性质,多数人文主义者"坚信古典文化会使人温文尔雅,能使人更充分地发挥其潜能"①。第三,世俗性。人文主义教育关注今生,主张为现世生活服务,在德育、智育等方面均表现出了浓厚的世俗精神。第四,宗教性。这一时期的人文主义教育家几乎都信仰上帝,其真实愿望并非消灭宗教,而是以人文精神改革宗教,使之更富人性化色彩,因此都保留了宗教教育的内容。第五,贵族性。人文主义教育以培养上层市民阶层、君主、绅士或朝臣为主,主要服务于上层社会子弟。

二、人文主义学校教育

人文主义教育首先发端于意大利,随后波及到北方的尼德兰(相当于现在的荷兰、比利时、卢森堡等地)、法国、英国、德国等国家。以意大利社会转型为分水岭,人文主义教育分为前后两个时期,前期强调培养新型市民,后期关注培养绅士、君主或朝臣。

(一) 前期人文主义学校教育

14 世纪末、15 世纪初,侨居意大利的拜占庭学者、希腊文教授克利梭罗拉(Manuel Chrysoloras,1350 年~1415 年)先后在巴维亚、威尼斯、米兰等地从事希腊文教学,并在各城市建立学校,培养了许多人文主义学者。意大利人文主义者多依靠王公、贵族及城市当局的支持另起炉灶来传播新思潮与培育新人。因有王公贵族的支持,人文主义学校在组织、设备和教学质量上都优于其他各类学校。人文主义的新式学校吸引了众多热衷教育的人文主义者,并成为传播新思想与推行新教育的重要阵地。

15 世纪末到 16 世纪初,意大利人文主义教育开始传入北方各国。在尼德兰等地,格鲁特(Gerard de Groot,1340 年~1384 年)创办的教会团体"共同生活兄弟会"自 14 世纪起就开始创办教育贫民青年的学校,注重《圣经》和本族语教学,教授读、写、唱歌、谈话等。随着人文主义在北欧影响的扩大,这些学校增加了人文主义因素,增设了古典文学与希伯来语课程,学习内容多限于初等和中等水平,也开设较高水平的神学和修辞学课程,在管理上建立起男生寄宿制度。到16 世纪,此类学校迅速增加,遍及尼德兰、日耳曼各邦和法国西部等地,它们大都按人文主义教育原则进行教学改革,传授人文学科,并制定各地学校共同遵行的完备的课程与组织章程。

意大利继承了古罗马市民人文主义学校教育浓厚的世俗气息,以培养共和

---

① 王挺之等:《新世纪的曙光:文艺复兴》,中国青年出版社,1999 年版,第 179 页。

国自由平等的公民为宗旨,这一时期人文主义教育家的理论和实践也反映了这种特点。如 14 世纪后期意大利的人文主义教育家弗吉里奥(Pietro Paolo Vergerio,1349 年～1420 年)认为,人文主义教育的目的在于以博雅教育(Liberal Education)培养全面发展的人,这些人不是中世纪的骑士、教士或某一行业的从业者,而是充满世俗精神、知识广博、身心全面发展的公民。弗吉里奥的人文主义教育理念对维多里诺(Vittrino da Feltre,1378 年～1446 年)等都产生了重要影响。维多里诺一生致力于实践其通才教育理念。他于 1423 年创办宫廷学校并在那里执教 23 年。因其学校环境优美、校风淳朴、师生关系融洽、学生生活与学习充满欢乐而名为"快乐之家"。15 世纪末、16 世纪初,意大利人文主义教育开始波及北欧诸国,尼德兰的伊拉斯谟(Desiderius Erasmus,1467 年～1536 年)成为北欧基督教人文主义教育的主要代表。他认为古典文化有助于改造社会、改良教会、净化基督教,使人走向虔敬与德行之途,因此主张将古典人文学科作为教育的基础。与意大利人文主义者过于强调古典文化不同,他认为古典文化与宗教不可分离,他把养成宗教虔敬作为教育目标,把人文主义研究方法用于《圣经》研究,以期达到人文主义基督教化和基督教人文主义化。与伊拉斯谟观点一致的有西班牙的维夫斯(Juan Luis Vives,1492 年～1540 年)和英国的莫尔(Thomas More,1478 年～1535 年)。维夫斯认为教育是为了确立《圣经》的威信,引导人虔敬。托马斯·莫尔在《乌托邦》中设计了完美的社会制度,主张实行公共的、平等的、普遍的教育。温斐林(Jacob Wimpheling,1450 年～1528 年)是德国宗教改革前人文主义教育家的重要代表,强调人文知识与宗教的结合。比代(Guillaume Bude,1460 年～1540 年)是法国人文主义思想的早期代表,在《君主的教育》中提出君主应具有基督教美德与人文知识,建议君主学习古典著作,并在国王支持下建立具有浓郁人文精神的法兰西学院,为以后人文主义在大学发展及宗教改革奠定了基础。

以意大利为中心的市民人文主义教育与北欧基督教人文主义教育在观点上各有侧重,但都强调古典人文学科与古典语言的重要性,强调教育为现实服务的社会改造功能。

(二)后期人文主义学校教育

法国虽与意大利毗邻,但因保守势力强大,文艺复兴思潮的影响比较迟缓。1458 年,法国巴黎大学在人文主义思潮的冲击下开始设希腊、罗马文学讲座。1494 年和 1498 年,法国两度入侵意大利,军事行动中的文化接触推动了法国人文主义思潮的兴起,并进一步影响到教育。法国于 1530 年和 1534 年建立了两所著名的人文主义学府:法兰西学院(College de France)和居耶纳学院(College de Guyenne)。前者崇尚古典文学和哲学,开设希腊文、拉丁文和希伯来文讲座及算术、医药、东方研究等实用课程；后者以兼容并包为宗旨，在学校管理上开始探索分科分年级教学制度，将中等科分为十级，各年级必修拉丁文和宗教二科，希腊文、数学、修辞学、演说术等科在三、四年级开设，并采用富有人文主义精神的教学方法，成为当时法国各城市人文主义学校的典范。

英国人文主义教育发展较晚。在中等学校方面，英国主要有市镇当局或行会设立的培养一般市民的职业性市民学校、文法学校，及由教会或行会开办的培养士绅的公学（Public School）。公学崇尚古典学科，实行寄宿制和导师制，以培养道德、促进升学为主要任务。在大学方面，15世纪中叶，牛津大学开始通过游学的人文主义学者吸收人文主义文化。到16世纪初，剑桥大学兴起人文之风，重视希腊文教学，礼聘人文主义学者，并在1540年建立了以人文主义精神为指导的"三一学院"。

自14世纪中叶起，德国各大城市陆续创办大学，如1348年建立的布拉格大学和1365年建立的维也纳大学，及1385年至1409年间设立的海德堡大学、科隆大学、爱尔福特大学、莱比锡大学等。15世纪下半期，随着文艺复兴思潮的传入，这些旧大学纷纷引进古典文学内容，并设立希腊文教授职位。1494年，爱尔福特大学开设含有古典文学内容的诗学和雄辩学讲座。1519年莱比锡大学引进西塞罗、昆体良及维吉尔的作品，亚里士多德著作的新译本开始取代由经院作家修改的旧译本。其他旧大学也在时代推动下进行人文主义改革。16世纪中叶，人文主义思潮几乎传遍德国所有大学。

君主和朝臣的培养问题是后期人文主义教育家关注的重点问题。意大利的卡斯底格朗（Baldassare Castiglione，1478年～1529年）曾在孟都亚侯爵的宫廷任职。他在《宫廷人物》中所刻画的新绅士、新朝臣的完美形象，反映了教育重点从学术成就到绅士培养的转向。法国人文主义教育家拉伯雷（Francois Rabelais，1494年～1553年）的主张相对激进。他以新教育自由观为指导，提出教育应顺从天性，培养体魄健壮，知识广博，具有仁爱、勤劳、勇敢和正义的美德，个性解放的自由巨人。拉谟斯（Petrus Ramus，1515年～1572年）和蒙田（Michel de Montaigne，1533年～1592年）则具有强烈的怀疑批判精神。拉谟斯反对拟古崇古，认为人人皆应得到自由思考的权利，"我们应训练自己的理性，用自己的头脑思维，而不应被权威束缚"[①]。蒙田则提出了关于教师素质的构想，认为教师应能根据儿童心理因材施教，具有广博的知识、良好的判断与高尚的道德，具有高于父母的权威与良好性情。英国的埃利奥特（Thomas Elyot，1490年～

---

① Edward Maslin Hulme. *The Renaissance, the Protestant Revolution and the Catholic Reformation in Continental Europe*[M]. New York，London：D. Appleton-Century Company Incorporated，1915：357.

1546年)身兼学者与行政官双重身份。他结合英国的具体形势,针对英国人文主义偏重古典学术的浓重的学究气与不切实际,提出教育就是培养绅士风度与气质,应在学习本族语基础上学习古典语言,强调具体经验的价值及各种形式的体育锻炼与美德养成。英国宗教改革后,埃利奥特的人文主义教育精神在英国新贵的推动下得以弘扬。同时,伴随知识疆界的扩展,科学知识的价值日益受到重视。弗朗西斯·培根(Francis Bacon,1561年~1626年)提出了新的知识论和认识论,对近代教育产生了深远影响,成为早期科学教育思想的主要代表。

不难看出,与前期相比,后期人文主义教育理论的世俗性与普及性加强,内容日趋宽泛充实、贴近生活,方法更加灵活生动、细致深化。人文主义学校教育是冲击欧洲旧教育的一股强大新生力量,为近代教育奠定了实践基础。

第二节　宗教改革时期的教育

随着早期教会革新与文艺复兴影响的深入,16世纪初,以德国为策源地,欧洲各国普遍爆发了宗教改革运动,天主教最终分裂为新教和旧教两大阵营。在长期的宗教斗争中,为传播教义、争取信众及扩展势力范围,各国新旧教派纷纷提出代表自己教派利益的教育主张与改革措施,在一定程度上促进了教育的发展。

一、新教的教育理论与实践

以路德教、加尔文教和英国国教为代表的新教势力,在教育理论与实践方面进行了新的探索,提出了反映新兴资产阶级要求的教育纲领,在促进教育的世俗化与国家化进程中发挥了重要作用。

教会内部反正统天主教神学的斗争由来已久,到15世纪末、16世纪初,大规模宗教改革的条件日渐成熟,在经济、政治、文化及宗教本身等因素的促动下,民众反抗教会腐败与改良教会的呼声日益高涨,终于在受教会压榨最甚的德国拉开了改革的序幕。15世纪后半期到16世纪初的德国,封建经济仍占统治地位,但农、工、商业进步很快,有些部门如采矿和冶金超过了当时西欧先进国家而居首位。然而德国并没有形成统一的民族和国家,邦国林立、诸侯割据,严重损害了新兴资产阶级和新贵族的利益,而罗马教皇在德国飞扬跋扈,强行发售"赎罪券"以搜刮民财,导致德国各阶层反天主教会的情绪空前高涨。1517年,马丁·路德发布了抨击教皇的《九十五条论纲》,之后提出"因信称义"与"建立廉洁教会"的主张,正式与天主教分道扬镳。宗教改革迅速在德国形成燎原之势,瑞士加尔文派的建立进一步扩大和加深了新教的影响,英王亨利八世开始推行自上而下的改革,建立脱离教皇控制的英国国教。16世纪中叶,新教三个主要教派在欧洲形成与罗马天主教相抗衡的局势。路德派分布于德国大部和北欧诸国;加尔文派以瑞士为中心,覆盖德国的一部分、荷兰和苏格兰;英国国教主要在英格兰。相应地,宗教改革时期新教的教育主要有路德派、加尔文派及英国国教的教育。

(一)路德教派的教育理论与实践

路德教派的基本主张是因信称义、众信徒皆教士、过好尘世即是积善功以及政教分离,这些主张是路德教派普及义务教育及发展国家教育思想的宗教与政治基础。路德认为教育具有宗教性与世俗性的双重目的,而首要目的在于使人虔信上帝以达到灵魂救赎。同时,他认为教育与国家安全、兴旺密切相关,强调教会应从属政权,国家应掌管教育事业,负责开办学校,提供经费和任命教师。他提出了普及义务教育的主张和实施的具体方法,认为人人享有接受教育的平等权利,对儿童实施教育是"市长们和市政官员们不可推卸的责任"[①]。同时,父母让子女接受教育是一种对国家和社会的义务,国家有权强迫其将子女送入学校接受教育。他要求儿童在公立初等学校每天接受1小时至2小时的教育,其余时间在家参加劳动和学习手艺。路德设计了小学、中学和大学三级国家学校教育制度。在教育内容上,小学用德语教学,主要课程为四"R",即读、写、算和宗教,以阅读《圣经》、《伊索寓言》、《教义问答》和唱赞美诗为主,兼习历史、数学、音乐、体操。中学和大学以宗教和古典科目为主,目的是培养教会的神甫、国家官吏及学校的教师。在教学方法上,他侧重兴趣和推理,提倡举例和直观教学。他还指出,在教育事业中,教师职业具有重要的意义,教会应与国家合作,家庭和社会均应承担教育责任。

路德的教育理念由他的几个追随者如布根哈根(Johannes Bugenhagn,1485年~1558年)、梅兰克顿(Philip Melanchton,1497年~1560年)和斯图谟(J. Sturm,1507年~1589年)付诸实践。

梅兰克顿长期从事教学和教育组织工作,从21岁在威登堡大学任教直到1560年逝世的42年间,他为新教教育的开展做了大量工作。1528年他拟订的《萨克森学制计划》成为萨克森路德新教教会的学校法。在计划中,他提出学科科目不应过多,语文以拉丁文为限。他把儿童划分为三个学级:第一学级学习简单的读法、书法及音乐、唱歌;第二学级学习简单的古代典籍、拉丁文法及音乐、宗教等;第三学级学习高深的古典著作,完成拉丁文法学习,并学习修辞、辩证法

---

① 华东师范大学教育系,杭州大学教育系:《西方古代教育论著选》人民教育出版社,1985年版,第184页。

等学科。这一计划后来被德国同类学校广泛采用。梅兰克顿被誉为"无与伦比的德意志人的伟大导师"。①斯图谟曾在新教团体"共同生活兄弟会"创办人文主义色彩浓厚的列日(Liege)学校,并担任斯特拉斯堡市拉丁学校校长达40年之久。他认为"办学的主要目的是培养学生具备三重品质:虔诚(Piety)、知识(Knowledge)和雄辩(Eloquence)"。②他按人文主义和基督福音相结合的原则组织以古典学科为主的教学内容,将学生按能力分成8个年级(后扩展到10级),按固定的课程和教科书教学。斯图谟建立与管理的学校组织严密,管理有方,成为许多国家的学校效仿的典范。布根哈根曾任威登堡大学教授,他贯彻和推进了路德普及教育及应用民族语言的主张,广泛组建新教教会,设立堂区学校教授德语《圣经》,开展识字运动。1520年,他在汉堡地区各教区主持建立拉丁学校,开设拉丁文、希腊文、希伯来文、雄辩学、修辞、数学、教义问答及唱歌等课程。他还设立了教区拉丁学校和小学程度的男女德文学校。1528年他制订学校章程,为所有儿童开办初级学校,通过德语读写进行宗教教育。1537年到1539年他对丹麦教会与教育机构进行改组。1559年以后,他所提倡的初级学校在新教地区获得迅速发展,布根哈根被誉为"德意志国民学校之父"③。16、17世纪,路德新教教育在德国北部新教各邦得到初步实现,并远播瑞典、丹麦、挪威等国,且对17世纪教育家拉特克、夸美纽斯及美国的教育实践产生了重要影响。

(二)加尔文教派的教育主张

加尔文教派兴起于瑞士,其领导人即加尔文(Jean Calvin,1509年~1564年)。受伊拉斯谟和路德宗教思想的影响,1536年加尔文编著完成的《基督教要义》系统阐述了该派的教义。加尔文同路德一样,强调因信称义,将《圣经》视为唯一的权威,强调政教合一。在教育上,加尔文接受了路德普及义务教育的主张,提出不论贫富与家庭出身,所有儿童都应平等地接受义务教育。他认为教育是为了训练对社会和政治有用的基督教徒,是实现神学理想和争取上帝选民的有利武器。在教育内容上,他注重人文学科尤其是历史的作用,其《日内瓦初级学校计划书》明确写道:"《圣经》确实是一切学识的基础,但是人文学科有助于充分理解《圣经》,不可轻视。"④他还强调宗教道德教育和法律教育,认为人只要遵循上帝训诫,就会向善并达到心灵纯洁与道德高尚。在教育方法上,他主张联系学生实际,因材施教。

在高等教育方面,加尔文主持创办了日内瓦学院,是加尔文教的最高教育机

---

① [德]弗·鲍尔生:《德国教育史》,滕大春、滕大生译,人民教育出版社,1986年版,第40页。
② 滕大春:《外国教育通史》(第2卷),山东教育出版社,1989年版,第257页。
③ 滕大春:《外国教育通史》(第2卷),山东教育出版社,1989年版,第254页。
④ [英]博伊德,金:《西方教育史》,任宝祥、吴元训主译,人民教育出版社,1985年版,第197页。

构,以培养牧师、神学家和教师为目标,注重人文学科和宗教学科,兼习医学和法学。日内瓦学院成为欧洲许多大学学习的榜样,加尔文的教育思想对欧洲教育产生了重要影响。

(三) 英国国教的教育改革

英国是正统天主教国家,具有很强的反教会异端传统。英国的宗教改革是一种自上而下的改革。1533 年,英王亨利八世与教皇决裂,开始了自上而下的宗教改革。1534 年国会通过"至尊法案"(The Act of Supremacy),宣布英王为英国教会的最高首领,建立"国教"。国教基本保留了天主教的教义、教规和仪式。亨利八世认为教育是统一宗教观点与加强社会秩序的有效途径,非常关注教育尤其是高等教育领域的改革。在宗教改革前,英国的大学以培养教会精英为主,强调神学和教会法学习。改革中,大学废除了教会法,增加了人文教育,增设了新的学院,扩大了招生人数,在学生来源上更加关注贵族、士绅及平民子女的教育。以牛津、剑桥为例:1500 年两所大学各有 10 所学院,到 1600 年各达 16所;在学生数量上,"1500 年英国每所大学招纳 150 人,而到 16 世纪末,招生人数达到原先的三倍"[1];在学生来源上,1515 年到 1639 年牛津的学生 50%来自贵族、士绅,41%来自平民,仅 9%来自教士阶层;剑桥的学生约 40%来自绅士阶层,近 40%来自艺术家、雇主和平民,近 20%来自专门职业和教士阶层。[2]

英国宗教改革后的教育更加注重英语教学,提高了外国语、物理、化学、体育等科目的地位,在教育目标与课程设置上更加关注世俗生活,体现教育与生活的密切联系,为 17 世纪弥尔顿、洛克教育思想的产生奠定了基础。

二、天主教改革与耶稣会派的教育

汹涌澎湃的新教运动使天主教统治陷入空前危机。在天主教内部,反对新教的改革措施得到进一步加强。为重塑昔日的至尊地位,天主教加大了对教育事业的扶持力度。在从事教育的教会组织中,耶稣会派的教育最具成效。

(一) 天主教改革与耶稣会派的建立

天主教改革是教会内部复兴的过程,是对理想教会生活的重新定位。天主教内部有识之士很早便开始了自发的改革。1517 年,天主教在罗马建立新的修会组织神爱会(The Oratory of Divine Love),以此保持基督徒虔诚的信仰、严谨的道德生活及对现实生活的深切关注。新教建立后,天主教改革具有了反宗教改革的性质。保罗三世和保罗四世上台之后,大力扶持教会改革派,组织改革委

---

① K. Powell, C. Cook. *English historical facts* 1485—1603[M]. London: Macmillan, 1977:142.
② 滕大春:《外国教育通史》(第 2 卷),山东教育出版社,1989 年版,第 268 页。

员会推行激进的内部改革。为维护正统信仰、打击异端,天主教积极改革教廷,整理财政系统,严格教职授受制度,整肃道德风纪并改组宗教裁判所。天主教对内厘定信仰、清理分工,对外严打异端、审查书刊,通过内部的一系列改革措施,逐渐恢复了生机与活力,新教在其有力反击下开始收缩边界,许多地区和民众重新回归天主教。

修会在天主教复兴和对抗新教的改革中发挥了重要作用。在新建立的许多修会组织中,耶稣会的贡献最大。耶稣会由西班牙贵族出身的罗耀拉(Ignacio de Loyola,1491 年~1556 年)创立。他因战受伤,在养伤期间深受《基督生平》和《圣者传奇》等宗教书籍的影响,决心皈依上帝。罗耀拉注重神学知识的学习,热心宗教实践活动。1530 年到 1534 年,他编纂《灵修》(Spiritual Exercise),1534 年创办耶稣会,并于 1540 年正式获得教宗认可。耶稣会绝对服从教皇,坚持"为主的荣誉而战斗"的原则,成员按军队编制划分,组织严密。耶稣会活动以提升信徒生活和信仰为宗旨,包括教师讲道、听取认罪者告解、开办包括教育在内的慈善事业及海外传教。

(二) 耶稣会派的教育主张与活动

耶稣会派的教育以罗耀拉的教育主张为基础并不断发展,集中体现在《灵修》、《耶稣会章程》和《教育章程》(Ratio Studiorum,又译为《教学大全》)中。罗耀拉在创办耶稣会之初就赋予教育以特殊的地位,并将其作为组织的主要活动。他起草了《耶稣会章程》的初稿,在第四部分专门论述了教育问题,成为耶稣会教育发展的纲领性文件。在此基础上,1584 年,欧洲各国耶稣会代表汇聚罗马认真总结教育经验,研究各类教育著作,考察当时最优秀的天主教学校教育方法,在不违背教义的基础上博采众长,讨论教育计划的制订。1599 年正式出台《教育章程》作为学校组织、教材、教法的统一规章,指导耶稣会学校的全面工作。

罗耀拉认为,教育是实现耶稣会最终目的的工具和培养耶稣会士的主要手段,旨在使人在上帝恩惠下获得学问以帮助自己或他人灵魂得救。在《灵修》中,他论述了宗教道德教育的宗旨,指出在养成道德品质与宗教信仰之外,教育应培养人具有良好的知识基础和知识运用能力。他所培养的人是信仰与知识和谐发展的耶稣会士。他把耶稣会教育向社会开放,招收校外学者,开办人文学科的中等学校及更高层次的学院或大学,尤其是大学人文学院和神学院。

在教育内容上,罗耀拉在突出神学和哲学的同时,把人文主义学科纳入课程体系,使人文学科、哲学和神学构成相互衔接的知识体系,使课程内容从低到高的选择与学习顺序、修业年限相结合。1832 年,根据时代需要,耶稣会在新的教学计划中增加了本族语、历史、地理及自然学科的比重。

罗耀拉还注重教学的规范化,奠定了耶稣会教育重视方法的传统。教学方法以讲授为主,包括讲座、讲演、辩论、阅读、作业、复述、背诵、竞赛和考试等。罗耀拉虽未明确教学的原则,但其思想与实践蕴含了现代教育的许多理念。

耶稣会教育发展迅猛,影响广泛,免费教育的口号使耶稣会创办的学校数量直线上升,很快从众多教育组织中脱颖而出,不仅活跃于天主教势力范围内,且渗透至新教地区,远及亚洲和美洲。耶稣会教育的成功与其教士素质及传教活动特点有关,经严格训练的高素质教士走出经院、深入民众,以社会乐于接受的方式传播知识与信仰,把人们的宗教热情与对科学知识的兴趣及学术探究结合在一起。另外,耶稣会教育在理论与操作层面汇总与集成了16到17世纪教育理论发展与实践探索的优秀成果,虽存在管理严苛、目标狭隘的弊端,却反映了教育规范化进程中对质量与效率的追求。

第三节　夸美纽斯的教育实践与教育思想

夸美纽斯(Johan Amos Comenius,1592年～1670年)是17世纪捷克的杰出教育家。夸美纽斯继承了前人,尤其是文艺复兴时期人文主义教育家的成果,总结了宗教改革时期丰富的教育实践经验,经过潜心探索研究,上升为理论。他对大多数教育理论和实践问题都进行了比较系统的分析,奠定了近代教育理论体系的基础。

夸美纽斯1592年3月28日出生于波希米亚王国东部莫拉维亚地方的尼夫尼兹城,12岁时父母先后病故,在兄弟会及亲友的资助下,夸美纽斯接受了较系统的中等和高等教育。夸美纽斯在1614年回到了莫拉维亚,担任兄弟会的牧师,并主持一所兄弟会学校的工作。从此以后,他始终以极大的热情从事兄弟会争取民族独立的爱国活动,并献身于教育事业。1628年2月,夸美纽斯开始踏上了终身流亡的路途。夸美纽斯离开祖国后,定居在波兰的列什诺。在此处他主持了一所兄弟会办的古典文科中学,并开始系统地总结前人、同时代人及自己的教育经验,并诉诸文字。从1628年到1632年短短的几年内,他就先后撰写了《母育学校》、《语言入门》和《大教学论》三部著作。1632年,夸美纽斯担任了捷克兄弟会的长老,同时从事教育科学研究。这时,他开始进行"泛智"问题的研究。1650年5月,在捷克兄弟会原大主教去世后,夸美纽斯被推选为新任大主教。同年10月,夸美纽斯在匈牙利创办了一所泛智学校,并创作完成了著名教科书《世界图解》。1670年11月15日,夸美纽斯与世长辞,结束了坎坷动荡、奋斗不息的一生。他去世后,夸美纽斯遗留在世的各类著作达265种之多。

一、论教育的目的和作用
关于教育目的及其作用的认识是夸美纽斯教育思想的重要基石,也是其教育理论的出发点和归宿。夸美纽斯对教育的目的的看法充满着矛盾性。他从宗教世界观出发,认为人生的最终目的是达到永生,现世的人生只是来生的一种准备;相应地,教育的目的就在使人为来世永生做好准备。但是夸美纽斯又认为,人应该成为理性的动物,应该具有主宰万物的能力,并利用万物过好现世生活。在教育的作用上,夸美纽斯一方面把教育看作改造社会和建设国家的手段,他说"基督教的王国与国家如果能有我们所期望的这种学校该有多么幸福",①又说"教会与国家的改良在于青年得到合适的教导"②。另一方面,他又充分肯定了教育在人的发展中所起的重要作用,"假如要去形成一个人,那就必须由教育去形成"。③

由于夸美纽斯认识到教育对国家和社会的稳定与进步,对个人的发展与成长都具有极为重要的意义,而且,所有的人都是上帝的子民,都有共同的生活目标和人生的终极目标,因而所有人都应该接受教育。正是在这些认识的基础上,他极力提倡普及教育,并进行了系统的论证。

二、论教育适应自然的原则

教育要适应自然,或称自然适应性是夸美纽斯提出的教育的主导原则。这是夸美纽斯教育(尤其是教学)理论的立论基础或基本原理,其他具体的教学原则、规则,从形式上看,均以此原理为依据。夸美纽斯自然适应性原则的主要含义是:自然界存在着普遍的"秩序"(即法则),这些法则无论在动植物生活中以及人类的活动中都发生着作用,人作为自然界(即客观世界)的一部分,必须服从自然界的普遍法则;以培养人为主要任务的教育工作,也必须遵循自然法则,才合理可靠,并发挥出应有的效力。

自然适应性原则在夸美纽斯的著作,尤其是其代表作《大教学论》中得到了充分体现。在此书中,他反复强调:"改良学校的基础应当是万物的严谨秩序"④,"教导的严谨秩序应当以自然为借鉴,并且是必须不受任何阻碍的"。⑤"我们将把自然当作我们的向导",去找出教育的"原则"。⑥ 根据自然适应性原则,夸美纽斯论证了学校工作制度、教学组织形式、教学原则、方法以及教学用书等一系列问题。

---

① [捷克]夸美纽斯:《大教学论》,傅任敢译,教育科学出版社,1999年版,第237页。
② [捷克]夸美纽斯:《大教学论》,傅任敢译,教育科学出版社,1999年版,第240页。
③ [捷克]夸美纽斯:《大教学论》,傅任敢译,教育科学出版社,1999年版,第24页。
④ [捷克]夸美纽斯:《大教学论》,傅任敢译,教育科学出版社,1999年版,第60页。
⑤ [捷克]夸美纽斯:《大教学论》,傅任敢译,教育科学出版社,1999年版,第64页。
⑥ [捷克]夸美纽斯:《大教学论》,傅任敢译,教育科学出版社,1999年版,第68页。

三、论学前教育

夸美纽斯非常重视儿童及其早期教育。他声称："任何人在幼年时代播下什么样的种子,那他老年就要收获那样的果实。"①为此,夸美纽斯呼吁父母们都要承担起孩子的教育责任。在夸美纽斯看来,每一个家庭都可成为一所学校,孩子的母亲便是主要教师。从普及教育的角度和儿童心理发展的连续性和阶段性的角度,考虑学前阶段教育的重大任务,他把为儿童奠定体力、道德和智慧发展的基础,作为人生第一个阶段教育即学前教育的主要任务。在学前教育的内容上,夸美纽斯认为应该包括体育和保健、智育、德育等多方面。同时,夸美纽斯还认识到游戏和玩具对幼儿成长的重要性。夸美纽斯认为游戏是在母育学校时期对儿童进行全面教育的手段,游戏符合儿童天性的能量的散发;游戏是组织愉快的幸福童年的手段,是儿童生活所不可缺少的伴侣;游戏是儿童的一切力量和才能所借以发展的重要的智力活动,是扩大和丰富儿童观念的有力手段;游戏是生活的预备;成年人领导或参与游戏非常重要等。

四、教学理论

教学理论是夸美纽斯教育思想中最重要的部分。在夸美纽斯的著作中,尤其是他的代表作《大教学论》中,在批判传统教育弊病的基础上,总结了大量极有价值的教学经验。

(一)论教学内容和课程设置

关于教学内容与课程设置问题,夸美纽斯的主要思想体现了他所制定的标准上,主要表现在以下几个方面:

实用。夸美纽斯针对时弊,对于学校的教学内容和课程设置,提出这样一个重要的原则性要求:所学的知识必须对于实现人们的"实际目的",亦即实际生活有用。他说:"凡是所教的都应该当做能在日常生活中应用并有一定用途的去教。"②"聪明的人不是知道得多的人,而是知道什么是有用处的人。"③可见夸美纽斯对实用性的看重。

广博。在涉及教学内容和课程设置时,如果教学内容的实用性与多样性发生矛盾,夸美纽斯会毫不犹豫地取前者而舍弃后者,但这决不意味着他反对学生广博地求取知识。相反,"泛智论"是夸美纽斯课程设置的基本指导思想。而所

---

① [捷克]夸美纽斯:《夸美纽斯教育论著选》,任钟印选编,任宝祥等译,人民教育出版社,2005 年版,第 22 页。

② [捷克]夸美纽斯:《大教学论》,傅任敢译,教育科学出版社,1999 年版,第 145 页。

③ [捷克]夸美纽斯:《大教学论》,傅任敢译,教育科学出版社,1999 年版,第 137 页。

谓"泛智",主要有两层含义：人应掌握一切有用的知识，把一切有用的知识教给一切人。这一思想充分反映了时代新精神，也说明夸美纽斯将获得包罗万象的知识作为教育目的的一个重要部分。

精要。夸美纽斯指出，尽管我们希望人人应当博学，但在学习时又要精炼，应学习最基本的、最重要的东西。他曾举例说，要想迅速战胜敌人，决"不会浪费时间攻打并不重要的据点"，而是"去直接攻打作战的大本营"，"攻占了最主要的堡垒，其余一切就一定会自行降服的"。"同样，我们掌握了任何学科的要点，次要的细节便很容易知道了。"[①]这种主张可以说已经有了裴斯泰洛齐要素教育论、巴格莱要素主义教育理论和布鲁纳认知结构理论的雏形。

（二）论教学原则

教学原则是夸美纽斯教学理论的核心内容。他在《大教学论》中提出了许多重要的教学原则，把相关的论述进行归纳总结，可以概括为这样几条主要的教学原则：

1. 启发诱导原则

夸美纽斯认为，儿童具有发展的极大可能性。他将儿童的心理比作种子或者谷米，儿童的发展是由内向外发展的，故儿童的教育应当以他的自然素质为起点，善于循循诱导，实际上也就是要调动儿童学习的自觉性、积极性。所以，他坚决反对强迫学生学习，认为必须启发学生热爱学习的愿望。他说，学习好比"一个人饿了，他就急于要吃食物，立刻可以把食物加以消化，容易把它变成血肉"，知识的获得要靠求知的志愿，而不能强迫。"求知与求学的欲望应该采用一切可能的方法在孩子们身上激发起来。"[②]那么如何激发儿童的求知欲望呢？夸美纽斯指出，"孩子们的求学欲望是由父母、由教师、由学校、由所教的学科、由教学的方法、由国家的权威激发起来的。"[③]正是因为如此，父母应该在子女面前赞扬学问和有学问的人；教师应该用温和的亲切的语言和循循善诱的态度去吸引学生，时常表扬用功的学生；学校应该是一个快乐的场所，校内校外都看起来有吸引力；所教的学科应该适合学生的年龄特征且解释清楚；所用的方法必须来得自然，适合学生的口味；政府当局和学校则应该在公共场所赞扬用功的学生等等。

2. 直观性原则

夸美纽斯从三个方面论证了直观教学的必要性和可能性：第一，"知识的开端永远必须来自感官（因为悟性所有的都是先从感官得来的，没有别的）。"[④]事

---

① ［捷克］夸美纽斯：《大教学论》，傅任敢译，教育科学出版社，1999 年版，第 138～139 页。
② ［捷克］夸美纽斯：《大教学论》，傅任敢译，教育科学出版社，1999 年版，第 92 页。
③ ［捷克］夸美纽斯：《大教学论》，傅任敢译，教育科学出版社，1999 年版，第 93 页。
④ ［捷克］夸美纽斯：《大教学论》，傅任敢译，教育科学出版社，1999 年版，第 141 页。

物被感官领会了,文字才是有用的。第二,"科学的真实性与准确性依靠感官的证明多于其他一切。""从感官得来的知识,我们立刻就相信,而先验的推理和别人的指证则要诉之于感觉。""假如我们想使我们的学生对事物获得一种真正和可靠的知识,我们就必须格外当心,务使一切事物都通过实际观察与感官去学得。"①第三,感官是"记忆的最可信托的仆役","这种感官知觉的方法能被普遍采用,它就可以使知识已经获得之后,永远得以记住。"②总之,夸美纽斯认为知识来自感觉,人只有通过感觉器官,才能得到真实可靠、不会遗忘的知识。由于夸美纽斯非常推崇直观的重要作用,因此他强烈谴责经院主义旧学校只让学生死读书本,不接触事实的做法,要求"文字应当永远和事物一道教授,一道学习,就像酒永远同盛酒的桶一道买进或卖出,剑同剑鞘在一道,树同树皮在一道,果实同果皮在一道一样"。③ 进而他宣称,可以为教师们定下一条"金科玉律",即"在可能的范围以内,一切事物都应该尽量地放到感官跟前"。④ 而且他特别强调,应尽可能用多种感官去感知事物。

夸美纽斯还指出,对于某些不可能直接感知、观察的事物,则可以采用其他方式取代。其原则是:"高级的事物可以由低级的去代表,不在跟前的可以由处在跟前的去代表,看不见的可以由看得见的去代表。"⑤他认为,诸如制作模型、范本,绘制图画、表格等都是一种可行的取代方式。

夸美纽斯关于直观教学的论述在历史上具有重要意义,他企图将文艺复兴以来的有关零星经验系统化,加强教学与生活的联系,使之走出经院哲学的迷宫,但却过分夸大了直观的意义和作用。

3. 量力性原则

夸美纽斯要求教学适合儿童的年龄特征,必须充分考虑他们的接受能力,声称:"一切学科都应加以排列,使其适合学生的年龄,凡是超出了他们的理解的东西就不要给他们去学习。"⑥夸美纽斯曾借用昆体良的一个比喻,来集中说明他的量力性原则,指出教育就像向仄口的瓶子里倒水,一下子把大量的水倒进去是不可能的,应该根据学生的接受能力一滴滴地滴进去,才会慢慢充满。夸美纽斯相信,教学只要按照学生的能量去安排,学生的能量自然就会同学习年龄一同增长。

夸美纽斯的量力性思想反映了教学必须适合儿童身心特点的规律。但由于

---

① [捷克]夸美纽斯:《大教学论》,傅任敢译,教育科学出版社,1999 年版,第 142 页。
② [捷克]夸美纽斯:《大教学论》,傅任敢译,教育科学出版社,1999 年版,第 142 页。
③ [捷克]夸美纽斯:《大教学论》,傅任敢译,教育科学出版社,1999 年版,第 134 页。
④ [捷克]夸美纽斯:《大教学论》,傅任敢译,教育科学出版社,1999 年版,第 141 页。
⑤ [捷克]夸美纽斯:《大教学论》,傅任敢译,教育科学出版社,1999 年版,第 143 页。
⑥ [捷克]夸美纽斯:《大教学论》,傅任敢译,教育科学出版社,1999 年版,第 78 页。

他的许多议论是针对当时教学的弊病而发的,因此不免有矫枉过正之嫌。如他提出,若不是绝对有把握,知道孩子具备了记忆某件事情的力量,不可要求他们去记忆等等,显然并不完全符合学生学习的规律。

4. 循序渐进原则

根据"自然并不跃进,它只一步一步地前进"①的自然法则,并从小鸟成长学飞的事例受到启发,夸美纽斯发现:成长的"每一步骤都是必须在适当的时候去做到的;不仅时候应当适当,而且步骤也应当是渐进的"。相应地,教学也应当遵循循序渐进的原则。所以在教学过程中:

(1) 各个班级的一切功课都应该仔细分成阶段,务使先学的能为后学的开辟道路,指出途径。

(2) 时间应该仔细划分,务使每年、每月、每日、每时,都有一定的工作。

(3) 时间与学科的划分应该严格遵守,务使无所省略或颠倒。②

他还要求练习应从基本的做起,不能好高骛远。教学应该遵守从已知到未知、从易到难、从简到繁、从近到远等规则。夸美纽斯的循序渐进原则在一定程度上反映了教学的规律,但也存在机械化、简单化的缺陷。如一定时候只学一件事情,绝对遵守时间和学科安排,不能颠倒或省略等就是明显的表现。

5. 巩固性原则

夸美纽斯在《大教学论》第18章提到的"教与学的彻底性原则",实际上就是巩固性原则。夸美纽斯针对旧学校不能让学生真正掌握知识,只能获得知识的影子的弊端,强调应该使学生获得巩固的知识。那么如何获取巩固的知识呢?夸美纽斯认为只要满足一些条件,是可能获得巩固的知识的。这些条件包括:教给学生的知识必须有用;学科不离题也不中断;教细节之前小心地、彻底地打好底子,且以此为根基;学科的各个部分要有联系,且后教以先教为基础;注重相近学科的相似点;学科的排列符合学生的智力等特点;通过实践掌握知识等。③

从夸美纽斯关于贯彻教学巩固性原则的论述可以看出,他的这一原则与其他教学原则有着密切的联系。应当指出的是,在夸美纽斯提出的各种措施中,他非常强调实践在掌握知识、技巧中的作用。他认为,教师传授,学生听讲、阅读固然重要,但最深刻、牢固的知识却是通过学生实践得来的。他也称之为练习,实际上也就是活动,与后来的"从做中学"思想一脉相承。

当然,夸美纽斯关于教学原则的论述还可以抽象出其他的一些思想来,如因材施教原则、系统性原则等。此外,夸美纽斯还对科学、艺术和语言教学进行了

① [捷克]夸美纽斯:《大教学论》,傅任敢译,教育科学出版社,1999年版,第85页。
② [捷克]夸美纽斯:《大教学论》,傅任敢译,教育科学出版社,1999年版,第86~87页。
③ [捷克]夸美纽斯:《大教学论》,傅任敢译,教育科学出版社,1999年版,第104~105页。

系统的分析,提出了一些有效的分科教学方法,也是他对教学理论的重要贡献。

五、论学制

夸美纽斯承袭了昆体良的观点,认为学校教育具有特别重要的意义,学校的产生乃是人类社会进步的结果,强调所有的人都应该接受教育。正是在这些思想的指导下,夸美纽斯提出了一个从出生到死亡的终身教育体制。

夸美纽斯在《大教学论》中根据儿童的年龄和学力,提出了一个统一的四阶段的单轨学制,共 24 年,分为婴儿期、儿童期、少年期和青年期,各为六年,与之相应的是母育学校、国语学校、拉丁语学校和大学。夸美纽斯在其晚年著作《人类改进通论》7 卷本之一的《泛教论》手稿中,又对上述学制作了进一步的发展,声称教育应从妇女妊娠乃至男女婚配开始,直至进入坟墓方告结束。基于这一认识,他将人的教育划分为 7 个阶段:胎儿期、婴儿期、儿童期、少年期、青年期、成年期、老年期。除以上提到相对应的四种学校外,其他几个时期分别对应胎儿学校、成人学校和老年学校。夸美纽斯认为,每一个发展阶段及相应教育机构都有自己专门的教育任务;同时,它们之间又存在着联系,前一个阶段是为后一阶段打基础的,后一阶段又是前一阶段的合乎逻辑的发展,最终实现教育所要达到的目的。

六、论道德教育

夸美纽斯非常重视道德教育,把培养德行看作学校的主要任务之一,是比智育工作更为重要的工作,也是学校里最困难的工作。更为难能可贵的是,夸美纽斯突破了西欧中世纪教会学校的传统,将道德教育从宗教教育中分离出来,而且把道德教育放在比宗教教育更为重要的地位上来。在德育内容方面,夸美纽斯引证并发挥了柏拉图的思想,提出学校应培养的主要“德行是持重、节制、坚忍与正直”。[①] 持重即有理智,用夸美纽斯的话说就是“对于事实问题的健全判断”。[②] 节制是指要求儿童在饮食起居、游戏、谈话、工作等各方面要适度,“一切不可过度”是一条“金科玉律”。坚忍即要求儿童自我克制,能用意志力抑制不适时、不合理的欲望。正直是指“不损害人,应当把各人当得的给予各人,应当避免虚伪与欺骗,应当显得殷勤随和”。[③] 在道德教育方法上,夸美纽斯也提出了不少有积极意义的意见,主要表现为:及早进行,在行动中练习,发挥教育者榜样的作用,充分利用教诲和规则,注意择友及建立严格的纪律等。

---

① [捷克]夸美纽斯:《大教学论》,傅任敢译,教育科学出版社,1999 年版,第 164 页。
② [捷克]夸美纽斯:《大教学论》,傅任敢译,教育科学出版社,1999 年版,第 164~165 页。
③ [捷克]夸美纽斯:《大教学论》,傅任敢译,教育科学出版社,1999 年版,第 166 页。

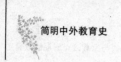

七、论教育管理

夸美纽斯在总结前人和自己教育管理经验的基础上,比较系统地论述了教育管理问题,创立了一套较新的教育管理理论。

夸美纽斯是历史上最早倡导国家设置督学的教育家。他认为,当权者应将那些"受人尊敬的、贤明的、信教的和积极的推举到领导岗位上去,成为学校的督学"。[①]而督学的职责主要有:对未来的管理者进行培训;对各类学校人员进行管理;对学校的各项教学工作进行检查;监督学校规章制度的执行。

夸美纽斯主张实行班级授课制。夸美纽斯认为,"一个教师同时教几百个学生不仅是可能的,而且也是紧要的。"[②]这是因为,对教师,对学生,班级授课都是一种"最有利的制度"。"教师看到跟前的学生数目愈多,他对工作的兴趣便愈大(正同一个矿工发现了一线丰富的矿苗,震惊得手在发抖一样);教师自己愈是热忱,他的学生便愈会表现热心。"[③]同时,学生集体也可以相互激励,相互竞争,相互帮助。关于班级授课的具体办法,夸美纽斯认为,应该根据儿童的年龄特点、知识水平,将他们分成不同班级,作为教学的组织单元,每个班级有一个专用教室和一位教师。

为了改变中世纪学校工作的无计划以及学生在一年中可以随时入学的混乱管理制度,夸美纽斯制定了统一的学年和学日制度。除特殊情况外,各年级应在每年的秋季开始和结束学年课程,没有特殊情况,不应该在其他时间接收儿童入校,务使全班同学的学习进度一致,都能在学年底结束相同课程的学习,经过考试,升入更高的年级。为了提高教学的效能,与班级授课制及学年制配套,夸美纽斯还制定了一套比较完整而严密的考试及考查制度。共分为 6 种:(1)学时考查。由任课教师主持,在上课时进行。这种考查有时是观察学生学习是否专心,有时是通过提问进行检查。(2)学日考查,由十人长主持,在每天学校全部课程结束之后进行。形式是:由十人长与其组员一起复习,检查所学内容。(3)学周考查。这是一种自我考查,在每周星期六午休时进行,进行互换名次的比赛。任何一个名次较低的学生有权对本组名次较高的学生进行挑战。如果后者比赛失败,就应让位给对手,改为低名次;否则仍保持其原来的名次。(4)学月考查。每月一次,由校长到各班例行视察时进行。(5)学季考试。由校长和某个主任一起主持,以便了解谁的记忆力、语言表达能力更强、学习更勤奋、表现

---

① [捷克]夸美纽斯:《夸美纽斯教育论著选》,任钟印选编,任宝祥等译,人民教育出版社,2005 年版,第 417 页。

② [捷克]夸美纽斯:《大教学论》,傅任敢译,教育科学出版社,1999 年版,第 124 页。

③ [捷克]夸美纽斯:《大教学论》,傅任敢译,教育科学出版社,1999 年版,第 124 页。

更佳,以此作为公开表彰的依据。(6)学年考试。这是学校最隆重的考试,通常在学年结束时举行,学校所有主任均需参加。形式是:将全校学生集中在操场上,通过抽签,采取口试的形式。合格者及其十人小组均可升级,不合格者则须重修或被勒令退学。①

夸美纽斯还对学校工作人员的职责以及学校纪律等方面的管理问题进行了论述。从总体上看,夸美纽斯的教育管理思想,与过去的经验型的教育管理相比,是一个很大的进步。有学者认为夸美纽斯是西方学校管理学的奠基人。

本章小结

文艺复兴时期的教育,尤其是人文主义教育,是一种与旧的教会控制的封建经院主义教育不同的新教育。人文主义教育不管在活动范围的社会广度、学校教育的质量与效果,还是教育主张的合理性方面,对封建教育都是一种超越,为近代欧洲新教育的诞生奠定了基础。

宗教改革运动对教育有重要的意义。宗教冲突导致世俗权力与宗教权力剥离,世俗权力增强使教育世俗化具有了广泛的社会基础和政治保证,加速了教育的民族化趋势,为国家控制的世俗性公共教育的产生奠定了社会基础。因服务对象不同,各派教育事业各有侧重。路德派关注普及义务教育,尤其是初等教育与中等教育的发展;加尔文派继承路德派观点,在重视普及教育的基础上,设想了统一的国家教育体系;英国国教为控制思想、统一信仰,主要对教育内容和教师资质进行严格规定;天主教在与新教各派竞争中,在教育理论和实践上吸纳各派教育之长,汇集当时人文主义教育许多有效的教学主张,实现了内容体系化、方法综合化、管理规范化,因此教育质量与效率高于其他教派。总之,宗教改革时各派教育与文艺复兴时的人文主义教育相比,世俗性与大众性增强,宗教性与实用性日益明显。

夸美纽斯是一位伟大的教育理论家和教育实践家,同时又是一位勤奋并多产的教育著作家。作为教育理论家,他善于吸收前人的教育思想和教育实践经验,并不断总结自己的教育、教学经验,撰写了大量的教科书和内容丰富且影响深远的教育理论著作。其中《大教学论》是一本具有比较完整理论体系的教育学著作,使教育学的理论水平有了较大提高。夸美纽斯对学前教育的研究也具有开创性,他撰写的《母育学校》被普遍视为西方教育史上第一本学前教育学。夸美纽斯也是一位伟大的教育改革和实践家,终身致力于教育事业。他的所有著

---

① [捷克]夸美纽斯:《夸美纽斯教育论著选》,任钟印选编,任宝祥等译,人民教育出版社,2005年版,第321~322页。

作都不同程度地包含着教育改革的思想,也包含着自己的实践经验。在教育基本观念、教育内容和方法以及教育管理上,都力图推陈出新,提出了许多独创性的新思想,并努力应用于实践中。夸美纽斯一生致力于通过教育为社会进步服务,在晚年,仍为建立一个和平、和谐和安宁的世界而呼吁。夸美纽斯的思想和业绩属于全人类,其影响具有世界性。

思考题

1. 简述人文主义教育的一般特征。
2. 分析前期和后期人文主义学校教育的主要区别。
3. 简述路德教派的教育主张。
4. 耶稣会教派教育成功的原因是什么?
5. 试述夸美纽斯自然适应性原则的基本含义。
6. 简述夸美纽斯所提出的主要的教学原则。
7. 评价夸美纽斯在教育史上的地位。

参考文献

1. 滕大春. 外国教育通史:第二卷[M]. 济南:山东教育出版社,1989.

2. 郭振铎. 宗教改革史纲[M]. 开封:河南大学出版社,1989.

3. 吴式颖,任钟印. 外国教育思想通史:第四卷[M]. 长沙:湖南教育出版社,2000.

4. [英]博伊德,金. 西方教育史[M]. 任宝祥,吴元训主译. 北京:人民教育出版社,1985.

5. 赵祥麟. 外国教育家评传:第一卷[M]. 上海:上海教育出版社,1992.

6. 张斌贤,褚洪启. 西方教育思想史[M]. 成都:四川教育出版社,1994.

7. [捷克]夸美纽斯. 大教学论[M]. 傅任敢译. 北京:教育科学出版社,1999.

8. [捷克]夸美纽斯. 夸美纽斯教育论著选[M]. 任钟印选编,任宝祥等译. 北京:人民教育出版社,2005.

9. Edward Maslin Hulme. *The Renaissance, the Protestant Revolution and the Catholic Reformation in Continental Europe*[M]. New York, London: D. Appleton-Century Company Incorporated,1915.

10. L. Glenn Smith, Joan K. Smith. *Lives in Education: A Narrative of People and Ideas*[M]. New Jersey: Lawrence Erlbaum Associates, Publishers Mahwah,1994.

11. J. R. H. Moorman. *A History of the Church in England*[M]. New

York：Principal of Chichester Theological College Chancellor of Chichester Cathedral Morehouse-Gorham Co. ，1954.

12. Hans J. Hillerbrand. *Men and Ideas in the Sixteenth Century*［M］. Illinois：Waveland Press，Inc. ，1969.

13. Bireley，Robert. *The Refashioning of Catholicism* 1450～1700：*A Reassessment of the Counter Reformation*［M］. New York：St. Martin's Press，1999.

14. Michael A. Mullet. *The Catholic Reformation*［M］. New York：Routledge，1999.

∠ **进一步阅读文献**

1. ［捷克］夸美纽斯. 大教学论［M］. 傅任敢译. 北京：教育科学出版社，1999.

2. ［捷克］夸美纽斯. 夸美纽斯教育论著选［M］. 任钟印选编，任宝祥等译. 北京：人民教育出版社，2005.

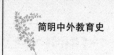

第十二章

英国的教育

英国是一个典型的岛国,对外贸易和商品经济起步较早,是最早走上资本主义道路的国家。同时,英国又是一个受封建势力和教会势力传统影响深远的国家。19世纪以前,英国的教育基本上由教会所控制。19世纪以后,英国开始以渐进和折衷的方式干预国民教育并于19世纪后期逐渐建立起初等国民教育体系。20世纪之后,英国保守党和工党的轮流执政及其不同的教育政策,对英国教育的发展产生了深远的影响。

第一节　19世纪英国的教育

19世纪是英国教育发展的分水岭。此前,英国教育主要由教会举办和控制;此后,国家开始逐渐干预国民教育,并于19世纪末建立起初等国民教育体系。本节拟对19世纪以前的英国教育予以简单的概述,论述的重点放在19世纪英国国民教育的发展与改革上。

一、19世纪以前英国教育概述

在17世纪英国资产阶级革命以前,英国平民子弟的初等教育主要由天主教团体筹办和管理,而贵族子弟则历来有在家庭中接受初等教育的传统。17世纪英国资产阶级革命以后,原来由天主教会主办的初等学校转归当地国教教会管理,由各教区神职人员负责向当地平民子女传授简单的读、写、算和宗教等方面的知识。这是英国平民子弟初等教育的最初形式。产业革命的兴起,使得社会贫富差距急剧扩大,大批产业工人子女流落街头。一些热心于社会福利事业的慈善人士在各地大量创设慈善初等学校,免费向贫民子弟传授简单的文化知识,灌输宗教信念。

英国是一个具有鲜明等级性的封建国家,接受中等教育历来是贵族和神职人员子弟的特权,平民子弟无权问津。贵族和神职人员子弟通常在家中接受完私人初等教育以后,进入到实施中等教育的文法学校或公学,学习社交、语言、文化和宗教方面的知识,毕业以后直接进入到牛津大学和剑桥大学深造,或者到政府、军队和宗教团体任职。

英国中世纪时期创立的牛津大学和剑桥大学是欧洲著名的古典大学。这两所大学具有鲜明的等级性、宗教性和古典性,只有贵族子弟和英国国教徒子弟才享有接受高等教育的权利,课程设置具有鲜明的古典人文和宗教色彩。

二、19 世纪初等国民教育体系的形成

19 世纪,英国的初等教育基本上是按照两条主线同时推进的:其一,17 世纪末和 18 世纪形成的自愿捐办初等学校体系,在 19 世纪得到进一步拓展,并且一直占据着初等教育的主流;其二,国家也开始以迟缓和妥协的方式对初等教育进行干预,最终在 1870 年《初等教育法》颁布之后,逐步形成了初等国民教育体系。

（一）自愿捐办初等学校的进一步拓展

17 世纪末和 18 世纪,以贫民子弟为教育对象的初等教育主要由宗教团体和民间捐款办理,形成了独具英国特色的"自愿捐办"(Voluntary-endowed)初等学校体系。到 19 世纪,英国自愿捐办的初等学校主要有以下几种类型。

其一,主日学校,又称"星期日学校"(Sunday School)。它由教育慈善家雷克斯(Robert Raikes)于 1780 年首创,专门招收贫民儿童和童工,在礼拜日上课,故称"主日学校"。教学内容主要涉及宗教教义和道德准则以及读、写、算等基本知识。到 1835 年,主日学校的学生数达到 1548890 人[①],成为当时贫民子弟接受初等教育的主要机构之一。

其二,导生制学校(Monitorial School)。它由传教士贝尔(Dr. Andrew Bell)和兰卡斯特(Joseph Lancaster)所创,故而又称"贝尔—兰卡斯特制"。其基本方法是,教师先在学生中挑选一些年龄较大且学业成绩较佳的学生充任导生(Monitors),预先对其教学,然后由他们去教其他学生。导生制之所以盛行一时,盖因它是一种廉价的教育方式,极大地拓展了受教育者的规模,且弥补了当时师资匮乏的困境。但是,导生制的缺陷也是显而易见的。一是它仅仅适合于读、写、算等简单的教学内容;二是由于导生缺乏基本的教学训练和经验,且过于循规蹈矩和机械化,不利于教学质量的提高。

其三,幼儿学校(Infant School)。它是由罗伯特·欧文(Robert Owen)于

---

① S. R. Vashist & Ravi P. Sharma, *History of Education in Nineteenth Century*[M]. New Dehi: Radha Publications, 1997:132.

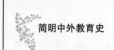

1816年在英国的纽兰纳克为工人子弟创设的一种教育机构,也是英国第一所学前教育机构。欧文坚信环境和教育决定论,认为"人类的天性是相同的……通过审慎的训练,世界上任何阶级的幼儿都可以容易地转变成另一个阶级的成人"。① 在教育实践中,欧文特别重视良好性格的养成,实施一种理性和人道的教育方法,教学和游戏皆以愉快和舒适的方式进行。

尽管上述自愿捐办初等学校之间各具特色,但是它们也拥有某些共同的特征。其一,它们在经济上独立于国家,办学资金来自个人或不同团体的自愿捐助,学生入学不是强制性的。其二,办学目的主要出于宗教、慈善和社会安定等因素。其三,教学内容主要涉及宗教教义以及简单的读、写、算等。其四,以贫民子弟为教育对象,是一种终结性的教育。

(二) 初等国民教育体系的创建

从19世纪初期开始,加强国家对国民初等教育干预的呼声日益高涨。在这种背景下,英国国会于1870年通过了由教育署长福斯特(W. E. Forster)提出的《初等教育法》(Elementary Education Act),又称《福斯特法》。它的主要内容包括:(1) 将全国划分为若干个学区,设立"学校委员会"管理地方教育;(2) 在教会学校设置不足的地方,由地方选举产生的学校委员会,负责征收地方税以兴办学校;(3) 对5岁~12岁的儿童实施初等义务教育;(4) 公立小学不准从事带有教派色彩的宗教教育。

1870年《初等教育法》的颁布,在英国教育史上具有划时代的意义。它标志着英国初等教育在经过漫长的民间"自愿捐款办学"之后,教会失去了对初等教育的垄断权,国民初等教育体系得以初步确立。但是,该法也是一个典型的妥协和折衷的产物:原有的自愿捐办学校被原封不动地保留下来,公立小学只是在教会学校和其他类型的学校设置不足的地方得以建立;小学仍然属于一种终结的学校教育,与中等教育机构之间没有任何的衔接与沟通;它使日后的英国初等教育形成了公立体制和民办体制并存的格局。

此后,一些有关义务教育的法案相继出台,到20世纪初,英国才基本上普及了初等教育,较之欧洲大陆诸国,落后半个世纪之久。

三、中等教育机构及其特征

英国的中等教育始于中世纪,文法中学(Grammar School)和公学(Public School)是中等教育的主要形式。长期以来,英国中等教育机构的突出特点是奉

---

① H. C. Barnard, *A History of English Education From 1760*[M]. London: University of London Press Ltd. , 1961:58.

行精英主义、坚持古典文法教学、社会等级森严。

英国的公学由文法学校演变而来,是一种典型的贵族学府。其中,尤以伊顿、温彻斯特、哈罗、拉格比和威斯敏斯特等九所公学最为著名。学生大多来自贵族和神职人员家庭,学生一般在 8 岁左右进入寄宿预备学校,13 岁左右进入公学,毕业后可以通过考试进入牛津大学和剑桥大学,最终进入宗教和政治界的领导阶层。公学的古典课程和贵族学风渗透着上层乡绅阶级的文化风尚,任何有关科学和职业等实用知识对这块经典圣地的渗入企图,都会遭到敏感而又强烈的抵抗。19 世纪,尽管公学在增加现代学科、引进课堂讨论和整顿学风等方面有所改革,但是即使这种渐进式的改革,也依赖于诸种势力之间的彼此消长和折衷。

文法学校产生于中世纪,是一种为培养神职人员和官吏为目标的私立寄宿制中等教育机构。这种学校招收 13 岁~14 岁以上的贵族和神职人员子弟入学,学习年限为 5 年,主要开设拉丁语、希腊文、文法、古典文学、数学等课程,学生毕业后主要进入大学深造或到政府机关任职。自 19 世纪中后期,英国政府开始对文法中学的发展状况进行调查和干预,例如,试图通过增设不同类型的文法中学以适应新兴中产阶级的需要,增加现代的实用学科等,但是这些改革举措收效甚微。

四、新式高等教育机构的创建

19 世纪初期,英格兰只有牛津和剑桥两所传统的大学。长期以来,二者形成了诸多突出的陋规积弊。例如,入学者仅限于英国国教信奉者和贵族子弟;学费昂贵并实施严格的寝斋制度;对古典语文学科的迷恋和对现代学科的抵触,不能适应中产阶级对"实用"知识的利益诉求等等。19 世纪,由产业革命引发的工业化、城市化、中产阶级的壮大、科技进步以及列强之间的经济竞争等,都要求英国的大学做出及时的调整和改革。

在这种背景下,伦敦大学于 1828 年应运而生。与传统的牛津大学和剑桥大学相比,伦敦大学有诸多创新之举。其一,伦敦大学是一所纯粹的股份制教育机构,它通过发行 1500 张股票筹得了建校资金,故而能够反映"持股者"的教育利益;其二,与牛津和剑桥的非国教徒莫属相比,伦敦大学的招生不分教派,神学被排斥在课程之外;其三,学费低廉,一年仅需 25 英磅至 30 英磅,只相当于牛津和剑桥的 1/10,[①]且学生实行走读制而非寄宿制,是一所以中产阶级为教育对象的大学;其四,教学语言是英语而非拉丁语,课程设置以实用而非以古典为导向,学

---

① H. C. Barnard, *A History of English Education From 1760*[M]. London: University of London Press Ltd. , 1961:84.

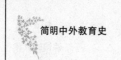
科设置广泛且强调学以致用;其五,与牛津和剑桥的精英教育相比,伦敦大学是一所附属院校遍及联合王国、专事学位考试和学位授予的高等教育机构。可见,伦敦大学的创建,打破了牛津和剑桥独霸英国高等教育的格局,拓展了中产阶级的教育机会。

在伦敦大学的示范作用下,从19世纪中叶开始,诸多"城市学院"(civic colleges)相继诞生。1851年成立的曼彻斯特—欧文斯学院,揭开了大学学院发展的序幕。其后,纽卡斯尔、利兹、伯明翰、诺丁汉、利物浦等城市学院纷纷成立。这些学院在经济上独立于政府,大都由富商、实业家或公众捐办。它们偏重于工业和科技等实用学科,逐步演变成为当地的工商业和技术研究中心。如,利兹学院成为研究纺织业的中心,利物浦成为海运业研究中心。城市学院以培养经理、工程师和技术员等实用人才为己任。初创伊始,皆无学位授予权,学生只能攻读伦敦大学的校外学位。20世纪后,这些城市学院才逐步升格为"城市大学"。

伦敦大学和众多城市学院的兴起,开创了英国高等教育的新纪元。它们以非教派、不寄宿、收费低、重实业和传授现代技术等显著特征,与传统的牛津大学和剑桥大学形成了鲜明的对比,但也因此形成了日后英国高等教育体制鲜明的等级格局。

五、斯宾塞的科学教育观

斯宾塞(Herbert Spencer,1820年~1903年)是英国著名的哲学家、社会学家和科学教育运动的倡导者。他提倡科学教育,反对单纯的古典主义教育,对世界诸多国家的教育内容革新产生过深远的影响,其教育方面的代表作是于1861年出版的《教育论》。

（一）哲学观、社会观与教育目的观

斯宾塞是自学成才的大师,他以30年的寒窗之苦写成10卷巨著《综合哲学》,使他成为近代实证主义哲学的集大成者。近代的实证主义哲学通常认为,哲学应该效仿实证科学,满足于描述现象之间的先后关系和相似关系,而非穷究现象背后的内在原因和绝对知识。斯宾塞认为,人类的一切知识都来源于感觉经验,都是相对的而非终极的真理;现象背后的本体、本质或"实在"是不可知的。源之于经验的知识,是人类应付环境的权宜之计。由此而推,"实际效用"就成为他判断教育目的观和知识观的首要准则。

在社会观上,斯宾塞是"社会达尔文主义者"。斯宾塞的《什么知识最有价值》一文与达尔文的《物种起源》一书都出版于1859年。斯宾塞认为,"适者生存"不仅是生物进化的规律,也是人类文明进步的基础。他从动物的器官有营养、分配和调节三个系统出发,推论出社会也必然有三个阶级:一是生产食物和提供营养的工人阶级;二是担任分配和交换的商人阶级;三是负责调节(生产)职能的资产阶级。社会的阶层划分,应该根据"适者生存"和"自由竞争"的自然规律推演,国家的干预只会导致人们智力和体力的普遍衰退。

斯宾塞的教育目的观与其哲学观和社会观密切相关。由知识的"实际效用"出发,通过"自由竞争",进而达到"适者生存",是他评判教育价值的立足点。他尖锐地抨击当时英国上流社会教育中"华而不实"和"本末倒置"的古典人文主义流弊,指出,"我们应该力求把我们所有的时间用去做最有益的事情。"[①]简言之,教育的目的就是为"完满的生活做准备"。"完满的生活"等同于"幸福的生活",二者都依赖于"最有价值的知识"——科学。

(二)科学教育课程体系的构建

19世纪是近代自然科学的盛世,科学的进展极大地改变了人类的生活面貌。但是当时英国的大学和中学仍然以传授"装饰性的"古典学科为主,排斥"实用性的"科学教育。斯宾塞在抨击古典学科教育种种弊端的同时,提出了一套系统的科学教育课程体系。

在《教育论》中,斯宾塞提出在制定一个合理的课程之前,必须弄清楚各项知识的比较价值。而要比较知识的价值,就要有一个衡量价值的标准。他断定,为"完满的生活做准备"是衡量知识价值高低的唯一标准。由此,他按照重要程度把人类生活的主要活动分为五大类:第一类是直接自我保全的活动;第二类是间接自我保全的活动;第三类是养育子女的活动;第四类是维持社会及政治关系的活动;第五类是工作之余的休闲活动。斯宾塞以这五类活动为依据,提出了与之相对应的科学教育课程体系(参见表12-1)。

表 12-1　　　　　　斯宾塞关于科学教育课程体系的构想

人类活动的分类(按照重要性排位)	相应的学科设置	学科目标及意义
直接自我保全的活动(第一位)	生理学、解剖学等	了解生命和健康的规律
间接自我保全的活动(第二位)	语言、数学、物理、生物学等	谋生的手段、发展生产、文明生活
养育子女的活动(第三位)	生理学、心理学、教育学等	父母的职责、了解儿童身心发展
维持社会关系的活动(第四位)	历史学等	调节自我行为、履行公民职责
工作之余的休闲活动(第五位)	文学、艺术,如诗歌、音乐等	提高欣赏能力、完满的闲暇生活

从以科学为核心的课程体系出发,斯宾塞在德育、智育、体育和教学方法等

① [英]赫伯特·斯宾塞:《教育论》,胡毅译,人民教育出版社,1962年版,第2页。

方面也提出过诸多颇有见地的主张。斯宾塞的科学教育思想及其课程体系构想，对世界诸多国家的科学教育发展与普及产生过广泛的影响，其学说在世界知识界形成了所谓的"斯宾塞主义"。

第二节　20世纪前期英国的教育

19世纪的英国教育传统留下了诸多亟需改革的课题：长期的地方分治传统和自由主义观念，制约着中央政府对各地教育的统一管理和监督；按照社会等级组建的初等教育与中等教育机构之间属于森严的双轨制等等。20世纪前半叶，英国针对上述问题进行了改革。

一、现代公共教育制度的建立

20世纪以前，英国的中等教育机构基本上是私立的，并且与初等教育机构之间几乎没有任何的衔接和沟通。到1920年，只有5％～9％的小学毕业生能够进入中等学校，最后只有2％的完成中等教育。[①] 因此，如何普及完全免费的初等教育以及实现"人人接受中等教育"的理想，就成为20世纪前半叶英国现代公共教育制度改革与发展的重点。

（一）《哈多报告》和《斯宾斯报告》

1924年，英国工党开始执政，提出了"人人接受中等教育"的口号。同年，工党政府委托以哈多（W. H. Hadow）为主席的咨询委员会对"初等后教育"进行考察。1926年，他提交了著名的《哈多报告》（Hadow Report）。该报告提出的改革建议主要包括：(1) 小学教育由"基础教育"（Elementary）改称为"初等教育"（Primary）。儿童在11岁以前所接受的教育为"初等教育"，分为5岁～8岁的幼儿学校和8岁～11岁的初级小学两个阶段。(2) 儿童在11岁以后接受的各种形式的教育均称为"中等教育"。中等教育阶段分为三种类型的学校：以学术课程为主的文法学校（11岁～16岁）；具有实科性质的现代中学（11岁～14岁）；相当于职业中学的非选择性现代中学（11岁～14岁）。(3) 建立初等教育和中等教育相连接的两段制教育体系。学生通过"11岁考试"，进入不同类型的中学。(4) 义务教育年限延长到15岁。《哈多报告》试图改变以往初等教育和中等教育之间森严的双轨制格局，设计了一个单一的、连续的、以"11岁考试"为分界线的初等和中等教育两段制体系。尽管该报告由于保守党的反对以及1929年经济危机等因素的影响而被暂时搁置，但是其富有开拓性的建议对日后英国中等

---

① 　滕大春：《外国教育通史》（第5卷），山东教育出版社，2005年版，第145页。

教育的门户开放和多样化改革产生了深远的影响。

1934年,剑桥大学的斯宾斯(Will Spens)接替哈多担任咨询委员会主席。他于1938年提出了以改革中等教育为中心的《斯宾斯报告》(Spens Report)。该报告的主要内容包括:(1)建议开办技术中学,设置四年的课程,招收11岁~15岁的学生;(2)重申各类中学享有平等的地位,学生从11岁起进入哪一种类型的中学,应该取决于他们的智力水平;(3)中等教育既应适合学生的不同兴趣与需要,又要切合社会的实际需要,在课程上应该增加具有实用和职业价值的学科;(4)建议设立"多科性中学"(Multilateral School),使其兼有文法中学、现代中学和技术中学的特点。《斯宾斯报告》被誉为"英国中等教育发展的最有价值的设计草图"。该报告根据当时社会的需求状况,提出将中等教育机构分为三种类型——文法中学、现代中学和技术中学。这三种类型的中学成为第二次世界大战以后中学分类的主要形式。它提出的"多科性中学"的设想,也为战后英国的"综合中学运动"打下了基础。

(二)《1944年教育法》

1944年,英国政府通过了以巴特勒(R. A. Butler)为主席的教育委员会提出的教育改革法案,即著名的《1944年教育法》,又称《巴特勒法》。该法的主要内容包括:(1)设置"教育部"以取代原来的教育委员会,以加强国家对各地教育的监督、指导和管理。在英格兰和威尔士设立两个"中央教育咨询委员会",负责对教育状况予以调查并向教育大臣提出建议。(2)法定的公共教育制度包括三个相互衔接的阶段:初等教育(5岁~11岁或12岁)、中等教育(11岁或12岁~18岁)、继续教育(为离校的青少年开办)。地方教育当局负责为本地区提供这三个阶段的教育。小学毕业生根据"11岁考试"的结果,即按照成绩、能力和性向(3As)接受适宜的全日制中等教育。(3)实施5岁~15岁的义务教育,由地方教育当局资助开办的中等学校一律实施免费。父母有保证其子女接受义务教育的职责。地方教育当局应向义务教育超龄者提供全日制的教育和业余教育。(4)保留私立和教会学校并在经费上给予补助。所有的公立学校和私立学校都必须进行共同的宗教教育。另外,该法还对特殊教育、师范教育、初等学校和中等学校实施董事会制等诸多领域提出了相应的规定。

1944年的《巴特勒法》吸收了英国自19世纪以来历次重要教育法案和报告所提出的改革诉求,从根本上结束了教育管理体制和公共教育制度混乱的积弊,标志着英国现代公共教育制度的确立。该法实施之后,形成了初等教育、中等教育和继续教育相互衔接的现代国民教育体制。尽管该法的某些条款曾被多次修订,但是其基本原则和精神时至今日仍然没有改变。但是该法也留下了一些尚需解决的问题,诸如,对学生过早地进行分流的"11岁考试";对中等教育的结构

和类型没有做出明确的规定；公学作为特权的"独立教育系统"，尚没有被纳入到改革的方案之中等等。

二、罗素的教育思想

贝特兰·罗素（Bertrand Russell，1872年~1970年）是英国著名的哲学家、数学家、社会活动家和教育家。他一生著述等身，涉猎广泛，其中《教育论》和《教育与社会秩序》是其教育方面的代表作。1950年，他被授予诺贝尔文学奖。

（一）教育目的观

罗素的教育目的观是建立在他对传统教育的反思和批判之上的。他认为，传统教育主要有两大弊端。其一，教育成为维护现有秩序的工具。这种以维持现状为目的的教育，通常并不把儿童本身作为目的，而是将儿童看作是实现和维护特定利益的手段。他认为，狭隘的民族主义和国粹主义教学，会使毫无防御的儿童受到歪曲的教育，成为世界不安宁的因素。其二，传统教育不利于儿童个性的自由发展。它仅以灌输既定的信仰为目的，压制学生的悬疑和探索精神。"他自以为有职责来把儿童'造成'一定的形状：在想象之中把自己比作陶工，儿童是他手中的陶土。"[1]其结果是，儿童的个性、自由和创造性被无情地压抑和扼杀。

在批判传统教育弊端的基础上，罗素提出了颇有见地的教育目的观。其一，他认为教育的首要任务是把"儿童看作目的，而不是手段"。教育的目的首先是养成良好的人性，进而改造社会。塑造人性是改造社会的前提，理想社会的最终价值诉求乃是个人的生活幸福和完善。其二，学校教育既不应该迷恋于古典教育中的"品性培养"，也不应该偏执于科学技术的"知识教育"；而应该兼顾学生的"品性"和"知识"两个方面。在《教育论》一书中，他把教育分成两个阶段：即幼儿期的"品性教育"；从小学至大学的"知识教育"。

（二）品性教育

罗素认为，幼儿期是进行品性教育的最佳期。因为这时婴儿只有原始的本能，极易受外界塑造。在他看来，尽管不同的人具有不同的品性，但是教育应该以培养人类普遍具有的品性为目标。他指出："在我看来，以下四种特性的结合便可构成理想品性的根据：活泼、勇敢、敏感和理智。我不是说这几种特征已经足够，但确能使我们趋于完善。"[2]

"活泼"（Vitality）使人们易于对所发生的一切产生兴趣，从而有助于增加人们的客观性。活泼一方面可以使人摆脱自身的抑郁和痛苦，对生活充满信心和

---

① ［英］罗素：《社会改造原理》，张师竹译，上海人民出版社，1959年版，第85页。
② ［英］罗素：《教育论》，靳建国译，东方出版社，1989年版，第30页。

希望;另一方面,又可以防止忌妒从而与他人更好地交流和相处。

"勇敢"(Courage)是与恐惧相对立的情感。人只有从内心深处真正克服恐惧,才能具有"真正的勇气"。具备勇气的基本条件是:健康、活泼以及应付困境的经验和技巧。

"敏感"(Sensitiveness)是指个人的情绪能够对许多事物或刺激做出适度的反应。罗素认为,婴儿在出生后的几个月里,只对舒适感、食物和赞扬等做出敏感的反应。其后,随着环境和教育的扩展,这种敏感会发展为移情或同情。即使受害者不是自己的亲人,抑或自己不在现场时,也会给予同情。鉴于此,罗素特别强调给儿童以"爱的教育"。

"理智"(Intelligence)包括实际的知识和对知识的理解能力。接受知识的能力比单纯拥有知识更重要,因为它有助于接受更多的知识。适当的好奇心和求知方法,以及敢于发表自己观点的勇气,对于理智的培养至关重要。

罗素认为,由拥有以上几种品性的人们组成的社会,是一个爱好和平、健康、自由和幸福的社会,从而也能达到个人与社会发展的统一。

（三）知识教育

罗素认为,6 岁以前进行的品性教育是 6 岁以后从事知识教育的基础;知识教育反之又可以促进品性教育,二者相得益彰。知识的传授应该以客观和科学为准则,不应囿于党派、集团和个人的偏见。与传授知识相比,智力训练更为重要,因为在智力的发展过程中即蕴涵着知识的传授。罗素按照儿童身心发展的特点将知识教育分为三个阶段。6 岁～14 岁是普通初等教育时期,所设的课程面向所有儿童,不分专业。14 岁～18 岁是中等教育时期,主要培养学生的独立思考和解决问题的能力。该时期实行分专业学习,主要课程有三类:古典学科、数学和科学、现代人文学科。18 岁～22 岁是高等教育时期。罗素认为,在高等教育尚未普及的情况下,应该以才能和智力素质而非以社会地位和经济收入来选拔高等学府的学生。另外,罗素在早期性教育、教育与民主的关系、自由与纪律的关系、儿童良好习惯的培养以及教学方法等方面,都有诸多独到的见解。

在传统教育与现代教育思想激烈交锋的 20 世纪初期,罗素通过抨击传统教育的种种弊端,提出了"儿童本身是目的而非手段"、儿童的品性教育、个性的自由发展、肯定教育对社会的改造作用等等诸多有益的见解。但是在他的教育思想中,也存在着夸大教育的作用以及过分强调个人本位的自由主义倾向。

三、沛西·能的教育思想

沛西·能(Thomas Percy Nunn,1870 年～1944 年)是英国著名的教育学者和教学法理论家。他出生于一个教师世家,从小就在父亲创办的私立学校里接

受教育。沛西·能长期从事数学和物理教学法的教学和研究工作,历任伦敦师范学院教授和伦敦大学教育学院院长等职务。他的学术研究涉猎到数理和哲学等诸多领域,其教育方面的代表作是于1920年出版的《教育原理》。该书影响深远,曾被反复修订和重印,被誉为"英国进步教育运动的圣经"。

(一)教育的目的和本质在于个性的自由发展

沛西·能教育思想的核心是个性自由发展理论。正如他本人所说:"一切教育努力的根本目的应该是帮助男女儿童尽其所能达到最高限度的个人发展。"[①]在教育目的观上,他主张个人本位主义,反对"普遍的教育目的"。他批判黑格尔哲学中关于个人的全部职能在于为"共同体"的人格服务的观点,认为这完全颠倒了个人与社会之间的关系。他认为个人是社会的前提,自由是义务的前提,教育的目的应该是个性的自由发展。教育的本质是一个生物学的过程,动物和人类之间的心理机能具有基本的连续性。他说:"我把教育称为一种生物过程,意思是说,教育乃是人类或动物生活的一种先天具有的表现形式而不是一种后天获得的表现形式。"[②]所有的动物,都以一种"特有的独立态度面对世界",在与外界的交往中发展出一个"简单的或复杂的个性"。动物尚且如此,以个性为生命特征的人类,在与外界的相互作用中也就自然会有发展个性的内部要求。因而,教育的目的即在于促进个性的自由发展。为此,他说:"以培养个性为目的的教育是唯一适应'自然'的教育。"[③]同时,沛西·能强调指出,教育的社会化和个性化并不矛盾,一个充分自由和自治的社会,需要由各种个性的人组成;个体愈能发展各自的特性和特长,这个社会就愈将充满活力和生机。

(二)以个性发展为原则构建合理的学校教育制度

沛西·能认为,英国的学校教育制度是以社会的等级性为基础而组织起来的。在这种不公正和不平等的社会制度下,学校教育制度就成为强化社会两极分化的阶梯。他指出,必须遵循儿童个性自由发展的原则,建立符合不同儿童个性发展需要的、不同类型的学校教育制度。由于儿童的天赋能力、各种特殊的才能和倾向各不相同,没有一个单独的教育制度能够满足所有儿童的需要。鉴于当时英国中等教育被资产阶级和贵族所垄断的现实,沛西·能建议:"一个开明的社会将为年轻一代设置不同标准、不同类型的学校,特别是中等学校。于是每一个儿童,可以找到最适合他的天性和需要的学校,而在这个不完善的世界中,

① [英]沛西·能:《教育原理》,王承绪等译,人民教育出版社,1992年版,第2页。
② 瞿葆奎:《教育学文集·英国教育改革》,金含芬选编,人民教育出版社,1994年版,第35页。
③ [英]沛西·能:《教育原理》,王承绪等译,人民教育出版社,1992年版,第23页。

将尽可能使'教育机会均等'"。①

他认为,学校既是一个"自然"的集体,又是一个"人为"的集体。学校之所以是一个"自然"的集体,是因为学校的职能乃在于使学生自然地社会化的过程。学校的师生必须走出象牙之塔,使校内生活与校外生活自然过渡,要从"好学生"自然地过渡到"好公民",使他们承担公民的"目的、劳动、责任和牺牲"。学校之所以是一个"人为"的集体,是因为学校的教育内容和活动应该反映和选择这个世界中最优秀和最重要的东西,而非完全等同于外部世界。学校既要与社会相互开放,又不完全等同于社会,要有自己相对的独立性。

在学校课程设置上,沛西·能主张"有用性"是课程设置的根本原则,认为应该把古典课程与职业课程、学科课程与活动课程结合起来。在师生关系上,他反对教师专横独断的教学方式,认为教师应该成为学校环境的选择者、积极的观察者、示范者和指导者;教师既能发挥其应有的指导性,又不至于影响学生个性的自由发展。在教学方法上,他认为游戏和自由是最好的教育途径。在游戏中通过对成人生活的模仿,儿童能够适应将来的生活和职业。另外,自由学习法、活动教学法、个别教学法等,对儿童个性的自由发展也是有利的。

沛西·能试图把教育理论建立在生物学和心理学的基础之上,他以学生的个性自由发展为中心议题,对学校教育制度、课程设置和教学方法等方面都提出了诸多独到的见解,为英国进步教育理论和实践做出了重要贡献。但是他关于教育活动和教育理论生物化的观点,无疑忽视了教育的社会性和能动性。

第三节　20 世纪后期英国的教育

二战以后,英国教育的发展经历了三个特色鲜明的历史时期。其一,是战后初期对 1944 年颁布的《巴特勒法》的实施时期。该法的实施,将英国的公共教育体系划分为初等、中等和继续教育三个相互衔接的阶段,为战后初期的教育重建尤其是中等教育"三轨制"的确立奠定了基础。其二,是 20 世纪 60 年代至 70 年代教育的大规模拓展时期。在这期间,中等教育实施了综合化改革,高等教育的规模也得到了前所未有的长足发展。其三,是 20 世纪 80 年代之后英国教育由数量型拓展转变为质量型发展时期。其中,《1988 年教育改革法》是这一转变的分水岭。该法通过设置义务教育阶段统一的国家课程和统一的考试制度等改革举措,对英国教育的发展产生了深远的影响。

---

① ［英］沛西·能:《教育原理》,王承绪等译,人民教育出版社,1992 年版,第 285 页。

一、战后初期对《巴特勒法》的实施时期

战后初期,英国面临着百废待兴的局面。战后教育重建与《巴特勒法》的贯彻与实施,成为"英格兰和威尔士在后来的二十五年时间内教育空前大发展的序曲"。①

(一) 初等教育的调整与改革

二战期间,英国的国民教育遭受到严重的破坏。据统计,在 1939 年～1945 年的战争期间,有 20 万名中小学生的校舍被摧毁。由于 1944 年的《巴特勒法》将学生的离校年龄提高到 15 岁,这意味着战后初期必须增加 40 万个新学额。中小学学额的增加,又需要新增教师 7 万名。② 由此可见,战后英国教育的重建,面临着十分艰巨的任务。

《巴特勒法》规定,英国法定的公共教育体系由初等、中等和继续教育三个连续的阶段组成,这意味着英国现代初等教育制度的正式确立。二战以后,英国的初等机构主要演变为三种类型:其一,是幼儿学校,招收 5 岁～7 岁的儿童;其二,是初级小学,招收 7 岁～11 岁的儿童;其三,是混合学校,包括幼儿部和初级部。

二战以前,《哈多报告》曾根据心理学关于智力研究的成果,提出按照学生"能力"的个体差异进行分组,这一思想对战后英国初等教育的办学理念和实际举措产生了广泛的影响。在战后的 20 余年里,英国绝大多数的初等教育机构实际上仍然按照能力分组对学生进行分化教育。当时,通常根据智商测试以及语言和数学的考试,按能力将学生分为高、中、低三种类型。1962 年的一次调查表明,在英格兰和威尔士的 660 所初等学校中,进行能力分组的学校高达 96%,不进行能力分组的仅占 4%。在对 11 岁学生进行能力分组的 252 所学校里,出身上层家庭的儿童有 58% 在高级班,仅有 14% 在低级班;而出身下层家庭的儿童只有 21% 在高级班学习,有 46% 被分在低级班学习。③ 这种能力分组表面上是为了使每个儿童都得到适当的教育和发展,较之以往纯粹按照社会阶级分化学生的做法的确是一种进步,但实际上它仍然带有较为明显的阶级烙印。

① ［英］邓特:《英国教育》,杭州大学教育系外国教育研究室译,杭州:浙江教育出版社,1987 年版,第 22 页。

② H. C. Barnard. *A History of English Education From 1760*[M]. London: University of London Press Ltd., 1961:304.

③ Brian Jackson. *Streaming—An Education System in Miniature*[M]. Routledge & Kegan Paul. London, 1964:16.

（二）中等教育"三轨制"的确立

1945 年，英国教育部发布《国家学校》的教育政策宣言，正式确立了中等教育的"三轨制"原则。同年，教育部又发布通告，要求各地方教育当局按照该原则制定本地区的发展计划。通告指出，现代中学应占 70％～75％，其余的 25％～30％由文法中学和技术中学以适当的比例加以分配。到 1947 年初，共有 54 个地方教育当局提交了发展规划，其中有 75％采纳了"三轨制"方案，其余则选择了综合中学的发展方案。到 1950 年，英格兰和威尔士就读于"三轨制"中学的学生人数已占多数。① 到 1956 年，现代中学有 3636 所，文法中学有 1357 所，技术中学有 303 所。从入学人数来看，战后初期，现代中学学生数占中学生总数的 70％左右，文法中学占 20％，技术中学所占的比例还不到 4％。②

在"三轨制"的中等教育机构中，文法中学历史悠久且享有崇高的学术声誉，是为进入大学做准备的中等教育机构；技术中学是一种偏重于技术教育的中学，其学术地位低于文法中学；而现代中学通常招收小学毕业时"11 岁考试"不及格的学生，其毕业生在接受简单的继续教育后，以就业为主。二战以后，这三类中学尤其是现代中学和文法中学的大规模发展，极大地拓展了普通民众接受中等教育的机会。但是，由于当时的"11 岁考试"是决定学生能够进入哪一类中学的主要依据，这种过早地分化儿童的做法受到了人们的质疑。1953 年，哈尔西（Halsey）和加德纳（Gardner）的研究表明，现代中学学生主要来自体力劳动阶层，而这个阶层在文法中学学生中的比例还不到 1/4；文法中学的学生则大多数来自中产阶级家庭，这个阶层的子女很少在现代中学就读。③

二、20 世纪 60～70 年代教育的调整与发展时期

20 世纪 60～70 年代，是英国教育大规模的调整和发展时期。英国教育中诸多突出的矛盾和问题得到了调整和改革，诸如，由中等教育的"三轨制"向综合中学的转变；高等教育由原来的精英型逐步转向大众型。

（一）综合中学运动

战后初期，英国教育界就一直在探索并试图建立一种不分文法、技术、现代三种中学类型，同时又能融合和满足所有儿童中等教育需求的新型中学——综合中学。1964 年工党再度执政后，开始要求将三种类型的中学合并为综合中

---

① B. Simon. *Education and Social Order*，1940～1990 [M]. London：Lawrence & Wishart，1991：583.

② 吴式颖：《外国现代教育史》，人民教育出版社，1997 年版，第 472 页。

③ 王承绪、徐辉：《战后英国教育研究》，江西教育出版社，1992 年版，第 112 页。

学,从而引发了"综合中学运动"。1965 年,工党教育国务大臣克罗斯兰(Anthony Crosland)发布了题为《中等教育的组织》的第 10 号通告,要求各地方教育当局在一年内提交中等学校综合化的发展计划。该通告提出了 6 种可供选择的综合中学方案;在其后的现实发展中,其中招收 11 岁~18 岁学生的一贯制综合中学方案占据了绝大多数。随着综合中学的设置和推广,选拔性的"11 岁考试"也失去了存在的必要性。但是,综合中学的发展并非一帆风顺。1970 年之后,工党和保守党曾经几番轮流执政。保守党向来主张选拔性的精英主义教育,他们批评综合中学所推行的"平均主义"并不能实现真正的教育机会均等,而只能导致教育质量的整体下降。尽管在保守党执政期间,综合学校的发展有所停滞,但是中等教育的综合化已是大势所趋。据统计,从 1965 年~1981 年间,英国的公立文法中学和现代中学分别减少了 83%和 89%。① 到 1980 年,综合中学的学生数已占全部公立中学学生数的 88%。② 至此,战后英国中等教育结构的"三轨制"已基本瓦解,综合中学成为中学的主要类型。

值得注意的是,综合中学仅仅实现了形式上的教育机会均等,因为当时许多综合中学只是由原来三种中学合并而成的"多科中学",或者由其中任何两种中学合并而成的"双科中学"。在这些多科或双科的综合中学内部,学生仍然在学业上被分为学术组、技术组、现代组,通过为每一组设置不同的课程来分化学生。因此,综合中学并没有从根本上改变选拔性教育的问题。但是,毕竟在同一所综合中学里学生在各个组之间的横向流动,比以往在三种不同类型的学校之间的流动要便利得多。

(二)高等教育的发展与改革

20 世纪 60~70 年代是英国高等教育发展史上一个重要的时期,其主要标志是许多新大学的创建、理工和技术学院的升格、大学入学人数的剧增、开放大学的创办等等。

二战以后,尽管英国的高等教育开始恢复和发展,但是其发展规模和入学率远低于同时期的其他发达国家。到 1960 年,英国大学的适龄青年入学率仅为 4%,尚处于发展中国家的水平。③ 与此同时,英国传统大学的封闭性和精英教育模式,已经无法适应现代科技的发展和就业结构的变化。在这种背景下,英国首相任命罗宾斯爵士(Lord Robbins)组成专门委员会,对高等教育进行专门研

---

① Keith Evans. *The Development and Structure of the English School System*[M]. London: Hodder and Stoughton Ltd. , 1985:121.

② Alan Weeks. *Comprehensive Schools: Past, Present and Future* [M]. London: Methuen and Co. , Ltd. , 1986:49.

③ 滕大春:《外国教育通史》(第 6 卷),山东教育出版社,2005 年版,第 152 页。

究。1963 年,该委员会向议会提交并发表了著名的《罗宾斯高等教育报告》,提出了影响深远的"罗宾斯原则":"高等教育的课程应该向所有能力上和成绩上合格的、并希望接受高等教育的人开放。"[①]此后,该原则成为英国高等教育大发展的政策依据。1966 年~1967 年,有 10 所高级技术学院改为大学,有 5 所大学学院升格为大学,并且创办了 7 所新大学。1964 年,"全国学位授予委员会"宣告成立,专门为不属于大学的高校学生颁发学位或其他资格证书。1958 年~1968 年间,英国全日制大学生人数增长了 110%。在高等教育机构和人数急剧扩展的同时,一些大学也改变了以往重视人文教育轻视科技教育的传统,通过专业和课程革新,注重培养现代社会急需的高等专门人才。

开放大学的创办,是该时期英国高等教育史上另一个具有划时代意义的创举。1969 年 6 月,英国的开放大学获得了皇家特许状,并于 1971 年 1 月正式开学。它主要以成人为教育对象,采用现代化的教学手段和灵活多样的教学方式,极大地拓展了成人接受高等教育的渠道。开放大学的办学模式,成为日后世界许多国家效仿的楷模。

三、20 世纪 80 年代至 20 世纪末期的教育改革

进入 20 世纪 80 年代以来,持续的经济衰退以及新世纪的国际挑战,迫使以撒切尔夫人为首相的保守党政府出台了一系列的教育改革举措。其中,《1988 年教育改革法》的颁布与实施,对 20 世纪末期的英国教育发展产生了重大影响。

1988 年 7 月,保守党政府提出的《1988 年教育改革法》获得国会通过,它被看作是继 1944 年《巴特勒法》之后英国最重要的一项立法,标志着英国面向 21 世纪教育改革的开始。

该法的主要内容包括以下几点:其一,在义务阶段实施统一的"国家课程"(National Curriculum)。这一改革举措打破了长期以来由地方教育当局、中小学校长和教师决定中小学课程、教材和教学内容的局面。该法规定,5 岁~16 岁的义务教育阶段开设三类课程:核心课程、基础课程和附加课程,前二者合称为"国家课程",是中小学的必修课程。其中,英语、数学和科学(包括物理、化学和生物)是 3 门核心学科。基础课程包括历史、地理、技术、音乐、美术、体育和现代外语(从中学阶段开始)。附加课程包括古典语言、家政、职业教育等。其二,设置全国性的成绩考试和评定制度。义务教育阶段的学生在 7 岁、11 岁、14 岁、16 岁时,要分别参加四次全国性的考试,其目的是统一学生的学习标准,并作为对学校进行评估的依据。其三,中小学实行"开放入学"(Open Enrollment)和"自

---

① 瞿葆奎:《教育学文集·英国教育改革》,金含芬选编,人民教育出版社,1993 年版,第 281 页。

由选择"(Option Out)的管理政策。"开放入学",是指学校的招生数在未达到法定最高限额时,学校不能拒绝家长的入学要求。这意味着家长可以跨学区进行入学选择,其目的在于促使学校之间办学质量的相互竞争,以营造大批高质量的"选择性学校"。所谓"自由选择",即原来属于地方教育当局管理的所有中学和学生数在 300 人以上的小学,可以在大多数家长投票同意的情况下,摆脱地方教育当局的管辖,成为由中央教育机构指导和财政资助的"直接拨款学校"。这一改革举措赋予了作为教育"消费者"的家长前所未有的教育参与权和选择权。其四,创建新型的中等教育机构,加强科技和职业教育。新创建的学校分别是城市技术学校和城市艺术技术学校,以当地 11 岁～18 岁不同年龄的学生为教育对象,二者皆由政府和工商界联合投资办学和管理,目的在于培养应用型的科技人才。

《1988 年教育改革法》是继 1944 年《巴特勒法》实施以来英国颁布的最重要的法规,并对后者的诸多规定做出了重大的修正。首先,它通过削弱地方教育当局的权限强化了中央政府对整个教育系统的控制力度。其次,义务教育阶段"国家课程"和统一评定制度的建立,打破了长期以来英国中小学在课程和评价标准方面不统一的状况,确定了各地义务教育的基本水准。再次,借助准市场化的手段在学校之间引入竞争机制,以提高教育水准。例如,作为教育"消费者"的家长,被赋予了较大的学校教育选择权。最后,需要指出的是,该法在 20 世纪 90 年代的实施过程中也引起了诸多的非议。例如,统一的"国家课程"忽略了特殊儿童的需要;统一考试不利于能力的培养;家长择校权力的增大容易造成学校布局的失调等等。无论如何,《1988 年教育改革法》都是对 20 世纪末英国教育发展影响深远的一部法令。

本章小结

作为世界近代产业革命和市场经济的策源地,英国长期享受着经济繁荣、民族认同和稳固的统治阶级支配权。这种得天独厚的优越感也滋生了英国自由市场秩序、公共事务的放任主义以及最小政府的理念。尽管这些根深蒂固的观念促进了英国早期自由资本主义的发展,但是却并不利于作为公共事务的国民教育体系的发展。可以说,这是导致在整个 19 世纪英国自愿捐办初等学校体系一直占据主导地位的根本原因——仅依靠教会、地方和个人自发的捐款办学,并不能建立起高效统一的国民教育体系。由于国家对教育事业迟缓的干预,再加上学校系统的不同阶段都由不同的阶层所把持,英国教育便在一种缺乏系统性的模式下发展起来。不同的阶级和势力集团之间对教育利益的不同诉求,决定着谁是办学的主体,谁可以进入何种学校以及应该教给他们何种知识。尽管 1870 年的《初等教育法》打破了教会和慈善团体垄断主办初等教育的局面,但是该法也是一个妥协和折衷的产物:公立小学只是在原来教会和自愿捐办学校设置不足的地方得以建立;它仍然是一种终结的教育,与中学之间存在着不可逾越的鸿沟。长期以来,英国的中等教育机构一直奉行精英主义教育;由于中等教育机构在经济上独立于国家,这就决定了自上而下的改革往往会受到抵制。牛津大学和剑桥大学在生源上的宗教排他性、学风的贵族性和课程的古典性等特征,是导致 19 世纪中后期伦敦大学和城市学院兴起,以满足中产阶级和普通民众教育需求的主要原因。但是,这又反过来产生了日后英国高等教育机构之间难以克服的等级结构格局。

20 世纪上半叶,英国教育改革的切入点是以小学毕业的"11 岁考试"成绩为标准,决定学生进入哪一种类型的中学。应该说,在初等教育业已普及的情况下,通过学业成绩考试来选拔学生的做法,与 19 世纪时仅仅以"社会等级"为标准分化教育对象的做法相比,的确是一个长足的进步。但是,通过"11 岁考试"考察出的所谓"成绩、能力和性向",实际上与儿童的后天环境尤其是家庭环境密切相关的。况且,在当时的三类中学(文法、技术、现代)中,现代中学的毕业生尚没有资格参加高等学校的入学考试。尽管《巴特勒法》规定,英国法定的国民教育由初等、中等和继续教育构成,但是该法并没有对中等教育的类型与结构做出明确的规定。这些问题与缺憾,为二次大战以后英国教育的改革埋下了伏笔。

在二战以后至今的半个多世纪里,英国教育的发展,显示出以下几个较为显著的特征:其一,英国工党和保守党轮流执政的政治体制,是左右教育政策的关键因素。保守党素以资产阶级为政治堡垒,在意识形态上向来奉行精英主义和自由市场主义;而工党则以工人阶级为主要阵地,在意识形态上奉行大众主义和社会民主主义。表现在教育上,保守党始终坚持中等教育的"三轨制"和精英主义教育传统;而工党则矢志不移地坚持综合中学的教育机会均等原则,反对中等教育的"三轨制"和精英主义教育模式。在《1988 年教育改革法》中,保守党政府通过削弱被看作是工党教育大本营的地方教育当局的权力,从而强化了保守党政府对整个教育系统的控制力度。但是毋庸置疑的是,无论是工党抑或是保守党都未曾对教育的发展与改革有所懈怠,每次大选和轮流执政都促使执政党和在野党对各自的教育政策予以反思和研讨,使教育政策始终置于全社会的监督之中。其二,专家和各种咨询委员会的研究报告往往会成为政府教育决策的蓝本。二战以后,英国政府在进行某项教育立法之前,通常要任命一个专家委员会对有关问题进行调查并提交研究报告。这些研究报告大都以中立的客观性、科学性和权威性,对战后英国的教育决策发挥了举足轻重的影响。其三,战后的英国教育改革经历了一个从"形式的平等"到"教育内容的平等"的渐进式的演变历程。20 世纪 60 年代中期以后的综合中学运动实现了"形式的平等",因为在综合中学内部学生尽管仍被不同的课程所分化,但是这毕竟要比学生在不同的类型学校之间的迁移要容易得多。《1988 年教育改革法》通过设置统一的"国家课程"和考试制度,可以被看作是英国教育由"形式的平等"向"教育内容的平等"的转变。其四,教育普及的层次和顺序具有渐进性的特征。由于二战以前英国业已普及了初等教育,在战后初期中等教育的普及就成为发展的中心议题。20 世纪 60 年代中等教育普及之后,高等教育的大规模扩展又成为重点。通过这一系列渐进式的转变,不难看出英国人对传统的珍视及其深思熟虑的教育变革模式。

∠ 思考题

1. 概述 19 世纪英国自愿捐办初等学校的主要类型及其特征。

2. 阐述 1870 年的《初等教育法》(又称《福斯特法》)的具体内容并对其进行评价。

3. 试比较 19 世纪新创建的伦敦大学和城市学院与传统的牛津大学和剑桥大学的异同。

4. 简述斯宾塞科学教育思想的基本内涵。

5. 概括《哈多报告》和《斯宾斯报告》的基本设想。

6. 简述《1944 年教育法》(又称《巴特勒法》)的内容及其意义。

7. 概述罗素的教育思想并对其进行评价。

8. 概述沛西·能的教育思想并对其进行评价。

9. 简述英国中等教育的"三轨制"与综合中学的基本内涵。

10. 简述英国《1988 年教育改革法》的基本内容及其意义。

11. 试分析英国教育在 19 世纪、20 世纪前期、20 世纪后期发展过程中的基本特征。

∠ 参考文献

1. S. R. Vashist & Ravi P. Sharma, *History of Education in Nineteenth Century*[M]. New Delhi:Radha Publications, 1997.

2. H. C. Barnard, *A History of English Education From 1760*, [M]. London:University of London Press Ltd. , 1961.

3. C. Birchenough, *History of Elementary Education in England and Wales from 1800 to the Present Day*[M]. London:University Tutorial Press, Ltd. , 1938.

4. Keith Evans, *The Development and Structure of the English School*

System[M]. London：Hodder and Stoughton Ltd. ，1985.

5. Alan Weeks，*Comprehensive Schools：Past，Present and Future*[M]. London：Methuen and Co. ，Ltd. ，1986.

6. 滕大春. 外国教育通史：第四卷[M]. 济南：山东教育出版社，2005.

7. 贺国庆，王保星，朱文富等. 外国高等教育史[M]. 北京：人民教育出版社，2003.

8. 王承绪. 英国教育(世界教育大系)[M]. 长春：吉林教育出版社，2000.

9. 瞿葆奎. 教育学文集·英国教育改革[C]. 金含芬选编. 北京：人民教育出版社，1993.

10. [英]罗素. 教育论[M]. 靳建国译. 北京：东方出版社，1989.

11. [英]沛西·能. 教育原理[M]. 王承绪等译. 北京：人民教育出版社，1992.

12. [英]赫伯特·斯宾塞. 教育论[M]. 胡毅译. 北京：人民教育出版社，1962.

13. 王承绪，徐辉. 战后英国教育研究[M]. 南昌：江西教育出版社，1992.

∠ **进一步阅读文献**

1. [英]安迪·格林. 教育与国家形成：英、法、美教育体系起源之比较[M]. 王春华等译. 北京：教育科学出版社，2004.

2. [英]邓特. 英国教育[M]. 杭州大学教育系外国教育研究室译. 杭州：浙江教育出版社，1987.

第十三章
美国的教育

美国是世界上最发达的国家,其教育制度也是最完善的教育制度之一。美国最早是英国在北美洲的殖民地,后来经过独立战争(1775 年)、南北战争(1861年),终于成为近现代政治、经济兴旺发达的民族。本章除对这几个历史阶段美国的教育管理制度、初等教育、中等教育以及高等教育等方面的发展做介绍外,重点对杜威(John Dewey,1859 年～1952 年)的教育思想进行分析。

第一节　美国教育发展概述

随着其政治、经济的发展,美国教育经历了独立战争前教育的移植时期、独立战争后民族教育的初创时期、南北战争后国家教育制度确立时期、20 世纪上半叶教育发展时期、二战后现代教育改革时期、20 世纪 80 年代和 90 年代追求优异时期和新世纪的教育改革等几个阶段。

一、独立战争前教育的移植时期

美国是个历史短暂的国家,500 多年以前,即 1492 年,意大利航海家哥伦布"发现新大陆"后,西班牙、荷兰、法国、英国等开始向北美洲进行殖民侵略和移民。移民大都是为摆脱封建暴政、宗教压迫和贫困而从欧洲各国逃去的劳动者。许多贫苦移民成为殖民者的契约奴。此外还有从非洲被贩卖去的黑人奴隶。17至 18 世纪前半期,英国在北美洲大西洋沿岸建立了 13 个殖民地。宗主国——英国殖民主义者与殖民地人民的矛盾十分尖锐。1775 年爆发了北美人民反英的独立战争。在此以前,即从 1492 年到 1776 年期间,美国的教育以移植为主要特征。

独立战争前美国初等教育主要是仿照或移植英国的主妇学校、慈善性的贫民初等学校。主妇学校是由一个稍能读写的家务妇女向家长收一点学费,聚集少数年幼的儿童在她的家里（通常在厨房）教学，故亦称"厨学"。教的是字母、计算、祈祷和教义问答，并选读《圣经》的一些句子。贫民初等学校以新英格兰最为普遍。它的课程是阅读、书写、宗教，广泛用作儿童读本的是《新英格兰启蒙读本》。此外，还有私人建立的夜校和补习学校，都是专为平民子弟和贫苦儿童设立的。初等教育一般条件差，教学质量不高，不受重视。

中等教育主要是仿照英国的拉丁文法学校和面向实际的文实学校。拉丁文法学校的课程是古典的，学生要掌握希腊文和拉丁文，学习宗教教义。由于拉丁文法学校培养的学生缺乏谋生的技能，不适应社会的需要。因此，富兰克林于1749年提出了《宾夕法尼亚青年教育的建议》，倡议建立面向实际的新型中等学校，即文实中学。在富兰克林的努力下，1751年费城开办了美国第一所文实学校，开设的课程主要有算术、会计、英文文法、簿记、公共演讲、书法、绘图、航海、科学、测量等。这类学校适应当时商业发展需要，很快就取代拉丁文法学校而成为美国主要的中等学校类型。但它基本上是私立收费的，因而入学人数有限。

高等教育是广泛建立宗教性的殖民地大学，仿照英国牛津大学、剑桥大学办学。1769年，美国有这样的大学9所，都是由教会举办的，其中最著名的有1636年创立的哈佛学院（创办时称剑桥学院）、1701年创立的耶鲁学院和富兰克林学院、1754年创立的皇家学院等。除了富兰克林学院以外，其他几所大学的教育目的都是培养具有高深学问的传教士、教育工作者和虔信宗教的政府官吏。

二、独立战争后民族教育的初创时期

1775年独立战争开始，1776年美国通过了著名的《独立宣言》，正式宣告独立。1787年制订宪法，正式建立联邦政府。到1860年时，美国的工业生产总值已跃居世界第四位。美国的独立和经济的跃进是其历史发展进程中的重大转折点，对其教育的发展有重要的影响，并给予有力的促进。由此，具有美国特色的教育制度开始形成。

美国独立的最初10年，由于战争造成的财政困难和政局动荡，使教育出现了短暂的衰落时期，一度文盲人数有所增加。但从1785年至1787年土地法公布实施以后，情况就大大改观了。从此，美国教育便朝着分权、自由、普及、无宗教派别限制的方向发展。其特点有：

普通教育公立化。独立战争爆发10年后，美国的普通教育向公立化方向发展，普遍建立的星期日学校多达2800所，收容贫苦儿童的中小学大部分改为公立学校。"公立教育之父"贺拉斯·曼（马萨诸塞州教育厅厅长）曾前往德国考察教育，大力主张建立公立学校。随后，在美国各地掀起了一个声势浩大的公立学校运动。公立学校的建立奠定了美国教育制度的基础，也成为美国普及义务教

育运动的开端。

高等教育州立化。高等教育州立化是这一时期美国教育发展的又一方面。美国各州普遍拨地兴学,建立州立大学,27 个州中有 25 个州设立了州立的农工商学院,对促进美国高等教育的发展和地方经济的腾飞起到了很大作用。各州的教会也设立高等学校。高等学校普遍取消了神学讲座,增设了物理、天文、地质、气象等现代新学科,并且很受重视,形成了与欧洲当时的大学截然不同的学风。

教育制度法制化。进行教育立法,实施普及义务教育,是这一时期美国教育发展的另一重要特征。独立战争后,美国各州开始进行教育立法,提出了受教育应是每个公民的权利的响亮口号。1827 年,伊利诺斯州制定了美国第一个教育法。1852 年~1853 年,纽约州、麻萨诸塞州也相继发布了强迫义务教育法令,为以后普及初等义务教育打下了很好的基础。适应普及义务教育的发展,1839 年在麻萨诸塞州,美国第一所州立师范学校开办了。1853 年伊利诺斯州还创办了第一所水平较高的私立师范学校。

三、南北战争后国家教育制度的确立时期

1807 年~1860 年,美国产业革命的迅速发展,产生了工业发达的北方与存在农奴制剥削的南方之间的尖锐矛盾。南部农奴制严重阻碍着美国资本主义的发展。1861 年~1865 年爆发的南北战争,实际上是美国的第二次资产阶级革命,从此铲除了资本主义发展的绊脚石。美国资本主义迅速发展起来,到 19 世纪末,它在各国的经济技术方面均处于领先地位。总的特点是:随着政治经济的发展,美国的教育也进入了一个新的时期,具有民族特点的完整的教育制度终于形成。

地方教育分权制的确立。这一时期,美国从一开始,就没有统一的全国性教育领导机构,而是以州为领导教育的最高权力机构。南北战争后,各州在州政府领导、监督下成立州教育委员会,作为教育决策机关。州教育委员会依照州教育法来确定教育政策的制订与实施。州下面分设学区作为地方教育行政机关。这在美国教育领导体制中占有重要地位。

普通教育制度的初步形成。这一时期,美国除确立了完整的教育领导体制外,还形成并确立了完整的普通教育制度。美国重视托儿所和幼儿园,1855 年,德国教育家舒名兹夫人在美国设立了第一所幼儿园,实施教育家福禄倍尔的理论(专收德籍幼儿),它对美国学前教育的发展有推动作用。1873 年,圣路易斯州首次把幼儿园学前教育列入公立学校的教育体系之中,成为美国完整教育体系的第一阶段。

1834年宾夕法尼亚州建立了美国第一所公立小学,从马萨诸塞州第一个通过义务教育法,到1918年、1919年密西西比州和亚拉巴马州最后通过义务教育法,其间用了60多年时间,美国基本普及了6年到8年义务教育,即小学初等教育,这个速度还是比较快的。

这一时期,美国的中等学校朝着民主化、现代化方向发展。拉丁文法学校、文实学校、私立中学是美国历史上中学的三种基本形式,其中,拉丁文法学校重视以升学为目标,文实学校与私立中学重视职业训练。南北战争后,各州普遍重视开办公立中学,它是初等教育的延续,其主要任务是为学生进入社会做好职业方面的准备。中学阶段则逐渐改变了以八四为主的系统,逐渐向六三三学制发展。

师范教育迅猛发展。这一时期,美国的师范教育也发展很快。美国师范学校是公立的,19世纪末在大学、学院都设立了教育课程。随着中小学普通教育的发展,1889年首次设立独立的师范学院,担负培养中学师资、传播西欧教育思想、发展美国教育理论、改革教学方法等项任务。瑞士教育家裴斯泰洛齐的教育思想和法国教育家赫尔巴特的教育理论在美国影响很大。为提高教师的专业水平和经济、社会地位,美国成立了非官方的全国性教师联合会——美国全国教育协会(简称NEA),反映出美国教师队伍在全国教育发展中的地位和作用有很大提高。

高等教育向实用和学术两个方向发展。这一时期,美国的高等教育发展也很快,其方向一方面是朝实用方面发展,服务于当地经济建设。另一方面是加强学术性。为了适应工农业和商业的发展,美国广泛兴办理工科高校和工农学院,培养工商业所需要的专业人才。有名的麻省理工学院就是这时建立的。

四、20世纪上半叶现代教育发展时期

19世纪末到20世纪初,美国开始进入经济高速发展时期,美国工业总产值由世界第四位一跃而居首位。生产和资本的急剧集中,导致垄断组织相继出现,经济实力急剧增强,加速了向垄断资本主义的转变过程,工农生产过分膨胀,与国内外市场狭窄形成尖锐矛盾。1929年,美国爆发了严重的经济危机,美国20世纪上半叶的教育就是以上述政治经济状况为背景的。

中小学学制体现多样化。20世纪上半叶,美国继续改革学制,扩大受教育的范围,增加普及义务教育的年限。从1918年开始,各州相继颁布强迫教育法令,法令规定普及义务教育的年限增加到10年～12年,相当于高中。为了普及中等教育,美国继续进行学制改革,到1918年基本实现由八四制改为六三三制的目标,但仍保留了八四、六六、六二四、四四四等学制。

两年制学院创办并迅速发展。这时还创办了对高等教育普及具有重要意义的两年制学院,为学生接受高等教育提供了更多的机会。1902年伊利诺斯州首先建立两年制的初级学院,也称社区学院,是美国高等教育大众化的重要力量。

师范教育转型。20世纪上半叶,美国的师范教育则向高层次、多渠道发展,职业教育也受到普遍重视。随着普及义务教育的发展,从1920年起,各州将两年制的师范学校改为4年制的高师,全国由45所发展为180所。19世纪末,一些综合大学(如芝加哥大学)设立教育系,培养学校管理人才和教师。到二战结束时,专门的师范学校基本上消失了。

教育理论和实践进入进步主义时代。20世纪上半叶美国教育进入进步主义时代,其发展是以实施进步教育原则为宗旨的,是这一时期美国教育发展最突出的标志。这一时期的主要成就表现在三个方面。第一,各种进步学校纷纷成立。第二,1919年成立进步教育协会。第三,一批热心改革的教育家依据杜威的"做中学"的教育原则和"问题教育法"的理论,设计了各种新方法。1938年,美国教育政策委员会又提出了教育的四大中心目的:自我实现、人际关系、经济效率和公民责任。这个时期,正是实用主义教育兴旺和受重视的阶段,在大、中小学普遍推行,虽然一直受到一部分学者的诟病,但还没有受到广泛的批判。

五、二战后追求教育公平的时期

从二战后到20世纪80年代初,美国教育的改革一直围绕着教育公平的问题进行,可以分为战后初期的教育改革、《国防教育法》和20世纪60年代教育改革、20世纪70年代的教育改革等几个阶段。

(一)战后初期的教育改革

二战结束后的几年里,美国高等教育和公立学校的入学人数出现高潮。战争即将结束时,有一项援助因服兵役而中断学校教育的退伍军人的行动。1944年通过的《退役军人重新适应法》为780万退伍军人提供津贴,帮助他们进修。这项津贴最终惠及到了朝鲜战争、冷战和越南战争中的退役军人,超过1500万退役军人享受到了这一待遇。在战后所面临的各种变化和不确定的因素中,由《退役军人重新适应法》等因素引起的"生活适应教育"成为一种重要的运动。

生活适应教育是在1945年美国教育办公室(U. S. Office of Educatioin)主持召开的职业教育会议上正式提出的。生活适应教育关注大多数中等水平的青年,他们既不在大学预科班就读为升入大学做准备,也不在某个领域就职。生活适应教育强调的是功能性目标,如职业、家庭生活和个人卫生健康,而不是传统的学术研究。这种强调功能性目标的课程计划在被正式引入后不到十年的时间里,半数的州已经开展了某种程度的生活适应课程。

由于生活适应教育强调对生活的适应,与进步教育强调以儿童生活为中心来组织课程与教育的主张有相似之处,所以受到了许多教育评论家的批评,其中最著名的是亚瑟·贝斯特(Arthur Bester)。在他最著名的研究著作《教育的荒原》(1953年)中,贝斯特痛陈由进步教育家引起的美国学校反理性主义的性质。贝斯特指出,他们所"确立的四个教育目标如此琐屑,以致摧毁了人的思想的完整性,并蓄意离间学校与科学和学术的密切关系"。① 贝斯特提倡返回基础,返回到强调明确智力训练价值的自由学科课程,强调系统思维的训练,强调知识的逻辑组织。其他一些著名的教育家也对生活适应教育提出了批评。1957年苏联人造地球卫星的上天所引起的课程改革,为生活适应教育画上了句号。

(二)《国防教育法》和20世纪60年代的教育改革

1958年颁布的《国防教育法》对美国当时的教育产生了重要影响,在20世纪60年代除了延续《国防教育法》的努力之外,促进教育公平仍是一个重要的主题。

在美国历史上很少有哪件事情能像1957年10月苏联发射人造地球卫星那样对教育产生如此大的影响。这件事情似乎肯定了这种恐惧,那就是在冷战的技术和军备竞赛中,美国正在输给苏联。人造卫星的发射似乎证实了这样一些批评:学校的课程设置缺少严密性、对数学和科学没有足够的重视。这件事同样使美国社会认识到十多年来对教育投入的不足和对教育的忽视:在人造卫星发射时,美国缺少135000名教师和159000间教室。在大城市的一些班级中,每个班有40名或者更多的儿童,全国有800000儿童只上半天学。② 美国各界对卫星发射和美国教育现状都做出了反应,其中联邦政府的反应就其影响力和指导性上来说都是最重要的。

1958年9月2日,美国总统批准颁布了《国防教育法》,主要内容包括:加强普通学校自然科学、数学和现代外语的教学;加强职业技术教育;强调天才教育;增拨大量教育经费。以增拨教育经费而言,该法案规定,从1959年到1962年,由联邦政府拨款8亿多美元用于资助各级各类学校。具体资助项目包括:学生贷款;数学、科学和外语教学;设立国防研究奖学金;加强教师对学生的辅导等工作;设立语言研究中心和训练班;研究和推广现代教学手段;加强职业教育;改善各州教育统计工作等。根据《国防教育法》,美国还确定了24所重点大学,由国会拨大量资金进行资助。重点大学按照一定的评估指标确定,每年评估一次,以

---

① A. E. Bester. *Educational Wasteland：The Retrate from Learning in the Public Schools*[M]. Urbana, IL：University of Illinois Press, 1953：10.

② E. J. McGrath. Sputnik and American Education[J]. *Teachers College Record*, 59. 1959：379~395.

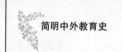

确定哪些大学成为国会拨款资助的重点大学。

1964年,国会又通过《国防教育法修正案》,决定将《国防教育法》有效期延长到1968年,范围也有所扩大。例如:研究生科研奖名额由1500名增到7500名;资助加强的科目也不限于数学、科学和外语所谓的"新三艺"科目。

《国防教育法》作为改革美国教育、加快人才培养步伐所推出的紧急措施,冠以"国防"二字,足以说明美国当局对教育和教育改革的重视,认识到教育在国际竞争中的重要性。

延续《国防教育法》的改革步调,20世纪60年代美国的教育改革主要表现在三个方面:一是中小学课程改革;二是继续改善教育机会不平等问题;三是发展高等教育,提高高等教育质量。

除联邦政府通过《国防教育法》的颁布影响中小学课程改革之外,其他组织也积极投入到中小学课程改革中来。1959年9月,美国科学院邀请了35位科学家、教育家和心理学家一起讨论中小学课程改革问题。会后由大会主席心理学家布鲁纳起草了总结报告,并以《教育过程》的名字发表。其基本思想包括:(1)重视早期教育,注意发展儿童智力潜力;(2)逐级下放科学技术课程,缩短高级知识和基础知识的距离;(3)结构主义是编制中小学课程的指导思想;(4)鼓励学生发现学习。这次会议之后,以科学家为主体完成了新教材的编写工作,由于过分强调了知识的深度和逻辑性,教师教和学生学都存在极大的难度,所以并没有取得预想的效果。这表明,一线教师的参与是必不可少的。

在促进教育公平方面,这一时期主要体现在1964年《民权法案》和1965年《中小学教育法案》的通过上。布朗法案①推行10年之后,学校反对种族隔离运动只取得了很少的进展,各学区企图通过自由选择的计划反对种族隔离。在大多数情况下这些计划对取消隔离的影响并不大,98%的黑人儿童仍然进入黑人学校。不过,因布朗法案而引起的民权运动在其他方面获得了进展。自由游行、静坐、联合抵制及其他形式的非暴力的抗议活动都引起了全国和全民族的注意。前总统约翰·肯尼迪(John Kennedy)迫切希望通过制定联邦民权法案以结束在公共机构、劳动雇佣等方面的种族隔离和歧视行为。肯尼迪被暗杀后,他的继任总统林登·约翰逊(Lyndon B. Johnson)于1964年7月2日签署颁布了《民权法案》。该法案是美国社会立法史中最重要的一页。

《民权法案》促使美国联邦政府进一步参与到了学校活动中来。该法案的第六章规定,禁止所有接受联邦资金的机构在种族、肤色或民族血统等方面的歧视行为。第七章规定禁止在就业中出现种族、肤色、宗教和民族血统的歧视行为。

---

① 1954年布朗诉讼堪萨斯州托普卡教育委员会案(Brown v. Board of Education of Topeka, Kansas)废除了美国公立学校的种族歧视政策。

1972年又增加了反性别歧视的规定。第四章规定如有违反,将撤回联邦资金。法案还授权美国司法部长采取法律行动,促使学校取消种族隔离,并提供联邦资金对教育者进行在职培训或为学区提供技术援助,以鼓励学区自愿或根据法庭的判决取消种族隔离。

1965年,美国国会通过了《中小学教育法案》。该法案是迄今为止对美国教育影响最深远的一项联邦教育法规。该法案规定联邦政府每年向教育分配超过10亿美元的联邦资金,其中约80%的资金拨给地方学区,给来自低收入家庭的子女提供教育援助。该法案吹响了20世纪60和70年代美国向贫困宣战的号角。其他资金主要用于图书馆资源、教科书、教学材料、教育研究及发展中心及教育管理机构的建设。在1966年和1967年,美国分别对《中小学教育法案》进行了修正,使教育计划的范围扩大到包括土著美国人的儿童、移民和残疾人的孩子以及英语语言能力有限的儿童。

美国的高等教育在20世纪60年代也获得了长足发展。在这一个年代里,美国国会先后通过了《高等教育设施法》(1963年)、《高等教育法》(1965年)和《高等教育法修正案》(1968年)。其中1965年的《高等教育法》对高等教育的影响最为深远。法案规定,高等教育机构可以直接将资金用于设备建设及图书馆和教学资源的改善,而且在美国历史上第一次为学生提供联邦助学金,称之为"平等机会资助金"。总之,这些法案的基本精神如下:通过增加对高等教育机构的拨款,更新高校的教学和科研设施,提高学生贷款和奖学金数额,改革课程与教学,以提高教学质量,大力培养科技人才,促进科技进步。这些措施对美国科学技术发展和提高国防能力都起到了积极的促进作用,同时也大大提高了受高等教育人口的比例。例如,1970年美国每万人中有大学生427人,比1960年增加了1.37倍。

(三) 20世纪70年代的教育改革

经过二战后20多年的发展,美国教育从数量上已经跃居世界领先地位,但在教育中仍然存在一些亟待解决的问题。其中,学生适应能力差,离校后就业困难,以及普通教育基础知识和基本技能薄弱是两个最突出的问题,这导致美国在20世纪70年代教育改革中出现了两个重要的概念:生计教育(Career Education)和返回基础(Back to Basics)。

"生计教育"是时任美国健康、教育和福利局专员的小马兰(S. P. Marland Jr.)在1971年提出的一种教育概念。马兰指出,对大多数人来说,在为职业和工作职位做准备时,往往意味着大量的艰苦劳动和一点点纯粹的运气成分在内。他认为应该有一种更好的方式,一种有计划的、适合所有人的方式,这也就是他所说的职业计划,或称生计教育计划。这样的计划应该是一个整体性的教育制

度,从小学生的职业意识到其他有用的技能或为更高级的中学的培训做准备。马兰指出,生计教育应该包括职业教育,因为不管他们中学毕业后是否沿着既定的道路走下去,大多数年轻人都必须在上学期间形成工作技能。这就迫切需要改变各个级别教育中职业指导和咨询的方向,这是因为,一个人要选择一种职业必须知道如何做出职业决策。在马兰看来,生计教育不仅应该提供给所有的儿童和青少年,而且要提供给任何想提高他们能力的任何年龄的人。在过去的美国教育中,学校没有为他们提供关于工作世界的准备,从人力资源和金融投资的角度看,这种需要比以往更加迫切了。很明显,在马兰看来,生计教育作为一种观念,它的时代已经到来了。

"返回基础"是20世纪70年代美国教育改革的另一项重要内容。返回基础运动始于1976年,由美国基础教育委员会倡导和推动,是20世纪70年代后期美国教育改革的主流。返回基础是针对中小学出现的基础知识和基本技能教学薄弱而提出的。这项改革要求小学重视学生读、写、算这些基本技能的训练,中学集中于英语、数学、自然科学和历史等科目的学习。教学方法主要包括练习、背诵、日常家庭作业及经常性的测验等。在师生关系方面要求教师在教学过程中起主导作用,不允许学生有自主活动,强调严明的纪律,甚至把体罚作为管理学生的方法,并规定学生的服装和发型。改革要求用传统的等级评价法给学生计分,定期发给学生。经过考试证明学生已经掌握所要求的基本技能和知识后,学生方可升级或毕业。取消选修课,增加必修课。取消一切点缀性课程,如泥塑、编织等。取消学校的"社会服务性项目",如性教育、禁毒教育等等,重新列入爱国教育的内容。

返回基础运动实际上是美国一种恢复传统教育的思潮,否定了"进步教育"的一些基本主张,强调严格管理等。但由于过分强调教师和管理的控制作用,忽视了学生的主体性,受到了许多批评,到20世纪80年代逐渐消沉下去。

六、20世纪80～90年代追求优异的时期

20世纪80年代以来,生存的危机意识在美国社会和教育界表现得尤为强烈。在那个年代,来自全国各地拥有不同社会和经济背景的美国人都相信,美国的学校和美国的社会一起陷入了深深的危机当中。在20世纪80年代的美国,对学校和教育进行改革的呼声空前高涨。的确,美国从20世纪80年代开始,在各个层次上,都进行了一系列卓有成效的改革。

(一)联邦层次或全国范围的教育改革

与其他现代国家相比,联邦政府在美国教育中的作用是很小的,美国实行高度分权的制度,大部分决策和财政支持都来自州和地方政府。但是,由于20世

纪 80 年代的强大舆论压力,当时的联邦政府在总统里根和教育秘书威廉·班尼特的努力下,实施了一种强势舆论(Bully-pulpit)策略,通过总统办公室的优势,呼吁人们注意美国学校的状况并采取改革措施,之后的美国联邦政府陆续实施了一些影响美国教育发展与改革的政策。其他一些全国性的民间组织也不甘落后,积极地介入到教育改革中来。

1. 制定 2000 年国家教育目标

1989 年美国举行的教育高峰会议就非常明显地体现了这种强势舆论策略。美国总统老布什(George Bush)于 1989 年召集全国 50 个州的州长研究制定了《美国 2000 年教育目标》,提出了 6 项全国教育目标,当时的一个领袖人物就是时任美国阿肯色州州长的比尔·克林顿(Bill Clinton)。当时克林顿的说法代表了大多数峰会代表的意思:"我们不仅要制定实现这些目标的策略,而且我们现在站在你们面前是要告诉你们,我们希望每个人都在推动这个国家走向更加光明的未来的过程中承担责任。"①克林顿总统上台后,再一次强化了他的承诺,将 6 项全国教育目标增加到 8 项,提出《美国 2000 年教育目标法》草案,于 1994 年 3 月 31 日获得国会通过,成为正式法律。这项法律确定了美国到 2000 年要实现的教育发展目标:

目标 1:到 2000 年,所有美国孩子都做好上学的准备。

目标 2:到 2000 年,中学毕业率至少达到 90%。

目标 3:到 2000 年,所有学生到四年级、八年级和十二年级结束时,在英语、数学、科学、外语、公民和政府、经济、艺术、历史和地理等学科上都表现出相应的能力;美国所有学校都要确保全部学生学会很好地使用他们的头脑,以便为他们成为负责任的公民、继续学习并为成为美国现代经济有效的建设者做好准备。

目标 4:到 2000 年,美国的教学队伍都能接受进一步的进修计划以提高他们的专业技能,获取为美国 21 世纪准备学生所必需的知识和技能。

目标 5:到 2000 年,美国学生的数学和科学成绩在世界上处于领先地位。

目标 6:到 2000 年,每一位美国成人都是有教养的人,具有在全球经济中竞争所需要的知识和技能,拥有实施公民责任和权利的知识和技能。

目标 7:到 2000 年,美国的每一所学校都不存在吸毒、暴力以及不合法地拥有枪支和酒精的现象,形成一种有利于学习的有秩序的环境。

目标 8:到 2000 年,每一所学校都和家庭建立合作参与关系,以促进儿童在社交、情感和学习方面的发展。

在上述目标的指引下,美国在之后对教育的投入逐年增加,1990 年度美国

---

① The Editors of Education Week, *From Risk to Renewal*[M]. Washington, D. C. :Editorial Projects in Education, 1993:xiv.

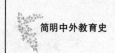

教育开支达到 3530 亿美元,占美国 GDP 的 6.8%,首次超过军费开支。1999 年美国的教育投入增加到创纪录的 6350 亿美元。当然需要指出,这些目标到 2000 年的时候并没有完全实现,但这的确反映出美国在联邦层次上对教育发展与改革问题的重视。

2. 开展课程改革

独立于 2000 年教育目标和国会行动之外,美国的一些代表科学、历史和数学的学术团体则推出了一些建议,有的还制定了总体的课程计划,以促使学校教授最新的学科内容。这些努力主要是为了解决许多学者所抱怨的美国学校教学内容过时的问题。

"2061 计划"就是一个这样的课程改革。"2061 计划"发起于 1985 年。这一年哈雷彗星光顾我们的星球,而下一次造访则要到 2061 年,故取名"2061 计划"。该计划旨在促使学生了解 21 世纪科学领域的深刻变化。"2061 计划"的目的在于促进整个美国的科学教育以确保所有美国中学毕业生都成为有科学素养的成人,至少对自然和社会科学、数学和技术领域的核心观念和技能有基本的了解。其他的一些课程改革包括由美国阅读委员会组织发起的"成为读书的民族"计划和由国家科学基金会组织发起的"科学/技术/社会"计划。国家写作计划通过写作教学的革新以促进写作技能的提高。1989 年,全国数学教师理事会编制了一种新的课程方针,强调学生不仅要了解数学,而且要应用数学。芝加哥数学计划从总体上对数学课程进行了修订,尤其关注普通学生和低年级学生的数学学习问题,避免这些学生出现掉队现象。除了这些努力之外,当时在所有的学科领域都出现了全国性计划,包括历史、地理和艺术,都关注教材问题并试图确立相应的课程标准。

所有这些课程改革计划的共同特点是相应学科领域的学者、教师教育者和课堂教师的共同参与。各条战线之间在观念和意见上一度森严的壁垒趋于消失。大学的理论研究人员到中小学课堂里观察学生的学习,而在大学校园里,中小学教师给大学的学者示范如何对广大中小学生教授相应的学科。

3. 加强师资队伍建设

1986 年 5 月,卡内基教育和经济论坛"教育作为一种专门职业"工作组发表了《国家为培养 21 世纪的教师作准备》的报告,开启了美国重视师资队伍建设的序幕。该报告呼吁人们认识到,教育改革成功的关键是建立一支与教育改革相适应的专业队伍,即一支经过良好教育的师资队伍。为了建立这样一支队伍,报告呼吁在教育政策上必须做出较大幅度的改革,主要包括:

(1) 建立一个全国教学标准委员会,成员由地区和州组成。它负责确定教师应达到多高的知识和能力标准,并为达到这些标准的教师颁发证书。

（2）改组学校，为教师提供一个良好的教学环境，使学校充分享有决定最好地满足州和地方对儿童培养目标的要求的权力。同时学校对学生的进步负责。

（3）改组教师队伍，在学校中推出一种新型的教师，叫做"领导教师"。他们在重新设计学校和帮助同事提高教育质量和教育水平中，显示出积极的先锋作用。

（4）把取得文、理科学士学位作为学习教学专业的前提条件。

（5）教育研究生院为攻读教学硕士学位制订的新的授课计划必须建立在系统学习教学理论、见习和中小学实习基础之上。

（6）调动国家资源培养少数民族青年从事教学职业。

（7）把对教师的奖励与全校学生的成绩挂钩，为学校提供必要的技术、服务和职员来提高教师的效率。

（8）使教师的薪金和职业前途能够与从事其他专职人员的工资和职业前途相匹敌。[①]

4. 成立全国志愿者网络

学校和学区网络的出现是美国 20 世纪 80～90 年代教育改革与发展中一个非常引人注目的现象。这些网络是一些松散的、志愿性的联盟，主要的网络包括由西奥道·塞泽尔（Theodore Sizer）领导的精英学校联盟（the Coalition of Essential Schools）、以詹姆斯·考默尔（James Comer）的新天堂学校发展计划为范本的学校网络、约翰·古德莱得（John Goodlad）的全国教育改革网络、罗伯特·斯莱文（Robert Slavin）发起的为了所有学校的成功学校网络、亨利·莱文（Henry Levin）的加速学校网络（目前在美国的 40 多个州已有 1500 多所学校）、由斐·德尔塔·卡珀学会领导的价值驱动学校联盟等等。在这些网络中的学校都持有共同的教育理想或一套理念。例如，精英学校联盟中的中学在实践中致力于实现以下的原则：帮助青少年充分地使用他们的头脑；教授基本技能并促进某个领域知识的掌握；将学生视为工作者，不将教师视为信息的传递者；强调学生学会如何学习；在学校环境中思考信任、庄重、容忍和宽宏大量等价值观念；寄予学生更多的期望而不威胁他们。[②]

在联邦层次或全国范围的教育改革中有两个明显的特征。一是国家对教育的影响日益成为一种强势舆论；二是各州改进课程标准的要求越来越强烈。当然，大多数的改革都是志愿性质的，地方学校及其所在的社区在其中的作用是最重

---

① 吕达、周满生：《当代外国教育改革著名文献：美国卷》（第 1 册），人民教育出版社，2004 年版，第 252～253 页。

② Theodore Sizer. *Horace's School：Redesigning the American High School*[M]. Boston：Houghton Mifflin, 1992：207～208.

要的。这一事实有助于使人们避免形成"学校国家化"之类的反美国传统的认识。

（二）各州的教育改革

尽管《国家处在危险中》唤起了整个美国对教育的关注，而且联邦政府采取了一些影响教育改革与发展的措施，但是大量的教育改革都是由各州和地方社区发起的。教育成为州政府和市长办公室的热门话题，在各州都形成了遍及全州的改革力量。各州州长、立法人员、州教育委员会以及大量的市民组织和基金会都成为发动改革的主力。在 1983 年末，美国建立了 54 个州一级的教育改革委员会，一年以后则达到了 100 多个。① 数不清的地方社区建立了应对"学校危机"的蓝带委员会。当然，各州改革的出发点和侧重点有很大差异，但是，所有的改革组织都希望学校能够走出平庸，提高质量，追求优异。为了实现这些共同的目的，各州采取了一些共同的措施：

1. 提高毕业要求

为取代一到两年的英语和历史学习要求，一些核心课程必须学习三到四年时间；要获得普通中学毕业证书，必须学习科学和高级数学。不考虑学生成绩，只要与他们的同龄人待在一起就可以升级的"社会晋升"观念，在巨大社会压力的推动下，在许多地方被废除了。

2. 延长学日和学年的长度

在许多教育者看来，短的学日和较长的假期是造成美国学生成绩差的主要原因之一。近来的研究也表明，在 90% 的情况下，学生在课堂上用功较多提高了学习成绩。美国很多地方学校学日的长度由五个半到六个小时延长到六个半到七个小时。在大多数州，学年的长度由过去的 170 天～175 天或更少延长到 180 天，有 34 个州超过了 180 天。② 不过，虽然许多改革研究报告建议美国的学校应该效仿日本（240 天）和德国的做法（216 天～240 天），但是没有哪一个州及相关的学区迈出这么大的一步。其中最重要的原因就是这样做需要增加大量投入。

3. 实施全州范围的测验

改革组织和州立法机构都需要了解他们为改革所做的努力和投入的资金是值得的，要求明确责任。其结果是对测验和评价越来越感兴趣。在 20 世纪 70 年代，几乎没有哪一个州实施全州范围的测验计划，以评定学生是否达到州的最

---

① Thomas Toch. *In the Name of Excellence*[M]. New York：Oxford University Press, 1991：33.

② The Editors of Education Week, *From Risk to Renewal*[M]. Washington, D. C. ：Editorial Projects in Education, 1993：64.

低课程标准。但是到 1995 年时,有 40 个州有了这样的计划。①

当然,全州范围的测验运动是一把双刃剑。全州通考的成绩被视为教育的"报告卡",是决策者和公众评价学校的主要媒介。但是这其中也存在一种极大的危险:"考什么,教什么。报告什么,教什么。"因而,许多人相信,对测验和责任的要求已经引起了受测验驱动的教学,在学校中不可避免地出现"为考试而教"的现象。虽然说出现了呼吁真实测验的声音,但并没有在实践中普遍实施。

4. 对教师提出更高的标准

20 世纪的最后 20 年,由各州所实施的改革努力中,提高美国教学队伍的素质是一个最主要的措施。其中有三项具体的措施是最值得注意的:教师能力测验、教师教育更高的准入要求和职级提升计划。

教师能力测验这项措施并不是什么新的举措,但是在 20 世纪 80 年代却得到了极为广泛的应用。到 20 世纪末,已有 43 个州存在教师能力测验形式,一般在教师候选人完成教师教育计划或获得州许可证之前进行。② 第二项措施与教师教育有关。美国各州的立法使教师资格要求及大学和学院的教师教育都发生了变化。总起来说,这种变化主要是提高博雅教育的要求,减少教育专业的课程,以及提供更好的教育专业课程。自 1983 年《国家处在危险中》发表以来,美国除两个州以外,都提高了教师教育计划的准入标准,或制定了统一的职前教师准备课程标准。③ 第三项措施是职级提升计划。批评者一直抱怨美国教学职业结构的"平面性"。批评者经常这样说:"新教师在开始他们的职业时需要承担太多的责任,而一旦他们真正地学会了教学,则几乎没有机会最大限度地发挥他们的作用。在教育领域唯一的提升方式就是使他们离开学生,成为指导咨询者或管理者。"④在这种舆论和州立法的推动下,实施了各种教师专业计划,如老教师计划、职工区分计划、为新教师设立导师计划等等。一般来说,这些计划都是给有经验的教师新的责任和角色以及新的报酬。尽管这些改革措施只是有限度地得以实施,但是这些新的角色,如导师或队伍带头人等给教师提出了新的挑战,也使教师愿意一直从事教学工作。

5. 给教师较高的薪水

20 世纪 80 年代的许多报告揭示的一个主要问题是教学队伍较低的报酬制

① *Digest of Education Statistics* 1995[M]. Washington D. C. : U. S. Department of Education, National Center for Education Statistics, 1995:150.

② *Digest of Education Statistics* 1995[M]. Washington D. C. : U. S. Department of Education, National Center for Education Statistics, 1995:149.

③ Emeral A. Crosby. The "At-Risk" Decade[J]. *Phi Delta Kappan*. April 1993:603.

④ Kevin Ryan, James M. Cooper. *Those Who Can , Teach*(Eighth Edition) [M]. Boston & New York:Houghton Mifflin Company, 1998:433.

度。虽然职级提升及其他计划丰富和扩展了教师的角色,是对教师的一种报酬,但要吸引有天分的学生加入到教师队伍中来,并留住原有的教师,为教师提供较高的薪水无疑是一个重要选择。从 1983 年到 1993 年,教师平均薪金增长的速度是通货膨胀速度的两倍,在有些州的增长则更多。从 1982～1983 学年到 1988～1989 学年,康涅狄格州教师的平均薪水增加了 98%,佛蒙特州增长了 75%,弗吉尼亚州增长了 55%,南卡罗莱纳州增长了 53%,加利福尼亚州增长了 50%。①

另外,美国各州打破了原有固定以学年或教授学科门数支付报酬的做法,实行成绩薪水,为一些特殊的服务提供报酬。提高起步薪水也是增加教师报酬的一个重要措施。例如,20 世纪 80 年代中期,美国教师职业的起步工资是 12000 美元～13000 美元之间,到 20 世纪 90 年代中期,新教师的起步薪水则升到 24000 美金。有些州和学区的教师起步薪金达到或超过 30000 美金。②

需要指出,尽管各州的教育改革运动具有许多共性,有些州还是采取了与其他州不同的改革措施以追求教育质量的提高。像加利福尼亚、南卡罗莱纳、尤其是肯塔基是这方面的典型例子。例如,肯塔基高级法院宣布本州的整个教育制度是违宪的,并通过了肯塔基教育改革法案。法案宣称,所有的孩子都可以进行高水平的学习,学校是改革的中心。其改革策略的核心包括三个要素:制定一套世界级的课程标准;全州范围的真实评价制度;对学校实施新的报酬结构,将资金等的支持与学生成绩的变化联系起来。例如,肯塔基的课程标准对学生提出了许多要求,下面是其中的三项:学生能使用研究工具确定和寻找与具体需要或问题有关的信息资源;学生能够确定、比较、建构并使用各种模式(Patterns)认识和解释过去和现在的事件,并预测未来的事件;学生通过写作,为了不同的目的,使用不同的方式与不同的受众交流思想。在评价上,肯塔基教育改革法案要求使用合作学习策略、数学操作、教师小队教学、语言艺术综合学习、学习中心和作品集等方式对学生进行评价。

(三)地方教育改革

正如美国参议院已故发言人蒂普·欧奈尔(Tip O'Nell)经常所说的:"所有政治都是地方的。"③在教育问题上也是如此,因为儿童总是在地方学校,而不是

---

① Thomas Toch. *In the Name of Excellence* [M]. New York: Oxford University Press, 1991: 186.

② Thomas Toch. *In the Name of Excellence* [M]. New York: Oxford University Press, 1991: 186.

③ Kevin Ryan, James M. Cooper. *Those Who Can , Teach* (Eighth Edition) [M]. Boston & New York: Houghton Mifflin Company, 1998: 435.

在州议会大厦或华盛顿特区接受教育。像精英学校联盟计划虽然是全国范围的,但是计划的实施却是在学区的指导下由地方学校具体完成的。

当然,就目前而言,绝大多数发生在学校的教育变革都是在各州教育局的指导下进行的。自20世纪80年代以来,州政府投入了大量的资金和精力支持学校的改革。由地方发起的教育改革虽然一直没有停止,但是部分由于资金的短缺,改革的步伐缓了下来。就目前而言,各州往往根据地方是否接受州的指导给予或撤回资金,这就意味着地方教育委员会控制教育的权力减弱了。前面提到的肯塔基教育改革法案就是一个典型的例子。州一级的法官、立法者和教育官员在告诉肯塔基的地方学校必须如何进行改革,应该教什么,甚至如何教都越来越多地为各州政府所控制。

另一方面,地方教育委员会以及在高度分权制度下的15000个学区——这些教育决策和权力中心,都积极地参与了由联邦和各州发起的教育改革。另外,由联邦或州所发布的绝大多数改革理念都是由地方传递上去的,总是首先在地方的层次上产生。这些改革理念成为全州甚至全国的,就是因为这些在地方水平的改革是成功的。像模块计划(Block Scheduling)、单性别学校、校服,以及校本决策等等都是来自于地方学校的改革努力。

(四)教育改革的主题:优异

对美国20世纪最后两个十年所实施的各种试验计划、课程改革和其他改进学校的努力进行一番系统的考察,就不难发现在真正的和持续的教育改革中总是贯穿着这样一个共同的主题,即优异。

美国公众,包括教育界的学者普遍认为,虽然追求优异是教育改革的一个永恒主题,但在美国的学校却很少听到这种声音。20世纪80年代以来,尤其是1983年美国创优教育委员会①推出《国家处在危险中》以来,追求优异,追求教育质量的提高,提高学生的成绩就成为一个最重要的主题和驱动力。

所谓优异是指必须在全国建立更高的学习标准,年级和分数必须反映真正的成绩,对学生的评价要集中于真正的掌握,学生对于自己的学习承担严肃的任务。学校不应该只是通过积极的强化提高自尊,而应该把自尊当作学习成绩优异的一个副产品。也就是说,不是把自尊给学生,而是教师通过设立学习情境让学生自己赢得自尊。

追求优异这个主题在各个层次的教育改革中都有体现。联邦政府和州政府

————————————

① 我国有很多学者将"National Commission on Excellence in Education"译为美国高质量教育委员会。

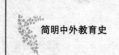

正通过提高学习要求和标准对教育制度进行调整。学术界和教师一起协作，撤换过时陈旧的课程内容，代之以新的先进的学科知识。教师教育也提高了培训的要求，并增加了准备内容。地方教育委员会则增加了学日和学年的长度。而其他改革的主题如主动学习、社区、真实评价、学会学习、择校、品格教育等无不以优异为核心。

七、新世纪的教育改革

随着 20 世纪最后两个十年美国教育改革的不断深入，教育领域发生了许多重要的变化，具体表现为学生测验分数的不断提高。但同时人们也认识到，经济繁荣所依靠的学校的质量并没有获得普遍提高，所以，对教育改革的呼吁一直持续到了新世纪。

新世纪的教育改革是由 21 世纪美国第一任总统乔治·W. 布什提出的，包括在教育计划《不让一个孩子掉队法案》中。这一法案是自 1965 年《中小学教育法案》颁布以来影响最广泛的教育改革法案。《不让一个孩子掉队法案》的影响远远超出了联邦政府的角色所发挥的作用，它为各州提供了教育改革的框架、动力，要求各级各类学校努力开设符合各州课程标准所规定的课程，提高学生的成绩，聘任高质量的教师，并承担起对公众的责任。

布什教育计划的基石《不让一个孩子掉队法案》包含在 2001 年重新核准的《中小学教育法案》中。法案长达 1200 多页，它的通过获得了两党的广泛支持，标志着联邦政府参与教育事务在方向上发生了重大的扩展和变化。法案同时扩大了州和地方学区的法律责任。《不让一个孩子掉队法案》的目标是使所有学生到 2014 年都能在各个年级达到熟练水平。其资金主要用于提高低收入和少数民族学生的成绩，让学校为所有学生的进步承担责任，给家长更多的选择，使学区可以根据当地的需要灵活支配联邦政府拨付的资金。

《不让一个孩子掉队法案》扩展了联邦政府在教育上的作用和发生作用的方向，主要表现在四个方面。[①] 第一，《不让一个孩子掉队法案》不像先前的联邦法律那样仅仅限于一些特殊的目的或仅指向孩子们的一些特殊需要，而是指向美国所有公立学校的每一名学生和每一位教师：所有 3～8 年级的学生都要参加考试；所有的学生都要达到所在年级的熟练水平；所有的教师都是高质量的。第二，《不让一个孩子掉队法案》改变了联邦政府参与教育的根本目的。从历史上

---

① J. Jennings. Knocking on your Door[J]. *Ameircan School Board Journal*, 189(9), 2002:25. 27.

看,联邦政府干预教育都是基于这样的前提:一个受过教育的公民会对国家的政治、经济、福利做出贡献。然而,《不让一个孩子掉队法案》明确指出:国家对教育的支持不再仅仅是支持一些特殊的服务项目,而是提高学生的学业成绩。第三,联邦政府角色的变化与扩大,明显地表现为将测验分数看作衡量学生学业成绩的指标和年度发展的决定因素。最后,也是极为重要的,在美国历史上联邦政府第一次参与了教学人员的资格认定。各州依然颁布教学资格证书,但怎样才算是"高质量的教师",则由联邦政府来确定,并适用于各州。

《不让一个孩子掉队法案》也扩大了州和地方的责任。最近的二十多年里州政府越来越多地介入到了一直由地方教育委员会负责的教育事务中来。部分原因是州承担更多的财政责任,部分则是学校改革运动及伴随 1994 年《中小学教育法案》的实施对标准、测验和责任评价重视的结果。《不让一个孩子掉队法案》进一步扩大了州政府的角色。法案规定,各州必须要编制、扩展现存的学生评价体系,为那些有待改善的学校提供技术支持。法案也规定了各州的主要责任是确保到 2005 年~2006 年所有的教师都是高质量的,并提交关于实现这一目标上取得进步的年度报告。实际上,法案是要求各个州通过建立符合标准的课程和评价体系,提供高质量的教师等来促进学生学业成绩的提高。

为确保不让一个孩子掉队,美国联邦教育部在吸收各界意见的基础上提出了一些具体的改革措施,主要包括:提高教师素质;加大家庭参与学校教育的力度;强调阅读领先;关注英语水平有限的学生;加强学生的科学和数学素养教育;创建安全学校;建立起学校对学生学习成绩负责的机制;授予家长择校权力;加强对学校的评估等等。

《不让一个孩子掉队法案》所制造的高压氛围对美国教育产生了重要影响,联邦政府、州和地方政府、学校和教师等都积极地投入到了教育改革中来,并取得了一定的成绩。但是,这种高压氛围也产生了明显的消极作用。主要的副作用是导致许多教师、行政人员都改变了过去一些行之有效的实践方法。有些人甚至做出了不道德的行为,包括擅自更改测验成绩,捏造辍学率,将成绩差的学生赶出学校系统,用官僚政治的分类方法对学生进行分类,以便隐藏学生的注册状况或毕业失败的情况。[1] 压力同样存在于下列群体中:测验公司、州教育局要制定有效、可靠的标准化测验;学生要达到或超过年级的熟练水平;教师、学校要获得好的分数以避免失去联邦政府的资金和良好的声誉,甚至是工作。如何消除这些压力,减少法案的实施所造成的高压氛围所产生的消极作用,是以后美国教育改革所面临的一个重要挑战。

---

① M. F. Goldberg. The Totle Mess[J]. *Phi Delta Kappan*, 85, 2004:361~366.

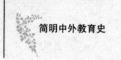

第二节　杜威的教育思想①

约翰·杜威(John Dewey，1859年～1952年)，美国最有创见、最渊博的哲学家以及最有影响的教育思想家之一。他把教育问题放置在广阔的社会大背景中进行研究，从而发现了新的教育内涵。

杜威1859年生于美国佛蒙特州的伯林顿，他的父亲是当地的零售商。1875年9月，杜威进入了佛蒙特大学，并对哲学研究产生了兴趣。大学毕业后，杜威先后在宾夕法尼亚州石油城和家乡的一所中学任教。1882年，杜威进入霍普金斯大学攻读研究生学位，主修哲学。在霍普金斯大学鼓励学术创新的氛围中，杜威广泛涉猎历史学、政治学、生物学、逻辑学、伦理学、心理学、教育学、德国哲学等学科知识，1884年，杜威获得了霍普金斯大学的博士学位。从1884年到1894年，除了一年短暂的时间在明尼苏达大学工作以外，杜威一直在密执安大学任教。密执安大学民主的环境和学术自由的氛围，强化了杜威内心对于民主的信念，促进了杜威"工具"实用主义思想的萌芽。

1894年，杜威接受了新成立的芝加哥大学的聘请，担任哲学、心理学和教育学系的主任，并从事研究生的教学工作。在这一时期里，他不仅形成了独具特色的哲学、心理学思想，而且还主持和领导了影响深远的"芝加哥大学实验学校"(Chicago University Laboratory School)的实验。1904年，杜威前往哥伦比亚大学哲学系和师范学院任教。在哥伦比亚大学期间，杜威发表了集中反映其教育理论的教育著作《民主主义与教育》。1930年杜威从哥伦比亚大学退休后，依然笔耕不辍，1952年杜威逝世，享年94岁。杜威一生大约出版了40本著作，发表了700多篇文章，②在哲学、教育学和心理学等方面均取得了辉煌的成就。

一、教育本质论

杜威用"教育即生活、教育即生长、教育即经验的改造"来概括教育的本质。

(一)教育即生活

杜威认为，传统教育或多或少地为遥远的未来做准备，似乎儿童时代是成人生活或他自己人生的准备期。在这种关于教育根本看法的指导下，传统教育总是把过去已经拟订好的知识和技能体系作为学生学习的教材，因而学校的主要

①　本节中课程与教学论以及道德教育论部分，基本上是以河北大学荣艳红博士在贺国庆等主编的《外国教育史》中的相应内容为基础完成的，已经获得了荣博士的允许，在此表示感谢。

②　滕大春：《外国教育通史》(第5卷)，山东教育出版社，1993年版，第288页。

任务就是把这些体系化的知识和技能传授给新的一代,并形成与过去的各种行为标准和规则相一致的行为习惯。而在实践上,传统教育往往采取自上而下的灌输方法,将适合成人需要的种种标准和教材强加给尚未成熟的儿童。这种教育不仅严重地脱离了儿童的生活和实际,而且也不适合儿童的能力和需要,必然扼杀儿童的天性和个性。

与传统教育相反,"进步教育认为儿童不是个小成人,而且绝对不可单纯地把他当作一个书生对待,这是有充分的心理学根据的。卢梭是最早唤起我们注意这一事实的人之一。卢梭说过:期望还未达到推理年龄的儿童去埋头学习抽象理论,是毫无益处的。反之,儿童应当学习通过他的亲自发现所能理解的事物。卢梭的信徒们敦促教师把儿童在学校学的东西同家里及在本地社会中将要经历的东西结合起来。"①关于将学校与社会和家庭联系起来,杜威做了比较系统的说明。杜威指出,"教育是生活的过程,而不是将来生活的预备","学校必须呈现现在的生活——即对于儿童来说是真实而生气勃勃的生活。像他在家庭里,在邻里间,在运动场上所经历的那样。"②可见,杜威认为,儿童的教育不是为其日后的成人生活做准备,教育就是现在的生活。这也是杜威关于教育本质的第一层含义。

教育就是儿童现在生活的过程,而不是将来生活的预备。教育就是要给儿童提供保证生长或充分生活的条件,而不问他们年龄的大小。杜威将要求教育重视儿童现在生活的内在价值,使儿童从目前的生活中得到乐趣,而不仅仅将现在的生活视为为另一种生活做预备的工具与手段。这种认识,尤其在我们国家,具有很强的现实意义。

(二) 教育即生长

"教育即生活而不是生活的预备"这个命题应该说是杜威关于教育本质的最根本的看法。如果从这个命题的纵向意义上来看,教育与人的一生的生活共始终,所以,"我们最后的结论是,生活就是发展;不断发展,不断生长,就是生活。"③

在杜威看来,生活就是生长,教育是人的一生持续不断的生长、发展过程,"因为生长是生活的特征,所以教育就是不断生长;在它自身以外,没有别的目的。学校教育的价值,就看它创造继续生长的愿望到什么程度,看它为实现这种愿望提供方法到什么程度。"④在他看来,所谓的"生长"就是指儿童本能发展的

---

① 陈友松主编:《当代西方教育哲学》,教育科学出版社,1982年版,第79~80页。
② [美]杜威:《杜威教育论著选》,赵祥麟、王承绪编译,华东师范大学出版社,1981年版,第4页。
③ [美]杜威:《民主主义与教育》,王承绪译,人民教育出版社,2001年版,第58页。
④ [美]杜威:《民主主义与教育》,王承绪译,人民教育出版社,2001年版,第62页。

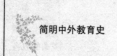
各个阶段,不仅包括身体方面,而且也包括智力和道德方面。但是杜威认为,只有在生活的过程中,才能发生"生长",而且,只要有生活,只要个体与环境发生相互作用,就会自然的生长,所以,生长不是由外部强加进来的事情。但是儿童的生长是有条件的。杜威认为,生长的基本条件是"未成熟状态"。这种未成熟状态不表示一无所有或缺乏的意思,而是表示积极的、向前发展的能力。这种未成熟状态有两个特征,即依赖性和可塑性。

（三）教育即经验的改造或改组

"教育即经验的改造或改组"是杜威关于教育本质认识的第三个命题。这个命题与"教育即生活"有着休戚相关的联系。如果说,从教育即生活的纵向意义,即生活的历程来看,可以说教育即生长,教育即发展,那么从生活横向的方面,即生活各个方面的内容来看,可以说教育即经验的改造或改组。在杜威看来,生活就是有机体与环境的相互作用,而经验就是从这种相互作用中产生的。在人与环境相互作用的过程中,由于环境始终处于变动不居的状态之中,为了能够不断地适应环境以求得与环境的平衡,人就必须改造或改组其既有的经验,所以,经验的改造或改组乃是使生活得以继续的手段。而"这种经验的改造或改组,既能增加经验的意义,又能提高后来经验进程的能力"①,这对于生活和生长都是非常重要的。

二、教育的目的论

目的是使活动有方向、有意义的前提。杜威认为:"教育一事,不可以无目的。无目的的则如无舵之舟,无羁之马,教育的精神从何发展,其结果必不堪设想。"②杜威反对为任何教育活动确立一个外在的、固定的和终极的目的。在杜威看来,教育本身没有目的,只有人才有目的。而在教育活动中的人主要有两类,一是教育者,而是学习者,即学生。很显然,教育活动主要解决的是学生发展的问题,虽然教师在这个过程中也有发展与成长,但那不是教育的根本目的,充其量只是教育活动的一个副产品;学生的发展与成长才是教育活动要解决的主要问题。因为只有人才有目的,而学生是教育的中心,所以,只有学生的目的才能成为教育的根本目的。而学生的目的就是生长,所以教育的目的只能是生长。而学生或儿童生长的过程就是儿童生活的过程,也就是教育的过程。概言之,杜威强调教育无目的的时候,反对的是从外部强加给儿童一个目的,当杜威说教育

---

① ［美］杜威:《民主主义与教育》,王承绪译,人民教育出版社,2001年版,第87页。

② ［美］杜威:《杜威在华演讲集》,见《杜威教育论著选》,华东师范大学出版社,1981年版,第439页。

有目的的时候,则指学生的生长是根本的目的。

三、课程与教学论

(一) 课程与教材

杜威首先对传统的课程与教材进行批判。首先,传统的课程与教材是投合人们"静听"的需要的,仅仅投合了人们研究、积累知识和掌握学术的愿望,而没有考虑人们制造、做、创造、生产的冲动和倾向。其次,传统课程与教材是脱离儿童的经验生活的。与儿童经验的狭隘性相比,学校课程在内容上是无限地回溯过去,同时从外部无限地伸向空间。"儿童的小小的记忆力和知识领域被全人类的长期的多少世纪的历史压得窒息了。"最后,传统课程与教材对知识的条块分割也是非常严重的。当整个知识的领域被划分为若干的学科,一门学科被划分为若干块块,再指定哪一块归课程里的哪一年,这种非常普遍的课程与教材编排方法,不仅与儿童生活的整体性、统一性和连贯性相矛盾,同时也肢解了教育的统一性。

针对传统课程与教材的弊端,杜威提出了消除这些弊端的要求,即课程与教材的心理学化。在杜威看来,课程与教材的心理学化要满足四个要求:一是课程与教学统一于儿童的生长和发展,是一个整体;二是课程与教材要有兴趣,能引起儿童自发的、直接的注意;三是课程与教材要与社会生活联系起来;四是课程与教材要符合儿童心理发展的循序。杜威将课程与教材的内容分为三类:第一类是主动作业,包括游戏、体育活动以及手工训练在内的各种形式的活动。第二类是给儿童提供关于社会生活背景的科目,包括历史和地理。第三类是给儿童运用理智的交流及探究的方法的科目,包括阅读、语法、数学和自然科学。[①]

(二) 从做中学

杜威对以教师、教科书和教室为主中心的传统教学方法持批评态度。在杜威看来,传统教学在教室这个固定的场所里进行,教师在讲台上向学生讲授由成人编就的强调系统性和逻辑性但往往不合儿童理解力的教科书,学生则坐在固定的位置上静听和记诵。杜威认为,通过这种方式所获取的知识用来应付考试和升学可以,但学生并没有真正掌握它。儿童处于消极被动的地位,兴趣和爱好往往被漠视和压制,学习也就没有真正的乐趣。杜威相信,应该改变这种教师讲、学生听的教学方式为师生共同活动、共同经验的教学方式,书本降到次要的地位,活动和经验是主要的,教学活动也不应该局限于教室这种狭隘的空间内。

[①] 单中惠:《现代教育的探索——杜威与实用主义教育思想》,人民教育出版社,2002 年版,第 323页。

杜威要形成的这种教学方式就是"从做中学"（Learning by doing）方法，实际上就是一种在经验的情境中思维的方法。

杜威所理解的"从做中学"，是与儿童在家庭生活中普遍采用的学习方式相一致的，即儿童从自身的活动中学习，从自身的经验中学习。这种学习方式在最大程度地尊重儿童天性的基础上，也给予了儿童更多的学习主动性。

（三）思维与教学

杜威是将思维与教学联系起来讨论教学论的问题的。杜威提倡的思维是反省思维，"就是有意识地努力去发现我们所做的事和所造成的结果之间的特定的联结，使两者连接起来。"① 杜威认为，思维的功能"在于将经验到的模糊、疑难、矛盾和某种纷乱的情境，转化为清晰、连贯、确定和和谐的情境"。② 因此，没有某种思维的因素便不可能产生有意义的经验，思维就是有教育意义的经验的方法。就学生的心智而论，学校为学生所能做或需要做的一切，就是培养他们思维的能力，而教学的各个过程，它们在培养学生优良的思维习惯方面做到什么程度，就统一到什么程度。

杜威认为，反省的思维不会凭空而起，当一个含有困惑或疑难的情境产生时，才会引起思维。杜威将反省的思维从产生到终结划分为5个阶段：第一，困惑、迷乱和怀疑的情境，这是反省思维产生的必要条件；第二，推测预料，确定疑难的所在，从疑难中发现问题；第三，审慎调查一切可以考虑的事情，提出解决问题的多种假设；第四，完善假设，使假设更加精确，更加一致，力争与范围较广的事实相符；第五，将假设应用于行动，检验假设。杜威认为，一般来说，思维的五个阶段，并不依照固定的次序出现，它们可以结合起来，或者匆匆掠过。另外，在真正思维的每一个阶段，都可以引发新的问题，促进新的假设的形成。杜威指出，教学法的要素和思维的要素是相同的。从思维的5个步骤或阶段，可以推演出教学法的5个步骤或阶段，"第一，学生要有一个真实的经验的情境——要有一个对活动本身感到兴趣的连续的活动；第二，在这个情境内部产生一个真实的问题，作为思维的刺激物；第三，他要占有知识资料，从事必要的观察，对付这个问题；第四，他必须负责有条不紊地展开他所想出的解决问题的方法；第五，他要有机会和需要通过应用检验他的观念，使这些观念意义明确，并且让他自己发现它们是否有效。"③

---

① ［美］杜威：《民主主义与教育》，见任钟印编《世界教育名著通览》，湖北教育出版社，1994年版，第1111页。

② ［美］杜威：《我们怎样思维》，见《杜威教育论著选》，华东师范大学出版社，1981年版，第298页。

③ ［美］杜威：《民主主义与教育》，见任钟印编《世界教育名著通览》，湖北教育出版社，1994年版，第1114页。

杜威的五步教学法,更多的是一种探究式、发现式的教学方法。这种教学方法,与杜威的课程与教材理论相适应,在激发学生更多的求知主动性的同时,促进了积极的思考,鼓励了创新的精神,对于打破传统教育静听式的知识授受关系有着巨大的意义。但是,这种方法在一定程度上,对于教育设施、教育管理者和教师等都提出了更高的要求,在应用中也需要更多的教育智慧。比如,该教学法对教学情境的创设提出了更高的要求,它要求教学情境能够直接引发儿童的困惑,推动儿童的求知;同时,这种方法也要求教师要有更高技巧,能够帮助儿童从困惑中找到真正需要解决的问题,并指引儿童自己去发现解决问题的办法。因此,正像杜威所说的:"简括地说,教学方法是一种艺术的方法,是受目的明智地指导的行动的方法。"①教学方法来源于具体的教育情境,简单地认为教学法就是把教学上可以遵循的配方和模式交给教师的想法,没有比它给教育理论带来更坏的名声了;同时教学方法也是因人而异的,因为如果设置一个环境,使儿童在工作或游戏中进行有指导的作业,促进灵活的个人经验的生成,那么,所确定的方法将因人而异,因为每个人肯定都有他特有的做事情的方法。

四、道德教育

作为实现民主理想的有力工具之一,道德教育在杜威的教育思想中占据着重要的位置。杜威是从广阔的社会生活的角度来看待道德概念的。他说,所谓道德,潜在地包括我们的一切行为。而"所谓的德行,就是说一个人能够通过在人生一切职务中和别人的交往,使自己充分地、适当地成为他所能形成的人"。②正因为杜威将个人的一切行为放置在社会合作和交往的大背景中进行检验,所以杜威认为当时学校道德教育的原则、标准、内容、理念和形式等存在诸多的问题。

首先,学校道德教育的原则与社会精神的矛盾。杜威举例说,教室中的学习单纯地为了吸收事迹和真理,完全变成了个人的事情。由于缺乏鲜明的社会动机,即使有了成绩,也不能明显地有益于社会。同时,学校的评价体系又使竞赛几乎成了衡量学习成绩的唯一手段,这种倾向强化了个人之间的竞争,非常不利于以合作互助为特征的社会精神的培养。其次,学校的道德教育标准与社会的分离。杜威认为,学校的全部机构,特别是它的具体工作,其中也包括道德教育,都需要时时从学校的社会地位和功能来加以考虑,根本没有独立的学校道德教

① [美]杜威:《民主主义与教育》,见任钟印编《世界教育名著通览》,湖北教育出版社,1994 年版,第1115 页。
② [美]杜威:《民主主义与教育》,见任钟印编《世界教育名著通览》,湖北教育出版社,1994 年版,第1146 页。

育标准。再次,学校的道德教育内容被局限在狭窄的范围内。杜威指出,当时学校的道德教育常被局限于公民权的训练,而公民权又被狭义地解释为能够明智地投票、能够服从法律等等。杜威认为这样限制和束缚学校的伦理责任是无益的。第四,学校道德教育的理念是病理式的。杜威认为当时学校道德教育的重点被集中于矫正错误的行为,却没有注意到儿童积极服务习惯的养成,这是明显有失偏颇的。第五,学校道德教育的形式化倾向。杜威认为,学校虽然也着力培养学生的一些永久的和必需的道德习惯,但是这些做法往往是从学校制度本身出发,而不是从学生感情的兴趣出发,因此是形式化的。

正是基于对传统学校道德教育的批判,从民主主义的信念出发,杜威提出了学校道德教育的一些很有启发性的原则。

首先,学校道德教育不是单纯的道德教育的问题,而是学校制度本身的问题,必须从雏形社会的构建来考虑道德教育。杜威说,必须改变学校是专为学习功课的场所的观念,使学校成为雏形的社会生活,具有社会生活的全部含义,并且与校外的社会生活协调一致。因为,只有在社会情境中,通过儿童主动的建造、生产和创造活动,伦理的重心才能从自私的吸收转到社会性的服务上,儿童的社会观念和兴趣才能发展。同时,也只有在社会的情境里,儿童才能学会平等相处、交流和合作。"教育不只是这种生活的手段,教育就是这种生活,维持这种教育的能力,就是道德的精髓。"①

其次,学校道德教育不是直接的道德教育的问题,而必须从学校生活的所有机构、手段和资料等道德成长的整个情境来考虑道德教育。杜威说,直接道德教育的影响,即或是最好的,总是相对地在数量上是比较小,在影响上是比较轻微的。但是,如果从学校整个道德成长的情境来考虑道德教育,就有可能产生持久且强大的教育合力。他主张发挥学校生活、教材、教法"三位一体"的道德教育主渠道的功能,处理好知识授受与儿童行为的关系问题,努力在知识的方法、题材与道德之间建立起有机的联系,力促知识和寻常的行为动机、人生观的融合,以有效避免直接的道德教育的狭隘性,同时使道德教育远离说教。

第三,学校的道德教育不是外在的行为,而必须从儿童的心理和感情出发。杜威认为,道德教育必须立足于儿童的天赋和本能的冲动,如果忽略这一点,儿童的道德行为就有可能变成机械的模仿或者难以控制,当儿童的力量没有用于适当的活动,学校道德教育就只能成为防范和纠正儿童犯规的行为。另外,杜威还指出,儿童的道德行为同样是一个需要注入自我感情的行为。杜威认为,仅有最好的判断力还不足以产生预期的行为,因为除了需要力量去克服实行上的困

---

① [美]杜威:《民主主义与教育》,见任钟印编《世界教育名著通览》,湖北教育出版社,1994年版,第1147页。

难,同样还需要个人敏感的反应——感情的反应。在这方面,杜威仍然主张儿童在雏形的社会生活中,从事于自己感兴趣的活动,"对于从生活的一切接触中学习感到兴趣,就是根本的道德兴趣。"①也只有这样,才能有效克服学校道德教育形式化的倾向。

杜威的道德教育概念,从民主主义的信念出发,在促进社会交往和社会合作的基础上,力求个性全面和充分的发展,它有力地扩展了传统道德教育概念的内涵与外延,达到了个性与社会性的统一;同时,杜威还为道德教育指出了一条在学校雏形的生活中,利用多种途径,通过儿童积极主动地参与来实施的更为宽广、灵活和高效的道路。可以说,杜威的道德教育思想是同时代人的一个高峰。

本章小结

从殖民地时期一直到现在,美国教育改革的步伐一直没有停止过。美国人的危机意识和改革意识是各民族中最为强烈的,在教育领域则表现得尤为明显。正是在不断改革、不断发现问题并不断解决问题的过程中,美国的教育逐步发展完善,成为当今世界上最发达的教育制度。美国教育的历史表明,不论教育如何改革与发展,都始终围绕着两个重要的主题:一是提高教育质量,二是确保教育公平。当教育发展到一定程度,公平和优异就成为教育改革与发展的最重要的主题,其他改革的主题无不都是为了促进教育公平和提高教育质量。

作为一个有着广泛和深远世界影响的教育家,杜威的教育思想是其哲学、政治和社会等思想的自然延续。可以说,正是看到了教育在促进儿童的个性与能力发展、培育社会合作互助的精神等方面所具有的无与伦比的作用,杜威将改造旧的传统的教育作为社会改造的基础,将新的教育精神、教育内容和教育形式作为实现民主的有效途径和得力的工具,从而大大拓展了教育的领域和视野,提升了教育的社会价值,赋予了教育更强的社会功能。

∠ 思考题

1. 分析殖民地时期美国教育的主要特征。
2. 独立战争后美国民族教育的初创时期公立教育发展的主要表现。
3. 南北战争后美国确立了怎样的国家教育制度?
4. 20 世纪上半叶美国现代教育发展的主要表现。
5. 二战后美国追求教育公平的主要表现。

---

① [美]杜威:《民主主义与教育》,见任钟印编《世界教育名著通览》,湖北教育出版社,1994 年版,第1147 页。

6. 20 世纪 80～90 年代美国教育改革是如何围绕优异这个主题来进行的？

7.《不让一个孩子掉队法案》对美国教育管理制度的影响。

8. 杜威对教育理论的主要贡献。

∠ 参考文献

1. 滕大春. 外国教育通史：第五、六卷［M］. 济南：山东教育出版社，2005.

2. 滕大春. 美国教育史［M］. 北京：人民教育出版社，2001.

3. 贺国庆，王保星，朱文富等. 外国高等教育史［M］. 北京：人民教育出版社，2003.

4. 吕达，周满生. 当代外国教育改革著名文献：美国卷（全四册）［M］. 北京：人民教育出版社，2004.

5.［美］劳伦斯·A. 克雷明. 美国教育史：城市化时期的历程（1876～1980）［M］. 朱旭东等译. 北京：北京师范大学出版社，2002.

6.［美］简·杜威. 杜威传［M］. 单中惠编译. 合肥：安徽教育出版社，1987.

7.［美］凯瑟琳·坎普·梅休. 杜威学校［M］. 王承绪等译. 北京：教育科学出版社，2007.

8. 吴式颖，任钟印. 外国教育思想通史：第九卷［M］. 长沙：湖南教育出版社，2002.

9. 单中惠. 现代教育的探索——杜威与实用主义教育思想［M］. 北京：人民教育出版社，2002.

10. L. Dean Webb. *The History of American Education：a great American experiment*［M］. Upper Saddle River，New Jersey：Prentice Hall，2006.

11. John D. Pulliam & James Van Patten. *History of Education in American*［M］. Englewood Cliffs，New Jersey：Prentice Hall，1995.

12. Kevin Ryan，James M. Cooper. *Those Who Can，Teach*［M］. Boston & New York：Houghton Mifflin Company，1998.

13. J. D. Pulliam. *History of Education in America*［M］. N. J. ：Merrill，1991.

14. James Bowen. *A History of Western Education*［M］. vol. 3. London：Methuen & Co. Ltd. ，1981.

15. William Boyd，Edmund J. King. *The History of Western Education*［M］. London：Adam & Charles Black，1975.

16. Jay Martin. *The Education of John Dewey*［M］. New York：Columbia University Press，2003.

∠ 进一步阅读文献

1. L. Dean Webb. The History of American Education: a great American experiment[M]. Upper Saddle River, New Jersey: prentice Hall, 2006.

2. 单中惠. 现代教育的探索——杜威与实用主义教育思想[M]. 北京: 人民教育出版社, 2002.

第十四章

法国的教育

19 世纪以前,法国宗教势力强大,教育基本由教会控制。19 世纪初,法国建立起中央集权的教育管理体制。20 世纪的统一学校运动与学校教育制度改革,对法国教育的发展产生了深远的影响。

第一节　19 世纪法国的教育

19 世纪法国先后经历了拿破仑帝国(1799 年～1815 年)、波旁王朝(1815 年～1830 年)、七月王朝(1830 年～1848 年)、第二共和国(1848 年～1852 年)、第二帝国(1852 年～1870 年)、巴黎公社(1871 年 3 月 18 日～5 月 28 日)及第三共和国初期(1871 年～1898 年)七大历史时期。频繁的政权更迭,使 19 世纪法国的教育发展呈现出阶段性发展的特征。

一、19 世纪以前法国的教育概述

17～18 世纪是法国由封建专制国家转变为资本主义国家的关键期。这一时期法国初、中、高等教育发展较缓慢,并笼罩着浓厚的宗教色彩,各级学校中宗教教育占据主导地位。初等教育主要进行宗教教育,此外还学习阅读、书写与简单计算,天主教的影响势力最大。这一时期"基督教学校兄弟会"创办了大量的初等学校,并于 1684 年创办培训初等学校教师的讲习所,这是欧洲最早的师资训练机构。中等学校主要有耶稣会中学和文科中学,教授拉丁语及"七艺"科目。"耶稣基督圣乐会"亦对中等教育产生了一定影响,它强调用本民族语言法语而不是古典语对劳动者子女进行教育,在教授古典学科的同时引入自然学科。宫廷教育是这一时期法国颇具特色的教育模式,其主旨是培养出色的、能为宫廷服务的国家官吏,虽然取得了一定的成绩,但对普通民众影响甚小。到 18 世纪,法国共有 22 所大学。巴黎大学是法国最古老的大学之一,它是在教会学校基础上

发展起来的,主要进行"七艺"和神学教育。这一时期还创办了一批具有实科性质的新型的高等教育机构,如法兰西科学院、皇家军事专科学校等,为法国资本主义经济的发展提供了强有力的人才准备。

1789 年,法国大革命爆发。此后,各届政府都提出过许多具有资产阶级特色的教育法案。最有代表性的有 1791 年君主立宪派提出《塔力兰法案》、1792 年吉伦特派提出《康多塞报告》和 1793 年雅各宾派提出《雷佩尔提教育法案》,其中《康多塞报告》的影响最为久远。各届政府教育法案的总体目标就是要建立代表新兴资产阶级利益的国民教育体制,培养资产阶级共和国需要的合格公民。由于各党派执政时间短暂,封建势力非常强大,因此这些教育法案的推行都存在一定困难。

二、拿破仑时代法国的教育

1799 年,拿破仑建立法兰西第一帝国。拿破仑认为教育要为国家服务,国家必须控制教育。1802 年起,他开始有步骤地推行教育改革,建立起初等、中等、高等三级教育依次衔接、各级学校分别具有相对统一要求的中央集权的教育管理体制,推进了教育的世俗化。

(一)中央集权制教育管理体制

为建立中央集权的教育管理机构,拿破仑先后颁布四项法规:《关于公共教育的基本法》(1802 年)、《关于创办帝国大学及其全体成员的专门职责的法令》(1806 年)、《关于帝国大学组织的政令》(1808 年 3 月)以及《关于帝国大学条例的政令》(1808 年 9 月)。

关于办学权。《关于创办帝国大学及其全体成员的专门职责的法令》和《关于帝国大学组织的政令》的核心内容是建立"帝国大学"。《关于帝国大学组织的政令》规定:帝国大学全面负责整个帝国的公共教育;未经帝国大学首脑批准,不得在帝国大学之外成立任何教育机构或学校;非帝国大学成员,也未从其下属学院毕业的任何人不得开办学校或执教。[①] 在拿破仑时期,"帝国大学"不是开展高等教育的场所,而是全国的教育管理机构、学校设施以及所有从事教育管理、教学的人员的总称,是法国政府的一个教育权力机构。

关于学校的类型。《关于公共教育的基本法》将学校分为三种类型:市镇组建的初等教育学校;市镇创办或者私人教师创办的中等教育学校;利用财政部经费创办的国立中学和专业学校。《关于帝国大学组织的政令》进一步把学校划分

---

① H. C. Barnard, *Education and the French Revolution* [M], London: Cambridge University Press, 1969:217.

为六类:初等学校、寄宿学校、私立学校、市立中学、国立中学及高等学校。

关于帝国大学的组织结构。帝国大学的结构呈现"金字塔"型,自上而下分五层管理:其一,帝国大学总长(Grand-Maitre),掌控整个国家的教育事务,由拿破仑直接任命。其二,设立由 26 名委员组成的大学审议会(Conseil de l'unversité),辅助总长决策事务。其三,设立 5 名总督学,分别负责监督医学、法学、神学、文学、科学五科的教学事务及学校学风。其四,将全国划分为 27 个学区(Académie),每一个学区设学区总长 1 人以及一个由 10 人组成的学区审议会,负责各学区内教学事务。其五,是全国从事教育工作的所有教师以及公立大中学校的所有学生。大学区总长、总督学以及大、中学校校长、教师都由帝国大学总长任命,全国各级各类学校都处于帝国大学的严密监管之下。

关于帝国大学的管理。帝国大学内部体现出高度的服从精神和严格的纪律约束。帝国大学校长要对拿破仑绝对的服从,帝国大学的所有成员对大校长绝对的服从;对于未经大校长批准,擅自离开帝国大学的人员都要受到惩罚,如关禁闭、降职、停职或除名;全国所有从事教育工作的人员必须先加入帝国大学,并按规定的誓词宣誓等等。

通过一系列的严密措施,拿破仑将整个帝国的教育权力绝对地控制在自己手中。他实施的中央集权教育管理体制在集中国力物力、培养国家人才等方面发挥了重要作用,并为法国的现代教育体制奠定了基础。

(二)初等教育

在拿破仑看来,初等教育只涉及普通大众的扫盲问题,因此并未给予重视。在其颁布的《学校教育法》中也没有涉及初等教育的发展问题。1802 年《关于公共教育的基本法》也仅对 1795 年《多诺法》关于初等教育的基本原则进行了简短的重述。

(三)中等教育

中等教育在拿破仑时代受到高度重视,当时法国主要有国立中学、市立中学、私立中学和寄宿学校四种类型。寄宿学校为私立中学,国立中学和市立中学为公立中学,其地位高于私立中学。

国立中学由国家开办,修业 6 年,学生以升入大学为主要任务。学校由国家进行严格的军事化管理,一般实行寄宿制,主要教授古典语言、历史、修辞、逻辑、数学、物理学等基本知识,注重基础知识学习和人文精神培养。市立中学由地方政府开办和管理。与国立中学相比,市立中学地位略低,课程稍浅,管理略松。市立中学主要教授古典语言基础、历史和其他科目的基本原理。私立学校的课程深度与市立中学相当,寄宿学校的程度则低于私立学校。对私立中等学校,政府一般给予鼓励与扶持的态度,但是《关于公共教育的基本法》规定:没有政府批准不得组建中等学校。中等学校以及所有的课程高于初等学校的私立学校都要置于省长的特别监督和检查之上。

(四) 高等教育

"在大革命过程中,法国的大学一度被取缔,部分地为文理结合的中心学校代替了。拿破仑把一些高等学校合并在新的大学里,并把它置于行政管理和监督之下,并使之承担国民教育的义务。"①拿破仑认为高等教育能为国家培养管理和技术人才,被他喻为"下蛋"的"母鸡"。这一时期的高等教育呈现为高等专科学校与大学并存的模式。

大学建设。《关于帝国大学组织的政令》和《关于帝国大学条例的政令》规定,基本上要在每个学区设立一所大学;大学设神学院、医学院、法学院,培养专业人才,设文学院、理学院,负责组织考试、发放文凭及授予学位(业士、学士)等任务;课程设定为"国立中学学业的继续和补充"。

法国高等专科学校称为"大学校"(les grandes écoles),意为大学中的大学。1802年《关于公共教育的基本法》提出新增10所法律学校,3所卫生学校,4所自然、物理、化学和高等数学学校。1810年,又重新开办了在1794年创办不久即被封闭的巴黎师范学校。高等专科学校是法国高等教育中极具特色的组成部分,它标志着法国近代职业技术教育的开始,打破了几百年来大学一统天下的局面。

(五) 教会办学世俗化

拿破仑教育改革的另一个重要措施是促使教会学校的世俗化发展。为改变教会教育权力凌驾于帝国大学之上的局面,主要采取了三项措施②:

其一,教会学校世俗化。教会没有擅自开办学校的自由,已经开办的教会学校必须接受帝国大学的监督与管理。其二,从教神职人员世俗化。《关于帝国大学条例的政令》规定,从教的神职人员必须加入帝国大学,并履行相应的职责,否则不允许继续从教。这样一来,从教的神职人员除保持宗教信仰外,与世俗的教师没有区别。其三,教学内容世俗化。除神学院之外,全国各级各类学校的课程设置与安排都由帝国大学统一规定,世俗化的课程内容逐渐渗透到各类学校。

三、复辟王朝到第三共和国初期法国的教育

拿破仑建立的中央集权教育管理体制在这一时期基本没有发生变化。复辟王朝至第二帝国时期里,各类教育在某种程度上又退回到教会控制的局面。第

---

① [英]博伊德,金:《西方教育史》,任宝祥、吴元训译,人民教育出版社,1985年版,第354页。
② 滕大春:《外国教育通史》(第3卷),山东教育出版社,1993年版,第96~97页。

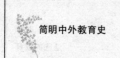

三共和国初期的教育改革重新推动了教育的进一步发展。

（一）初等教育

复辟王朝至第二帝国时期里，初等教育在某种程度上又退回到教会控制的局面。在无产阶级政权巴黎公社时期，巴黎公社提出学校同教会分离、实施世俗性的初等教育、普及义务教育、关心儿童等教育主张。巴黎公社仅存在了72天，在动荡的政治形势下，并没有切实实施教育政策，但其关于初等教育发展的计划依然为法国初等教育的发展指明了方向。

第三共和国初期，法国教育部长朱尔·费里（Jules Ferry，1832年～1893年）是关键性人物。于1881年6月16日颁布的《费里法案》、1882年3月28日颁布的《第二费里法案》，统称《费里教育法》。前一个教育法案中重新规定了教育制度的义务性、免费性和世俗化三大基本原则，第二教育法案则是三个原则的具体化。《费里教育法》的内容包括：(1)教育管理体制。教育归国家所有，设立国民教育最高委员会，管理全国的教育事务，制定教学大纲，评定教学业务工作等。(2)免费性和义务性。免除公立小学和幼儿园的学费，师范学校的学费和膳宿费；6岁～13岁为儿童接受义务教育的年龄。义务教育可在公立学校、私立学校完成，也可在家庭中完成，但接受家庭教育的儿童从第三年开始，每年须到学校进行一次考试，检查学习成效；对于不送子女就学的家长进行惩罚，甚至监禁的处罚。(3)世俗性。取消教会人员的施教、管理和开办学校的权力，私立学校必须得到政府的承认，取消公立学校的宗教课，改设道德及公民教育课，将共和观念和爱国主义作为教育世俗化的教学内容。(4)规定小学的教学科目。开设道德及公民、读法、书法、法语和拉丁文学、地理、历史、物理、数学及其应用、图画和音乐、体操和军事训练等，另外，还在女校开设了裁缝课。(5)规定小学毕业证书制。学生11岁可接受考试，考试合格获得毕业证书，视为完成义务教育，若通不过，可继续学习，直到13岁。(6)加强师范教育。每个省都要建立男女师范学校各一所。由地区承担经费，校舍建筑及设施和教师工资由国家发放。《费里教育法》的实施在法国初等学校教育制度发展史上具有深远的意义，为法国初等教育体系确立了方向，促进了法国义务教育的普及。

（二）中等教育

法国中等教育改革一直体现出现代与古典、实科与文科的课程地位之争。复辟王朝时期，国立中学改为皇家中学，以古典课程为主体。第二帝国时期，教会所属的私立学校数量迅速增加，为加强对公共教育的控制，1852年教育部长福尔图尔（H·Fortoul，1811年～1856年）提出中等教育改革计划，国立中学学习年限为7年，分四年初级阶段和三年高级阶段两个阶段实施。初级阶段学习古典、人文与数学课程，高级阶段实施文、实分科学习，文科偏重古典语文学习，实科偏重数学与自然科学学习。这一计划突出了文、理分科教育,反对宗教教育束缚,对中等教育提出了承担为现代工业发展培养技术人才的要求。在第三共和国初期,中等教育改革依然体现为古典教育与现代教育的冲突。此外,国立女子中学在这一时期也得到较大的发展。1881 年,法国第一所国立女子中学在蒙彼利埃设立。

（三）高等教育

自 1793 年 22 所传统意义上的"大学"被关闭之后,法国高等教育发展一直没有发生根本性的变化。复辟王朝时期,教权派试图打破帝国大学对教育的控制权,但帝国大学作为国家管理全国教育的专门机构的地位未动摇。七月王朝、第二共和国与第二帝国时期,高等教育的发展也未表现出实质性的进展。

第三共和国初期,法国高等教育步入复兴发展期。在对普法战争失败的反思中,创建新型高等教育学校成为法国走出危机的教育选择。(1) 为振兴法国高等教育,推行了一系列改革措施。1878 年成立"高等教育问题研究会",为国家改革高等教育提供必要的策略选择;1880 年建立国立中学高级教师职位奖学金等等。(2) 关于大学自治权。1879 年公立大学在获得国家授权的基础上行使学位颁发的权利;1880 年建立国立中学高级教师职位奖学金;1885 年大学获得法人资格,有权接受社会捐赠和资助;1885 年将学院理事会和教师代表大会确定为学院的行政管理机构,学院理事会负责学院发展中所涉及的管理、财务、教师聘任及晋升事务等,学院有关教学、科学研究及学生生活的重大事务则由教师代表大会负责。(3) 关于高等学校教育经费。国家承担教育经费的比例逐步提高;1877 年设立 300 个名额的学士奖学金;1898 年始,法国政府推行学费、注册费、图书费、实验费等收入归大学的办法。(4) 关于高等学校组织结构。1896 年7 月 10 日颁布《国立大学组织法》确定在原来分散设立学院的基础上组建大学,每个大学区设一所大学。新组建的法国大学普遍设立理学院,重视现代自然科学,法国出现设有文、理、法和医的综合性大学。其中较为著名的是巴黎大学、波尔多大学和图卢兹大学。

第二节　20 世纪法国的教育

20 世纪前期法国的国家教育意志逐渐强化,中央集权教育管理体制加强,统一学校运动实现了法国初等教育民主化的基本目标,职业教育框架基本建立;第二次世界大战之后,法国现代国民教育体制逐步建立。

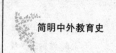

一、20 世纪前期法国的教育

20 世纪初期,法国的社会、政治环境趋于稳定,教会对教育的影响进一步削弱,法国资产阶级的许多教育改革措施在这一时期才开始得以逐步实施。

（一）中央集权教育管理体制的加强

在教育行政管理体制上,以公共教育部取代帝国大学管理全国教育事务,大学区合并为 17 个。总统直接任命公共教育部长,作为全国最高教育行政长官。每一大学区设大学区总长 1 人,学区总长为各大学区的最高教育行政领导。在大学区总长之下设立审议会,负责教育咨询和审议事务。公共教育部长、大学区总长、总督学和学区督学共同承担领导公立学校和监督私立学校的职责。1932 年,将公共教育部改名为国民教育部。

通过继续贯彻实施《费里法案》提出的免费、义务和世俗化三大基本原则,加强国家对教育的控制。1901 年结社法规定,教会须经议会申请批准,才可开办学校。1903 年所有未经批准开办的教会学校都被关闭。1905 年政府通过《关于国家和教会分离的法令》,明确规定国家不再承认任何宗教信仰,宗教完全成为个人的事情,与国家无关。1902 年后,共关闭了 50 多个教会组织,封闭 3000 多所教会学校。在《费里法案》免除公立小学和幼儿园的学费、师范学校的学费和膳宿费的基础上,1933 年颁布法令规定中等教育免费,1919 年颁布《阿斯蒂埃法》,规定国家资助私立职业学校。1936 年将义务教育年限延长至 14 岁。

（二）统一学校运动与学校教育制度改革

1. 统一学校运动

20 世纪以前,法国学校制度是典型的双轨制:一轨是母育学校——初等学校——高等小学或职业学校。此轨主要招收家境贫困的劳动人民的子女,为社会提供体力劳动者;另一轨是家庭教育或中学预备班——中等学校(国立中学和市立中学)——大学或高等技术学校。此轨主要招收富裕的资产阶级子女,学费昂贵。第一次世界大战以后,不平等的法国双轨制教育受到人们猛烈的抨击。

1919 年由法国进步人士和教师组成的"新大学同志会"提出建立统一学校的主张,所谓"统一学校"就是建立"属于所有人并且为了所有人的共同的学校"①。主要包括三个基本思想:(1) 6 岁至 14 岁的所有儿童在学校中接受相同的义务、免费的初等教育。(2) 初等学校与中等学校自然衔接起来。中等教育分为人文和职业两种性质,依据学生的能力和天赋,分别进行招生。招生依据只能是学习成绩和学习潜质,而不是学生的出身、社会地位或经济状况。(3) 无论

---

① 滕大春:《外国教育通史》(第 5 卷),山东教育出版社,1993 年版,第 218 页。

学生在中学阶段接受的是古典学科还是现代学科教育,所有合格的中学毕业生都可进入高等教育。统一学校运动体现出鲜明的民主性和进步性,因此遭到以天主教会为代表的法国右翼势力的强烈反对。第一次世界战之后,统一教育的民主化思潮被越来越多的民众接受,迫使政府必须在学校教育体制方面实施改革。

2. 学校教育制度改革

初等教育。1923 年,法国政府决定在初等教育阶段实施统一的学校制度。在一切初等学校中,不论是私立、公立还是中学预备班,开设相同的课程;6 岁至 13 岁(1936 年延长至 14 岁)的儿童原则上都要接受同样的教育。1925 年,初步实现了小学阶段的统一学校运动。1933 年,政府颁布了设立中学入学统一考试的命令,进一步加强了初等学校的统一性质。直至 20 世纪 30 年代末,统一学校在初等教育领域获得了明显的发展。

中等教育。1937 年教育部长让·泽(Jean Jay)提出一项"统一学校"(école unique)的法令草案,使统一学校运动在中等教育阶段获得一定进展。这一改革方案最主要的特征为:变双轨制为阶梯制,即从原来两轨互不联系的学制体系转变为彼此衔接的阶梯形学制体系,第一级为初等教育,第二级为中等教育。让·泽的教育改革方案激起各党派的激烈批评和讨论,但是 1938 年至 1939 年国内外的政治危机,影响了此方案的贯彻与实施。

(三)职业教育的发展

1919 年颁布的《阿斯蒂埃法案》(Loi Astier)在历史上被称为"法国技术教育的宪章"。主要内容包括:(1) 办学职责。国家应承担职业教育的任务。教育部设置职业技术教育的主管部门,各省再设立专门机构负责管理职业技术教育工作。(2) 教育目的。为促进工商业发展,从理论和实践两方面,学习科学、工艺知识。18 岁以下的青年有免费接受职业教育的义务。(3) 学校体系。技术学校分公立与私立两种类型。规定全国每一市政都要设立一所职业技术教育学校,经费由国家和雇主各负担一半;私立职业技术教育学校在接受教育部有关规定的基础上,可获得国家承认及国家给予的补助金。(4) 教育内容。职业教育的内容要包括三方面的课程:补充初等教育的普通教育、职业基础的各个学科以及获得实际技能的劳动学习。(5) 开展教育的方式。既可以通过在专门设立的职业学校实施,也可以通过举办职业教育讲座的方式进行。此法案为法国职业教育的发展确定了基本框架,将职业教育纳入了法国的公共教育体系。

二、20 世纪后期法国的教育

第二次世界大战后,基于对惨痛历史经验的反思和新时代发展需要的理性

思考,法国推出了涉及初等教育、中等教育和高等教育与职业教育等各类教育的诸多方案。

(一)《郎之万—瓦隆教育改革方案》

1947年,法国"教育改革计划委员会"以物理学家郎之万和儿童心理学家瓦隆的研究成果为基础,向议会提出了教育改革方案,称为《郎之万—瓦隆教育改革方案》。该方案明确指出,教育发展远远落后于时代发展的需要,现在的教育已经无法适应社会、经济发展的需求,教育改革势在必行。此方案主要涉及以下内容:

1. 战后法国教育改革应遵循的六项准则

(1)社会公正原则。公正原则意味着"所有的儿童不论其家庭、社会和种族出身如何,都享有平等的权利,使个性得到最大限度的发展;除了能力上的原因,他们不应该受到任何限制"[①]。(2)学科价值平等。一切手工的、技术的、艺术的以及学术的工作有同样的价值。(3)定向原则。学生先进行学业定向,然后是职业定向,最终使每个人在最适合、最能体现自身价值的岗位上获得成功。(4)在加强专门教育的同时,注意普通教育。普通教育是一切教育的基础,学校要成为传播普通文化的中心。(5)各级教育实施免费教育。为国家提供熟练的劳动力、技术人员、管理人员和研究人员,以及具有使命感与责任感的公民。(6)加强师资培养,提高教师的社会地位。使教师享有社会声望,为教师在物质和精神上提供与其技术价值相一致的待遇。

2. 教育改革具体方案

依据改革应遵循的六项准则,将学制划分为两大阶段:强制性义务教育和高等教育。

义务教育。实施6岁~18岁儿童的免费义务教育。这一阶段主要分三个层次完成:基础教育阶段、方向指导阶段和决定阶段。(1)6岁至11岁为基础教育阶段。主要学习有关自然和人类环境的基本知识及基本技能,能够在时间上和空间上摆正自己的位置。(2)12岁至15岁为方向指导阶段。主要学习共同的普通文化知识。同时,通过教师的系统观察,发现学生的能力、爱好等,并对学生的发展方向予以指导。(3)16岁至18岁为决定阶段。多数普通学生将进入到职业学校进行职业训练,为踏入社会进行必要的准备;少数有天赋的学生进入大学继续学习古典文化和科技知识。

高等教育。高等教育依据公正、平等的改革原则,向一切能够从中受益的人

---

① [法]米亚拉雷、维亚尔等:《郎之万—瓦隆计划》,见瞿葆奎编《教育学文集·法国教育改革》,人民教育出版社,1994年版,第74~75页。

开放,招生的依据为考生的能力,而非其社会地位和家庭经济状况。高等教育分为大学预科教育和大学教育两个阶段。大学预科专为准备进入大学学习的学生开设,修业 2 年,帮助其做好文化和专业方面的准备;大学教育即硕士培养阶段,修业 2 年,学业成绩合格者授予硕士学位。

此方案因时事的变化未能实施,但其提倡的"公正、定向原则",继承了法国统一学校运动的教育民主化理想,发展了让·泽尝试推行的变双轨制为阶梯制学制的改革设想,同时将以儿童年龄、兴趣、能力和天赋为依据安排学校教育落实到教育改革实践中,对法国后来的教育改革产生了重要的影响。

(二) 20 世纪 50～80 年代法国的教育

法兰西第四共和国(1946 年～1958 年)是一个动荡不安的时期,教育体制并无根本变化。1958 年戴高乐第五共和国成立后,政局趋于稳定,对教育进行了一系列重大的改革。

1. 20 世纪 50～60 年代的教育改革

1959 年颁布的《教育改革法》至今仍是法国教育制度的法律基础。该法令将义务教育年限延长为十年,从 6 岁至 16 岁。义务教育分三阶段完成:6 岁至 11 岁为五年基础教育,即初等教育;11 岁至 13 岁为中学的最初两年,为"观察期",教师将对学生的能力倾向和爱好进行观察,判断其升学和就业的方向;13 岁至 16 岁为义务教育的"方向指导期"。根据学生的能力和成绩等,对其后期的学习和就业给予具体指导。学生后期的中等教育在四种类型的学校中完成:短期职业课程,修业 3 年;长期职业课程,修业 4 年至 5 年;短期普通课程,修业 3 年;长期普通课程,修业 5 年。

鉴于历史原因,法国教会私立学校数量众多,如何处理私立学校与公立中学的关系成为亟待解决的问题。1959 年 12 月颁布的《国家与私立学校关系法》重新界定了国家与私立学校的关系。(1) 保证正常开课的私立学校的教育自由;保证公立学校学生宗教信仰自由。(2) 政府对私立学校采取"简单契约"和"联合契约"两种财政资助方式。"简单契约"指在学制、教师资格、学生人数等方面符合国家要求的私立学校,政府按公立学校的教师工资标准支付其教师工资;"联合契约"指政府除支付教师的工资外,同时承担教学设备、基建、维修费用,但要求这类私立学校采用公立学校的教学大纲和生活规则,并接受国家的监督。此法案通过财政上的支持加强了国家对私立学校的控制,调整了国家与教会私立学校的关系。

受政府计划和控制的法国高等教育,课程内容陈旧,考试制度严酷,严重落后于社会发展的需要。1968 年爆发的"五月风暴"引发了战后法国高等教育重要的改革。同年 11 月,议会颁布了《高等教育方向指导法案》即《富尔法案》。该法案提出了三条重要的改革原则:(1)自主原则。按自主原则调整和改组原有大学,组建"教学和科研单位",大学的教学活动、研究计划、教学方法以及考试制度等均由大学自行决定。(2)民主参与。在教育部长及大学区总长的领导下,各大学及"教学和科研单位"设立学校管理委员会,负责管理学校。教师、科研人员和一般教职人员甚至学生都可参加学校管理,实行民主管理,同时吸收校外人士,这有助于加强大学与社会的横向联系。(3)多科性结构。打破以往各学科互不联系的传统,发展各学科之间的联系,创立新型课程。此法案在加强国家对大学的控制权的同时,希望通过高等教育的专业重组来培养出更符合时代需求、更具国际竞争力的人才。

2. 20世纪70~80年代的教育改革

1975年颁布的《哈比法案》进一步推行了教育现代化改革,体现了教育公平,重点在于加强职业教育。《哈比法案》主要包括以下内容:

(1)教育管理体制。法案规定学校成立各种组织,参与学校的行政管理和教育教学工作。(2)教育内容。统一小学和初中教学大纲和课程计划,加强教育内容和教学方法的现代化,减少公民课,增加经济课,增加数理、实验科学和技术教育方面的内容。(3)教学方法。实行"三区分教学法",即把教学内容分为工具课程、启蒙课程和体育课程三个部分。(4)法案还规定建立一种完全统一的并向所有学生开放的综合性教育机构——中学。(5)职业教育。规定初中的三、四年级必须设立职业教育选修科目,高中则必须设立高度专门化的技术选修科目。该法案于1977年正式实施,其后又进行了多次修改与补充。

1984年颁布了《高等教育法》(又称《萨瓦里法》)。该法在继承《高等教育方向指导法》自治、参与和多科性原则的基础上,提出高等教育应以现代化、职业化和民主化作为改革的新原则。

(三)1990年以来的教育发展

由于历史原因,法国的教育行政管理体系庞大,管理集中,严重制约了教育发展。迫于压力,法国政府下放了一部分教育管理权。1982年3月2日和1983年7月22日,先后通过两项法令,将学区总长的部分职权下放到地方政府,扩大了地区议员和市长对本地区教育问题的参与权。与此同时,大学也拥有了更多的自主权。

20世纪80年代,法国各学区之间、同一学区的不同学校之间的教学质量严重分化。为缩小差距,1981年法国政府启动了"优先教育区"计划,重点扶助薄弱的小学与初中,对"优先教育区"的学校,政府采取诸多支持政策,达到规定的标准后,政府即刻终止政策支持。主要支持政策包括:增拨教育经费,以改善学校的教育环境与教学设备、设施;增派教师,加强对原有教职人员的培训;提高该地区的教师待遇,国家设立专门的教师津贴,鼓励教师对落后地区的支援;缩小班级规模,减少班级人数,以利于教师对学生的个别辅导;鼓励优先教育区的幼儿及早进入免费的幼儿学校,接受正规的学前教育,以弥补由于落后而导致的早期教育的不足。[①] "优先教育区"政策在提高教育质量、均衡教育资源、推动教育民主化发展等方面取得了一定的成效。

第三节 卢梭的教育思想

卢梭是18世纪法国著名的启蒙思想家、哲学家和教育家,他的教育著作《爱弥儿》提出的自然主义教育思想,对法国乃至全世界教育产生了深远的影响。

一、生平及社会哲学观

卢梭(Jean·Jacques Rousseau,1712年～1778年)出生于日内瓦一个钟表匠家庭,由于母亲早逝,幼年的卢梭深受父亲影响。在卢梭10岁时,父亲因受人诬告出走,卢梭被舅父送到日内瓦乡下。卢梭喜欢与乡下儿童一起在大自然中玩耍,养成了他爱好自然的天性,孕育了他的自然主义教育思想。1740年从事家庭教师的经历,引发了卢梭对教育的浓厚兴趣。卢梭先后出版了《科学和艺术的进步对于道德的影响》(1749年)、《论人类不平等的起源和基础》(1753年)、《新爱洛漪丝》(1761年)、《社会契约论》(1762年)等著作。其教育代表作《爱弥儿——论教育》(1762年),集中反映了他的教育思想。

卢梭认为,在原始社会"自然的状态"中,人类社会不平等现象最弱,而在"文明"出现之后,人类社会不平等的程度增强,特别是私有制产生之后,为了保护私有制,人们制定法律、规范,表面上是给人类制定出共同的行为准则,其本质则是强者对弱者的欺压。因此,要减轻人类社会的不平等,只有回归"自然的状态",服从自然的法则,脱离社会的束缚,建立一个"优良的社会制度"。卢梭向往的新型国家是:人人都有少量的财富,无特别富有的人,亦无特别贫穷的人;国家的权利掌握在人民的手中,法律体现着人民的公共利益,执政者作为人民的公仆执行法律。只有在这样的社会状态中,人类才能平等、自由,人的善良天性才能恢复。卢梭关于教育的自然主义思想,正是其社会哲学观在教育领域的具体体现。

---

① 邢克超、李兴业:《法国教育》,吉林教育出版社,2000年版,第142～144页。

二、自然教育理论

（一）自然教育的基本内涵

卢梭反对基督教所说的"原罪"，认为人的本性是善良的，因此，教育应该顺应自然、"回归自然"，摆脱"文明"社会的束缚，使人在"自然的状态"中"成为自然所造成的人，而不是人造成的人"①。

自然教育的对象主要是富人。"穷人是不需要受什么教育的，他的环境的教育是强迫的，他不可能受其他的教育。"②富人生活在恶劣的城市环境中，人性本善"自然的状态"遭到腐蚀；穷人生活在自然、淳朴的社会环境中，自然而然可以接受好的教育。因此，富人比穷人更需要受自然教育，必须首先教育富家子弟，使他们成为人。卢梭认为，自然教育最终是要培养能保持人的本性的"自然人"。"自然人"就是"有见识、有性格、身体和头脑都健康的人"③。卢梭培养的"自然人"是一个有较强的独立能力同时又具有智慧的人。爱弥儿正是"自然人"的化身，他不被欲念、偏见、权利诱导，而用眼睛看世界，用心思考问题，用理智辨析是非。

卢梭认为，教育有三种来源："受之于自然"、"受之于人"、"受之于事物"，即自然的教育、人的教育和事物教育。其中，"我们的才能和器官的内在的发展，是自然的教育；别人教我们如何利用这种发展，是人的教育；我们对影响我们的事物获得良好的经验，是事物的教育。"④自然的教育无法控制，事物的教育在有些方面可以控制，只有人为的教育才是我们可以完全控制的。因此，事物的和人为的教育必须顺应自然的教育，即教育须遵循自然，只有三者配合的教育，才是好的教育。这种教育的基本内容概括为以下几点：（1）解除束缚，让儿童自然成长。"人生而自由，却无往不在枷锁之中。"⑤卢梭认为，婴儿出生就被捆缠在襁褓中，长大后又屈服于世俗、法规之下，自然赋予人类的品性全都被剥夺了。因此，自然教育要让儿童有充分自由活动的可能和条件，不要进行人为的干涉，使儿童恢复到"自然的状态"。（2）发展人的自然天性。"出自造物主之手的东西都是好的，而一到了人的手里，就全变坏了。"⑥卢梭认为，接近自然状态的人，如

---

① Rousseau. *Emile or Education*, *Everyman's Library* [M]. London：J. M. Dent & Cons Ltd.，1933：216.

② ［法］卢梭：《爱弥儿》，李平沤译，商务印书馆，1978年版，第32页。

③ ［法］卢梭：《爱弥儿》，李平沤译，商务印书馆，1978年版，第128页。

④ ［法］卢梭：《爱弥儿》，李平沤译，商务印书馆，1978年版，第7页。

⑤ ［法］卢梭：《社会契约论》，何兆武译，商务印书馆，1980年版，第8页。

⑥ ［法］卢梭：《爱弥儿》，李平沤译，商务印书馆，1978年版，第5页。

乡下人、小孩、古人等，比"文明"社会的人心地善良，因为前者受到的腐蚀较少。
（3）遵循自然规律。卢梭认为，教育要注重儿童成长过程中的阶段性、顺序性，
教育要让儿童学习力所能及的事情。大自然希望儿童在成人以前就像儿童的样
子，如果我们打乱这个次序，我们就得到"一些年纪轻轻的博士和老态龙钟的儿
童"。（4）"消极教育"。卢梭认为，让儿童自然而然成长的这一过程本身就具有
巨大的教育价值。反对成人干预儿童，强调儿童在成长中具有主动地位。反对
为了惩罚儿童而惩罚儿童，主张运用"自然后果"的原则进行教育。通过儿童不
良行为所产生的自然后果，使儿童受到行为本身产生的惩罚，从而制止儿童的不
良行为。例如，儿童打碎了窗上的玻璃，不必立刻惩罚他，也不必马上配上新的
玻璃，而宁可让他受寒着凉。这样，他就会认识到自己的错误及其后果，并加以
改正。

三、自然教育的实施

依据儿童成长过程中表现出的自然发展规律，卢梭将人的发展分为四个时
期，并对各个时期的教育提出了具体要求。

（一）幼儿期（出生到 2 岁）

卢梭认为，教育是同我们的生命一起开始的。儿童一出生，就应该对其实施
教育。按照儿童发展一般规律，2 岁左右的儿童大部分开始学会说话，这正是卢
梭划分幼儿期的标准。这一时期教育的主要任务是身体保健和体育锻炼。

体育锻炼是一切教育的开始。"如果你想培养你的学生的智慧，就应当先培
养他的智慧所支配的体力。不断地锻炼他的身体，使他健壮起来，以便他长得既
聪慧又有理性，能干活，能办事，能跑能叫，能不停地活动，能凭他的精力做人，能
凭他的理性做人。"[1]身体越强壮，越能服从精神的支配，如果身体变得虚弱，精
神也随之萎靡。主要的教育方法包括以下几个方面：

饮食方面。婴儿时期进行母乳哺养。由于儿童对食物具有自然的选择能
力，所以要"尽量让孩子保持他原始的口味，使他吃最普通和最简单的东西，使他
的嘴经常接触的是一些清淡的味道"[2]，这样的饮食才是最有益于孩子健康的。

衣着方面。儿童应着宽松的衣服，使其四肢能自由地活动。如衣服太紧，阻
碍了血液流动，会妨碍儿童身体发展。卢梭甚至反对儿童戴帽子、穿袜子和穿鞋
子，认为一定要保证儿童的肌肉和身体充分自由地发展。

锻炼方面。反对儿童娇生惯养。儿童应多在户外活动。可将儿童带到乡村

① ［法］卢梭:《爱弥儿》，李平沤译，商务印书馆，1978 年版，第 137～138 页。
② ［法］卢梭:《爱弥儿》，李平沤译，商务印书馆，1978 年版，第 191～192 页。

呼吸新鲜空气,也可以每天把孩子带到草地上去,"让他跑,让他玩,让他每天跌一百次,这样反而好些:他可以更快地学会自己爬起来。从自由中得到的益处可以补偿许多的小伤"①。

睡眠方面。保障儿童有充足的睡眠时间。幼儿睡在摇篮时,不必摇摆摇篮,在静止中入睡,最符合儿童的自然天性。儿童的床褥不应过于舒适温暖,培养儿童在木板床上睡眠,对儿童的健康有益。儿童要养成日出而作、日落而眠的良好习惯。

在正确对待儿童哭泣方面,要满足儿童合理需要,但不能养成他们无理取闹的不良习惯。让儿童远离药罐,如果儿童得了小病,不必请医生治疗,把儿童放到自然的环境中,自然就是最好的良药,几乎所有的小病都会无药自愈。显然,卢梭在这方面的认识是不够科学的。

(二)儿童期(2 岁到 12 岁)

卢梭认为,儿童期是儿童的"理智睡眠"期,智育发展尚处于感性阶段,因此,不要对儿童进行智育。这一时期教育的主要任务是语言学习、道德教育和感觉教育,其中着重进行感觉教育。

1. 语言学习

卢梭认为,这个时期的儿童进入到可以运用语言来表达的阶段,不能够只哭泣不说话。在儿童学习语言的过程中,成人应注意几点:其一,不要对儿童喋喋不休。儿童首先能领会的是凭他的感官能及的具体实物、并且一再重复发音的简单单音,如爸爸、妈妈等,违反这个自然规律,对儿童喋喋不休,长篇大论,不利于儿童发展。其二,鼓励儿童讲完整的句子。其三,说话要清楚简单,发音准确。

2. 道德教育

儿童应生活在乡村的自然环境中,接受自然的教育。在儿童期,儿童没有道德概念,因此不必向他讲述道德理论,应结合具体事物,通过实践来学习。如果强迫儿童接受一些不能理解的道德观念,他们就会学会虚伪和撒谎。卢梭强调了示范在道德教育中具有重要作用。教师必须严格管束自己,"保持淳朴,谨言慎行"。

3. 感觉教育

卢梭认为,这个时期的儿童只能通过感觉记忆事物,因此可以通过游戏、活动,发展儿童的感觉能力,以此获得丰富的感觉经验,为儿童今后的智育发展奠定良好的基础。

卢梭的感觉教育强调"锻炼感官"。卢梭认为,感官是我们的身体上首先成

---

① [法]卢梭:《爱弥儿》,李平沤译,商务印书馆,1978 年版,第 71 页。

熟的器官,教育首先要锻炼的就是感官。"锻炼感官,并不仅仅是使用感官,而是要通过它们学习正确的判断,也就是说学会怎样去感受;因为我们只有经过学习之后,才懂得怎样摸、怎样看和怎样听。"①关于如何训练儿童的各种感官,卢梭提出以下几点主张:

首先,触觉的发展。卢梭认为,触觉的发展是首要的。触觉在各种感觉中运用最多,"它遍布于我们身体的整个表面"②,能够使人们及时地、不断地获得各种经验,通过触觉能够学习有关轻重、大小、长短、远近等方面的知识。发展触觉的主要方法是练习。例如让儿童像盲人一样触摸物体,发展触觉的准确性和灵敏性。

其次,视觉的发展。视觉的延伸范围广,接触物体快,可以帮助儿童正确地判断事物的位置。发展视觉主要的方法是各种游戏活动、写生、制图等。例如通过目测判断一把梯子的高度能否摘得到樱桃树上的樱桃;通过赛跑,判断到达目的地的最短距离;通过写生,观察事物的大小、形状、颜色等;通过制图,判断图线的长短、角度的大小等等。

再次,听觉的发展。听觉发展的方法主要是练习唱歌、说话、听音乐等。说话要注意儿童发音准确、清晰;练习唱歌要训练儿童习惯听有节奏和韵律的声音。例如把儿童关在一间黑暗的房间里,让他根据拍手的回声判断房间的大小。

最后,味觉和嗅觉的发展。不必过分特别强调味觉和嗅觉,使其顺其自然地发展即可。

通过儿童期教育,儿童健康活泼,"没有什么劳心的焦虑,没有什么痛苦的远忧,实实在在地过着现实的生活,充分地享受着那似将溢出他身体的生命。"③在道德方面,虽然还没有关于成人的道德概念,但已有了一些关系到目前状况的道德概念。

(三)少年期(12 岁到 15 岁)

少年期是一个较短的时期,同时也是"生命最珍贵的时期"。在前段时期发展感觉能力和累积感觉经验、儿童身体逐渐强壮、好奇心日益增强的基础上,儿童已经到了"工作、教育和学习的时期了"。这一时期教育的主要任务是智育即知识学习,同时进行劳动教育。

1. 智育——知识学习

智育的任务。智育的主要任务是发展学生的智力,锻炼学生独立的"思想和

---

① [法]卢梭:《爱弥儿》,李平沤译,商务印书馆,1978 年版,第 161 页。
② [法]卢梭:《爱弥儿》,李平沤译,商务印书馆,1978 年版,第 162 页。
③ [法]卢梭:《爱弥儿》,李平沤译,商务印书馆,1978 年版,第 204 页。

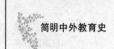

判断的能力"。卢梭认为,"真正有益于我们幸福的知识,为数是很少的",但是只有这种知识才是"聪明人"应该学习的知识。学习的知识究竟有什么用是卢梭反复强调的问题。知识学习最终是要让"他头脑中获得完全正确的和清楚的观念"。① 这才是一切良好教育的一个基本原则。

知识内容的选择。知识内容的选择标准有三点:其一,实用性的知识,增强儿童的生活效用;其二,儿童实际经验的、理解的知识;其三,培养儿童智力和能力的知识。依据这一标准,卢梭反对学习对现实生活无用的古典主义知识和神学知识,提倡学习对生活有实际用处的物理、地理、化学、天文、农业和手工业生产劳动的知识及读、写、算的基础知识。

教学方法。卢梭认为,教育应教给儿童掌握知识的方法,而不是知识本身。教学要注意以下几点:其一,强调直观教学。儿童的发现不是凭空的,而是以实际的经验为基础。对于儿童而言,他周围的一切事物就是一本好教材,除非把实物给儿童看,否则永远不要以符号代替实在的事物。他强调,爱弥儿正是在实际生活中掌握了知识。例如,在树林迷路后,通过教师启发,依据光照判断方向找出回家的路,掌握了天文和地理方面的知识。其二,通过设置问题与情境,激发儿童的好奇心与学习兴趣。在问题的设置上,卢梭强调,要抛开不符合儿童自然兴趣的东西,将学习的范围限制在儿童本能天性促使"寻求的知识"上。其三,启发、鼓励儿童进行主动学习。教师通过启发、鼓励,充分调动儿童的积极性、主动性,认真思考,主动解决问题。其四,符合儿童心理发展水平。卢梭强调,儿童有自己的观察思考模式,无视这一规律,妄想以成人的方法代替儿童的方法是不可取的。教育要依照儿童年龄的不同采取不同的方法。

2. 劳动教育

卢梭对劳动教育非常重视。他指出,"劳动是社会的人不可减免的责任"②,无论贫穷与富贵,强壮与赢弱,都应该为社会劳动,不劳而获的人是强盗、流氓。劳动教育对促进儿童发展具有重要的教育意义:其一,培养儿童热爱劳动、尊重劳动者的情感。卢梭抨击当时封建社会中的轻视劳动、蔑视劳动者的陈旧观念。其二,锻炼儿童的身体和双手,使其手脑并用。卢梭认为,如果一个人不能用双手劳动,长大后只能靠他人生活,就像一个人天天被仆人服侍穿衣戴帽,肢体最终会丧失它的用途。其三,促进儿童智力发展。如果一个人不能通过双手认识事物,认识观念,只会使其养成盲目迷信权威的习惯,"在不动心思的状态中使自己的智力变得低弱"。卢梭希望儿童要"像农民那样劳动,像哲学家那样思考,才

① [法]卢梭:《爱弥儿》,李平沤译,商务印书馆,1978年版,第222页。
② [法]卢梭:《爱弥儿》,李平沤译,商务印书馆,1978年版,第262页。

不至于像蒙昧人那样无所事事地的过日子"①。其四,培养儿童的品德,做一个好的公民。卢梭指出,儿童不仅要学习如何做劳动者,还要学习如何做人。儿童在劳动的过程中,不断接触到社会中的各种重要的关系,可以促进儿童学会判断人类社会中的善恶。他指出,爱弥儿就是在与劳动相结合的教育中,"做了工人之后,不久就体验到他起初还只是约略见到的社会上的不平等"②。最后,劳动在经济生活中也有重要的价值。卢梭认为,如果一个人只会依赖财富、富人和"奥妙的学问",那就会堕落为既贫穷又无自由的奴隶。人只有将自己寄托于双手以及由双手创造出的事物之中,才可以消除一切的困难,才能"生活得既自由又不依赖他人;既不侵害别人,也不怕别人来侵害自己"③。

劳动教育主要是让学生掌握谋生的技术。卢梭认为,所有有身份的人当中,最不受命运和他人影响的,是手工业者,手工业者所依靠的是他的手艺。卢梭认为,选择手工业的标准是:实用而有兴趣;符合学习者的性别和年龄特征;能发展智力和有益于健康。他提出爱弥儿就要学习一门技术,而细木工最符合这些标准。它不仅有用有趣,而且需要思考,可使儿童的双手和头脑同时得到锻炼和发展。卢梭要求教师要和学生每周用一到两天的时间,亲自到工匠家里去学习木工。

经过少年期的教育,儿童被培养成了一个"既能行动又能思想的人,为了造就这个人,我们还需要做的事情只是把他教育成和蔼与通情达理的人,也就是说,用情感来使他的理性臻于完善"④。

（四）青年期（15 岁至 20 岁）

青年期是"极关紧要的时刻"。这个时期的青年人感情极其丰富,道德教育成了这一时期教育的主要任务。卢梭指出,此时的教育要在城市中进行,因为青年人在乡村已受到良好的教育,能够抵挡住城市对思想的侵蚀。

1. 道德教育的任务

卢梭认为,人具有两种自然本性:对自身生存的关注和对他人的怜悯,即自爱心和怜悯心。自爱心只涉及我们自己,青年期之前,儿童的任务就是爱自己,确保生命安全。步入青年期,在城市生活中形成了各种人与人之间的关系,自爱心便通过友情、爱情、怜悯心等方式延伸开来。这种爱是相互性的,为了让他人爱自己,首先让自己变得可爱,所以人能自爱并爱人,不只爱自己,还要爱别人,教育最终要使人由爱自己发展到爱他人、爱全人类。在此基础之上,卢梭认为,

---

① [法]卢梭:《爱弥儿》,李平沤译,商务印书馆,1978 年版,第 274 页。
② [法]卢梭:《爱弥儿》,李平沤译,商务印书馆,1978 年版,第 275 页。
③ [法]卢梭:《爱弥儿》,李平沤译,商务印书馆,1978 年版,第 702 页。
④ [法]卢梭:《爱弥儿》,李平沤译,商务印书馆,1978 年版,第 267 页。

道德教育的主要任务就是培养善良的感情、善良的判断和善良的意志。

关于培养善良的感情。卢梭认为,首先要让青年人心中想到痛苦的人,培养同情他人的感情,而后通过想象力,青年人"就会为他们的烦恼感到不安,为他们的痛苦感到忧伤"①。同情心与怜悯心也就由此产生。同情心、怜悯心产生是道德修养的开始。为了使他人产生同情心,卢梭提出三条公理:同情弱者而不是强者;自己曾经经历过不幸,虽幸运地避免,但由此产生了怜悯之心;对他人痛苦的同情不取决于他人痛苦的数量,而取决于我们对他人痛苦的感受。善良的判断是善良的感情进一步发展应该达到的标准。对一个情感与理智都具备的青年人来说,必须形成善良的判断,"他判断正确了,他就选择善;他判断错误了,他就选择恶。"②卢梭认为,培养善良的意志是通过实际的社会道德实践。实践活动使青年人的品德外化。通过社会生活中自我的行动表达,培养善良的意志。

2. 道德教育的方法

培养善良的情感,不能采取空洞说教,而要通过亲身观察,了解社会的不平等,了解人类的苦难。卢梭认为,让青年人参观老人院、孤儿院、医院、监狱,都是他们扩大情感经验范围的方法。通过各种外界的刺激,使青年人意识到,不能因为自己当下的舒适与安逸而无视那些不幸的人遭受到的痛苦,由此激发他们产生同情、怜悯不幸者的感情。善良判断的培养,主要是通过学习历史、伟人传记,从中学习区分善恶。善良的意志要通过社会道德实践来培养,在道德实践中养成"勇敢坚毅的品行"。

3. 宗教教育

宗教教育也是道德教育的一部分。在宗教教育方面,卢梭持有自然神论的主张。一方面要人们时刻都不能对上帝的存在抱有丝毫的怀疑。在他看来,"没有信念,就没有真正的道德";另一方面,他反对宗教迷信,主张对上帝的信仰必须凭借理性和良心。这与基督教宣扬的人格神存在天壤之别,这也是《爱弥儿》在当时被列为禁书的原因之一。在宗教教育方法上,卢梭反对一切宗教的仪式、教条和教会等形式,反对给儿童灌输关于上帝的荒诞的观念,他提出"真正的宗教,是心里的宗教",即人们信仰什么宗教要由自己的理智去做出正确的判断和选择。

通过青年期的教育,到了 20 岁的青年人已成为身体健壮,心智发达,感情丰富,善于劳动,博爱人类的自然人。

---

① [法]卢梭:《爱弥儿》,李平沤译,商务印书馆,1978 年版,第 304 页。
② [法]卢梭:《爱弥儿》,李平沤译,商务印书馆,1978 年版,第 400 页。

四、女子教育

卢梭以《爱弥儿》的女主人公苏菲为例，以自然教育观的基本思想为基础论述了女子教育。卢梭认为，女子应当同男子一样接受符合女子天性的教育。卢梭认为，女子是消极被动和身体柔弱的，教育应顺应女子的自然天性，她们有很多东西需要学习，但是她们只能学习适合她们学习的东西。卢梭认为，如果女子不接受教育，就无法培养她的孩子，更不知道究竟什么事情适合她的孩子。因此，女子应该接受一定的教育。但是由于天性使然，她们没有精细的头脑和集中的精力去研究学问。女子除在年龄较小时就要进行读、写、算学习之外，还要培养女子成为女工的能手，这有助于将来理财管家，教育孩子。

在道德方面，卢梭认为，女子的首要品格是顺从，从小就要培养女子形成约束自己的习惯，依赖于他人的习惯。女子一生，谨言慎行，态度谦恭，保持良好的名声。女子从小就要意识到其承担的义务，她们是孩子们和父亲之间的纽带，生儿育女、帮助和体贴丈夫是她们应尽的自然义务。在体育方面，卢梭认为，由于女子天性身体柔弱，对女子的身体锻炼更倾向于灵巧的目的。为此，女子不可娇生惯养，应当尽情游戏，免除过分的束缚，使其无拘无束地成长发育，这对于以后生育健壮的孩子和获得良好的身段有益。审美观方面，卢梭认为，依据女子活泼好动的天性，安排她们学习唱歌、跳舞、绘画等必要的技艺。真正的美在于美自身，女子只要能够优雅动人、落落大方、声音动听即是美的，不一定要用华丽的衣服与珠宝来装饰自己。

综上所述，卢梭在女子教育问题上是保守的。与男子受教育是为了参与社会不同，女子受教育的目的是要培养贤妻良母。尽管如此，卢梭从男女天性有别的基础上提出对女子进行顺应自然的教育，依然体现出了时代的进步。

本章小结

19世纪，法国社会处于激烈的政治动荡；拿破仑帝国之后，先后经历过五次政权更迭，最终建立起法兰西第三共和国，教育也因此呈现出阶段性发展的特征，这是19世纪法国教育的显著特征之一。相对于17、18世纪教育基本上由教会控制的单一局面而言，19世纪法国的教育发展取得了一定的进步，概括起来主要有以下表现：教育国家化的意识成为推行教育改革的重要依据，国家意志渗透到各级各类教育实践中；拿破仑帝国时期建立的中央集权国家教育管理体制和近代学校教育制度，为20世纪法国的教育改革奠定了基础。但在19世纪形成的学校教育制度是典型的"双轨制"，具有明显的阶级性；初等教育发展滞后，教会控制初等教育的局面并无根本性转变,直至第三共和国初期才最终由《费里法案》的实施确立了免费、义务和世俗化的三大原则;中等教育出现实科化发展,在教会学校与公立、私立中学并存、重视和维护古典教育传统的同时,增设相应的科学科目,并提高这些科目在教学中的地位和比重;高等教育在 19 世纪末出现了根本性的变革,在获得大学法人资格和自治权后,每个大学区都建有一所大学,在即将进入 20 世纪时,出现了文、理、法、医四科齐备的综合大学,法国高等教育专业化的色彩突出。

第一次世界大战和第二次世界大战对 20 世纪前半期法国的教育发展特别是教育改革措施的推行产生了一定程度的影响。不过,法国的教育仍然取得一定的进步,主要有以下几点:中央集权的教育管理体制进一步加强;《费里法案》提出的"免费、义务和世俗化"三项基本原则得以贯彻实施,义务教育年限延长至 14 岁,中等教育免费;借助统一学校运动的推动,初等学校实现了统一教育;中等教育依然延续着古典与现代、实科与文科的课程地位之争;《阿斯蒂埃法案》的颁行构建起了法国职业教育发展的基本框架。

二次大战以后,法国现代国民教育体制逐步建立,概括起来主要取得了以下成绩:政府逐渐成为国家教育改革与发展的主导力量;单轨学制从初等教育阶段延续到中等教育阶段,依据学生的能力和兴趣而不是出身和社会地位来确定人生发展;高等教育依据公正平等的原则,向一切有能力的人开放,大学获得了更多的自主管理权。20 世纪 90 年代以后,法国开始了新一轮的教育改革。

自资产阶级大革命之后,法国教育领域发生的巨大变化都与思想启蒙运动有着密切的联系。卢梭正是法国启蒙学者的代表人物之一,他的"自然主义"教育理论的深远影响超出了他的国家甚至超越了他所生活的时代。

∠ 思考题

1. 拿破仑第一帝国时期所确立的中央集权制教育管理体制的基本架构。

2.《费里法案》的基本内容及对 19 世纪末期法国初等教育发展的历史作用。

3. 19 世纪法国教育改革取得的成就。

4. 统一学校运动的基本主张及在 20 世纪前半期法国初等教育领域的具体体现。

5.《阿斯蒂埃法案》的主要内容及其历史作用。

6.《郎之万—瓦隆教育改革方案》的主要内容及其评价。

7. 1968 年《高等教育方向指导法》的基本内容。

8. 1975 年《哈比法案》的基本内容。

9. 试析卢梭自然主义教育理论的主要内容。

∠ 参考文献

1. H. C. Barnard, *Education and the French Revolution* [M], London：Cambridge University Press, 1969.

2. Rousseau, *Emile or Education*, *Everyman's Library* [M], London：J. M. Dent & Sons Ltd. , 1933.

3. ［英］博伊德,金.西方教育史[M].任宝祥,吴元训译.北京：人民教育出版社,1985.

4. 滕大春.外国教育通史(第3、5卷)[M].济南：山东教育出版社,1993.

5. ［法］米亚拉雷,维亚尔等.郎之万—瓦隆计划//瞿葆奎.教育学文集·法国教育改革[M].北京：人民教育出版社,1994.

6. 邢克超,李兴业.法国教育[M].长春：吉林教育出版社,2000.

7. ［法］卢梭.爱弥儿[M].李平沤译.北京：商务印书馆,1978.

8. ［法］卢梭.社会契约论[M].何兆武译.北京：商务印书馆,1980.

9. 滕大春.卢梭教育思想述评[M].北京：人民教育出版社,1984.

∠ 进一步阅读文献

1. ［英］安迪·格林.教育与国家形成：英、法、美教育体系起源之比较[M].王春华等译.北京：教育科学出版社,2004.

2. 邢克超主编.战后法国教育研究[M].南昌：江西教育出版社,1993.

3. 王晓辉.法国基础教育概览[M].呼和浩特：内蒙古教育出版社,2002.

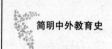

第十五章

德国的教育

德国是欧洲的一个重要国家,无论在政治、经济、军事,还是文化、艺术、科技、教育上都对世界产生过重大的影响。就教育而言,德国人在教育制度与体系、教育思想与理论、教学理论与实践方面都做出了举世瞩目的成就。19世纪以前,尽管德国在政治、经济上落后于英法等国,但在教育发展上并不逊色;19世纪以后,德国的学校教育获得了迅速发展,为德国经济的腾飞奠定了基础。20世纪以后,两次世界大战把德国教育拖入军国主义的泥潭。第二次世界大战以后,在原有德意志版图上成立了德意志联邦共和国和德意志民主共和国。1990年,分裂45年之久的两德统一。不断变化的政治形势对德国教育产生了重要影响。

第一节 19世纪德国的教育

19世纪,德国教育发展迅速。这一时期不仅德国学校教育取得了令世人瞩目的成就,也出现了洪堡、费希特、赫尔巴特、福禄贝尔、第斯多惠等一大批对世界产生重要影响的教育家。具体来讲,19世纪德国教育发展大致经历了三个时期[①]:(1) 1800年至1840年,为教育变革与创新时期。这一时期,以普鲁士教育改革为样板,德意志各邦在新人文主义的指引下,进行了小学、中学及大学的一系列具有时代意义的改革,奠定了19世纪中后期乃至20世纪德国教育制度的基本格局。(2) 1840年至1870年,为教育发展的停滞时期。这一时期,是德意志民族统一运动如火如荼的阶段。普奥争霸,自由主义与民族主义、保守主义口诛笔伐、唇枪舌剑,最终"民族统一"取得优先地位,国家主义抬头。作为社会政治生活的一扇窗口,在学校教育领域,政府对新人文主义指导下发展起来的新学

---

① [德]弗·鲍尔生:《德国教育史》,滕大春、滕大生译,人民教育出版社,1986年版,第121页。

校及其教师持不信任态度,学校教育呈现出退回到改革前的势态。(3)1870年至1900年,为教育突飞猛进时期。1871年,俾斯麦(Otto Von Bismarck,1815年~1898年)以新保守主义的政治原则和"铁血"手段最终完成了国家的统一大业。德国政治、经济出现欣欣向荣的局面,教育也进入了一个快速发展的时期。这不仅体现在规模的扩大上,而且也反映在教育的结构上。

一、19世纪以前德国教育概述

17到19世纪以前,德国资本主义发展缓慢,远远落后于英法两国,但在教育上却并不逊色于两国。这一时期内的30年战争、狂飙突进运动等也在一定程度上影响了德国教育的发展。

初等教育是这一时期变化较大的领域。宗教改革之后,德国大部分地区信仰路德教派。学校的管理权由教会转移到政府手中。各公国政府出于政治、宗教及经济的需要,在学校开始推行强迫教育。初等学校的教学内容同16世纪相比没有根本的变化,主要包括读、写、宗教教育和唱歌,后期也增加了一些简单的算术、自然、历史知识。虔信派在初等学校的改革和发展方面做出了突出贡献。18世纪后半期的泛爱主义运动也对德国初等教育的发展产生了重要影响。

中等学校的类型有三种:文科中学、实科中学、骑士学院。它们的培养目标和教育内容有很大差异。由梅兰克顿所创办的拉丁学校演变而来的文科中学是17至18世纪德国中等学校的主要类型,其目的在于培养德意志各封建公国的官吏、训练预备担任"学术职业"的人物(如法官、医生等)升入大学,教学内容以拉丁语、希腊语以及文学为主。实科学校是为满足发展中的资产阶级的需要而设立的一种注重讲授实科知识的中等学校。它不以升学为目标,而是旨在为学生提供现代生活实际需要的知识和技能,著名的实科学校有1708年席姆勒(C. Zemmler)在哈勒创办的"数学、机械学、经济学实科学校"和1747年赫克(J. J. Hecker)在柏林创办的"经济数学实科中学"。骑士学院则是训练包括王子在内的贵族青年担任宫廷文武官职的学校,它主要为新贵族提供文雅的现代教育。

高等学校除中世纪延续下来的大学外,17世纪末到18世纪中期又建立了一些新大学。其中最著名的是1694年创办的哈勒大学。这所大学采纳近代哲学和近代科学,以思想自由和教学自由为基本原则,教学语言采用德语,传统的教学方法遭到摒弃,代之以学术报告和各种课堂讨论,引领了德国乃至欧洲大学的发展,为普鲁士的振兴奠定了基石。

二、19世纪初等教育的发展

进入19世纪之后,德国的初等教育发展速度加快,一些公国进一步颁布《初

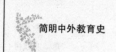

等义务教育普及法》，使德国初等教育的发展走在了欧美其他国家的前面。1806年普鲁士在普法战争中的惨败，使得当时许多政治家、学者和教育家们都立志以改革振兴普鲁士。他们将教育视为普鲁士崛起的重要工具，教育改革也就构成了整个改革的重要组成部分。1808年，洪堡（Alexander von Humboldt，1769年～1859年）被任命为普鲁士新建教育部的部长，担负起德国教育重建的重担。

洪堡等一些进步人士都希望建立一个国民教育体系以提高德国普通民众的文化水平。在某种程度上，洪堡的努力受到了阻挠，国王和许多上层人士都对民众教育持不信任态度。但是，初等教育也在很多方面取得了一定成效。一是在小学逐步推行裴斯泰洛齐教育教学方法的尝试。普鲁士当局派遣大批青年到瑞士的伊佛东向裴斯泰洛齐学习。这些青年学成归来之后，他们不仅在德国传播裴斯泰洛齐的教育教学方法，而且以裴斯泰洛齐对国民教育的热情和热爱投身德国初等教育体系的重建中。二是发展师范教育。1809年德国首创培养教师的机构——柏林师范学校。到1831年，普鲁士的每个省都已经建立了师范学校。1840年，已达38所。教师的素质得到提高，初等教育的质量也得到改善。

经过一段时期的努力，德国的初等义务教育得到普及，1846年德国适龄儿童入学率已经达到82%。即便是在四十年后的教育发展的复辟期，初等学校的课程设置和教学内容受到较大冲击，但在促进学生入学上也没有根本的变化。19世纪70年代教育复兴之后，初等教育得到进一步的重视。1872年，帝国政府颁布了《普通学校法》，规定6岁至14岁为期8年的初等教育为强迫义务教育阶段。1885年，普鲁士实行免费的初等义务教育，进一步促进了教育的普及。但这一时期的德国教育在特定形势下充满了极其浓厚的民族主义色彩。

三、中等教育的变革及其发展

19世纪德国中等教育的主要类型是文科中学和实科中学，这是19世纪初期洪堡改革影响下的产物。19世纪后期，帝国政府确立了文科中学、文实中学、实科中学的三种中等教育的基本类型。

1810年7月，洪堡颁布考核中等学校教师的规程，规定了高级文科学校老师的考选办法。只有通过由大学规定的中学古文科目考试的及格者才能获得教师的资格和称号。考选教师主要由柏林大学、布勒斯劳大学、柯尼斯堡大学各派一名代表组成的"教育代表团"负责，考试的科目主要有语文、科学、数学和历史等学科。1826年、1831年又对这一规定进行补充。这种新制度改变了以前中学教师依赖于僧侣阶层的状况，提高了中等学校教师专业工作者的地位，同时也保证了教师具有较高水平，提高了中等教育的质量。

洪堡改革中等教育的第二项措施是整顿各种不同名称的古典中学。在改革中,将以前所谓的文科中学、高级女子中学、学院、拉丁学校、阿卡德米学校等统称为文科中学,并且规定只有文科中学的毕业生才能升入大学或者担任官吏。

洪堡改革中等教育的第三项措施是推行新的课程体系。旧的文科中学的课程设置非常狭窄,几乎只有一门主要课程——拉丁文。改革后的学校课程实行文理并重的思想,目标在于推行"全面教育",主要学科有拉丁文、希腊文、德语、数学、科学、哲学、历史等。1816 年后,又颁布了中等学校的教学计划,将学科分为三类:一是语言学科,包括拉丁语、希腊语、德语等;二类为科学科目,包括数学、自然科学、历史、地理及宗教;再一类为体操、音乐,学生自由选修。改革后的文科中学的课程大大拉近了与现实生活的距离。

洪堡的中等教育改革,抓住了中等教育发展的主要方面,对 19 世纪德国中等教育的发展产生了深刻的影响。19 世纪 40～60 年代,中等教育又出现了一股复古倾向,试图增加人文学科,削减自然学科,将教条主义的宗教教育纳入学校课程。19 世纪 70 年代之后,这股倾向得到扭转,自然科学再度被加强,学校课程进一步适应了经济的发展需要。

但 19 世纪初期的这些改革只是针对文科中学,实科中学并未进入改革者的视野。随着德国经济的发展,实科中学得到迅速发展,成为实施中等教育的一个重要机构。1832 年,普鲁士率先颁布《实科中学毕业考试章程》,标志着实科中学这一形式开始得到政府的承认。1859 年,普鲁士颁布《实科中学课程编制》,对实科中学的修业年限和课程设置做出统一的规定。但与文科中学相比,实科中学的社会地位还不高,其毕业生也不具备升入大学的资格。

19 世纪后期,德国中等教育领域中古典主义教育和实科教育两者之间的矛盾逐渐加剧。尽管古典主义教育仍占优势,但实科教育和具有实科倾向的教育却随着资本主义工业的发展越来越受到重视。1892 年,帝国政府确立了中等教育的三种类型:一是文科中学。它是 9 年制的,学习的课程主要以拉丁文和希腊文为中心,招收接受完 3 年预备教育之后的学生,目的是使学生在毕业后直接升入大学。这种学校仍是中等学校的主要类型。不过,随着资本主义经济的发展,课程中也增添了数学、物理、化学等自然科学的科目。二是文实中学。它也是 9 年制学校,主要学习现代外国语、数学和自然科学等,古典语文只学习拉丁文。其目的是使学生毕业后能够在大学里学习数学和自然科学方面的专业课程。这种学校实际上是古典主义教育和实科教育调和的产物。三是实科学校。这种学校虽也为 9 年制,但不教古典语,而以现代外国语、数学和自然科学的教学为主。它的目的是训练高级技术和商业人才,为学生毕业后参加实际生活事务做好准备。其毕业生仍不具备升入大学的资格。20 世纪之后,实科中学的毕业生才获得与文科中学毕业生同等的升入大学的资格。

四、柏林大学的创建与德国高等教育的发展

1810年,洪堡在费希特(Johann Gottlieb Fichte,1762年~1814年)和施莱尔马赫(Friedrich Schleiermacher,1768年~1843年)的帮助下,按照新人文主义的思想创建了柏林大学。这所大学创建之初就被寄予了政治上的厚望,力图使其担负起重建德国学术的重任。柏林大学的创建绝不只是增添了一所大学,而是涉及德国大学改革的大事。这所大学一是倡导教自由与学自由,无论是教师还是学生都享有充分的研究和学习的自由;二是重视学术研究,把科学研究作为大学的主要任务,把教学作为次要任务,同时聘用当时在各个学科领域成就卓著的学者作为教师,提倡培养学生的研究能力;三是摒弃古典大学中的地方主义,不再严格限制只有普鲁士的学生才能入学。柏林大学建立之后,很快树立起新的学风,改变了原来大学只是作为官吏养成机构的功能,成为德国乃至世界大学新的样板。

1848年以后,大学和社会生活的其他方面一样,呈现出停滞的状态,大学的自治和学术自由受到压制。但与德国工业化相适应,在19世纪60年代出现了一些工科大学,如柏林工科大学,为经济建设培养专门人才。这类学校和柏林大学一起,奠定了现代两种不同类型高等教育机构的基础。

五、赫尔巴特、福禄贝尔的教育思想

19世纪的德国,可谓执世界教育之牛耳者。不仅在许多教育制度的建设上为其他国家树立了榜样,在教育思想和教育理论建设上更是走在了世界的前沿,涌现出众多的教育思想家,如赫尔巴特、福禄贝尔、第斯多惠等,在许多领域对世界教育产生了重要的影响。

(一)赫尔巴特的教育思想

赫尔巴特(Johann Friedrich Herbart,1776年~1841年),德国近代著名的教育学家、心理学家和哲学家,科学教育学的奠基人。他自幼受到良好的家庭教育和学校教育,耶纳大学毕业后担任过家庭教师,并长期执教于德国当时知名的哥丁根、柯尼斯堡大学。他在汲取前人研究成果与自身长期教育教学实践的基础上,依据其实践哲学与心理学观点,系统论述了教育的目的与过程、课程与教学、管理及训育等教育理论问题,提出了较为完整的教育思想体系,成为推动教育学学科独立的先驱。赫尔巴特的教育思想及其进一步发展与广泛传播对德国乃至欧美、日、中等许多国家的学校教育产生了广泛而深远的影响。他的教育思想,集中体现在他的代表作《普通教育学》和《教育学讲授纲要》中。

1. 赫尔巴特教育思想的理论基础

赫尔巴特认为教育学应该建立在双重基础之上,正如他指出:"教育作为一门科学,是以实践哲学和心理学为基础的。前者说明教育的目的,后者说明教育的途径、手段与障碍。"①在他看来,教育目的应该由实践哲学即伦理学而来,教学理论或具体的教育方法应该以心理学为基础。

受到莱布尼茨(Gottfriend Wilhelm von Leibniz,1646年~1716年)和康德(Immanuel Kant,1724年~1804年)等人的影响,赫尔巴特认为人的内心中存在五种道德观念,即内心自由、完善、仁慈、正义和公平。"内心自由"要求个人意志和行为应"摆脱一切外在影响的羁累,只受制于内在的判断"②,认清自身行为的意义与方向,达到意志与行为的协调一致。"完善"是指当意志和行为之间的矛盾无法调和时,以多方面理智与顽强的毅力进行内部协调,使行为趋于完善。"仁慈"是指当"完善"观念无法协调两种意志之间的矛盾时,即以"绝对的善"去解决,以求得与他人意志的协调。"正义"是指用来协调现实生活中的人际冲突,使人安分守己、互不侵犯、遵守法律。"公平"则指当上述观念仍无法约束破坏社会生活秩序的错误行为时,则用"公平"的观念惩恶扬善。赫尔巴特的五种道德观念以意志为核心,旨在调节人自身内部的欲念与行为、协调人际关系、维护社会秩序。在他看来,教育的整个目标,即是培养学生的五种道德观念。

赫尔巴特强调教育学的首要基础即是心理学,并充分运用自己的心理学理论论证教育特别是教学上的各种问题,力图给教育工作以科学的解释。他认为心理学应与哲学和生理学脱离而成为一门独立科学,并把形而上学、数学和经验作为其观念心理学的三大支柱。他反对古希腊沿袭下来的官能心理学,接受莱布尼茨等人的影响,认为人的灵魂是不可能加以分割的、单一的、超时间、超空间的实在,只能用观念及其运动来解释一切人的心理现象。赫尔巴特认为,观念是事物呈现于感官后在意识中留下的印象,是人心理活动的基本要素。观念运动产生情感、欲望、意志、记忆、回忆、遗忘、注意等心理现象与过程。赫尔巴特在表述自己的观点时,首创或重新解释了诸如"意识阈"、"无意识"、"统觉"、"有意识记"、"无意识记"等概念。在观念运动中,意识阈限上下的观念会因各种原因沉浮升降,力量较小而被抑制的沉降于意识阈限之下,力量较强则浮于意识阈限之上,成为当时支配意识的观念。新观念进入意识必先经意识阈,之后进入众多观念的组合体,成为其中一部分,赫尔巴特称对新观念理解的过程为"统觉"(Apperception),众多观念的组合体为"统觉团"(Apperception Mass),指由很多已理解的观念组成的综合性意识,即当时的经验与知识。他认为"观念整合成统觉

---

① [德]赫尔巴特:《赫尔巴特文集:教育学卷一》,李其龙等译,浙江教育出版社,2002年版,第187页。

② [德]赫尔巴特:《普通教育学》,尚仲衣译,商务印书馆,1936年版,第45页。

团的过程与兴趣、期望和意志相关"①,兴趣能保持观念的积极活动,提高统觉过程的主动性。赫尔巴特的观念及其统觉等理论,构成了他的教育理论尤其是教学理论的重要基础。

2. 赫尔巴特论教育目的

赫尔巴特认为,"教育的唯一工作与全部工作可以总结在这一概念之中——道德"②,道德是人类的最高目的,因而也是教育的最高目的。这种以培养道德为旨归的教育目的,被赫尔巴特称为"道德的目的",又称作"必要的目的"。与此同时,赫尔巴特还提出教育的"选择的目的"或"可能的目的"。假如"道德的目的"是指社会对人在政治上的要求,"选择的目的"即是与儿童发展以及将来就业有关的目的。从赫尔巴特所主张的两个教育目的可以看出,"道德的目的"更多地表现了当时德国资产阶级对现存制度的服从和迎合,而"选择的目的"则表达了他们对经济发展和理想的人的要求。

3. 赫尔巴特的教育过程论

教育目的的实现有赖于教育过程的展开。赫尔巴特认为,教育过程包括管理、教学、道德教育(训育)三个部分,其中道德教育是核心,应该贯穿教育的整个过程。

管理。从性恶论的观点出发,赫尔巴特认为在教学之前必须进行管理。他认为儿童生来就"具有一种处处驱使他不驯服的烈性",身上存在着"盲目冲动的种子","如果不坚强而温和地抓住管理的缰绳,任何功课的教学都是不可能的。"③管理的主要目的就是形成儿童一种守秩序的精神,为进行教学创造条件。在关于如何对儿童实施管理上,赫尔巴特主张采取惩罚的威胁、监督、命令和禁止、惩罚、权威和爱以及不给儿童空闲等措施,其中有些措施渗透着合理的价值因素,为后来的课堂管理提供了借鉴。

教学。教学问题在赫尔巴特的教育理论中占有重要地位。他认为人的心灵是统一的,人的思想、感情、意志和知识都是不可分割的,它们都是通过统觉而形成的观念或观念体系,因此,对人的道德的塑造和培养都可以借助教学活动实现。在教育史上,赫尔巴特首次提出了"教育性教学"的概念,论述了教育和教学之间的密切关系,从而深刻地阐明了教学的意义。在他看来,"教学形成思想内容,教育则形成性格。"④"不存在'无教学的教育'这个概念,正如反过来,我不承

---

① Charles De Garmo. *Herbart and the Herbartians*[M]. New York: By Charles Scribner's Sons, 1895:57.

② 张焕庭:《西方资产阶级教育论著选》,人民教育出版社,1979 年版,第 249~250 页。

③ 张焕庭:《西方资产阶级教育论著选》,人民教育出版社,1979 年版,第 268 页。

④ [英]博伊德,金:《西方教育史》,任宝祥、吴元训主译,人民教育出版社,1985 年版,第 338 页。

认有任何'无教育的教学'一样……"①教学如果没有进行道德教育,就成为一种没有目的的手段;相反,道德教育如果没有教学,就成为一种失去了手段的目的。作为个人,人只有具有了具体知识,认识了相应的道德规范,才能产生道德意志和道德行为。这样,赫尔巴特继承了西方教育史上主知主义的传统,强调了知识的道德价值,把教育目的的实现和文化知识的传授看作是统一的过程,将智育和德育联系起来,使道德教育获得了坚实的基础,对后世教学及其道德教育产生了重要影响。但他将教学完全从属于教育,甚至将教育和教学等同起来,则是片面的。

道德教育。在赫尔巴特看来,道德是人类的最高目的,也是教育的最高目的。在整个教育的过程中,道德教育既是贯穿于其中的核心,也是单独的一个组成部分。在赫尔巴特的教育理论中,与道德教育直接相关的概念是"训育"。他认为:"道德教育首要的事件,绝不是发展某种外表的行动模式,而是在儿童心中发展明辨的见识以及与它一起的相应的意志力。"②这是一种超感性的力量,也可以视为人的内在性格的道德力量。因此,赫尔巴特把性格和道德联系在一起,将道德教育等同于培养个体以道德观念为基础的道德性格的过程。从具体方法而言,约束、抑制、劝告、制裁、赞许以及教师的人格熏陶、有秩序的健康的生活都可以起到不同程度的作用。

4. 赫尔巴特的课程与教学理论

在继承前人的基础上,依据自己的心理学理论,赫尔巴特提出了自己的课程和教学理论。

在多方面兴趣的基础上,赫尔巴特构建了自己的课程理论。在他看来,兴趣是心理的积极活动,也就是观念的大规模的广泛的活动和观念的游戏。教学应该引起学生多方面兴趣,课程内容也应该与学生的经验和兴趣相关。如何使课程具有兴趣呢? 赫尔巴特根据他的兴趣理论进行了探讨。他认为,学生多方面的兴趣主要有两种:经验的兴趣和同情的兴趣。经验的兴趣又包括经验的、思辨的和审美的兴趣,同情的兴趣包括同情的、社会的和宗教的兴趣。根据兴趣的分类,赫尔巴特对课程进行了规划:根据经验的兴趣,应该开设自然、物理、化学等学科;根据思辨的兴趣,应设有数学、逻辑、文法等学科;根据审美的兴趣,应设有文学、唱歌、图画等学科;根据同情的兴趣,应设有外国语、本国语等学科;根据社会的兴趣,应设有历史、政治、法律等学科;根据宗教的兴趣应设有神学。这是一个内容广泛、种类多样的课程体系,反映了近代社会发展对学校课程的要求。为

---

① [德]赫尔巴特:《普通教育学·教育学讲授纲要》,李其龙译,浙江教育出版社,2002年版,第13页。

② 张焕庭:《西方资产阶级教育论著选》,人民教育出版社,1979年版,第272~273页。

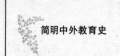
了将这些多样的课程组织起来,赫尔巴特又提出了相关和集中的原则。所谓集中,是指课程体系中包括的许多学科必须有一门共同的中心学科。所谓相关,则是指以某门学科为中心的课程之间必须相互联系或相互支持。赫尔巴特将统觉原理贯穿于课程的编制,力图赋予其课程理论科学的依据,避免课程设计的随意和散乱。尽管他未能彻底解决当时课程编制中存在的问题,却在这方面做出了有益的探讨。

赫尔巴特根据他的心理学理论,认为教学过程就是观念不断活动、并在此基础上形成"统觉"的过程。结合学生兴趣所处的状态,以及学生统觉形成的不同阶段,教学可以分成不同的阶段。在不同的教学阶段,教师又应该采取不同的教学方法。这就是赫尔巴特的教学形式阶段理论。在他看来,任何教学活动都应该是有序的,都经历着以下几个阶段:

明了。主要让学生在观念静止的状态中清楚、明了地感知新教材。这时儿童心理处于静态的专心活动中,兴趣表现为注意。这一阶段要求教师尽可能简练、清楚、直观明了而富有吸引力地讲解新教材,应采用单纯提示的教学,通过各种直观的方式,讲述、提示新教材,让学生集中注意力观察、感知、分析每个单一的对象,获得明晰的观念。

联想。主要是学生在观念运动中钻研教材,使新获得的观念与旧有的观念联系起来,形成新的观念。儿童的心理处于动态的专心活动,兴趣处于期待阶段。教师采用分析教学,在学生已有知识的基础上与学生进行无拘束的谈话,唤起旧观念,使之与新观念建立联系。

系统。主要是指教师指导学生在观念静止的状态下理解教材,对已有知识进行综合、归纳、概括、结论以使之概念化、系统化,并纳入原有知识系列形成组织更为严密、完整的知识体系。这一阶段儿童心理处于静态的审思活动,兴趣则处于探求阶段。

方法。指学生在观念运动中对观念体系进一步深思,通过独立作业或按教师指示改正作业等方法,把系统化了的知识应用到实际的"个别情况"以强化和巩固新旧观念的联合。这时心理已进入动态审思活动,兴趣处于行动阶段。

赫尔巴特的形式阶段理论,既考虑到学生在教学过程中的心理状态,也注意到不同教学阶段学生兴趣所处的阶段,并强调在不同的阶段运用不同的教学方法,将其严格建立在观念心理学的基础之上,为后世教学提供了一种明确而规范化的程序,使得教学过程有章可循,对19世纪后期和20世纪前半期世界各国师范教育的发展产生了重要的影响。后来,赫尔巴特的弟子及其再传弟子将教学形式四阶段发展为五个阶段,构成了19世纪下半叶风靡全世界的"五段教学法"。赫尔巴特对后世的影响,也主要是教学形式阶段理论。但赫尔巴特,尤其是赫尔巴特的弟子们也存在着严重的机械化、形式化倾向,使教师和学生的创造性受到严重影响。20世纪后期,他的教学思想也受到广泛的质疑和批判。

(二)福禄贝尔的教育思想

福禄贝尔(Friedrich Wilhelm Frobel,1782年～1852年)是德国著名的教育家。他长期从事学前儿童的教育和实验研究工作,不仅创办了世界上第一所幼儿园,也是近代学前教育理论的奠基人。他的教育思想及其活动,对世界学前教育产生了重要影响。他的教育思想主要体现于《人的教育》、《母亲与游戏、儿歌》和《幼儿园教育学》等著作中。

1. 福禄贝尔论教育的基本原则

家庭中浓厚的宗教氛围,自小丧母的特殊经历,大自然的长期熏陶以及接受大学教育期间谢林、费希特、克劳塞等哲学家的影响,都对福禄贝尔的教育思想产生了重要作用。在教育的基本原则上,福禄贝尔提出了以下主张:

统一的原则。在《人的教育》中,福禄贝尔写道:"有一条永恒的法则在一切事物中存在着、作用着、主宰着。这条法则,无论在外部,即在自然中,或在内部,即在精神中,或在两者的结合中,即在生活中,都始终同样清晰和确定……这条支配一切的法则必然是以一个万能的、不言而喻的、富有生命的、自我的、因而是永恒的统一体为基础;……这个统一体就是上帝。"①福禄贝尔认为,上帝是万物的统一体,是一切事物的最终本源。正是从这一基本观点出发,福禄贝尔提出了教育的目的、任务和途径。在他看来,人和万物一样,都是上帝的创造物,具有上帝精神。但人处于自然发展的最高阶段,他是一种具有思想和理智的生物体。他应该意识到自己的天赋的力量和本质,即体现在他身上的上帝精神,并把它自觉地贯彻到自己的生活中。教育的作用就是要顺应人的本性去激发与推动他有意识地和自觉地、完美无缺地表现上帝的精神并加以发展,指明达到这一目的的基本途径。

教育适应自然的原则。福禄贝尔深受卢梭、裴斯泰洛齐思想的影响,认为人的本性是善的,教育必须遵循儿童内在的善的本性,使之获得自然的、自由的发展。在他看来,"教育、训练和全部教学与其是绝对的,指示性的,不如更应当是容忍的、顺应的。"②而专断的、指示性的、绝对的和干预性的训练、教育和教学必然对人起着阻碍、破坏甚至毁灭的作用。这就需要教育者必须善于观察并总结儿童的发展特点,只有这样,才能使教育追随儿童的本性,使儿童受到合理的有效的教育。

---

① [德]福禄贝尔:《人的教育》,孙祖复译,人民教育出版社,1991年版,第1页。
② [德]福禄贝尔:《人的教育》,孙祖复译,人民教育出版社,1991年版,第6页。

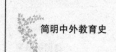
发展的原则。福禄贝尔认为,儿童的本性不是静止和固定不变的,也不是已经发展完备的,而是不完善的、需要持续不断地前进和生长的。人类的发展需要渐次经过哺乳期、童年期、少年期、青年期、壮年期……由不成熟走向成熟,每一个阶段有每一阶段的基本特征,也有自己独特的需要和外部表现,但每一个阶段绝不是截然分开的,而是连续的。在他看来,人的发展是循序渐进的,尽管可以根据不同的特征分成不同的阶段,但是这种划分只能是相对的。在发展的过程中,每一个阶段都是前一个阶段的自然而然的延续,也是后一阶段发展的现实基础。教育教学活动的组织、各种训练的展开都必须遵循儿童发展的这一基本特征,循序渐进地展开,以促进儿童的发展。

自我活动的原则。福禄贝尔特别强调儿童的“自动”或者“自我活动”。儿童的自我活动是一种自由的、自我决定的活动,是在内在力量驱使下的工作和活动,是儿童的一种本能。认识的起点是活动,儿童真正的知识都是由自我的自由活动而获取。因此,自我活动是教育的推动因素,也是儿童智力发展的基础。教育的任务就在于启迪儿童智慧,通过儿童的各种自我活动,使儿童认识自然和客观世界,认识自己的本性,从而促进儿童内在本性的自由、协调、全面的发展。

2. 福禄贝尔的学前教育思想

关于学前教育的理论和实践活动,是福禄贝尔一生教育研究和实践的主要方面。在长期的教育实践中,福禄贝尔形成了自己富有开创性的学前教育思想。

学前教育的地位和作用。福禄贝尔认为,幼儿时期是人发展过程中的一个非常重要的时期,学前教育是人教育的真正开始,对儿童发展起着促进作用。但在当时,很多父母要么受传统陋习的影响,要么缺乏教育知识,要么没有时间,因此需要建立新的幼儿教育机构。1837年,福禄贝尔在勃兰根堡设立了一所学前教育机构,1840年将其命名为“幼儿园”。这既是对家庭幼儿教育的有效补充,又为家庭教育提供了帮助和榜样。作为幼儿园,其具体教育任务就是通过活动和游戏的方式,培养学前儿童,发展他们的体格,锻炼他们的外部感觉,使他们认识人和自然,使儿童在游戏、娱乐和天真活泼的活动中做好入学的准备。

游戏的作用与价值。福禄贝尔特别强调游戏在学前教育中的教育作用。在他看来,游戏是儿童活动的特点,也是儿童创造性的表现。通过各种游戏,儿童的内心活动和内心生活变成独立的、自主的外部自我表现,从而获得愉快、自由和满足,并保持外在与内在的平衡。为了系统地组织儿童的游戏,福禄贝尔发展了一个从简单到复杂、从统一到多样循序渐进的不可分割的体系,力图以此逐步发展儿童的智力和体力,同时使儿童认识生活发展规律。

恩物。这是福禄贝尔根据万物统一于上帝的精神设计的一套供儿童游戏和作业使用的教具。取名“恩物”,意味着这是成人送给心爱的儿童的礼物。恩物有多种,既有柔软的彩色小球,也有木质的球体、立方体和圆柱体,许多立方体还可以分割。每一种恩物往往都能包含前面的恩物,并预示后面的恩物,它们能使儿童理解周围世界,又能表达他对客观世界的认识,理解世界是统一的观念。这套可以分割和组合的恩物,对于发展幼儿的认识力、想象力、创造力是非常有价值的。福禄贝尔赋予恩物的宗教神秘思想并不能为儿童理解,儿童只是将恩物视为玩具。恩物也正是作为玩具而流传于世,后世的积木、积塑、插塑等都受到恩物的启示和影响。除了恩物外,福禄贝尔还主张使用摺纸、木棒、绳子、环圈等供儿童进行各种活动和作业。

福禄贝尔一生的主要贡献表现在学前教育方面。他首创了幼儿园,并在长期的教育实践中总结出一套教育幼儿的新方法,创立了完整的学前教育理论体系,倡导公共的学前教育,广泛扩展幼儿园,其理论和实践都对19世纪后半叶以及20世纪的世界学前教育产生了广泛的影响。

第二节　20世纪前半期德国的教育

19世纪末20世纪初期,德国的教育按照19世纪下半期德意志第一帝国时期的政策发展着。根据1872年的《普通学校法》,德国对6岁儿童实施8年制的强迫义务教育。实施义务教育的学校为国民学校,它又分为前后两个阶段,前段为基础学校,后段为高等国民学校。另外还设立一种介于小学和中学之间的中间学校,为小资产阶级子弟服务。在中等教育阶段,主要有文科中学、文实中学和实科中学三种类型。高等学校开始分为大学和专门学校两种。无论是在哪种学校里,德国都推行一种军国主义教育,利用学校为其扩张政策服务。这种教育与当时的政策终于将德国引入了战争的深渊。

第一次世界大战后,德国成立了魏玛共和国,对于德国现代教育来说,这是一个重要的复兴时期。1933年希特勒在德国建立法西斯专政,教育被纳入法西斯的轨道,成为法西斯专政的工具。

一、魏玛共和国时期的教育

根据1919年的《魏玛宪法》,按照民主化的原则对教育进行了改造。

在初等教育方面,实施强迫的八年制义务教育。但与帝国时期不同的是,建立共同的四年制基础学校,作为国民教育制度的基础。这种学校是为全体人民而设的共同的学校系统,取代了原来为升入中学做准备的贵族化的预备学校。基础学校招收6岁~10岁的儿童。他们读完基础学校之后,经过考试,少数优异者进入中学,大多数进入四年制的高等国民学校学习,完成义务教育的任务。

在中等教育阶段,增设德意志中学和上层建筑中学。原来帝国时期建立的中间学校和原有的文科中学、文实中学和实科学校仍然存在,在学校名称、学习年限和学习内容上都没有改变。德意志中学的修业年限为9年,与基础学校相衔接,和其他三类中学一起被称为完全中学。这种学校以学习"德意志学科"为主,如德语、德国文学、德国历史、德国地理等,还注重现代史、公民学以及现代外语教学,充分体现了以"德意志文化"为德国教育的特征。上层建筑学校采用六年制,建立在高等国民学校第七学级之上,招收那些年龄超过中学入学年龄但已读完高等国民学校3年级的成绩优异者,以便使他们经过6年的学习通过中学毕业考试后升入大学。它的课程兼具德意志中学和实科中学的性质,是一种不完全中学。德意志中学和上层建筑中学是德国中等学校历史上的一次革新,它们便于为有才能的儿童进一步接受完全的中等教育提供了机会,表现出一定的进步性,但也极具民族沙文主义的色彩。

在高等教育方面,除原有的大学外,各种类型的高等技术学校在这一时期都得以建立。原来被冲淡的洪堡时期的大学精神得以恢复。大学重新成为讲授科学和学术研究的场所。在大学管理上则实行大学自治,教授治校。正因为如此,这一时期德国学术和文化水平的进步都高于欧洲其他国家。

除普通教育之外,这一时期的师范教育和职业教育也得到一定发展。根据《魏玛宪法》规定,"按照普遍适用于高一级教育的原则,统一规定帝国的师范教育。"即所有学校教师,包括国民学校的教师都被要求统一接受学术性高等教育。这一规定力图打破德国教师教育分类进行(国民学校的教师的职前教育是师范学校教育,而中学教师则是大学教育)的模式,取消差别,统一教师教育。虽然有关统一教师教育的法律最终没有被帝国内阁批准,但传统的师范教育形式逐渐被打破。除巴伐利亚、符腾堡两州仍保留师范学校以外,其他各州都提升了国民学校教师教育的水平。如汉堡、图林根、布伦瑞克、萨克森和黑森等则在大学或工业大学等学术性高校中开设师范类课程,培养包括国民学校教师在内的各级各类学校教师。

在职业教育方面,《魏玛宪法》规定,"确定普通义务教育年限:至少八年制国民学校毕业并在此基础上进入补习学校学习到18岁止。国民学校和补习学校的教学和教材一律免费",将接受义务教育的年限规定到满18岁止。以后,各州逐渐通过了延长职业学校义务教育的年限。如1923年,普鲁士通过了延长职业学校义务年限的法律,开始对所有年满18岁的青年实行职业学校义务教育。到魏玛共和国末期,全德有2/3的义务职业学校教育年龄阶段的青年人学习了相应的职业课程。

总之,魏玛共和国时期的教育比起第一帝国时期有所改进。如在学校教育制度上建立了统一的基础学校,强调教育的民主化,扩大教育机会,对学校的一些内部问题也进行了改革,使得这一时期德国学校教育的发展速度加快。但从根本上来说,学制的双轨性质并未彻底改变。教育中仍然渗透着民族主义、国家主义的精神,这既表现在新型德意志中学的建立上,也体现在培养目标和具体的课程设置上。这些都为纳粹法西斯的上台打下了思想基础。

二、纳粹时期的法西斯教育

1933 年 1 月,阿道夫·希特勒(Adolf Hitler,1889 年～1945 年)领导的纳粹党上台,德国开始了法西斯专政。纳粹政府通过种种措施,将学校教育变成实行法西斯专政的工具。

纳粹上台后,首先在教育行政管理体制上,进行了所谓"划一革新"的改革,以中央集权管理取代了魏玛时期的地方分权管理。1934 年 1 月 31 日,纳粹当局发布命令,取消各邦对文化教育事务的管理权。同年 5 月 1 日,帝国科学、教育和国民教育部成立,成为管理全德教育事务的最高权力机构,它直接管理从教科书到教学计划等一切教育事宜。

与魏玛共和国时期相比,尽管纳粹统治时期没有破坏德国的教育模式,但渗透在学校内部的精神却有了很大变化。各级学校的教育重点不再是传授知识,而是强调健康身体和品行训练,以培养效忠于"元首"希特勒和纳粹政府的年青一代。各级学校的教学内容不允许有丝毫民主倾向而必须体现纳粹主义精神。

在初等教育方面,全国统一规定设立国民学校。和魏玛共和国时期一样,它是八年制的人人共同接受的基础学校,分为前后各 4 年的两个阶段。儿童从 6 岁开始入学,所有人都接受 4 年的国民学校的教育之后,大多数人进入第二阶段的教育,只有少数人可以升入中学。纳粹政府出于统治的需要,国民学校受到高度重视。国民学校的教学重点就是体育和德语。1934 年纳粹国民教育部作出规定,凡城市学生接受完八年制国民学校的教育之后必须在"乡村生活年"里参加为期 9 个月的农村服役,采用军事化的方式对学生进行管理和教育,以使他们熟悉乡村生活,养成他们的所谓共同生活的经验。

在中等教育方面,中学体制得到改组,中学类型得以简化。魏玛共和国时期的 5 种中等教育机构减为 3 种,即德意志中学、文科中学和上层建筑中学。德意志中学和文科中学的学习年限缩短为 8 年。德意志中学在这一时期成为中等学校的主要类型。原因在于它的办学思想和所贯彻的"德意志学科"完全符合希特勒的思想。这一时期它的"德意志学科"得到进一步加强,不仅开设德意志语文、德意志历史和地理,甚至还开设了德意志物理、化学和德意志数学,以强化沙文主义,贯彻法西斯精神。

在高等教育方面,大学开始了对学生身份的限制。犹太人和妇女不能入学,大学招生主要根据学生对纳粹党的忠诚和在希特勒青年运动中的表现。因此,大学招生人数锐减,尤其是一些理工学院减少得更多。大学教育的质量和水平严重下降。在大学课程中,体育和宣扬种族优越论的"种族学"受到重视,至于法律学、政治学、历史等学科都被涂上了纳粹主义的色彩。

除普通的学校教育之外,在纳粹统治期间,还设立了一系列的专门培养纳粹头目的特殊学校。一是全国政治教育学院。这是一种规模较小并具有现代化教学和生活设施的寄宿中等学校,通过招收经过严格选拔的 10 岁～11 岁的儿童,培养纳粹军队和政府的高级官员。一是阿道夫·希特勒学校。它是一种 6 年制的寄宿中等学校,免费招收 12 岁～18 岁的男孩,学生在此接受一种斯巴达式的体育锻炼和纳粹政治教育,目的在于培养最高层的纳粹党机构的干部。一是骑士团城堡。它招收全国政治教育学院和阿道夫·希特勒学校最优秀的毕业生,以训练未来的纳粹党领袖,学习期限为 6 年,学生按照顺序到设在波罗的海附近、巴伐利亚、德国中部以及赖内的四个城堡受训。这是训练纳粹头目的特殊学校这个金字塔的顶端。

这一时期,德国的各级学校教育都已经被纳粹化,完全成为为纳粹统治服务的工具。

第三节　20 世纪后半期德国的教育

1945 年纳粹德国战败投降。1949 年,在英法美占领区成立德意志联邦共和国,在苏联占领区成立德意志民主共和国。之后的四十余年,两德分别建立了与各自的政治、经济制度相协调的教育制度,平行发展。1990 年 10 月 3 日两德统一。东、西两个德国的统一,包括教育制度的统一基本上按照联邦德国模式进行。

一、联邦德国的教育

二战后初期,联邦德国的教育处于瘫痪状态。由于经济遭到重创,教育上不可能有大的发展,基本上处于恢复重建时期。整个 20 世纪 50 年代,联邦德国经济发展迅速,德国人民也迅速医治了战争创伤。50 年代末 60 年代初,教育上的改革也开始起步。六七十年代的改革幅度大,基本上奠定了联邦德国及统一后德国教育制度的基础。

1. 教育的恢复与重建

战后联邦德国受美国的影响,在教育管理体制上废除希特勒统治期间的中央集权制,与政治上的联邦制一致,实行地方分权制,学校教育由各州自治。各州政府根据宪法和《学校法》对教育进行管理。州政府下设州教育部,作为学校行政和管理的最高机关。各州教育事务的协调工作主要由各州教育部长常设会议共同商讨。1954 年由联邦内务部与各州教育部长常设会议联合成立德国教育委员会,协助联邦政府调查研究教育发展状况及其存在的问题,通过咨询和建议促进教育事业的发展。

学校教育制度基本上按照魏玛共和国时期的学校教育体系进行恢复。为所有儿童开办四年制的初级学校,然后进行分流。大部分学生进入高等初级学校;小部分进入九年制的完全中学,为升入大学做准备;还有一部分进入六年制的不完全中学。到 20 世纪 50 年代末期,基本上形成了以共和时期为基础的学校教育制度。在高等教育领域基本也是全面复兴魏玛时期的办学方针和学术制度,包括教授治校的大学内部管理制度、重视研究与教学相统一的传统等。

2. 1959 年的《总纲计划》和 1964 年的《汉堡协定》

1959 年 2 月,受苏联人造卫星上天的冲击,德国教育委员会公布了《改组和统一公立普通学校教育的总纲计划》,为联邦德国教育的发展提出了纲领性的建议。

《总纲计划》在保持传统的三轨制的基础上,要求加强学校制度的变通性,以更灵活地适应学生的发展。它要求在四年制基础学校的基础上,设 2 年的促进阶段,以观察学生的性向。两年促进阶段之后,学生分别进入适合其发展的不同类型的中等学校。它建议设置三种中学:一是主要中学,其职能是培养学生掌握初步的文化知识和生产技能,并为接受职业教育做准备。二是实科中学,其任务是使学生熟悉科学知识及其在实际中的应用,并培养学生科学的思维能力和掌握科学的工作方法。三是高级中学,包括完全中学和学术中学。完全中学接受经过促进阶段合乎其条件的学生,学术中学则吸收基础学校毕业生中具有特殊才能的学生,经过考试合格后直接升入。《总纲计划》既保持了德国教育三轨制的基本传统,适合了高度分工的德国社会结构,又重视高级中学的选择职能,并为大多数基础学校的毕业生设立两年的促进阶段,推迟了学生的分流并加强了对其的观察。这就完善了升学途径上的选择机制,使学生的个性潜能得到更多的关注。其中的部分建议被《汉堡协定》汲取,有一些建议也被作为许多州教育改革实验的依据。

1964 年,为适应欧洲一体化和德国现代化工业发展的需求,联邦德国各州州长在汉堡签订了《关于统一学校教育事业的修正协定》(简称《汉堡协定》)。它规定:全日制义务教育的年限为 9 年;在基础学校之上设主要学校、实科中学和完全中学,所有学生在完成基础学校的学习后一律进入共同的促进阶段或观察阶段;进一步统一了各类中学的名称及其组织形式,并明确各类中学的修业年限

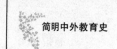

及课程要求,特别是外语教学的要求。《汉堡协定》是从传统学校恢复时期向教育改革过渡的转折点,是联邦德国统一教育事务的基本文件。这一协定和1968年、1971年的修订条款,构成了联邦德国普通学校教育制度的基本框架,也奠定了统一后德国统一学校教育制度的重要基础。

3. 20世纪六七十年代联邦德国的教育改革

20世纪60年代中期以后,随着联邦德国经济的高速发展和教育民主化运动的影响,全国又掀起了关于教育改革的讨论及其实验。

《教育结构计划》。1966年3月,联邦各州签订协定,成立"德国教育咨询委员会",担当提出德国教育事业计划、改革建议等咨询任务。1970年2月,该委员会总结各方面的讨论意见,提出了《教育结构计划》。其主要内容包括:(1)将学前教育机构——幼儿园纳入教育系统,称之为"初级教育领域"。初级教育领域为2年,儿童3岁入园。(2)改革基础学校,将改革后的基础学校称之为"初等教育领域"。初等教育领域为4年或6年,儿童5岁入学。4年的初等教育领域划分为入门阶段和基础阶段,6年的初等教育领域包括入门阶段、基础阶段和定向阶段。(3)将中等教育分为中等教育第一阶段和中等教育第二阶段。中等教育第一阶段包括第5年级至第10年级(如定向阶段划归为初等教育领域,该阶段则只包括第7年级至第10年级),毕业生获得中等教育第一阶段毕业证书。中等教育第二阶段与高等教育和继续教育相衔接,包括完全中学和各类职业学校等多种教育形式。各类完全中学和专科高中毕业生可获得中等教育第二阶段毕业证书,该毕业证书同时也是学生进入高等学校学习的资格证明。该计划试图通过将初步教育领域、初等教育领域、中等教育领域、再加上高等教育领域和继续教育领域形成统一的学校系统,实现教育的一体化,达到教育机会平等。它为1973年联邦与州教育计划委员会的《综合教育计划》做了最重要的前期工作。

《综合教育计划》。1969年,联邦政府修订了《基本法》,扩大了联邦政府的教育权限。为了协调联邦与各州政府之间的行动,联邦—州教育计划委员会应运而生。1973年,在《教育结构计划》的基础上,经过不断的协商,联邦—州教育计划委员会终于出台了第一部由联邦和州共同制定的联邦德国《综合教育计划》。该计划包括联邦德国教育事业未来发展的方针和政策,教育改革的具体步骤以及所提供的财政支持。1980年以后,联邦德国的教育基本上是照此发展的。但由于在很多重要问题上,由不同党派执政的各州存在较大分歧,作为整个联邦范围协调发展的发展规划并没有顺利地付诸实施。

各级各类学校的变革。根据以上20世纪70年代的两个文件,联邦德国各州的各级教育逐渐定型。学前教育尽管被列入教育系统,但大多数幼儿园仍由教会和普通慈善机构办理。初等教育为义务教育,承担此任务最主要的学校是基础学校。这种学校一般学制 4 年,目的在于尽可能地发展儿童的能力和兴趣,为儿童接受更进一步的教育打下基础。基础学校之上是两年的定向教育阶段。从名义上来说,这一阶段被划为中等教育阶段,其实是一种过渡阶段。真正实施中等教育的是主要学校、实科学校和完全中学(传统的文科中学)。1969 年,联邦德国教育咨询委员会曾提出设立综合中学的实验计划。1973 年的《综合教育计划》中,将综合中学看作学校结构改革的最终目标,试图以统一的综合中学取代原来的分轨学制。但由于不同政治势力之间及其传统派和改革派之间意见争论不休,这项实验在 20 世纪 80 年代初期宣告结束。尽管未能真正取代分轨学制,但在一些州,综合中学却已经成为正规中学的第四种类型被固定下来。

职业教育和高等教育是这一时期成就较大的两个领域。

联邦德国的职业学校类型很多,但都属于中等教育的第二阶段。20 世纪 50 年代以后,在原有的部分时间制的职业学校和职业专科学校外,又增添了职业补习学校和专科高中两类学校。1969 年,联邦议院通过《职业教育法》,改变了联邦德国职业教育训练由私人企业控制的局面,为各州的职业训练确立了统一的法律基础。1973 年 9 月,根据文化教育部长会议,联邦德国开始实行职业基础教育年的协定。1978 年又得以修正。职业基础教育年即是把职业训练的第一年专门进行职业的基础教育。这一设置改变了以往把职业基础教育设置在单一职业基础上的做法,而代之以某一职业领域的广泛的基础训练,增强了未来职业转换中的适应性。在长期的发展中,联邦德国的职业教育形成了"双元制"的特征,即接受职业培训者一方面在工厂企业培训中心进行实际操作性的训练,一方面在职业学校进行理论知识的学习。学习过程中职业培训者要接受两次全国统一的考试。这种"双元制"培训主要依靠各种法律进行统一的协调。企业和学校在培训中各司其职,各自发挥自己的优势,而学生从中既受到实践的锻炼,又接受了理论的训练,两者相得益彰,逐渐被培养为合格的劳动者。

1976 年,联邦德国政府颁布《高等教育总纲法》,第一次为高等教育规定了全国统一的法律总纲。这一法案对高等学校的任务、高校入学许可、高校的人员结构、组织和管理、高等学校的规划、国家机构和学历的认可等都做出了规定。该法案规定,大学正规的修业年限为 4 年,无特殊情况不得延迟毕业,改变原先大学修业年限过长的问题;在学校内部管理上实行"集体治校",改变"教授治校"的传统,扩大了高校民主管理的基础,但在决定与学术直接有关的重大问题的团体里,教授应占多数;为确保有效的高校自治,规定由选举产生的大学校长任期至少为 4 年,取代传统校长职位每年更换一次的制度。1985 年修正了《高等学校总纲法》,承认高等学校在安排教学工作上享有更大的自由,并加强了高校教师的责任,重新规定了中层学术人员的结构。经过几十年的发展,在继承高等教

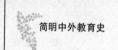

育传统的基础上,联邦德国的高等教育得到了很大发展,政府大量投资支持公立的高等教育,公立高等教育免费向所有公民开放,形成了教学与科研相统一、学术自由、学习自由等特点。

二、两德统一后德国的教育改革

1991年两德统一后,德国教育面临三大任务:一是统一后东部新州教育的重塑;二是竞争与效率目标下的教育改革;三是欧盟教育一体化背景下的欧洲化与国际化。20世纪90年代后的德国教育改革正是围绕这三大任务而展开。

1. 东部新州学校教育的改造与建设

1949年,在苏占区成立了德意志民主共和国(简称民主德国)。20世纪50年代,民主德国开始全面学习苏联,引进苏联教育模式。民主德国建立了中央一级的教育行政机关——国民教育部,对教育实施中央集权制管理。原八年制的基础学校改为十年一贯制的学校。1965年,民主德国出台了《关于统一社会主义教育制度法》(简称《1965年法》),全面规定了民主德国的教育目标、教育任务、教育功能和教育结构。至德国统一前,民主德国形成了从托儿所到大学的统一的教育体系,实行十年义务教育。

两德统一后,根据东、西德1990年8月31日签订的统一条约,东部5个州的教育体制按照西德教育模式加以改造。可以说,统一后德国教育的发展基本上是西德模式一体化的过程。统一后,新州的教育行政管理全部纳入联邦和州协调的教育政策中来。1990年12月,新州各州的文化部长开始出席全德各州文化部长会议,它同时也意味着新州加入联邦—州教育规划委员会和科学审议会。联邦《高等教育总法》、《高等教育基本建设促进法》等法律对新州也同样具有法律效力。1991年,科学审议会受民主德国的最后一届政府以及联邦德国联邦及各州政府的委托,提交了一份有关统一后民主德国高等学校的发展规划的评估报告。报告建议包括发展高等专科学校、设立高等院校结构委员会、实行新的教授聘任制度以及改造个别意识形态强烈的学科领域等。新州的改革基本上沿着科学审议会指引的方向进行,成立了一些新学校,改造了一些原有的旧学校和意识形态浓厚的专业,通过吸引西部高校教师来东部各州任教等方式改造原有高校的内部问题,力图和原西德高校保持一致。

2. 两德统一后的教育创新

进入20世纪90年代以来,德国教育积重难返,陷入二战结束以后最深刻的危机。德国在新的形势下,展开了一场涉及基础教育、职业教育、高等教育全面而深刻的教育改革。

在基础教育方面,主要是构建质量保障体系,提高基础教育质量。如改变原有德国学校学生 7 点半或 8 点到校上学、中午 12 点或 13 点放学回家的半日制制度,大力发展全日制学校。成立国家教育质量研究所,制定相关的国家性教育标准,各州按照国家级教育标准制定各州标准。

在职业教育领域,对传统的"双元制"职业教育进行现代化改造。如更新职业教育条例,增设新兴教育职业,实现职业教育的动态化与灵活性;修订职业学校教学计划,改革考试方法,重申职业教育的应用性和实践性;扩大职业教育新空间,开发职业教育新形式,实现职业教育的多元化和多样化等。

在高等教育领域,德国政府在加大财政投入的同时,也推动了以竞争促效率的一系列改革。如建设精英大学;建立以绩效为导向的高校财政制度,以及与此相配套的高校教学与研究评估制度;推进高校收费改革,实行缴费制;改革高校管理体制,赋予各州以及各高校更多的自主权;推动博洛尼亚进程,改革学位制度与教学制度等。

本章小结

纵览几个世纪德国教育的发展,可以感受到德国教育具有鲜明的特点。

一是注重义务教育的普及。德国素有将教育看作是国家责任的传统。德国是世界上最早颁布义务教育法令的国家,也一直将推进义务教育的发展作为各级政府的责任。从宗教改革以来,无论是处于何种政体之下,国家都非常重视教育的发展,注重强迫的义务教育的实施,将教育视为国家振兴、经济发展的基石。教育也的确为各个时期德国经济的腾飞做出了卓越的贡献,被称为德国发展的"秘密武器"。

二是重视职业教育的发展。德国是世界上职业教育最发达的国家之一,并形成了以双元制为特点的完善的职业教育制度,为德国各个时期培养了大批合格的劳动者。

三是坚持高等教育发展中的"洪堡精神"。自柏林大学成立以来,在高等教育发展中德国形成了以教学与科研相统一、学术自由等为基本特征的"洪堡精神",在德国高等教育的发展中起到了重要的作用。

四是重视教育立法。德国是世界上教育法制比较完备的国家之一。在不同时期,德国都颁布了大量的与各种教育有关的法律,以保证各种教育政策的有效执行。如义务教育的普及、双元制的实施、高等教育的改革等等都有相应的法律出台,使各种改革措施得以落实。

✎ 思考题

1. 洪堡中等教育改革的主要内容及其意义。

2. 柏林大学的时代意义。

3. 教育性教学的具体含义。

4. 赫尔巴特的教学形式阶段理论。

5. 福禄贝尔学前教育思想的主要内容。

6. 魏玛共和国时期德国教育改革的主要内容。

7.《汉堡协定》的基本内容。

8.《教育结构计划》的主要内容。

9. 德国教育发展的主要特点。

∠ 参考文献

1. [美]平森. 德国近现代史：它的历史和文化（上册）[M]. 范德一译. 北京：商务印书馆,1987.

2. 滕大春. 外国教育通史[M]. 济南：山东教育出版社,1990.

3. [德]弗·鲍尔生. 德国教育史[M]. 滕大春,滕大生译. 北京：人民教育出版社,1986.

4. 戴本博. 外国教育史[M]. 北京：人民教育出版社,1990.

5. [德]第斯多惠. 德国教师培养指南[M]. 袁一安译. 北京：人民教育出版社,1990.

6. 张焕庭. 西方资产阶级教育论著选[C]. 北京：人民教育出版社,1979.

7. [德]赫尔巴特. 普通教育学·教育学讲授纲要[M]. 李其龙译. 杭州：浙江教育出版社,2002.

8. [德]福禄贝尔. 人的教育[M]. 孙祖复译. 北京：人民教育出版社,1991.

9. 吴式颖. 外国教育史教程[M]. 北京：人民教育出版社,1999.

10. 李其龙,孙祖复. 战后德国教育研究[M]. 南昌：江西教育出版社,1995.

∠ 进一步阅读文献

1. [德]弗·鲍尔生. 德国教育史[M]. 滕大春,滕大生译. 北京：人民教育出版社,1986.

2. [德]赫尔巴特. 普通教育学·教育学讲授纲要[M]. 李其龙译. 杭州：浙江教育出版社,2002.

3. [德]福尔. 1945年以来的德国教育：概览与问题[M]. 肖辉英,陈德兴,戴继强译. 北京：人民教育出版社,2002.

第十六章

日本的教育

1868 年的"明治维新"运动，是日本历史的分水岭。之前，日本经历了 1000 余年的封建社会时期；之后，日本迅速走向了资本主义道路。明治维新之前，日本深受中国文化和教育的影响；明治维新期间，日本主要以欧美诸国的教育为楷模，迅速地建立起了近代的国家主义教育体系。20 世纪前半叶，日本的教育系统进行了一定的调整与扩展，最终形成了军国主义的教育体制。二战以后，日本在美国占领军的指导和监督下建立起了现代教育制度，并历经数次改革而得以不断发展。

第一节　19 世纪日本的教育

19 世纪以前，中国的文化和教育对日本教育的发展产生了重大影响。19 世纪中期以后，日本开始以西方教育为楷模，迅速地建立起了国家主义的近代教育体制。

一、1868 年明治维新以前日本的教育发展概述

2 世纪末 3 世纪初，日本出现奴隶制国家。646 年的"大化革新"运动，标志着日本向封建社会过渡。在此后漫长的封建社会中，通过学习中国的文化和教育经验，日本逐渐形成了本国的教育体系。1868 年明治维新之前，日本教育大致经历过"大化革新"时期、奈良和平安时期、镰仓和战国时期、江户时期。

日本最早的有组织形式的教育，是在中国的儒学传入后，于宫廷中设立私学开始的。据记载，朝鲜半岛上百济国的汉学家阿直歧于 284 年来到日本，被聘为皇太子的老师。阿直歧又向天皇推荐博士王仁。王仁于 285 年到达日本，并献《论语》十卷、《千字文》一卷。儒学传入后，日本宫廷开始兴办学问所，供皇太子和皇族、宫廷贵族子弟学习和研讨，宫廷教育就此开端。6 世纪中期，佛教和佛

教经典也通过朝鲜传入日本,与中国儒学文化汇合起来,共同推进了日本文化教育的快速发展。此后,圣德太子(574年～622年)在摄政期间,曾广设佛寺以传播佛学,开办私塾以拓宽就学渠道,并于607年和608年两次向中国隋朝派遣使臣、留学生和学问僧,以直接吸收中国文化。

公元645年,日本模仿中国建制,定国号为"大化"。次年元旦,发布改革诏书,仿中国唐朝封建制度,确立中央集权制,实行一系列改革,史称"大化革新"。从此,日本设官治学,并仿照中国唐朝的教育制度,逐渐建立起了自己的贵族教育制度。

在奈良时期(710年～794年),日本创造了以汉字作音符的日本文字。约8世纪成书的《万叶集》就是用这种文字写成的,因而被称为"万叶假名"。当时,官立大学和国学、私塾、家庭教育同时发展起来。平安时期(794年～1192年),日本不再照搬中国文化,而是通过消化吸收,逐渐形成自己的文化,这一时期也称之为"国风化"时期。

12世纪,日本进入镰仓和战国时期。此时,由于战火纷起,武士阶层和寺院僧侣在政治生活中扮演着重要角色。由于战争等因素的影响,曾经兴盛一时的汉学开始衰落,取而代之的是武士教育和寺院教育。武士教育以灌输武士道精神和传授武艺为主要内容,家庭和寺院是其主要教育场所。因武士教育重武轻文,文化水平比以前有所下降。日本教育家小原国芳,称这一时期为"中世黑暗现象"。

1603年,德川家康(1543年～1616年)重新统一了日本,在江户(今东京)建立幕府。此后直到明治维新的260多年间,称为江户时期或德川幕府时期(1603年～1867年)。在德川幕府时期,儒学、国学和洋学占据着日本教育的统治地位。儒学,特别是朱子学,受到历代幕府的赏识和推崇,成为维护幕藩体制的官学并极大地影响了该时期教育的发展。所谓的国学,主要以研究日本古代文学和古典文献为依据,以阐明日本固有的精神。洋学是指西方的文化和科学技术,于18世纪开始在日本流传。该时期的教育机构主要有幕府直辖学校、藩校、寺子屋、乡校和私塾。教学内容涉及儒学、国学、洋学、军事学、医学、武艺等多种学问。幕府直辖学校是为幕臣子弟设置,培养辅佐幕政官吏的教育机构。藩校是由各藩设立并经营的学校。寺子屋是专门为平民子弟开设的初等教育机构。乡校是在乡村用公费设立的初等教育机构。私塾是一些学者在私宅设立的高等专门教育设施。德川时期,日本普通民众的教育得以较大规模的拓展。据统计,在德川末期日本3000多万人口中,男子有45%左右的人识字,女子的识字人数约占女子人口数的 15%。① 这个比例远远高于当时的亚洲其他国家。

二、日本近代教育体制的创建与发展

1868 年,以中下层武士为主的改革派推翻了德川幕府的封建统治,宣布废除幕府制和将军制,成立天皇主政的明治政府。明治政府推行资产阶级改革运动,史称"明治维新"。维新伊始,明治政府提出"富国强兵"、"殖产兴业"和"文明开化"三大国策,在改革封建制度的同时,开始大幅度地引进西方文化和科学技术。在此后开展的教育近代化进程中,日本曾经先后以法国、美国、德国的教育为楷模,最终建立起国家主义的近代教育制度。

（一）新《学制》的颁布与近代教育制度的创建

1871 年 7 月,明治政府设置文部省,负责统辖全国的文教事业。同年 12 月,文部省以法国教育制度为蓝本拟定了日本近代的第一个《学制》方案,并于 1872 年 8 月颁布实施。当时法国的教育制度是拿破仑统治时期改革的产物,强调高度的中央集权和整齐划一的学校制度。这对于长期习惯中央集权制的日本新政府来说,是最容易接受的。新《学制》规定:全国分 8 个大学区,每个大学区设 1 所大学和 32 个中学区;每个中学区设 1 所中学和 210 个小学区,全国设 53760 所小学;小学分下等小学和上等小学,各为 4 年;中学分为两段,初中和高中各 3 年;在教育行政上,实行文部省统一管理的中央集权制。

1872 年 8 月东京师范学校成立,随后又在大阪、宫城、广岛、爱知、长崎等地成立了师范学校。1874 年 3 月在东京设立女子师范学校。1877 年,文部省创办了日本历史上第一所近代大学——东京大学。新《学制》实施后,日本教育得到迅速发展。到 1879 年学校数和学生数都增加了两倍多,教员人数增加了近 3 倍,学龄儿童入学率由 1873 年的 28.1% 上升到 41.1%。② 新《学制》的颁布与实施是日本创建近代教育制度的尝试,尤其对普及初等教育有着重要的实际意义。但是新《学制》也存在许多弊端,如原样照搬法国的教育制度,严重脱离日本实际;学制单一化和理想化,超出日本的经济实力;过于强调中央集权,遏制了各地教育特色的形成等等。

（二）《教育令》的颁布与近代教育制度的探索

法国式的新《学制》,由于过分强调中央集权制而受到广泛的批评。明治政府于 1879 年又颁布了具有美国自由主义特色的《教育令》,试图实施自由的、非强制式的教育。

---

① [美]埃德温·O. 赖肖尔:《日本人》,上海译文出版社,1980 年版,第 180 页。
② [日]海后宗臣:《日本近代教育史事典》,平凡社,1971 年版,第 711 页。

美国教育的精神,是崇尚自由、民主、平等和地方分权。所以,以美国教育为模板而制定的《教育令》,在学校的设置、修业年限、管理、教学内容等方面,都特别强调自由和放任。因此,《教育令》又被称作《自由教育令》。不言而喻,自由主义是《教育令》的基本宗旨。《教育令》规定,私立小学也可以承担义务教育的任务。此后,各地的私立学校数量迅速增加。在《教育令》公布的第二年,东京都内私立小学的数目,已达到公立小学数目的35倍。全国学龄儿童的入学率较之新《学制》实施期间有了明显的下降。据统计,儿童的入学率,1879年为41.26%,1880年为41.16%,1881年为41%。① 鉴于此,政府又两次修改了《教育令》,史称《改正教育令》。《改正教育令》否定了人民参与教育管理的权利,强调中央政府对教育的统制,带有浓厚的强制性色彩,故而又称《强制教育令》。

(三)《学校令》的颁布与国家主义教育体制的确立

在以法国的中央集权制为模式制定的《学制》和以美国的地方分权制为模式颁布的《教育令》相继遭到挫折和批评以后,强调国家利益与学术自由高度统一的德国教育制度,开始受到日本政府的关注。

1885年,森有礼(1847年~1889年)就任明治政府的文部大臣。他认为,实行立宪政治必不可少的条件就是培养忠实的国民。为此,必须建立德国式的、以国家主义为中心的教育体制。所谓的国家主义教育制度,是指教育的管理体制、学校体系以及教育内容等方面的指导思想均是国家至上主义的教育制度,它强调的是培养国家观念和忠君爱国的道德品质。

森有礼依据国家办教育的原理,拟定了《学校令》并于1886年以敕令的形式颁布。《学校令》是《帝国大学令》、《师范学校令》、《中学校令》和《小学校令》的统称。《学校令》实施以后,日本正式建立起了以小学为基础的双轨制学校体系:一轨是高等小学→寻常中学→高等中学→帝国大学;另一轨是寻常小学→寻常师范学校→高等师范学校。至此,充满浓厚国家主义色彩的日本近代国民教育制度正式确立起来。此后,学龄儿童的入学率有了明显的提高。1887年的入学率为45%,而15年后的1902年已经上升到91.5%。

1889年2月,明治天皇颁布《宪法》;1890年,又颁布了《教育敕语》。《教育敕语》明确要求日本国民"孝父母,友兄弟,夫妇相和,朋友相信,恭俭持己,博爱及众,进德修业,以启智能,成就德器。进而广公益,开世务,常重国家、遵国法,一旦有缓急,则应义勇奉公,以辅佐天壤无穷之皇运"。② 《教育敕语》把儒家的伦理道德规范与日本的民族意识培养结合起来,强调忠孝为日本国体的精华,其

① [日]尾形裕康:《日本教育通史》,早稻田大学出版社,1981年版,第178页。
② 瞿葆奎:《教育学文集·日本教育改革》,钟启泉选编,人民教育出版社,1991年版,第32页。

精神成为日后日本教育发展的基本准则。

三、森有礼的教育思想

森有礼(1847 年～1889 年)是日本明治维新时期著名的政治家和教育家。他出生于日本鹿儿岛藩的士族家庭,自幼受到严格的家庭教育。1865 年,他到英国伦敦大学专攻物理和化学等。1867 年,又赴美国考察。1873 年,他与福泽谕吉等人创办了启蒙学术团体"明六社",提倡民主、自由、民权等资产阶级思想。在出任文部大臣期间,他设计并颁布了一系列的《学校令》,建立起日本近代的国家主义教育制度,他也因而被誉为日本的"近代学校之父"。1889 年,森有礼被暗杀身亡,时年 43 岁。

(一)国家主义教育思想

与同时期著名的思想家福泽谕吉相比,森有礼在学术上并无高深的建树,他的教育思想主要体现在他任文部大臣期间的教育实践中。国家主义是森有礼教育思想和教育实践的核心。

森有礼的前半生是进步的,后半生是保守的。他的前半生曾多次到欧美诸国留学、考察和工作,深受欧风美雨的洗礼,崇尚民主和自由。他曾撰写过《日本宗教的自由》一书,鼓吹信仰自由。后来,尤其是在他任文部大臣之后,他逐渐由自由主义者转变为国家主义者。他认为:"在学政上应始终记住,并非只为学生个人的利益,而要为国家的利益着想。此乃最重要之点,要认真体会。"[1]作为留学生和民间学术团体"明六社"发起人的森有礼,可以毫无顾忌地鼓吹西洋的民主和自由,但是作为文部大臣的森有礼,所关注的却主要是怎样把西洋的科学技术与国家的文化传统完好地糅和在一起,从而确立起国家主义的教育制度。

虽然森有礼确实强调过信仰自由和学问的重要性,但他并不像福泽谕吉那样主张实现学术及思想自由需要抵制政治权力的干涉。森有礼认为,在与政治权力相对抗的意义上去追求学问的自由,是错误的,其结果只会落到"学者均弃官途,把政府委托给那些不学无术的人"。[2] 他认为,不论是信仰的自由,还是学问的自由,都只能在国家权力允许的范围之内;信仰与学问的自由之所以受到尊重,正是因为它有利于国家的发展。

(二)论高等教育

森有礼认识到,如果日本的教育仅仅培养"忠君爱国"的"顺民",仍然不能取胜于西方列强。日本必须拥有一批"忠君爱国"式的"和魂洋才",来充当社会的

---

① 滕大春:《外国教育通史》(第 4 卷),山东教育出版社,2005 年版,第 371 页。

② [日]永井道雄:近代化与教育,吉林人民出版社,1984 年版,第 80 页。

领导阶层，才能使日本达到"富国强兵"的目的。这种人才的培养，应该由大学来承担。他设计的《帝国大学令》按照国家办学的宗旨，将东京大学改名为"帝国大学"；同时规定，帝国大学的使命是为了国家而推动学术的发展，并且是为了国家而培养有知识的领导者。他认为，大学教师应该被赋予一定的学术自由，但是在学术自由与国家利益发生冲突时，必须以国家利益为重："凡涉及学术的利益和国家的利益，应以国家的利益为重，放在最前面。"[1]

森有礼还把大学的学问分为两种：纯正学和应用学。在他看来，纯正学专门研究事物的真相；应用学是研究实用学问的。纯正学以培养硕士、博士等国家高级人才为目的，而应用学则以养成从事专门职业的人为目标。无论是哪一种学问，都必须永远将国家的利益放在第一位。

（三）论师范教育

森有礼非常重视师范教育。他曾指出：国家教育振兴的第一要件，在得良好之教师，不由教师而由人民之自觉，欲使国运昌隆，终难实现。森有礼认为，师范学校不同于其他教育机关，而是一种独特的机构。森氏制定的《师范学校令》规定：其一，师范学校分为寻常师范学校和高等师范学校两种。前者招收高等小学的毕业生，各府县设一校，以地方税作为办学经费；后者招收寻常师范学校毕业生，只在东京设立一所，经费由国库补给。其二，不允许师范学校的学生按照个人兴趣选择专业、学科，必须根据国家的需要按规定学习。其三，师范生一律实行公费，享受助学金，但毕业后必须到指定的教学岗位工作。

他认为，教师必须具备三种品质：即"顺良"、"信爱"和"庄重"。为此，他主张对师范学校实施军事化的管理。首先，按照他的设想，师范生必须身着军装，教师也必须身着统一式样的官服。其次，在师范学校实行"秘密忠告法"制度。该制度规定：各班选出一名或数名执行忠告法的"忠告者"，负责把同班学生的日常表现秘密地报告给校长，报告的内容不仅作为审查学生校内表现的资料，甚而还把它作为确定毕业生工资差别的标准。另外，师范生一律实行住宿制。在集体宿舍里，由舍监负责监视学生的行动，并且对学生的生活起居进行严格的规定。按照森有礼的设想，无论在思想上还是在日常生活中，都要培养出对国家效忠的义务制学校的教师。

从森有礼对师范教育为国家服务的设计宗旨来看，他并没有把教师作为知识分子来看待。在他看来，教师既不是探索真理的知识分子，也不是解释知识价值的知识分子。教师所能起的作用，只不过是根据国家的指令，把现成的、系统的知识传授给下一代而已。

---

[1] 滕大春：《外国教育通史》（第4卷），山东教育出版社，2005年版，第372页。

总之,森有礼所设计的日本近代教育制度,其根本特点就是国家主义和政教合一。森有礼通过一系列的《学校令》建立起来的近代教育制度,具有浓厚的政教合一、政治统治教育的色彩。

四、福泽谕吉的教育思想

福泽谕吉(1835 年～1901 年)是日本明治维新时期著名的启蒙思想家、教育家。他终生远离政治,潜心于启蒙著述和创办私学,对 19 世纪后期日本教育的发展产生过重要影响,被誉为明治维新时期的"国民教师"。1835 年,福泽谕吉生于大阪,翌年父亲病故,他随母亲回到故里,少年时代曾系统地学习过汉学。1870 年,他同森有礼等人创办民间学术团体"明六社",出版《明六杂志》,介绍西方近代科学,宣传民主、自由、民权等资产阶级思想。福泽谕吉一生著述丰富,其中,《劝学篇》和《文明论概略》是他的代表作。

(一)论"文明开化"和"崇实致用"

福泽谕吉一生谋求国家的独立和民众的觉醒,"文明开化"和"崇实致用"是其启蒙思想的核心。他认为,要实现个人独立和国家独立,"除争取文明之外,没有别的出路"。[①] 他认识到,日本当时的半开化状态与欧美诸国相比,还存在着很大的差距。要改变这种状态,只有两种途径:一是培养独立心;二是提倡实学。欧美列强之所以强大,皆因其民众有自觉的独立心;而日本之所以落后,皆因"国人没有独立精神,国家的独立权力还是不能伸张"。为此,他努力介绍西方文明,希望通过吸收西方文明来促进日本的文明。他结合西方和日本的情况,提出了自己对文明独到的理解。他认为,"文明"这一范畴可以无所不包,工商企业、科学技术、政法制度、文学艺术和道德伦理等等,都应该包含在内。他特别强调道德智慧的重要性,认为一个国家文明程度的高低,可以用人民的德智水准来衡量。人民德智的提高没有限度,因而文明的进步也没有止境。他通过比较日本文明和西方文明,断定日本落后,日本应向西方学习,他是当时"脱亚入欧"的积极倡导者。

福泽主张日本应采用西洋文明,以求开化,提倡研究"实际学问",反对儒家"远离实际"的学问。他从天赋人权的思想出发,指出"天不生人上之人,也不生人下之人,凡天生的人一律平等,不是生来就有贵贱上下之别的"。[②] 社会上之所以存在穷人与富人、贵人与贱人之分,都是由于学问高低造成的差别。真正的学问,应该与日常生活紧密相关,是"崇实致用"的"实学",实际上就是西方的先

---

① [日]福泽谕吉:《文明论概略》,北京编译社译,商务印书馆,1958 年版,第 192 页。
② [日]福泽谕吉:《劝学篇》,群力译,商务印书馆,1984 年版,第 2 页。

进科学技术。

（二）论学校教育与"和谐发展"

福泽认为，通过提倡人人尚学和普及教育，才能实现"文明开化"和"国家独立"。当1872年日本政府颁布《学制》实行强迫入学时，他指出："我赞成平日用强迫的办法，让全国的男女适龄儿童，一律就学，这对于日本当今的社会是当务之急。"①在学校教育的目标上，他认为日本古代重德而轻智，明治时期又过于强调智育而忽视体育和德育。故而，学校教育"必须体育、智育、德育同时加以注意"，即学校应该实施"和谐发展"的教育。

他认为，健康的体魄是"和谐发展"的基础，因而体育应该在学校教育中占据首要的地位："活泼的精神寓于健康的身体。生来虚弱多病决不会有超人的智慧与判断力；即便有也难以应用。"②儿童的教育要从体育开始："我主张在幼小的时候，不能强迫其读书，而要待其成长之后，再去训练他的心理。"③他认为，体育应该成为学校的必修课，因为"经常锻炼，能使身体无病健壮，精神可以快乐充沛，这是自然规律。而身心健壮的人，能克服社会所有的困难，并能为独立生活创造有利条件"。④

健康的体魄和愉悦的精神状态，是心智发展的基础。他把智育的任务分为两个方面：一是使学生掌握知识；二是使学生发展智力。他指出："人不学习，就没有知识，学习才能使人获得知识，增长智力。"他认为，能力是一个综合概念，包括记忆力、推理能力、想象力和运用能力等，各种能力都应该得到均衡有序的发展。在教学方法上，教师应该具备善于发现学生学习兴趣的艺术，进而循循善诱，让学生自我学习。教师要威恩并施，既不放纵，也不乞求。

福泽认为，只有健康的体魄和聪明的智慧是远远不够的，"有智慧而缺乏道德之心的人，等于禽兽，非人也"。在道德教育上，他认为应该善于利用儿童诚实质朴的天性，通过教师高尚品格的榜样作用，提升其固有的德性之善。福泽所强调的道德，与传统的孔孟之道有所不同，它主要是指通行的人情道理这一普遍的德行，是一种超越宗教派别的道德规范。

（三）论社会教育和家庭教育

他认为，一个国家的教育应该由家庭教育、社会教育和学校教育构成一个和谐的整体，只有它们相互配合，协调发展，才能充分发挥教育的作用。

---

① ［日］井上久雄：《日本现代的教育思想》，福村社，1979年版，第195页。

② ［日］上沼八郎：《福泽谕吉教育论集》，明治出版社，1981年版，第110页。

③ ［日］鹿野政直：《福泽谕吉》，卞崇道译，三联书店，1987年版，第97页。

④ ［日］福泽谕吉：《福泽谕吉全集》（第12卷），岩波书店，1961年版，第219页。

在论及社会教育时,他比喻道:"社会恰是知识和德育的大教场,假如在这个教场中,去看区区之学校,不论其什么样的学制、什么样的教则,都只会改变人心的某一部分。"①他认为,与学校教育相比,社会教育内容更丰富,方式更灵活,效果更持久。因此,他鼓励学生积极参与社会实践、纯洁社会风气和改变社会面貌。

在家庭教育方面,福泽特别强调家庭的主要任务在于使儿童养成良好的习惯:"习惯比一般的教育更具影响力,因此,每一个家庭就是一所习惯学校,父母就是教师,它远比学校式的讲授更具有力量,效果也相当明显。"②为此,他要求父母以身作则,营造良好的家风。

在日本近代史上,福泽是文明开化的巨匠和启蒙运动的旗手。他所倡导的文明开化、普及教育、和谐发展,以及使学校教育、社会教育和家庭教育协调发展的思想,为日本近代教育的发展奠定了理论基础。但是在晚年时期,福泽的思想开始由激进转向保守。在政治上,由提倡民主权利变为主张官民调和;在教育上,由倡导自由平等转而鼓吹国家主义。

第二节　20世纪前期日本的教育

20世纪前半叶,日本教育的发展大致可以分为前后两个时期。前期从1918年到1936年,后期从1937年到1945年。前期是在第一次世界大战后新的国际形势下,日本为缓和国内矛盾,满足增强国力和侵略扩张的需要,而对以前的教育进行整顿、调整与加强控制的时期,最终形成了军国主义教育体制;后期是为了适应侵华战争与太平洋战争的需要,进一步强化军国主义教育,最终建立起战时的教育体制。

一、日本教育的扩充与控制

第一次世界大战之后,日本政府对教育进行了全面的整顿与扩充。1917年9月,日本政府设立"临时教育会议",负责审查和修订明治维新以来所确立的教育制度和教育内容。自1918年12月起,日本政府根据"临时教育会议"的一系列审议,先后颁布了《高等学校令》、《大学令》、《修改小学校令》、《中学校令》、《高等女子学校令》和《实业学校令》。这些法令的基本精神是维持业已确立的国家主义教育体制,从整体上扩充教育规模、完善教育体制、灌输"忠君爱国"的思想,最终形成了军国主义的教育体制。

①　[日]井上久雄:《日本现代的教育思想》,福村社,1979年版,第193页。
②　[日]井上久雄:《日本现代的教育思想》,福村社,1979年版,第197页。

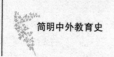

(一)初等和中等教育

1907年,日本将义务教育年限由原来的4年延长为6年,到1910年义务教育就学率达到98.1%。1924年,"临时教育会议"又建议实施八年制的义务教育,但因时机不成熟和所需经费过多等原因,这项建议未被政府采纳。1937年,日本政府设立的"教育审议会"正式通过了八年制的义务教育,但由于第二次世界大战爆发,也未实施。在教育内容方面,根据1919年2月颁布的《修改小学校令》,寻常小学增设了理科、地理和历史的教学时数,目的在于强化国家主义意识的灌输。高等小学也扩充了科目,强调培养学生独立自主的学习精神和注重贯彻《教育敕语》。1926年4月,再次修改的《小学校令》,侧重增强高等小学的实科教育,把图画、手工、珠算和实业课定为必修课,把家政、裁缝定为女生的必修课。

这一时期,日本的中等教育发展较快。从1918年到1935年,日本中学的数量从337所增至557所,学生数从158974人增至340657人;女子高中的数量从420所增至974所,学生数从118942人增至412126人。[①]

(二)高等教育

1918年12月,日本政府颁布了修订的《大学令》。其要点是:大学以传授国家需要的学术理论及其应用研究为主要目的;大学教育必须兼顾人格之陶冶与国家思想之涵养;改以前的分科大学为学部,大学原则上由几个学部构成,必要时也可设立只含一个学部的单科大学;大学的学部分为法学、医学、工学、理学、文学、农学、经济学、商学等,修业年限为医学4年、其他3年;除国立大学外允许地方设公立大学,私人团体法人设立私立大学,公私立大学必须符合法令规定的标准并且其设立与停办须由文部大臣批准;大学入学者必须是大学预科或高中毕业生及具有同等学力者,经考试合格方可入学;大学在校3年以上的学生(医学部四年以上)经考试合格授予学士学位。

《大学令》颁布之后,日本的高等教育得以长足发展。一些大学采用学部制建成了大规模的综合性大学,如东京帝国大学、京都帝国大学、东北帝国大学、九州帝国大学和北海道帝国大学等。一批著名的私立大学也应运而生,如早稻田大学、庆应义塾大学、明治大学、中央大学和日本大学等。这些私立大学大都是由以前的高水平专门学校升格而成,至1933年私立大学增至25所,而且私立大学的在校生数在1933年首次超过公立大学。

---

① 日本国立教育研究所:《日本近代教育百年史》(第5卷),文唱堂,1974年版,第11~13页。

二、战时教育体制的建立

20 世纪 30 年代,日本开始在国内强化军国主义教育。1941 年 12 月,日本又挑起太平洋战争,全国进入战争状态。在全力备战的形势下,日本政府对教育政策进行了紧急调整,建立起带有浓厚战时色彩的学校教育体制,各级各类教育均成为服务于军国主义政策的工具。1938 年 4 月 1 日,日本政府颁布《国家总动员法》,宣布日本进入战时体制,提出一切社会力量均须服从战争的需要,整个教育系统也迅速地建立起所谓的"战时教育体制"。

1937 年 12 月,日本设立"教育审议会"作为内阁总理大臣的直属教育改革咨询机构。根据教育审议会提出的改革建议和战时紧急需要,日本政府一面采取各种临时措施,一面陆续修改和颁布了《青年学校令》(1939 年 4 月)、《国民学校令》(1941 年 3 月)、《中等学校令》(1943 年 1 月)、《高等学校令》(1943 年 1 月)、《大学令》(1943 年 1 月)、《专门学校令》(1943 年 1 月)和《师范学校令》(1943 年 3 月)等一系列法令。然而,由于战争的原因,有些法令规定并没有得到实施。1944 年 1 月,日本政府颁布《紧急动员学生参加劳动方案》,要求学生每年参加劳动时间为 4 个月,并要求把教室改为学校工厂,把校园改为种植军需物资的农田。1944 年 8 月,日本国土遭到美国空军的轰炸,中小学学生被迫疏散,大中专学生全部被动员参军或参加劳动。1945 年 5 月 20 日,日本内阁又颁布《战时教育令》,宣布国民教育进入紧急状态,所有学校一律停课。至此,整个日本教育完全处于瘫痪状态。直到二战结束,日本的教育才得以重建与复苏。

第三节　20 世纪后期日本的教育

二战后,在美国占领军的监督和影响下,日本建立起了现代的民主主义教育体制。经过 20 世纪五六十年代的经济恢复和高速增长时期,日本迅速成为世界第二经济大国,针对社会的变化和教育出现的新问题,日本于 20 世纪 70 年代初又拉开了大规模的教育改革的序幕。战后至今,日本教育的发展大致可以分为三个历史时期:一是战后美军占领时期教育的民主化重建阶段;二是 20 世纪 50~60 年代经济高速增长时期以经济发展规划教育的阶段;三是 20 世纪 70 年代以后以终身教育体系构建为中心而进行的进一步改革与发展阶段。

一、美军占领时期日本教育的重建

1945 年 8 月 15 日,日本宣布无条件投降。其后不久,美军开始对日本实施军事占领。在此期间,日本政府根据美国占领军的旨意,对社会各领域进行了全

方位的民主化改革,建立起了现代的资产阶级民主化和法制化的教育体制。

(一)民主化和法制化教育改革方针的确立

1. 教育刷新政策

1945 年 9 月 15 日,日本文部省发布了《新日本建设的教育方针》,宣布战后日本教育改革和发展的基本方向是"奉行关于停战诏书之宗旨,帮助国家建设一个对世界和平与人类福利做出贡献的新日本,一扫历来迎合发动战争要求的教育措施,努力实施旨在建设文化国家和道义国家的各项文教措施"。[①] 该方针规定:取消学生兵和战时教育训练;废弃军事教育;删除和改正教科书中的反动内容;恢复正常的学校教育秩序。1945 年 10 月,又宣布废除《战时教育令》和《学生勤劳令》,从法律上终止了战时的教育体制。

在日本被占领期间,有关日本教育刷新和重建的政策是由美国占领军总司令部的下属机构"民间情报教育局"负责制定的。该机构成立于 1945 年 9 月 22日,成员主要由美国教育专家组成。此后,民间情报教育局连续以备忘录的形式向日本政府发布了下列四项教育刷新指令:"对日本教育制度的管理政策"、"关于教员及教育官员的调查、开除和任命"、"关于取消政府对国家神道、神社神道的保障、支援、保护、监督及宣传"、"关于停止开设修身、日本历史和地理课"。这四项指令的直接目标是彻底消除战时教育体制和肃清军国主义思想。

2.《美国教育使节团报告书》

1946 年 3 月,由 27 名成员组成的"美国教育使节团"抵达日本,并于 3 月底向占领军总部提交了《美国教育使节团报告书》。这份被美国占领军称为"民主主义传统中崇高理想的文书",成为战后初期日本教育改革的蓝本。该报告书主要包括以下内容:

其一,明确倡导民主主义教育改革的精神。报告书指出,任何一个种族或任何一个国家的人民都能从自身的文化资源中,创造出一些对于本民族和全世界都有用的东西,即自由主义信条。作为教育工作者,教育使者团对于人的个性差异、创造意愿和人的自发性更关心,而不是强调一致。这就是民主主义精神。

其二,在教育目的和课程方面,强调尊重学生的个性,培养民主社会的公民。为此,必须改变由文部省规定教育内容、教育方法和教科书的制度,允许教师自由选择;必须废除剥夺研究自由和判断自由的考试第一主义;课程的编排要以学生的兴趣为出发点,并根据学生所能理解的内容扩大其兴趣范围。

其三,在教育行政上,要改革中央集权的行政制度,削减文部省的权限,取消视学制度。同时,承认地方都道府县的初等和中等教育行政,建议创建直接选举

---

① 瞿葆奎:《教育学文集·日本教育改革》,钟启泉选编,人民教育出版社,1991 年版,第 35 页。

的教育委员会制度。

其四,实施教育机会均等的单轨学制。将战前的双轨学制改为单轨的六三三学制,实施九年免费的义务教育制度,普及中等教育,实行男女同校的原则。

可以看出,报告书涉及日本教育的诸多领域,试图为日本的战后教育改革提供全面而有权威性的依据。但是就其性质而言,这份报告书只不过是一份改革建议,并不具备任何的法律效力。对战后日本民主教育体制起决定作用的是《日本国宪法》、《教育基本法》和《学校教育法》等法律的颁布和实施。

3.《教育基本法》的颁布

1946 年 11 月,日本颁布了《日本国宪法》;1947 年 3 月又颁布了《教育基本法》。《教育基本法》规定:教育的目的在于形成人格,培养爱好真理和正义、尊重个人价值、热爱劳动和负责任的、具有独立自主精神的、身心健康的国民,成为和平国家和社会的建设者;教育方针是利用一切机会和一切场所实现教育目的,尊重学术自由,从实际生活出发,涵养自主精神,并尊敬他人和相互合作,努力为文化的创造和发展做贡献;全体国民均享有平等地接受与其能力相应的教育机会;实施九年免费义务教育;男女同校;学校具有公共性质,学校教师必须为全体国民服务;教育行政上要求教育不可服从不当的统治,必须对全体国民直接负责。该法还对社会教育、政治教育、宗教教育的基本原则等进行了规定。

《教育基本法》在日本教育史上具有划时代的意义。它彻底否定了战前日本实施的军国主义和国家主义教育,结束了《教育敕语》在日本教育中的指导地位;规定了战后日本教育的改革方向,明确了教育是实现和平与民主社会重要手段的基本理念。《教育基本法》被称为日本的"教育宪法",它的颁布与实施标志着战后日本教育法治主义的开始。

(二)战后教育制度的重建

1. 教育行政体制的改革

1948 年 7 月,日本国会颁布了《教育委员会法》,明确规定了地方教育委员会的组织、权限及职责。其主要内容为:在都道府县和市町村设立教育委员会;委员由当地公民选举产生,正副委员长从委员中选举产生;委员会下设教育长和事务局;教育长由委员会任命一位教育专家担任,在委员会指导和监督下处理相关教育事务;教育委员会的具体职责包括当地学校和其他教育机构的设置、废除、经营、管理、教育内容的处理及教科书的选用、校长和教职员的任免等。

《教育委员会法》的颁布标志着战后日本教育委员会制度的建立,它确立了日本地方教育行政的三大原则:一是地方分权原则;二是教育行政的民主化原则;三是教育行政与一般行政相分离的原则。由于这三大原则的确立,文部省的职权也随之发生了重大变化。1949 年 5 月实施的《文部省设置法》规定,文部省

的职责是：对教育委员会、大学、研究机构及其他教育机构进行专门性指导和建议；制定教育基准等法令草案，编制教育预算和分配教育经费；调整大学、研究机构的研究活动；开展教育调研等。可见，文部省由战前的监督和管理机构变成了指导、建议和协调的服务机构，从法律上保证了教育行政的地方分权制。

2. 战后日本新学制的创建

1947年3月，日本颁布了《学校教育法》，该法成为战后日本创建现代学校教育制度的法律依据。该法规定，从1947年4月开始，将战前的国民学校初等科改为六年制小学，将旧制国民学校高等科和青年学校普通科改为三年制初中。小学和初中属于义务教育阶段。小学的课程包括国语、算术、理科、社会科、音乐、图画、家政、体育和自由研究。新制初中开设的必修课包括国语、社会、数学、理科、体育、音乐、图画、手工、家政、自由研究，选修课包括外语、习字和职业课程。1948年，开办的新制高中是以战前旧制中学校为主体，合并或改编高等女学校和实业学校而成。新制高中分为普通高中、职业高中和综合高中三种类型。高中课程设置灵活多样，实行学分制。

1949年春，新制大学开始启动。新制大学由旧制大学、高等学校、大学预科和专门学校等改组、合并而成，属于单一类型的四年制大学，实行学分制。一些不合乎大学基准而未能升格为新制大学的旧制专门学校作为临时性措施得以保留，以后逐渐发展为短期大学。改革后的研究生院成为本科之上的兼具培养高级专门人才和进行科学研究双重职能的高等教育机构。新制研究生院分为硕士和博士两类课程，前者修业2年以上，后者修业为5年以上。废除战前单独设立的师范教育体系，中小学教师改由大学培养。此后，日本的师范教育制度也由战前的封闭模式转变为开放模式。另外，还设置了几所专门培养中小学师资的学艺大学和教育大学。

二、经济高速增长时期的日本教育改革

1951年9月，美国与日本签署了《旧金山和约》和《日美安全保障条约》，从而结束了日本的被占领状态，使日本作为主权国家重返国际社会。1956年，日本进入了经济高速增长阶段，1968年成为仅次于美国的世界第二经济大国。在这一时期里，日本的教育发展主要体现在两个方面，一是强调道德教育，加强对教育进行中央集权控制；二是完全以经济发展为准则实施教育的发展规划，对教育体制进行所谓的"能力主义"改造。

（一）对战后民主教育体制的"修改"与教育统制的强化

美国结束对日本的军事占领之后，日本国内出现了"反思"和"修改"战后民主化教育改革的动向。保守势力的代表人物吉田茂出任首相后，试图推出《教育宣言》以接替战前的《教育敕语》,并强调要重新加强日本历史、地理和爱国心的教育。当时的文部大臣也企图恢复战前曾经设置过的修身课或道德课,并希望在学校举办庆祝活动时悬挂"日之丸"国旗和齐唱"君之代"国歌。在被占领时期,上述举措曾被美国占领军明令禁止过。

1951 年 11 月,日本的"政令修改咨询委员会"向内阁提出《教育制度改革的咨询报告》。该报告认为,战后的教育改革虽然确立了民主化、法制化和地方化的教育制度,但由于它是以美国的教育制度为蓝本而进行的改革,存在着一些不符合日本国情的地方,因而主张对其重新审查。报告建议:在维持六三三四学校制度的基础上,应该改变单一的学制模式,建立适应社会需要的灵活多样的教育制度;改革偏重普通教育的弊病,加强职业教育并充实理科教育;主张在维持教科书审定制的同时由国家制定标准教科书;教育委员会的委员长应由"选举制"改为"任命制";明确文部大臣对教育的负责体制等。

20 世纪 50 年代初,文部省通过对《文部省设置法》进行修改、新设中央教育审议会代替教育刷新委员会和改组文部省部局等措施,使文部省在占领时期形成的以指导建议为主的服务性机构逐渐向监督和管理机构转变,加强了对地方教育的中央统制。1956 年 6 月,日本政府又通过了《地方教育行政组织及运行法》,将地方教育委员由原来的公开选举制改为任命制,选出的教育长须经文部大臣同意任命,把原来由教育委员会对管理教育财产和经费支出的权力移交给地方公共团体长官,从而明确了文部省通过教育委员会加强管理的政策。

可以说,这些提议与战后初期实施的教育民主化改革理念是背道而驰的。该咨询报告是战后日本在教育方面加强中央统制的开始,并且成为此后政府修改文教政策的基本路线。

(二)经济的高速发展与"能力主义"教育的提出

1955 年,是日本战后历史上极其重要的一年。从经济上看,日本终于从战后的经济衰退中摆脱出来,大体恢复到战前的水平。在政治上,鸠山内阁(1954年～1956 年)的执政,表明资产阶级新兴势力业已取代了战前由天皇、家族财阀和寄生地主组成的联合统治。尤其是在美国的援助下,日本的科学技术发展迅速,产业规模大幅度扩展,为 20 世纪 50 年代中期以后的经济起飞奠定了基础。

从 1956 年起,日本政府连续制定和推行国民经济发展计划。这些计划的突出特点,就是强调根据经济发展的需要来规划和发展教育。1957 年 12 月制定的《新长期经济计划》(1958 年～1962 年),首次将日本教育发展计划编入国民经济计划中,强调必须加强科技教育。1960 年 12 月制定的《国民收入倍增计划》(1961 年～1970 年)继续强调扩充科技教育。此后,还制定了《经济社会发展计划》(1967 年～1971 年),把提高人的能力和开发自主技术作为促进经济发展、提

高国际竞争能力的主要政策。在这些计划的影响下,日本教育开始出现重视人才开发的"能力主义"教育。

(三)教育改革的具体举措

1. 基础教育的改革

文部省根据 1958 年教育课程审议会提出的《改善中小学教学计划》的报告,修改了中小学《学习指导要领》。把中小学课程分为学科、道德、特别教育活动、学校仪式四个方面。把道德教育从学科中独立出来,单独开设;取消了被占领时期开设的自由研究,以特别教育活动取而代之。重视培养学生的基本学习能力,加强了国语和数学的教学,侧重知识的系统性和科学性,修改数理科的教学内容,加强了科技教育。

在高中阶段,主要是普及化和多样化的发展。战后,九年制义务教育的快速普及,要求高中大规模扩展。1961 年,文部省计划增加 112 万人,新设公立高中约 200 所。改革后,高中入学率由 1950 年的 42.5％迅速上升,到 1970 年竟超过了 80％(1980 年高达 94.2％)。① 该时期,普通高中和职业高中的招生比率也得到调整,将 1955 年以前的普通科和职业科学生之比由 6：4 变成 5：5。1961 年6 月,文部省开始实施学校与企业合作制度,加强了高中教育与企业内职业训练的合作。

2. 高等教育的改革

20 世纪 60 年代初期,日本的高等教育规模得到迅速扩展。1952 年至 1970年,日本高等教育机构总数从 425 所增加到 921 所。② 其中,新兴办的巨型大学和私立大学发展迅速。据统计,1960 年～1979 年,日本万人以上的大学由 10 所增加到 41 所,5000 人以上的大学由 18 所增加到 60 所。在 1960 年～1970 年新增加的 137 所本科大学中,私立大学占 134 所。1962 年,日本根据产业界的要求创建了高等专门学校。高等专门学校是以初中毕业生为招生对象、以培养工业方面的中级技术人才为主要目标的五年一贯制高等教育机构。1962 年初建时,只有 19 所,学生 3375 人,到 1970 年增至 60 所,学生 44315 人。③ 此时,短期大学也取得了迅速发展,至 1970 年日本短期大学已有 479 所,短期大学学生263219 人。④ 为了适应产业结构的调整,日本扩招理工科学生并增建了理工科高等教育机构。1965 年～1968 年,增设理工科院系 56 所,改组和扩充20 多所。1965 年理工科新生人数占新生总数的 45.3％,到 1970 年这一比

① [日]大田尧:《战后日本教育史》,王智新译,教育科学出版社,1993 年版,第 248 页。
② 胡建华:《战后日本大学史》,南京大学出版社,2001 年版,第 78 页。
③ 日本教育年鉴刊行委员会:《日本教育年鉴》(1991 年),行政株式会社,1992 年版,第 475 页。
④ 日本文部科学省:《文部科学统计要览》,国立印刷局,2007 年版,第 87 页。

例增加到了 73.5％。①

三、20 世纪 70 年代以来的"第三次教育改革"

20 世纪 70 年代,日本已经成为世界的经济大国。这时,作为发达的工业国家,日本已经告别了明治维新以来赶超西方列强的发展阶段,并且业已摆脱了战后以美国为发展楷模的时期。新技术革命带来了产业结构和就业结构的巨大变化;国民文化生活水平不断提高,闲暇时间增加,社会福祉改善;国际化程度进一步加强;终身教育思潮广泛传播。1973 年的石油危机使日本经济遭受到沉重的打击,教育也随之结束了大规模发展的局面并相应地转向稳定发展和提高质量的阶段。注重能力开发的经济至上主义教育导致的"知识肥大"、"个性干瘪"、"考试地狱"等教育问题日趋恶化。在这种形势下,如何培养"独立自主"式的"创新型"人才、以适应未来瞬息万变的社会发展,就成为新时期日本教育改革的中心任务。为此,日本拉开了"第三次教育改革"②的序幕。

(一) 20 世纪 70 年代"第三次教育改革"的提出

日本政府第一次提出近代以来的"第三次教育改革"的设想是 1971 年 6 月。当时,"中央教育审议会"向文部大臣提交了一份《关于今后学校教育综合扩充与整顿的基本对策》的咨询报告。这是一份比较完整的教育改革方案,其主要指导思想是:其一,教育应以培养善于分析问题、解决问题,具有自主性、创造性才能的人才为目标;其二,从终身教育的立场出发,考虑教育体系的改革;其三,在综合考虑家庭教育、学校教育与社会教育之间的关联性基础上,进行学校教育改革。③

1977 年,文部省根据上述咨询报告的精神重新修订了中小学《学习指导要领》。其基本精神是:加强德育和体育,重视儿童的协调发展;精选教学内容,减少教学时数,增加课外活动;营造轻松的学习环境,培养儿童的创造力等。

(二) 20 世纪 80 年代以来"第三次教育改革"的实施

1. "临时教育审议会"的咨询报告

1984 年 8 月,日本成立了为期三年的"临时教育审议会",作为直属内阁的教育咨询机构来审议、调查和处理教育问题。这标志着第三次教育改革进入了全面展开和实施的阶段。

---

① 日本文部科学省:《产业教育九十年史》,东洋出版社,1974 年版,第 674 页。

② "第一次教育改革"指明治维新时期的改革;"第二次教育改革"指第二次世界大战以后在美国占领军指导和监督之下进行的改革。——编者注

③ 于洪波:《日本教育的文化透视》,河北大学出版社,2003 年版,第 268 页。

临时教育审议会在三年间曾召开过多次会议,分别于 1985 年 6 月、1986 年 4 月、1987 年 4 月和 1987 年 8 月先后提出四份咨询报告。其中第四份报告是最终报告,最具代表性。该报告提出了教育改革的三个基本原则:重视个性、向终身学习体系过渡、适应时代变化。其中,重视个性的原则是最基本的原则。该报告还提出了诸多教育改革的具体举措。临时教育审议会提出的改革报告,成为第三次教育改革的指导性纲领。

为深入探讨面向 21 世纪的教育改革,1996 年~1997 年第 15 届中央教育审议会又向文部大臣提出了《展望 21 世纪我国教育的理想状态》的咨询报告。其基本内容包括:(1) 培养儿童的"生存能力",加强自主判断和创造型能力的培养,营造宽松的学习环境;(2) 加强学校、家庭、社会教育的合作;(3) 改变教师的教育观念,重视儿童在自我学习、相互学习和交流经验中的主体活动。

2. 20 世纪 80 年代以来教育改革的实施

(1) 终身教育体系的构建

1981 年,中央教育审议会发表《关于终身教育》的报告,1984 年又首次提出"向终身学习体系过渡"的教育发展与改革理念。1988 年 7 月,文部省将其下属的"社会教育局"改为"终身学习局",使其成为文部省的第一大局。各都道府县也设置了负责终身学习的专门机构,由此建立起了从中央到地方的终身学习推进体系。1990 年 6 月,日本国会又通过了《终身学习振兴法》,以法律的形式规定在全国建立终身学习体制。

(2) 基础教育的改革

在该时期里,课程改革是基础教育改革的重点所在。1989 年颁布的《学习指导要领》,要求培养丰富的人性和健全的人格、重视基础知识和基本技能、提高自学能力、重视个性化教育。1998 年,在日本教育课程审议会提交的报告中,建议大幅度削减课时,严选教学内容,充实道德教育,提高外语交流能力,强化信息技术教育,创设综合学习型课程"综合学习时间"。在高中阶段,主要是推行六年一贯制的中等学校和学分制高中,新设介于普通学科和职业学科之间的综合学科,推进高中学习方式的弹性化和多样化,改革高中招生考试制度,实行选拔方式多样化、选拔尺度多元化改革。

(3) 高等教育的改革

1987 年,日本设立了直属文部省的常设咨询机构——"大学审议会"。在该审议会的建议下,20 世纪 90 年代初期文部省连续对《大学设置基准》、《研究生院设置基准》、《短期大学设置基准》等进行了大纲化的修改,并进行了全面的改革。

在大学课程方面,将战后形成的普通教育课程与专门教育课程分别在大学本科前两年和后两年进行的"二二分段"模式,改为使普通教育和专门教育课程相结合的四年一贯制模式。此外还广泛采取了按学期制安排课程、制定教学大纲、重视小班教学、加强外语和信息技术教学、实施研究生助教制度等一系列改革措施。

在大学的管理制度方面,积极推行国立大学"法人化"改革。所谓的"法人",就是指独立行政法人,是介于政府与民间组织之间的一种"准"政府机构。2004年4月,日本的国立大学全部成为了独立行政法人。这种改革的目的在于,将国立大学剥离于国家组织之外,扩大其自主性和自律性,使其在激烈的竞争环境中,发展成为高水平的、个性鲜明的大学。自20世纪90年代起,日本还陆续导入了自我评估制度和第三者评估制度,并于2004年要求所有的大学必须定期接受第三者评估机构的评估。进入21世纪以后,日本所从事的教育发展与改革,实际上是第三次教育改革的延伸和拓展。

本章小结

进入近代以来,日本教育经历过"三次远航"(重大的改革):明治维新时期的第一次教育"远航",日本以欧美诸国的教育发展模式为楷模,创建起了近代的国家主义教育制度;二战以后的第二次教育"远航",日本以美国教育的民主和法制为蓝本,建立起了现代的民主教育制度;20世纪70年代开始的第三次教育"远航",是在日本成为世界的经济大国以后,以个性化、终身化、多样化和国际化等为特征的、全方位的教育改革。回顾和比较日本近现代教育的"三次远航",可以总结出下列几个鲜明的特点。

其一,日本教育的"三次远航"是在不同的国际形势下进行的。前两次教育"远航"都是在外来压力的逼迫下,不得已而为之的。在1868年日本实行明治维新以前,亚洲其他国家已经先后沦为西方列强的殖民地和半殖民地。19世纪50年代中期,西方列强也纷纷强迫日本签订了不平等的条约。在面临被沦为殖民地的关键时刻,日本在1868年发生了"明治维新"运动。明治政府在国家发展战略上以"富国强兵"为基本国策,在文化教育上以"和魂洋才"为指导思想,充分发挥单一民族特有的凝聚力,用短短几十年的时间达到了"脱亚入欧"的战略目标。但是明治维新期间,作为"富国强兵"国策其中一环的第一次教育"远航",无论从改革理念上,还是从学制设置上,都是急功近利式的模仿和试验。日本在近代"赶超"式发展之后的目标是什么,是一个没有解决好的问题。事实也证明,当日本于20世纪前半期成功地实现"脱亚入欧"的目标,成为工业强国之后,即对亚洲诸国发动了侵略战争。可以说,日本在近代创建的国家主义教育体制,宛如一

把锋利的双刃剑,它一方面有效地促使日本实现了"富国强兵"的目标,另一方面又对侵略战争负有不可推卸的责任。二战以后日本教育的第二次"远航",是以消除军国主义和极端的国家主义,以及建立民主、法制和爱好和平的国家为宗旨,在美国占领军的指导和监督下,不得已而为之的。但是,在日本业已成为经济大国之后的第三次教育"远航",却是日本以继续保持其经济领先地位为前提,试图在国际政治、外交、文化和教育等方面融入国际社会的一次全方位的改革。可以说,这是一次计划周期长、参与面广、历经数十年的教育改革,从政府到民间都显示出高度的文化自觉性、主动性和协调性。

其二,"三次远航"所创建的教育体系具有不同的宗旨。日本前两次教育"远航",都是以学校教育为中心而开展的。第一次教育"远航"是以追赶西方列强为目标,建立起了"国家主义的近代学校教育体系"。第二次教育"远航"是在美国民主、法制和地方分权等原则的指导下,建立起了"平等的单轨制学校教育体系"。然而,第三次教育"远航"却是以终身学习为基本精神,建立起了"以终身学习为基轴的教育体系"。在这个教育体系中,学校不再是唯一的教育机构,而是一个由学校、家庭和社区融为一体的教育体系。

其三,"三次远航"在本土化与国际化之间具有不同的含义。日本近代教育第一次"远航"的培养目标是"和魂洋才"。亦即培养既具有大和民族传统的道德精神(本土化的"和魂"),又能掌握西方科学技术的人才(国际化的"洋才")。第二次世界大战之后,日本教育的第二次"远航",则是在美国占领军的监督和指导下,在对日本的传统文化和军国主义教育予以反思和纠正的基础上,以美国的民主主义精神为指导而进行的全方位的教育改造和重建。但是当20世纪50年代初美国结束对日本的占领之后,日本的保守势力又重新抬头,并且对二战以后建立起来的民主主义教育进行了一番所谓的"本土化"改造。其标志是,在教育管理上,加强了官僚行政对地方教育的集权统制。20世纪80年代以后日本教育的第三次"远航",是在日本业已确立起经济大国的地位且前方不再有可供模仿的样板的情况下,日本人创建的符合其国际地位的教育改革模式。虽然日本学术界对第三次教育"远航"所提出的"国际化"尚有不同的见解,但是有一点是可以肯定的,即这次被称为"第三次远航"的教育国际化与前两次"被动的国际化"不同,它是一次"主动的国际化"过程,也是一次试图将日本的文化和教育推广于世界的过程。

其四,"三次远航"在"效率"和"平等"之间具有不同的倾向性。如果说明治维新时期日本以追赶西方列强为目标而建立起来的国家主义教育体系,可以用"效率"来概括其特征的话,那么二战后在美国占领军的指导和监督下建立起来的单轨学制,则可以用"平等"来概括。第三次教育改革试图通过建立多元化的评价体制、增加学校的选修课、设置多样化的课程、加强个别化教育以及后期中等教育结构和大学的多样化等改革措施来实现教育的多样化和个性化。值得注意的是,日本教育第三次改革所提出的多样化、个性化、信息化和国际化等举措,都是在兼顾"效率"和"平等"均衡发展的前提下进行的。

∠ 思考题

1. 日本明治维新期间近代学校教育制度创建的历程及其特点。

2. 森有礼的国家主义教育思想及实践。

3. 福泽谕吉的教育思想。

4. 20 世纪前期日本教育发展的特点。

5. 《美国教育使节团报告书》的主要内涵。

6. 1948 年《教育委员会法》的内涵及其意义。

7. 战后日本新学制的基本内容。

8. 经济高速发展时期日本教育发展的特点。

9. 20 世纪 70 年代以来"第三次教育改革"的基本内涵。

10. 试比较与分析近现代以来日本教育三次"远航"的特点。

∠ 参考文献

1. [美]埃德温·O·赖肖尔. 日本人[M]. 上海:上海译文出版社. 1980.

2. [日]海后宗臣. 日本近代教育史事典[M]. 东京:平凡社,1971.

3. [日]尾形裕康. 日本教育通史[M]. 东京:早稻田大学出版社,1981.

4. 瞿葆奎. 教育学文集·日本教育改革[C]. 钟启泉选编. 北京:人民教育出版社,1991.

5. [日]永井道雄. 近代化与教育[M]. 长春:吉林人民出版社,1984.

6. [日]福泽谕吉. 文明论概略[M]. 北京编译社译. 北京:商务印书馆,1958.

7. [日]福泽谕吉. 劝学篇[M]. 群力译. 北京:商务印书馆,1984.

8. [日]大田尧. 战后日本教育史[M]. 王智新译. 北京:教育科学出版社,1993.

9. 于洪波. 日本教育的文化透视[M]. 保定:河北大学出版社,2003.

∠ 进一步阅读文献

1. [日]永井道雄. 近代化与教育[M]. 长春:吉林人民出版社,1984.

2. [日]大田尧. 战后日本教育史[M]. 王智新译. 北京:教育科学出版社,1993.

3. 于洪波. 日本教育的文化透视[M]. 保定:河北大学出版社,2003.

第十七章
俄国、苏联和俄罗斯的教育

在整个近代史及以前的时代里,俄国一直是一个落后的国家。从 19 世纪下半期到 20 世纪初是俄国历史上最为辉煌的篇章,在短短的几十年里,俄国社会完成了从封建社会到资本主义社会,再向社会主义社会的过渡。20 世纪的绝大部分时间,是实行社会主义计划经济的苏联时期。1991 年苏联解体后,俄罗斯开始了由单一的计划经济向市场经济转化的历史进程,其教育也进行了相应的改革与发展。俄国、苏联和俄罗斯教育的发展,是与上述各个阶段的政治、经济等各方面的变革分不开的。

第一节　19 世纪俄国的教育

一、19 世纪以前俄国教育的概况

在 17 世纪以前,俄国长期处于封建割据状态和外国武装势力的干预之中,经济发展落后;只有在莫斯科、圣彼得堡等大城市才有一些少量的识字学校。学校数量不仅少而且教学质量低下。17 世纪初,俄国开始了罗曼诺夫王朝的统治。新王朝恢复中央集权制,加强已有的农奴制度,使俄罗斯完全成为一个君主专制的封建国家。国家的统一,带来了社会经济的初步繁荣和俄罗斯文化的形成。同时,商业、手工业等活动的发展、与外国的不断接触、封建中央集权国家行政的发展以及教会的发展,都需要大量有文化的人才。当时,社会上的有识之士积极倡导发展教育,建立学校。17 世纪中叶,莫斯科逐渐出现了一些设在修道院的希腊语和拉丁语学校。这些学校的产生,促进了古代俄罗斯教育的发展。但真正进入近代化以来的教育发展,则是从 18 世纪初期的彼得一世(Пётр Великий,1672 年~1725 年)改革开始的。

长期同土耳其、瑞典等国的战争,使彼得一世认识到自己国家的落后。为了

吸收先进的科学技术和管理经验,彼得一世进行了多方面的社会改革。在教育上,他创办实科性质的学校,特别是有关军事技术的专门学校,力求为当时的俄国培养科学技术和军事技术人才;他下令开办俄语学校、计算学校等,推动俄国的初等义务教育;模仿欧洲其他国家的皇家科研机构,提出创建科学院的设想。这些改革在一定程度上推动了俄国教育的近代化。但彼得一世死后,从皇位的继承开始,发生了贵族各派势力之间的长期战争。俄国开始进入一个相当长的动乱年代,彼得一世的许多教育改革成果被扼杀于守旧的反动势力之手。

18 世纪中期,俄国教育历史中的大事当属罗蒙诺索夫(Михаи′л Васи′льевич Ломоно′сов,1711 年~1765 年)创办的莫斯科大学。罗蒙诺索夫是俄国著名科学家、科学院教授。1755 年经他提议,莫斯科大学及其附属中学正式开学。这所大学显示出一些新的特点:世俗性,如大学中不设神学系;自治性,学校由政府直辖,由教授会管理;民主性,大学可以招收农奴以外的所有阶层的子弟入学,附属中学单设平民部;民族性,逐步强调用俄语教学,由俄国人担任教师。这所大学在罗蒙诺索夫和其他进步学者的努力下取得了很大成就。此后,莫斯科大学也一直是俄国的最高学府,为俄国社会的近现代化输送了优秀的人才。

18 世纪后期,叶卡特琳娜二世(АлексееВНа ЕкаТериНа Ⅱ,1729 年~1796 年)执政期间,俄国的一些地方工商业逐渐发展,西欧的启蒙思想也传入俄国,促使统治者重新开始关注教育问题。1786 年,俄国颁布《俄罗斯帝国国民学校章程》,这是俄国政府历史上发布最早的有关民教育制度的正式法令。该法令规定各地设国民学校,由当地政府领导,聘请校长进行管理。该章程规定的基本学制是:在县设立两年制的免费初级国民学校;在省城设立五年制的免费中心国民学校,也可同设初级国民学校。学校经费主要由当地的政府、贵族和商人共同承担。初级国民学校的课程和中心国民学校的前两年相同,主要有读、写、算及文法课。在中心国民学校的高级部则设有机械、物理、地理、历史、自然等课程,对于想升入文科中学和大学的学生,还需学习拉丁语和其他外国语。这些学校的设置表现出一定程度的民主与进步因素,但就当时设置的这些学校而言,仍然主要集中在城市,农村教育尚未得到重视。除此之外,俄国在 18 世纪 30 年代开始兴办的贵族等级的寄宿学校发展起来,数量逐渐增多。这对提高俄国贵族的文化修养和实际工作能力,进一步巩固和强化俄国贵族在国家政治经济生活中的主导地位,起到了重要作用。由此也可以看出,俄国在 18 世纪中期教育的等级性已经非常严重。

18 世纪末期,受到法国大革命的影响,沙皇政府对进步力量开始压制,俄国教育又陷入发展的低潮。

二、19 世纪俄国教育的改革与发展

进入 19 世纪,尽管与英、法等国相比俄国还是非常落后,但是俄国的资本主义经济也有了进一步的发展,而封建农奴制度越来越成为束缚经济发展的桎梏。再加上法国大革命后民主思想对俄国的浸染,国内呼吁改良乃至改革的呼声此起彼伏。这些因素迫使沙皇政府进行社会和教育改革。其中最有影响的当属 19 世纪初和 19 世纪 60 年代进行的改革。但是,由于封建势力的顽固,每一次改革之后都伴随着保守势力的反攻。可以说,整个 19 世纪俄国教育的改革与发展历经艰难与挫折。

(一)19 世纪初期的教育改革

1802 年,刚刚上台的亚历山大一世(Александр Ⅰ,1777 年~1825 年)建立国民教育部,这是俄国历史上第一个全国教育行政机关。当时规定除教会学校之外的其他世俗学校全归其管辖。1804 年颁布《大学所属学校规程》,对教育做出新的规划。

《规程》规定,全国分为 6 个大学区,每个学区设立一所大学。其主要目标是培养官员和教师。大学不仅是一个高等学府、一个教学和探索学术的场所,而且还是一个学区的教育行政领导机构。大学的最高权力机关是大学校务委员会,下设大学董事会和学校委员会,分别管理大学内部事务和下属各级学校的行政事务。自大学之下,设有下列三类学校:

其一,是堂区学校。这种学校由地方出资兴办,目的在于教给所有儿童基本的生活和自然知识,培养其宗教信仰和作为臣民的素养。堂区学校学制一年,每周上课 3 天,每天 3 小时。堂区学校的一部分毕业生可以升入上一级县立学校。

其二,是县立学校。这种学校设在县城,其前身就是初级国民学校。县立学校学制 2 年,学生学习神学、公民义务、俄语及本地语文、算术、历史、地理,还有一些与当地经济有关的工艺知识。县立学校的经费仍主要由地方负责,但教师工资由国家提供。其毕业生可以直接升入中学。

其三,是中学。中学设立于省城内,负责免费招收各种身份的学生入学,学校经费全部由国家承担。其前身就是中心国民学校。中学学制 4 年,主要学习拉丁语、德语、法语、地理、历史、统计、数学、初级文艺、商业理论等 20 多门课程。学生毕业后可以升入大学。

这样,根据 1804 年的《规程》,俄国构建了第一个各级学校之间相互衔接的、上下统一的学校教育制度:堂区学校(1 年)→县立学校(2 年)→中学(4 年)→大学。各级学校均为免费,招生没有信仰、身份和社会地位的限制,课程设置也比较广泛。但实际上,能够进入中学、大学的仍然只有贵族子弟。

1815年"神圣同盟"的成立,又将俄国教育拉向倒退。1826年的"十二月党人起义"之后,沙皇政府更加肆无忌惮地压制国内的各种进步运动。1828年颁布的《大学所属各级学校规程》更成为对1804年《规程》的全面反动。各级学校开始征收学费,学校之间的相互衔接被取消,限定各级学校招生的身份,削弱实科和有助于"自由思想"倾向的社会学科,加强宗教神学和古典学科,原有的统一的学制被变成双轨制。教育上一系列的倒退政策又重新带来了教育的停滞不前。

(二)19世纪60年代的教育改革

19世纪中叶,俄国的资本主义经济已经有了较大的发展,依附性极强的农奴制度对生产关系的束缚更加强烈。下层人民反对专制统治的动乱也是此起彼伏。社会各阶层纷纷抨击沙皇政府的种种反动政策和措施。迫于国内外的形势,1861年沙皇政府颁布了《农民脱离农奴依附关系的法令》,"这是俄国在向资产阶级君主制转变的道路上前进的一步",①教育也成为这次大转变过程中重要的组成部分。当时的一些知识分子如乌申斯基、托尔斯泰、别林斯基、赫尔岑等,尽管所处的阶级立场并不相同,但他们都普遍反对以农奴制为基础的等级教育制度,要求实施男女平等的普及教育;反对对学校课程的钳制,要求设立更多的实科课程和人文社会课程;反对对师生的监视与压迫,主张尊重师生人格等等。在他们的推动下,从1860年到1864年间,沙皇政府先后颁布了一系列的教育法规,如1860年的《国民教育部女子学校章程》、1863年的《大学章程》、1864年的《初等国民学校章程》和《文科中学和中学预备学校章程》等,根据这些章程,沙皇政府对教育进行了一系列改革。

根据《初等国民学校章程》,初等国民学校的设立与经营划归地方行政、群众团体乃至私人,但教会学校并不属于这类学校,教会并且对这类学校有监督权。各地的初等国民学校应招收各阶层的男女儿童入学,但在入学年龄、修业年限、是否免费、学校规模等具体问题上却没有直接规定,体现了一定的灵活性。学校开设神学、读、写、算术等基本学科,并要求用俄文教学。

根据《文科中学和中学预备学校章程》,中学应给予学生以普通教育,并且是他们升入大学及其他高等专门学校的预备学校。它可以招收任何阶层的学生,学制一般为7年。中学的类型主要有两种:古典中学和实科中学。实科中学的毕业生只能进入高等专门学校。另外,该章程还扩大中学教师会议的权限,鼓励师生之间改革教学方式等等。

---

① [苏]列宁:《"农民改革"和无产阶级农民革命》,见《列宁全集》(第17卷),中共中央马恩列斯编译局译,人民出版社,1959年版,第103页。

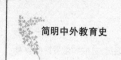

根据《大学章程》，大学的自治权得到恢复，学校内部的主要管理人员如校长、副校长、系主任等重要人选均由校内和系内的学术机构选举产生，教授也以竞选方式推举。大学普遍设立历史文学系、数理学系、法学系、医学系等，并增加了新学科讲座。

上述章程颁布之后，各级各类学校在原有的基础上都有了较大的发展，并体现出一定的进步性。但遗憾的是进入 19 世纪 70 年代，俄国教育又开始倒退。虽然遭遇到挫折与反复，但 19 世纪 60 年代的教育改革毕竟为俄国学制的建立与发展奠定了基础。

（三）19 世纪 70 年代后的教育复辟

从 19 世纪 70 年代起，特别是 1881 年亚历山大二世（Александр Ⅱ，1818 年～1881 年）被谋杀之后，沙皇政府对民主人士和劳动人民的镇压愈加严厉，在教育上也加紧推行反动的教育政策。从 1874 年起，教育部又开始制定了一系列的国民学校规程，以恢复等级制的学校制度。同时还公开支持教会设立的教区学校，加强教会和僧侣对学校的影响和控制。无论是初等教育还是中等教育、高等教育，宗教性、等级性都日益加强。

经过几十年错综复杂的斗争，到 19 世纪末 20 世纪初，俄国形成了独特的教育制度。从管理体制上来说，体现为混乱而多头的特征，不同的教育机构之上都有自己的管理机构。属于中央教育行政的管理机构除国民教育部外，还有宗教事务院、军事学校管理局等。而从学制类型上来说，则形成了以双轨制为基础的多轨并进的状况。一轨是为劳动人民子弟设立的各级各类小学、初等职业学校和师范学校，另一轨则是为富人设立的各种中等和高等教育机构。然而后者却十分复杂，不仅男女校自成系统，贵族及其神职人员也有自己的学校体系，深刻体现了俄国教育浓厚的等级特征。

三、乌申斯基的教育思想

康斯坦丁·德·乌申斯基（Константин Дмитриевич Ушинский，1823 年～1870 年）是 19 世纪俄国最著名的教育理论家和教育实践活动家。他曾长期从事教育实践和改革工作，大力倡导教育的民族性原则，主张把教育心理学运用于教育教学过程，并倡导建立具有俄国特色的师范教育机构，为俄国教育事业的发展做出了重要贡献，被誉为"俄国教师的教师"、"俄国教育科学的创始人"。他的教育思想主要体现在《人是教育的对象》和《论公共教育的民族性》等著作中。

（一）教育的民族性原则

教育的民族性原则是乌申斯基教育理论的重要指导思想之一，它贯穿于其教育思想和实践的每一个方面。

在乌申斯基看来,世界许多国家在发展文化教育的过程中积累了宝贵的经验,学习和借鉴欧洲先进国家发展教育的成功经验,对于振兴俄国的教育具有重要的现实意义。但他又反复强调,每一个民族都具有自身的特点和需求,发展本国的文化教育不应该排斥外国先进的经验,但不能过于依赖外国,不应该抄袭外国的教育制度,本国文化教育的发展必须具有本民族的特色,使之更好地为本国的经济建设和社会变革服务。乌申斯基对当时俄国教育当局无视本民族的特点,盲目崇拜外国教育的恶习提出了强烈的批评。在他看来,只有具有本国、本民族特点的教育,才能培养出本国、本民族所需要的、具有民族意识的、热爱自己祖国的人才。道理很简单,"唯有民族的教育才是民族历史发展过程中有生命力的工具。"[1]"如果教育不想成为无能为力的东西,它就必须是民族的教育。"[2]从资产阶级民主主义的观点出发,乌申斯基反对当时流行的"官方民族性"理论。在他看来,民族性是每一民族的特点,这种特点,是由该民族的历史、地理和自然条件所形成的。对于俄罗斯民族来说,其民族性的主要内容不是信奉东正教和服从沙皇统治,而是表现在它的人民具有非凡的创造力和具有强烈的爱国主义精神。

在乌申斯基看来,民族性是教育发展的希望之所在,而民族性的传递也需要借助于教育。因此,在教育中要把民族性原则贯彻于教育教学活动中,制定适合本国、本民族特点的国民教育制度,重视本民族的语言和文化传统的教育,重视运用民族语言进行教学,要重视本国历史、地理、文化等课程的教学。乌申斯基的民族性原则对推进俄国教育的民族化进程产生了重要的影响。当然,他的思想中也确实包含着一些民族主义和大俄罗斯主义的成分,需要引起注意。

(二) 论教育的意义与目的

乌申斯基认为,教育在经济建设和社会变革以及青少年发展中起着重要作用。他认为教育是促进社会变革和经济振兴的主要手段,对于增强本国的经济和国防实力,改变社会落后和不平等的现象具有重要的意义。因此,他极力主张沙皇政府要重视发展本国的公共文化教育,不断提高本国国民的文化素养和文明程度,进而提高俄国在国际上的实力和地位。而从青少年发展的角度来说,他认为青少年学生具有身心发展的种子,但他们身心能否发展和发展到什么程度都离不开自身所处的社会环境,其中文化教育特别是有意识的学校教育在他们身心发展中的作用是绝对不能忽视的。他曾经指出:"有意的教育,一句话,学校和学校的学习与秩序,对这些精神的改变的引起、发展或抑制,可能有直接的和

---

① 张焕庭:《西方资产阶级教育论著选》,人民教育出版社,1979 年版,第 469 页。
② 张焕庭:《西方资产阶级教育论著选》,人民教育出版社,1979 年版,第 465 页。

强大的影响。"①"完善的教育可以使人类的身体的、智力的和道德的力量得到广泛的发挥。"②

乌申斯基认为,教育的目的就在于"促进人的体力、智力和道德的力量得到广泛的发展"。③ 这种教育目的抨击了当时贵族教育的利己主义和极端的功利主义,而是要培养为社会利益而生存,能够把全人类的利益同本民族利益乃至个人利益结合起来的人。这种人理应在身体、智力和道德各方面都得到和谐发展。

（三）论教学

教学论是乌申斯基教育理论中最重要的部分,他曾将教学论看成教育学课程的"一半"。他的教学理论对后世产生了重要影响。

在教学目的上,乌申斯基批判了形式教育论和实质教育论各执一端的片面观点,认为教学有两个目的:一是形式目的,在于发展学生的智力,发展他们的观察力、记忆力、想象力、幻想力和理解力;二是实质目的,即要掌握必要的基本知识和技能,并以此发展他们的各种能力。这两种目的是相互结合、缺一不可的,统一在教学的每一个过程中。

在教学的科学基础上,乌申斯基认为教学理论应建立在认识论、心理学的基础上。而心理学又是以生物学、生理学为基础的。教学理论必须建立在生理学、心理学所提供的规律性认识之上。在心理学方面,他深入研究了注意、记忆、想象、意志等方面的规律,并将其运用到教学理论中,在教育心理学方面取得了很大的成绩。

在教学本质上,乌申斯基认为,教学过程是教师指导下的学生的学习过程,也就是教师向学生传授知识技能和学生掌握知识技能的过程。教师是教学的组织者和领导者,学生则是具有自主性的个体,教师的教和学生的学这二者是相互联系和不可分割的。乌申斯基根据自己对教学过程本质的理解,把教学过程划分为两个基本阶段:第一个阶段是教师引导学生感知,用言语等手段向学生传授知识,并引导学生对所教授的知识加以区分和辨别,形成事物的概念,同时将所学知识系统化;第二个阶段是在学生的参与下,教师对学生学习的概念进行概括和巩固。他的教学过程理论,突出强调了师生的双边活动,具有较强的科学性。

在教学内容上,从培养具有民族意识的、具有牢固知识和高强能力的爱国者出发,乌申斯基高度重视本民族语言学习的重要性,并主张为学生开设多样化的、有利于拓宽他们认识领域的具有现代生活气息的课程,如历史、地理、数学、

①　张焕庭:《西方资产阶级教育论著选》,人民教育出版社,1979年版,第500页。
②　[俄]乌申斯基:《人是教育的对象》,李子卓译,科学出版社,1959年版,第24页。
③　[俄]乌申斯基:《人是教育的对象》,李子卓译,科学出版社,1959年版,第12页。

自然科学和现代外语等。

乌申斯基在深入探究教学过程规律的基础上,结合广大教师的教育经验,还提出了学生自觉性与积极性、直观性、知识的系统性与连贯性、巩固性等一系列的教学原则。

（四）论教师及师资培养

乌申斯基认为,教师在学校生活中是学生最直接、最生动的榜样,他无时无刻不在影响着学生,因此可以说教师对学生负有直接的教育责任。在乌申斯基看来,既然教育者担负有如此重大的责任,他们就必须拥有各种良好的素质,才能够为人师表。在他看来,人类教育最基本的途径是信念,只有信念才能影响信念,"任何教学大纲、任何教育方法,无论它是多么完善,如果没有转化为教育者的信念,那么它仍然是实际上没有任何意义的死条文"。[1] 除信念外,教师还必须具有良好的个性和广泛的知识,如教育学、心理学和逻辑学等等,这都是一个合格教师必须掌握的基本知识。另外,教师素质的完善离不开教育教学实践,教师要在教育教学实践中形成自己的教育风格和教育机智。

为了有效地提高培养教师的质量和效率,他提出了创建高水平师范院校的设想,主张在这样的教育机构里培养未来师资。他为师范学校制定了学科广泛的教学计划,课程包括祖国语言、文学、历史、地理、数学、生理学以及教育学、心理学和逻辑学等学科内容。这一计划和关于培养教师的建议,对俄国师范教育的发展产生了积极影响。

为了发展国家的教育科学事业,培养俄国教师的教师,乌申斯基还提出了创设教育系的设想。他说:"如果在大学里有医学系甚至财经系,而没有教育系,那就只能证明,一直到现在人还是对他的身体和健康比对他的精神的健康看得重些,对未来一代的财富比对他们的优良教育要关心得多。"[2]在他看来,教育系是"为了发展教育学和培养教育学者,使他们或者以自己的著作,或者从事直接领导工作,在广大教师群众中推广作为一个教育学者所必需的那些知识,并在他们中间以及在社会上形成正确的教育信念给予影响"。[3]

乌申斯基在广泛继承前人教育遗产的基础上,创造性地提出了教育民族化的主张,力图把教育教学工作建立在心理学的基础上,对教学理论提出了独到的见解。他还对教师素质进行了专门系统的研究,提出了创建师范教育机构,设立教育系,培养高素质的教师队伍的设想,对俄国师范教育和教育科学的发展产生

---

① 滕大春:《外国教育通史》(第3卷),山东教育出版社,1990年版,第473页。
② 张焕庭:《西方资产阶级教育论著选》,人民教育出版社,1979年版,第502页。
③ [俄]乌申斯基:《人是教育的对象》,李子卓译,科学出版社,1959年版,第18页。

了积极的影响。他被认为是俄国 19 世纪最著名的教育理论大师,他编写的教科书和教学参考书对当时的俄国教师帮助很大,被誉为是"俄国教师的教师"。

第二节 20 世纪前期苏联的教育

1917 年"十月革命"的胜利,在俄国建立了世界上第一个无产阶级政权——苏联,在教育上也开启了新的篇章。经过 70 多年的发展,到 1991 年苏联解体,苏联的教育取得了飞速的发展,教育的世俗性、民主性得到巩固,劳动人民受教育水平不断提高。同时,在苏联发展的不同阶段,也涌现出马卡连柯、凯洛夫、赞可夫、斯卡特金、达维多夫、苏霍姆林斯基等众多的教育思想家和教育理论家,他们对苏联各个时期教育发展中的成就进行总结、概括和创新,推动了苏联教育实践和教育理论的发展。苏联教育 70 多年的发展历程并非一帆风顺,大致可以分成这样几个阶段:建国初期的教育整顿与改革(1917 年～1930 年)、调整与巩固时期(1931 年～1941 年)、卫国战争时期(1941 年～1945 年)、战后恢复时期(1945 年～1958 年)、根据不同时期的矛盾进行不断改革与调整时期(1958 年～1991 年)。本节主要介绍二战前苏联的教育。

一、建国初期的教育整顿与改革

(一)建国初期的教育整顿

苏维埃政权建立之初,在教育上面临的主要任务就是改造沙俄留下来的落后的、等级性与宗教性非常浓厚的教育制度,实现教育的民主化和世俗化。

1. 改革教育管理体制

根据 1917 年 11 月 8 日苏维埃第二次代表大会通过的《关于成立工农政府的法令》,设立了教育人民委员部。11 月 9 日,又成立了国家教育委员会取代原来的国民教育部,作为全俄的教育领导机关。同时任命卢那察尔斯基(Анатолий Васильевич Луначарский,1875 年～1933 年)为教育人民委员部和国家教育委员会主席。国家教育委员会取缔了沙俄时代的国民教育管理体制——学区制,各地中小学均由当地工农代表苏维埃领导。根据 1917 年 12 月人民委员会发布的《关于把教育事业从宗教事务院移交给教育人民委员部的决定》,把宗教事务院管理下的所有学校都交给教育人民委员部,剥夺了教会对学校的领导权。以后又根据《关于信仰自由、教会和宗教团体的法令》,宣布教会与国家分离、学校与教会分离的基本原则,进一步消除教会对学校的影响,实现教育的世俗化。至此,苏联从中央到地方基本上摧毁了国民教育的旧的领导体制,建立起由无产阶级领导的新的教育领导机构体系。

2. 建立统一的学校制度

1918 年,国家教育委员会在卢那察尔斯基等人的领导下,开始研究和制定学校改革方案。最后颁布了以"莫斯科方案"为蓝本的《统一劳动学校章程》和《统一劳动学校宣言》。这两个文件是苏联教育史上的两个重要文献,体现了学校改革的新设想:"统一"是针对沙俄学校的等级性和西欧、北美资产阶级学校的阶级性而言;"劳动"则是针对旧学校脱离实际、脱离生产劳动的特征提出的。它们明确提出学校的目的是"培养未来的社会主义共和国的公民",表现出一些进步性,如提出在苏联尽快普及义务初等教育,重视学生的体育、美育,注意发挥学校内部人员管理和学生学习的积极性和主动性,强调学校与生活的联系等。但是,这两个文件过于强调体力劳动对人的培养的意义,错误地将生产劳动作为学校教学的基础,否定了传统教学的一切必要的、合理的常规,取消学校的一切考试等,都是错误的。尽管如此,它们还是对苏联国民新教育体制的建立发挥过一些积极的作用。

除以上两个主要方面之外,苏维埃政府还通过瓦解反动的全俄教师联合会、成立国际主义教师联合会等措施,打击反动力量,争取、团结和教育广大教师,组织起革命的教育队伍;通过大力开展扫盲运动和发展少数民族教育事业,提高各民族劳动人民的受教育水平等等,开创了新时期教育的新局面。

(二) 20 世纪 20 年代的教育改革与实验

通过几年艰苦卓绝的斗争,进入 20 世纪 20 年代后苏联的局势渐稳,开始全面进入社会主义建设阶段,这就更需要大批有文化的建设者。因此,20 世纪 20 年代苏联在教育的各领域展开改革与实验,力图能够在更短的时间内培养更多的人才。

1. 学制改革

根据《统一劳动学校规程》,本应设立五四分段的九年制的统一劳动学校,第一段主要招收 8 岁~13 岁儿童,第二段主要招收 14 岁~17 岁青少年,两个阶段相互衔接。俄共(布)党纲也确定当时普及义务教育的年限为 9 年(8 岁~17 岁)。可是当时的社会条件根本不允许在全苏联实现这样的目标。1920 年 12 月 31 日到 1921 年 1 月 4 日,联共(布)中央委员会召开了第一次党的国民教育会议,研究改革学制问题。各加盟共和国的代表就学制问题展开激烈讨论,最终决定以七年制学校——、三两个阶段作为普通教育学校的主要类型,在七年制学校的基础上建立三、四年制的技术学校,在四年制初等学校的基础上建立职业学校。但是,由于缺乏技术装备和合格的技术学校教师,再加上无法解决就业和升学的矛盾问题,将第二级学校的高年级全部改为职业技术学校的决定同样无法落实,各加盟共和国又根据当地的情况进行了适当调整。这样,苏联在 20 世纪

20 年代前期就形成了一种较为灵活的学制:四年制小学;分为两个阶段的七年制普通学校(四一三);分为三个阶段的九年制普通学校(四一三一二);在小学基础上的初级职业学校;在七年制学校基础上的中级职业学校。

另外,苏联在 20 世纪 20 年代还创办了一些新型学校,如在城市大工业区办的工厂艺徒学校、附设于工厂的七年制工厂学校、农村青年学校等等,有效地补充了各地学制的不足,为新苏维埃培养了大量各种合格人才。

2. 普通学校教学内容和方法的改革与实验

1920 年,教育人民委员部提出了革命后的第一份教学计划。这份计划保留了分科教学的结构,删除了宗教教学,重视自然学科,强调社会历史学科的意识形态性,体现了一定的优越性。与之相配套的各科教学大纲也贯穿了这些思想,但是,综合技术教育的思想却未能得到体现。学制的变更,需要学校教学内容和方法相应地变化。整个 20 世纪 20 年代,苏联教育界在教学内容和教学方法上开展了一系列实验,力图体现《统一劳动学校规程》中建设学校的基本思想。

1924 年初,苏联公布了汲取 19 世纪末 20 世纪初西欧各国综合教学思想而设计的教学大纲。该大纲也被称为"综合教学大纲"或"单元教学大纲"。这种大纲完全取消了学校课程的分科结构,各学年按照自然、劳动和人类社会三方面选择学习材料,按季节、节日和地区情况组成一些单元,每单元大约教学 2~3 周时间,例如,"家畜"、"我们的城市"、"我们的乡村"、"五一劳动节"等等。这一文件成为 1924 年~1926 年普通学校低年级各班必须执行的教学文件。与之相伴随,在学校教学过程中,普遍采用"工作手册"、"活页课本"等作为教科书,取消了班级授课制,代之以各种工作队和"分组实验法"。中高年级尽管保留了分科教学结构,但也渗透了综合教学的思想。这一大纲尽管后来于 1926 年、1929 年两次修订,但其中综合教学的基本思想并未改变,这一思想也成为贯穿 20 世纪 20 年代苏联普通学校教学的基本思想。

应该说,综合教学大纲力图通过综合教学的思想加强学校各种知识之间的联系,改变教学脱离生活、脱离社会实践的弊病,其主旨是好的。但是,在实际教学中,各类知识之间的联系往往是人为的、机械的,学科知识内在的逻辑结构也被破坏,学生无法获得系统的文化科学知识,甚至连最起码的读、写、算的技能也无法得到保证。这种教学实践在和当时流行的一些"左"的教育思潮,如学校消亡论、儿童学、杜威的实用主义教育思想等相结合,教学质量的下降也就不可避免了。

3. 高等教育改革与建设

"十月革命"后和整个 20 世纪 20 年代,高等教育也得到联共(布)中央和苏维埃政府的高度重视,获得很大发展。

革命胜利后的最初十年,高等教育改革的主要方向是彻底改变高等学校的学生成分,加强高等教育的民主化。根据 1918 年的《高等学校入学条例》,工农及其子女有优先进入高校的权利,高等学校取消了入学考试,实行由党组织、工会和经济组织联合推荐的办法招生,这对当时改变高校学生的阶级结构,实现高等教育的民主化有一定的促动作用。可是后来这种办法暴露出严重的问题,那就是学校难以招收到合格的生源。从 1926 年起,部分高校又开始恢复入学考试制度,力图保证新生的质量。

在高等学校管理上,革命胜利之初,苏维埃政权颁布法令,规定所有高等学校都归教育人民委员部管辖。同时选派大量党的干部到高校任职,保证党对高等学校的领导权。为加快高级专业人才的培养,20 世纪 20 年代后期又大力兴办高等技术学校和中等技术学校,这些学校划归苏联最高国民经济委员会和有关的部领导,加强对高等学校的直接领导,有利于更有效地培养新型专家。

在高等学校教学方面,1925 年 1 月,联共(布)中央又专门做出决定,要求加强高校教学与各生产部门的联系,加强实习,使学生更深刻了解工人群众的生活状况、劳动组织、经济管理以及与所学专业有关的主要车间和生产过程。1928年,联共(布)中央又在《关于改进培养新专家的工作的决议》中重申这一思想,并进一步提出了许多改进措施。

经过这一时期的努力,苏联在高等教育上取得了很大成绩,如建立了党对高校的领导,实行了高校向工农开放,加强了教育与生产、理论与实际的联系,改变了单一的高校管理体制。但这毕竟是一个新的开始,高等教育的建设和发展中也出现了一些问题有待于新时期进一步解决。

二、20 世纪 30 年代苏联教育的调整与巩固

苏联教育在前一时期取得了一定的成绩,奠定了社会主义教育体系的基础,但也存在一些问题有待于解决,尤其是教育的发展还远远不能满足苏联社会主义经济建设的需求。20 世纪 30 年代,苏联教育在各个领域又开始了新一轮的整顿与调整,力图为社会主义建设培养更多的合格人才。

(一)普通教育的整顿与发展

在 20 世纪 20 年代末期,苏联已经意识到普通教育中存在的问题并提出办好普通教育的必要性。为了提高普通教育的质量,联共(布)中央从 1931 年起颁布了一系列关于普通教育的决定,使普通教育得到整顿和发展。

1931 年 9 月 5 日,联共(布)中央颁布了《关于小学和中学的决定》,这是整个 20 世纪 30 年代苏联普通教育整顿的总纲领。该决定肯定了苏联"十月革命"以来教育上取得的经验和成绩,也指出了教育中存在"没有给学生充分的普通教

育知识"、未能为上一级学校输送合格人才的严重问题,号召教育界展开对各种错误教育理论和思想的批判,要求教育人民委员部立即对各科教学大纲进行修订,保证学校自1932年起依据严格制定的教学计划、教学大纲和课程表进行教学,授予学生系统的科学文化知识,培养学生基本的读写算等能力。

1932年8月25日,联共(布)中央又颁布了《关于中小学教学大纲和教学制度的决定》,要求"俄罗斯联邦教育人民委员部须在1933年1月1日以前,修订中小学的教学大纲,以保证儿童能真正巩固而有系统地获得各门科学的基本知识,关于事实的知识以及正确地说话、书写、演算数学题等等的技巧"。[①]同时规定中小学教学工作的基本组织形式是分班上课,每班都应该有严格规定的课程表和固定的学生成员,对教师教学、学生作业、考试等相关问题也做了相应的规定。

其后不久,《关于中小学教科书的决定》(1933年)、《关于中小学结构的决定》(1934年)、《关于教育人民委员部系统中的儿童学曲解的决定》(1936年)等一系列相关决定相继出台,废止所谓的"工作手册"和"活页课本",编写并出版稳定的教科书;将苏联普通教育学校的一般类型确定为四年制的初等学校、七年制的"不完全中学"和十年制的"中等学校";要求制止儿童学的传播和儿童学者的活动并对儿童学进行批判。

联共(布)中央的一系列关于国民教育的决定,是在全面总结建国后苏联教育建设的经验教训基础上提出来的,它们逐渐肃清了20世纪20年代错误理论的影响,克服了当时学校的根本缺点——没有传授给学生足够的系统的文化科学知识,修订了新的教学大纲、教科书,明确学校教学的中心任务和基本组织形式,强调教师的主导作用,扭转了当时学校教育发展的方向,对提高普通教育的质量发挥了积极的影响。在此基础上的中小学结构的调整,和以后有关普及义务教育的相关决定一起,促进了苏联普及义务教育的快速发展。但在普通教育改革与调整中也表现出一些新的偏向:如过分重视系统文化科学知识的传授,教学大纲的内容庞杂,学生学习负担加重,劳动技术教育遭到忽视;中学机构单一化,只是面向学生升学,学生就业问题未能得到重视;对儿童学的批判简单化,没有充分看到深入研究儿童年龄和个性特点的必要性,以致后来不敢提儿童及儿童研究,教育学成为没有儿童的教育学,对苏联教育理论的发展产生了不良影响。另外这一时期有关教育的各种决议总是以联共(布)中央各种决定的形式颁布,也致使后来的教育研究与意识形态联系过于紧密,带来了当时教育理论发展的单一化。

---

① 滕大春:《外国教育通史》(第5卷),山东教育出版社,1993年版,第41页。

（二）高等教育的调整与发展

20 世纪 30 年代，苏联在整顿普通教育的同时，也对高等教育中存在的一些问题进行了调整，并取得了很大成绩。

调整高等教育结构，改革管理体制。20 世纪 20 年代末期，苏联曾将各级各类高等学校划归相应的人民委员部领导，促进了各种专业性教育的快速发展，但同时也出现"专业范围分得过细过多"的问题。1930 年，苏联高等和中等专业学校按照专业对口的方针进行了院系调整，形成了综合大学、多科性工学院和各种专门学院三类大学。与此相适应，部分高等技术学院和中等专业学校分别划归苏联最高经济委员会和有关部门领导，加强对高等技术院校的统一领导。1936 年，联共中央又决定设立直属苏联人民委员会的全苏高等学校委员会，统管除军事和艺术学院以外的分属各人民委员部的所有高等院校。经过调整后的高等教育由于师资设备集中，专业方向明确而便于领导，也有利于密切科学技术与生产的相互联系，带动了高等教育的迅速发展。

恢复招生考试制度，规范高校教育教学工作。20 世纪 20 年代，苏联在高校招生政策上主要采取推荐制，这对改变高校学生的阶级成分起到很大作用，可是执行中的偏差也导致高校难以招到合格生源。20 世纪 20 年代后期，已有加盟共和国开始陆续采用招生考试制度，但并未全面普及。1932 年，联共中央执行委员会通过决议规定，凡报考高等学校的学生，不管是否毕业于工人系、中等技术学校，均须进行数学、化学、物理、语文等学科的入学考试，成绩合格者才能录取。1936 年，考试科目又进一步明确为语文、政治常识、数理化和外语，成绩优异者优先录取。面对并不理想的高等教育质量，20 世纪 30 年代苏联在高等教育教学工作方面也不断颁布各种决议，如 1932 年的《关于高等学校和中等技术学校的教学大纲和教学制度的决议》、1938 年的《高等学校标准规程》等，明确提出了衡量高校成绩的规范和标准。要求高等学校应该具有稳定的教学计划和合乎发展需要的各科教学大纲，认为高等学校的教学计划应以理论为中心，主要采用系统讲授、实验、实习和生产实践相结合的方式，严格考试考查制度，保证教育教学质量。

另外，为提高高校教师质量，1934 年苏联还恢复了学位学衔制，这对规范高校教学秩序、激发教师积极性具有重要意义。20 世纪 30 年代初期，苏联在全日制高校逐渐建立起夜校和函授教育，将高等学校业余教育发展成为高等学校的重要组成部分。

20 世纪 30 年代，在苏联政府的大力支持下，苏联高等教育得到迅速发展，各种高等学校如雨后春笋般发展起来，在校大学生数量激增，使苏联高等教育走在世界各国的最前列，培养出大量的社会建设的高级人才，为卫国战争的胜利和

战后的飞速发展奠定了良好的基础,也对我国建国后初期高等教育的发展产生了重要影响。

三、马卡连柯的教育思想

马卡连柯(Антон Семенович Макаренко,1888 年~1939 年)是苏联早期著名的教育实践家和教育理论家。他长期从事并领导未成年人劳动教养工作,一生中出版了大量的著作。其中最著名的即是他以自己长期工作的高尔基工学团和捷尔任斯基公社的教育活动和生活为素材,创作的《教育诗》和《塔上旗》。此外,体现其教育思想的著作还有《父母必读》和《儿童教育讲座》等。

(一) 论教育目的

马卡连柯将教育目的视为教育理论的基本问题。他强调指出:"我们应该知道我们要获得的是什么,并且永远不能忘记它。教师的任何一个活动都不能离开既定的教育目的。任何平行的或侧面的目的,都不应当使我们忽视主要的教育目的。"①那么,苏维埃教育的目的是什么? 这种教育目的又是根据什么确立的呢? 马卡连柯对此作出了详细的论述。

马卡连柯认为,教育目的的确立应该考虑两方面的需要:一是社会的需要,一是个体的需要。从社会的角度讲,苏联的教育目的不是教育家主观臆想出来的,而是产生于苏联社会的需要、苏维埃人的意向,建设社会主义和实现共产主义的革命任务之中。从个人的角度来讲,尽管苏维埃社会对人有着共同的要求,但教育目的还要体现出多样性,每个人的才能、爱好、特点和个性都应该得到尊重。不能把一切人都套进一个标准的模型,培养一系列同类型的人。正如他所言,"每一个被我们教育过的人都应当是对工人阶级的事业有益的",但是,"由于教育材料的不同以及教育这些材料在社会上使用的多样性,这个概括的原理,必然是以他的实现的各种形式为前提的"。② 这既反映了共同统一的要求,又体现了个人的多样性。

据此,他提出了自己所认为的教育目的:培养"有文化的苏维埃工人",并对此做出了具体的规定:"我们应当给他以熟练的技术,我们应当使他守纪律,他应当是在政治上有修养的并且是工人阶级、青年团、布尔什维克的忠实成员。"③这样的人,有阶级的责任感、自豪感,善于待人,尊重集体,善良而又敢于斗争,热爱生活,热爱人民,健康快乐而幸福。

---

① [苏]马卡连柯:《论共产主义教育》,刘长松、杨慕之译,人民教育出版社,1955 年版,第 234 页。
② [苏]马卡连柯:《论共产主义教育》,刘长松、杨慕之译,人民教育出版社,1955 年版,第 112 页。
③ [苏]马卡连柯:《论共产主义教育》,刘长松、杨慕之译,人民教育出版社,1955 年版,第 56 页。

（二）论集体教育

集体教育是马卡连柯教育理论体系的核心和基础，是贯穿于其理论的一条主线。马卡连柯集体教育的原理可以概括为通过集体、在集体中和为了集体的教育。

1. 集体的含义

马卡连柯反对当时教育界存在的非社会的、生物学倾向的集体观点，而认为"集体是由于目的一致、行动一致而结合起来的，由管理、纪律和负责任的机关所组织起来的劳动者的自由集团。集体是健康人类社会中的社会机构"。[①] 它的特征在于：有共同的目标，有纪律，有正确的舆论和共同的作风，有核心即领导组织。而学校则是一个特殊集体，它不仅是青年们的集合，而且是"具有苏维埃国家里任何其他集体的一切特点、权利和义务的社会主义社会的细胞"。[②] 它既是教育工作的对象和手段，又是教育工作的主体与目的，在培养社会主义新人中起着重要作用。

2. 平行教育影响

集体是由个人组成的。如何处理好教育集体和教育个人的关系，马卡连柯提出了"平行教育影响"的原则。在他看来，正确的教育方式应该尽力设法不和个别人发生关系，而只和集体发生关系，使每个学生都不得不参加共同的活动。正如马卡连柯所谈到的，集体"首先应当成为工作的对象。在教育单独的个人的时候，我们应当想到整个集体的教育。在实践中，这两个任务只有同时用一个共同的方法来解决才行。每当我们给一个人一种影响的时候，而这影响必定同时是给集体的一种影响。相反的，每当我们涉及集体的时候，同时也应当成为对于组成集体的每一个人的教育"。[③] 在这里，教育者对集体和集体中每一个成员的教育影响是同时的、平行的，他通过集体去教育个人，而同时又促使整个集体不断前进。

3. 尊重与要求相结合

马卡连柯认为，在教育中，教育者对受教育者提出的要求非常重要。没有要求，也就不会有教育。教育正是在教育者不断地要求和受教育者不断达成要求的过程中实现的。但是，只有要求还是不够的，要求人还同时要尊重人。在教育过程中，学生是活生生的个体，而不仅仅是被动的教育对象。其作为人的主体性、能动性、创造性假如不能得到重视和尊重，教育也是不可能达成目的的。因

---

① ［苏］马卡连柯：《论共产主义教育》，刘长松、杨慕之译，人民教育出版社，1955年版，第8页。

② 吴式颖等编：《马卡连柯教育文集》（上卷），人民教育出版社，1985年版，第15页。

③ ［苏］马卡连柯：《论共产主义教育》，刘长松、杨慕之译，人民教育出版社，1955年版，第41页。

此,他说:"如果有人问我:我怎样能够以简单的公式概括我的教育经验的本质时,我就回答说:要尽量多地要求一个人,也要尽可能地尊重一个人。"①在他看来,这是苏维埃纪律的一般公式,也是社会主义社会教育的一般公式。

4. 前景教育

集体是由目的一致、行动一致而结合起来的劳动者的自由集团。集体的目的也就成为凝聚集体力量的一个重要因素。这种共同的目的也是集体的奋斗目标,是吸引集体向前发展的重要力量。据此,马卡连柯提出了"前景教育"的思想。他认为,人的生活的真正的刺激是明天的快乐,而这种快乐主要源于自己未来目标的达成。或许,人最初的目标是简单的、原始的与物质相关的,但最终总要走向复杂的、深刻的责任感。所以,他提出了"近景——中景——远景"集体发展的路线,推动集体及其集体中每一个体在由近及远、由易到难、由简单到复杂地逐步前进。

除平行教育影响、尊重与要求相结合、前景教育等集体教育的原则与方法外,马卡连柯还要求在集体中要注意培养优良的传统和作风,以巩固集体推动集体的进步。这些都深深影响了后世的教育。

作为苏联早期的教育家,马卡连柯的教育理论是在马克思列宁主义的思想指导下,通过全面总结自己教育实践而形成的。他不仅提出和完善了集体教育思想,在纪律教育、劳动教育、家庭教育、教师等各方面也都有非常深刻的见解。他的教育思想,不仅对苏联、也对世界许多国家,尤其是社会主义国家产生了深远的影响。

1941 年 6 月,法西斯德国发动对苏联的袭击,苏联进入卫国战争阶段,教育随之进入战时体制。为了让适龄儿童受到尽可能正常的教育,苏联教育人民委员部和地方教育行政机关做出了艰巨的努力。他们在居民点设立单级学校,开办了许多儿童之家和寄宿学校。战争后期还设立青年工人学校和农村青年夜校,增加教育投入,为学校建设提供物质帮助,运用多种措施减少了因战争带来的辍学人数。教育部门根据联共(布)中央和政府的要求,改进普通学校的教育教学工作,如加强学生的劳动教育和军事体育锻炼,在普通学校教学内容中增加国防和劳动所必需的内容,加强学生思想政治教育,狠抓学校纪律建设,稳定了学校秩序,保证学校教育质量。高等教育也适应战争的需要,转入战时体制,如免除部分高校学生及所有毕业班学生服兵役的义务,根据战争需要开设新课程、新专业,增加与国防有密切联系专业的比重,并根据战争需要调整学校的教学计划和教学大纲等等,通过种种措施为国家培养急需的人才。

---

① [苏]马卡连柯:《论共产主义教育》,刘长松、杨慕之译,人民教育出版社,1955 年版,第 270 页。

第三节　20世纪后期苏联和俄罗斯的教育

　　卫国战争后,在苏共中央和苏维埃政府的高度重视下,苏联教育开始了全面的恢复。1946年3月,最高苏维埃批准的《关于恢复与发展国民经济的五年计划(1946年~1950年)的法律》中规定,要恢复和完善学校网,保证城乡7岁以上的儿童受到普遍的义务教育;广泛组织工人青年学校和农村青年学校,并保证在战争中未能及时完成学业的学生都受到七年制学校或中学范围的普通教育;修复和新建校舍;恢复并调整高等学校网,扩大招生人数等等。在上述规定的指导下,苏联投入大量的物力人力,提前完成了恢复和发展学校网的工作,并克服师资、教科书、教学用具等各方面存在的困难,竭力保证学校必要的需求,同时还为困难学生提供课本、文具,为离家较远的学生提供交通工具等,避免学生中途退学、留学等现象的发生。经过种种努力,终于在1952年基本上实现了在全国普及七年制义务教育的目标。与此同时,工人青年学校、农村青年学校和一些职业学校也得到发展,为国民经济建设培养了合格的劳动力。在高等教育方面,到1947年底高等学校的数量和招生人数也已经达到战前水平。高等教育的布局得到进一步调整,政府在没有高等学府的地方创办新大学。随着七年制普及义务教育的完成和十年制普及义务教育的逐渐展开,中学毕业生的人数逐年增多,而高等学校本科每年招生的人数却变化不大,中学应届毕业生不能升入高等学校的人数不断增多,而这些未能升入大学的学生在中学阶段也只是受到了普通教育,缺乏就业的能力和心理准备,使得中等教育中升学和就业两项任务之间的矛盾加大。为了解决这一问题,联共(布)第19次代表大会的有关决议指出,应该在中学着手实施综合技术教育。大会后各加盟共和国的教育部门都采取了一些措施,在学校实施综合技术教育和劳动教育。但这种改变并不大,尤其是离满足生活对普通教育提出的要求仍很远。20世纪50年代末期之后,随着国内外政治经济的发展变化,苏联教育也一直处于不断变革之中。1991年苏联解体后,作为原苏联教育事业的最大继承者,俄罗斯的各项教育事业也在新形势下展开了新的变革。

一、1958年的教育改革

　　苏联普通教育和高等教育在战争结束后的十几年发展中取得了很大成就。1957年苏联人造卫星上天,震惊了世界,也显示了苏联在经济、科技等方面的实力。但是,战后十几年的教育恢复和发展基本是建立在20世纪30年代政策的基础上,当时提出中小学的任务就是为高一级学校培养合格的新生,对中小学生

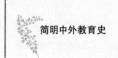
的综合技术教育和劳动训练,以及让他们做好参加工作的思想准备,培养他们生活和劳动所必需的实际知识和劳动技能等,被放到了次要的地位,甚至遭到严重忽视。尽管在联共(布)第 18、19 次会议上提出要加强综合技术教育、劳动训练,但在实际中却并未引起人们的重视和贯彻。青年学生升学和就业的矛盾越来越大。根据当时苏共中央总书记赫鲁晓夫在《关于加强学校同生活的联系和进一步发展全国国民教育制度的建议》中提到的,仅 1957 年一年就有 80 万中学毕业生不能升学。中学生的劳动准备问题成为严重的社会问题亟待解决。另外,苏联社会主义建设也需要大量的中等技术人才。在这种情况下,必须对 20 世纪30 年代形成的国民教育体制及其办学指导思想进行改革。1958 年,苏共中央自上而下地发动了一场教育改革,其主要依据就是同年 12 月根据赫鲁晓夫的"建议"而通过的《关于加强学校同生活联系和进一步发展苏联国民教育制度的法律》。

　　普通教育,特别是完全的中等教育是这一次改革的重点。根据《法律》,"培养学生走向生活和参加公益劳动"被规定为苏联普通教育学校的首要任务,"教学密切联系劳动,密切联系共产主义建设的实践"被规定为中等学校教学与教育的指导思想。[①] 为保证这一指导思想的落实,要求在全苏联实行八年制普及义务教育以代替七年制义务教育;把苏联的普通教育学校划分为两个阶段,第一阶段是八年制学校,负责实施综合技术教育和劳动教育;规定青年从 15 岁～16 岁起都参加公益劳动等等。从 1957～1958 年学年度开始,改革逐渐在各加盟共和国铺开,各共和国都将实施不完全中等教育的七年制学校改为八年制学校,实施八年义务教育,大力发展函授教育等。

　　1958 年的《法律》,同样也为高等学校的变革指出了方向。它"要求高等学校接近实际生活,接近生产","根据教育与公益劳动相结合的原则培养专门人才"。[②] 在这种思想的指导下,高校改革了招生制度,逐步实现了 80％ 以上的大学新生来自具有两年以上工龄的青年的目标。在教育教学方面,改革课程与教育制度,特别强调教学与生产劳动、与实际工作结合,提倡半工半读等方式。这种制度的实施很快就被发现学校不能招收更不能培养出合格的专门人才。

　　1958 年的教育改革一直持续到 1964 年。可以说,改革取得了一定的成绩,但存在的问题更大,如生产教学和劳动占用了过多时间,而且组织不善,不仅未能实现对学生进行职业训练的设想,还使普通学校的教学秩序受到冲击。并且在当时苏联极度缺乏劳动力的情况下,将普通教育延长至 11 年也是不可取的。另外,这种改革与当时科技革命时代对教育的需求也是背道而驰的。

---

　　① 滕大春:《外国教育通史》(第 6 卷),山东教育出版社,1993 年版,第 16～17 页。
　　② 戴本博:《外国教育史》(下),人民教育出版社,1990 年版,第 288 页。

二、20 世纪六七十年代的教育改革

二战以后,科技迅猛发展,冷战加剧,许多国家从提高综合国力出发展开新一轮的教育改革,加强科技教育,提高人才培养质量。而苏联这一时期的教育改革却并不符合时代发展的要求。以 1964 年 8 月 10 日苏共中央和苏联部长会议颁布的《关于改变兼施生产教学的劳动综合技术普通中学学习期限的决定》为开端,苏联教育又开始了新一轮的改革。

其后不久,苏共第 23 次代表大会决议进一步指出,提高培养专家的质量是现阶段的头等任务,要求普通教育学校的科学教育、劳动教育和综合技术教育的质量和内容符合现代科学的水平,改进德育与美育。1966 年 11 月,苏共中央和苏联部长会议又颁布《关于改进普通中学工作的措施》,指出"学校的主要任务是:使学生获得牢固的科学基础知识,具有高度的共产主义觉悟,培养青年面向生活并能自觉地选择职业"。[①] 以此为指导,更新教养内容,使之适应科学技术的挑战成为这次教育改革的中心内容。在苏联科学院和俄罗斯教科院的指导下,通过十年的努力,全面修订了中小学的教学计划、教学大纲和教科书,使学校的教学内容、组织和方法充分反映了现代科学、技术和文化的成就,并设立广泛的选修课,增加课程的适应性。在高等教育方面,终止 1958 年教育改革中执行的一般只招收具有两年以上实际工龄的青年进入高等学校的做法,设立高等学校的预科制度,改进了高等学校的教育科研工作,提高高校毕业生的质量。

通过十多年的努力,苏联中小学的教学内容基本实现了现代化,学校的教育、教学质量有所提高。但十年中,虽然有关教育的各种决定、章程中也提到普通学校的任务包括培养青年面向生活和帮助学生自觉选择职业,但学校强调的还是文化知识的教学,学校教学也主要是为升学服务。新教学计划和教学大纲的实施,也带来了学生学习负担加重。随着十年义务教育的普及,中学毕业生升学与就业之间的矛盾重新激化。1977 年 12 月,苏共中央和苏联部长会议通过《关于进一步完善普通教育学校学生的教学、教育和劳动训练的决议》,提出了对改进劳动教育、劳动教学和职业指导的具体要求,如延长 9 年级～10 年级的劳动教学时间,利用学校附近的企业、集体农庄和国营农场开展劳动教学和职业指导,成立由学校、生产单位、社会团体和家长组成的委员会,协调指导学生的职业指导和就业安置工作等等,改善了学校的教育教学。

三、20 世纪 80 年代的教育改革

进入 20 世纪 80 年代之后,为使教育更好地适应社会主义现代化建设,苏联

---

① 瞿葆奎:《教育学文集·苏联教育改革》(下册),人民教育出版社,1988 年版,第 90 页。

进一步加大了教育改革的力度。1984年,苏共中央和苏联最高苏维埃通过了《改革普通教育学校和职业学校的基本方针》,以后又有一系列决议推进这一文件精神的落实,展开了新的改革。

《基本方针》阐述了苏联这次教育改革的基本目的,即"把学校工作提高到一个本质上崭新的水平,使之与发达的社会主义社会的条件和需要相适应",[1]培养具有马克思列宁主义世界观的、具有高度政治觉悟的、受过现代化教育的社会主义公民。

《基本方针》规定,普通学校和职业学校都是对青年实施完全的中等普通教育、劳动训练和职业训练的教育机构,它们都担负着为学生升学和就业服务的双重功能。要求从1986年起逐渐实现由儿童7岁入学向6岁过渡,普通学校由10年延长为11年,延长的1年加在初等教育阶段。9年制的普通教育是接受完全中等教育和职业教育的基础。完全的中等教育将通过普通学校的10年级~11年级、中等职业学校和中等专业学校三种渠道进行。《基本方针》同时规定,提高教育教学质量是改革的基本任务之一。它要求改进学校教育教学内容,使之适应科技革命发展和综合技术教育的需要,要求改进教学组织形式、教学方法和手段,要求采用灵活多样的方式、方法,加强学生的思想政治教育和法制教育。为保证改革的顺利进行,《基本方针》也对提高教师地位,改进师资培训制度,提高师资质量做出了规定。

1987年3月,苏共中央公布了《苏联高等和中等专业教育改革的基本方针》,主旨在于提高和保证专家培养的质量。该《基本方针》在指出苏联高等和中等专业学校目前存在问题的基础上,要求将教育、生产和科学三者紧密一体化作为改革的基本杠杆,强调必须拟定标准并采取一整套措施,以保证大力加强高校、企业、科学和文化机构、集体农庄和国营农场在培养和使用干部方面的相互间的利害关系和责任。它还要求调整专业设置,加强对学生的思想政治教育,改革高等学校教学过程的组织,提高专门人才的培养质量。同时也要加强高校科研工作,改进专门人才的培养基础,改善高校为科学技术进步服务的重要功能。

以上两个文件,指出了苏联教育改革的基本方向,构成了20世纪80年代苏联教育改革的重要基础,不幸的是其实施由于苏联解体而终止了。

四、20世纪后半期苏联教育理论的发展

二战以后,苏联教育的飞速发展,也为教育理论的进步提供了丰富的实践基础,而教育理论研究的推进,也反过来对教育实践的发展起着重要的推进作用。

---

① 瞿葆奎:《教育学文集·苏联教育改革》(下册),人民教育出版社,1988年版,第259页。

在卫国战争尚未结束时,苏联就成立了以波焦姆金为领导的苏俄教育科学院,开展教育科学实验和研究工作。1946年后由凯洛夫接任院长。在凯洛夫在任的20多年时间里,苏俄教育科学院领导下的教育学实验室多方展开研究工作,推动了教育理论的发展。这一时期活跃在教育研究历史舞台上的还有冈察洛夫、格鲁兹节夫、麦丁斯基、申比廖夫等等。

20世纪50年代中期以后,随着苏联社会政治经济的变迁,科学技术和文化的发展以及教育的变革,苏联的教育理论也获得很大发展,涌现出赞科夫、苏霍姆林斯基、斯卡特金、休金娜、巴班斯基、马赫穆托夫、阿莫那什维利等一大批教育和教学理论家。其中尤以赞科夫和苏霍姆林斯基最为有影响。

赞科夫(Леони Влалимирович эанков,1901年~1977年)是苏联著名心理学家、教育家,苏联教育科学院院士。为了迎接科技发展对教育的挑战,他于1957年至1977年领导"教学与发展"关系问题的实验研究,并总结这一研究的成果,期间撰写的《论小学教学》《教学论与生活》《和教师的谈话》《教学与发展》等著作,集中体现了其实验教学论体系,对战后苏联教育理论和实践的发展起到了较大的促进作用。赞科夫倡导学生的"一般发展",认为这种发展既不同于特殊发展,又有别于智力发展,而是一种包含儿童个性的智、情、意等所有方面的身体和心理机能的整体发展。以促进学生的一般发展为指导,赞科夫确立了五条教学原则:以高难度进行教学的原则、以高速度进行教学的原则、教学中理论知识起主导作用的原则、使学生理解学习过程的原则、使全班学生(包括差生)都得到发展的原则。尽管其中有些提法值得推敲,但在实践中,赞科夫的教育思想却产生了不小的影响。

苏霍姆林斯基(B. A. Сухомлнский,1918年~1970年)是苏联当代著名的教育理论家和实践家、苏联教育科学院通讯院士。从1948年到1970年,苏霍姆林斯基始终没有离开过教育、教学工作的第一线,以无私的奉献精神创建了一所世界闻名的模范教育机构——帕夫雷什中学,并撰写了《把整个心灵献给孩子》《给教师的一百条建议》《公民的诞生》《帕夫雷什中学》等40多部著作和600多篇科学论文,对世界教育思想的发展产生了广泛影响。在继承前人教育成果的基础上,结合自己的教育实践,苏霍姆林斯基提出了人的全面和谐发展理论。在他看来,人的个性本身就是由多方面和谐联结成的融合物。要促进人的个性的和谐发展,就必须将智育、体育、德育、劳动教育和审美教育深入地互相渗透和互相交织,使这几方面的教育呈现为一个统一的完整的过程。

五、俄罗斯的教育改革

1991年苏联解体后,带来了原加盟共和国政治、经济领域的急剧变化。由

于教育是一项继承性很强的事业，新成立的独联体各国基本上延续了苏联 20 世纪 80 年代教育改革的基本趋势。随着政治局势的逐步稳定和经济的发展，独联体各国也在努力追求教育的民族化，以为本国政治、经济和文化建设服务。其中，俄罗斯作为原苏联各项事业的最大继承者，其改革值得瞩目。

1992 年，俄罗斯联邦制定了《俄罗斯联邦教育法》(1996 年又得到修订)，奠定了新时期俄罗斯教育改革的基础。这一法案规定，教育要实行"人道主义"、"民主化"和"多元化"。人道主义是指教育应该关注孩子，尊重个性和发展潜能，为儿童能力和天赋发展创造条件。民主化是指改变原来苏联教育管理中的集权化现象，确立联邦、地区和地方的三级教育管理体制，充分发挥地方和学校在教育管理中的积极性和主动性，增强教育的适应性。多元化则是指一方面在教育制度上允许并倡导非国立学校的发展，另一方面在学校内部课程实施上推行课程的多样化。

从 1992 年的《联邦教育法》颁布开始，非国立教育部分开始积极形成。私立教育的产生和发展在一定程度上满足着人们对教育服务的多样化需求，使教育领域出现了可展开竞争的空间。20 世纪 90 年代初，俄罗斯宪法实际上不再保证免费的完全中等教育(九年级以后的教育)。这意味着部分青少年被排除出完全中等教育之外。到 20 世纪 90 年代中期，对于教育必要性的认识也在提升，1996 年新的《俄罗斯联邦教育法》再次提出完全中等教育是普及的和免费的，逐步又推行义务的、免费的完全中等教育。

在俄罗斯市场经济条件下，前苏联时期形成的单一化的高等教育结构和培养层次制约着高等教育的继续发展。参照国际上高等教育人才培养的模式，俄罗斯教育部于 1992 年通过了《关于在俄罗斯联邦建立多层次的高等教育结构的决定》，俄罗斯高等教育逐步向三个层次过渡。第一层次为不完全高等教育，学制 2 年，结业者获得不完全高等教育毕业证书。第二层次为基础高等教育，学制一般为 4 年，结业者获得学士学位。第三层次为专业化高等教育，学制 2 年或 3 年，开设专门化课程，毕业后授予硕士学位。在第三层次教育的基础上，还设有博士和博士研究生院。与此同时，俄罗斯高等学校的专业方向也趋于多样化。按照专业层次和专业方向区分，高等学校分为综合大学、专业大学、专业学院和专科学校。除传统的前三类高等学校外，20 世纪 90 年代初开始出现一种属于高等学校第四种类型的学校——高等专科学校。

21 世纪初，随着经济的逐渐复苏，俄罗斯对教育与经济和社会的创新性发展及与国家安全的关系的认识更加深刻了。《2010 年前俄罗斯联邦发展战略》及以此为基础制定的《2010 年前俄罗斯教育现代化构想》确定了俄罗斯教育现代化原则。两个文件重申"教育应当成为俄罗斯社会和国家的一个优先发展的领域"，"国家要重新承担起自己在教育领域的责任，并积极发挥自身的作用"。提高教育质量，使教育符合个体、社会和国家当前及未来的发展需求，符合世界教育发展趋势成为俄罗斯教育政策的主导思想。

本章小结

在整个近代史上，俄国教育一直落后于英、法等国，发展非常缓慢，并且保持了浓厚的等级性和宗教性。1917 年"十月革命"之后，苏联教育获得长足发展，在短短的几十年时间里取得了非凡的成就。这种成就的取得，主要与以下因素有关：

高度重视党对教育事业的领导。苏联建国之后，教育上面临的首要任务就是建立全新的教育体制。而这种教育体制的建立就是在联共(布)中央和苏联政府直接领导下开展的。如联共中央通过种种决议，推翻学校的等级限制，改变学校学生的成分，提高广大人民受教育的权利，推进教育的民主建设；颁布各种决定除旧布新，全面开始新教育的建设工作等等。即便在卫国战争非常艰苦的时期，也竭力保证学校不受更大冲击，稳定学校网，保证教育工作的正常开展。建国后与教育相关的政策、规定多由联共中央制定并推行，保证了各种政策和规定的执行力度。

注重教育科学研究。苏联教育事业成就的取得，是与苏联教育科学研究密不可分的。在卫国战争期间，苏联就成立了教育科学院，领导并组织全国的教育实验和研究工作。20 世纪 40 年代末期之后的教育变革，往往先在小范围内开展实验，取得成效后再推广各地。教育变革的各项措施，也力争获得科学研究结论的支持。教育科学研究不仅促进了教育实践的发展，也形成了大量的理论成果，对苏联乃至世界教育产生了重要影响。

当然，苏联教育事业的发展，也给我们留下了深刻的教训。党和政府对教育的高度重视，尤其是各项教育改革均由联共中央决议的形式发布，也带来了教育的政治意识形态化，教育的相对独立性受到忽视，教育成为政治的晴雨表，对教育形成了不利的影响。

苏联解体后，俄罗斯教育的发展主要是建立在原俄罗斯联邦共和国原有教育的基础之上，政治经济上的变革，正在对俄罗斯教育产生着深刻的影响。

∠ 思考题

1. 俄国《大学附属学校章程》的主要内容及其历史意义。
2. 19 世纪俄国教育发展的基本特点。
3. 述评乌申斯基的教育思想。

4. "十月革命"后苏联建立社会主义教育体系的主要举措。

5. 20世纪二三十年代苏联教育改革的主要内容。

6. 评述马卡连柯的集体教育思想。

7. 20世纪六七十年代苏联教育改革的主要内容。

8. 20世纪90年代俄罗斯教育改革的主要特点。

∠ 参考文献

1. 戴本博. 外国教育史[M]. 北京：人民教育出版社，1990.

2. [俄]乌申斯基. 人是教育的对象[M]. 李子卓译. 北京：科学出版社，1959.

3. 贺国庆，王保星，朱文富等. 外国高等教育史[M]. 北京：人民教育出版社，2003.

4. 滕大春. 外国近代教育史[M]. 北京：人民教育出版社，1989.

5. 张焕庭. 西方资产阶级教育论著选[C]. 北京：人民教育出版社，1979.

6. 毕淑芝，迟恩莲. 苏联教育制度的几次改革[J]. 苏联东欧问题，1983(4).

7. 王义高，肖甦. 苏联教育70年成败[M]. 北京：北京师范大学出版社，1999.

8. 肖甦，王义高. 俄罗斯教育十年变迁[M]. 北京：北京师范大学出版社，2003.

9. 瞿葆奎. 教育学文集·苏联教育改革[C]. 北京：人民教育出版社，1988.

∠ 进一步阅读文献

1. 王义高，肖甦. 苏联教育70年成败[M]. 北京：北京师范大学出版社，1999.

2. 戴本博. 外国教育史[M]. 北京：人民教育出版社，1990.

3. [苏]马卡连柯. 教育诗[M]. 磊然译. 深圳：海天出版社，1998.

第十八章
现代欧美教育思潮

1899 年，美国教育家杜威在他的著作《学校与社会》中，第一次使用"传统教育"一词来表示以赫尔巴特为代表的教育理论，同时把自己所提出的教育理论称为"现代教育"理论。此后在现代欧美教育理论中开始出现了"传统教育"与"现代教育"的概念。本章所讨论的欧美现代教育思潮是指杜威提出"现代教育"概念之后在欧美影响较大的教育理论。实用主义或进步主义教育理论是最重要的教育思潮之一，前面已有专门论述，兹不赘述。本章主要讨论存在主义、分析哲学、永恒主义、要素主义、社会改造主义、终身教育和后现代主义等教育思潮。

第一节　存在主义教育思潮

存在主义教育思潮是一种以存在主义哲学为基础的教育理论，20 世纪中期流行于美国和西欧各国。

存在主义（Existentialism）又称生存主义，是一种非理性主义哲学思潮，强调个人、独立自主和主观经验。存在主义的创始人是丹麦的基督教哲学家克尔凯郭尔（S. A. Kierkeggard），主要代表人物有德国的雅斯贝尔斯（K. Jaspers）和海德格尔（M. Heidegger）、法国的萨特（J. Sartre）以及奥地利的布贝尔（M. Buber）等。

存在主义的根本特征是把孤立的个人的非理性意识活动当作最真实的存在，并作为其全部哲学的出发点。它自称是一种以人为中心、尊重人的个性和自由的哲学。就本体论即形而上学而言，存在主义者认为存在先于本质。在认识论上，存在主义者认为，我们认识真理的方式是选择。个体自己必须最终确定何为真以及如何知其真。因为没有绝对，没有权威，也没有达到真理的唯一的或正确的方式，所以唯一的权威就是自我。在价值论上，存在主义者认为，不仅确定真实和获取知识是必须的，而且确定什么东西有价值也是必须的。一言一行都

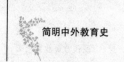

是选择,而且是创造价值的行为。

存在主义对教育产生了重要影响,二战以后一些教育家开始将存在主义应用到教育理论中,例如,德国教育人类学家博尔诺夫(Otto Friedrich Bollnow)和美国教育家奈勒(G. Kneller)把存在主义应用于教育中,形成了存在主义教育思想,前者著有《存在哲学与教育学》和《教育学的人类学考察方法》等教育著作,后者著有《存在主义与教育》和《教育哲学导论》等著作。20 世纪 60 年代以后,美国一些著名教育家陆续出版了一些以存在主义为理论基础的教育著作,如约翰·霍尔特(John Holt)撰写的《自己教自己》[①],查尔斯·西尔伯曼(Charles Silberman)撰写的《课堂危机》[②]及乔纳森·科索尔(Jonathan Kozol)撰写的《自由学校》[③]和《野蛮的不平等:美国学校的孩子》[④]。这些人都是 20 世纪 60 年代中期广泛流行的开放学校、自由学校等的支持者。目前存在主义教育理论的代言人是美国的教育家奈尔·诺丁斯(Nel Noddings),他认为教育应该探究有关人的生存的问题。

存在主义教育理论的基本主张可以概括为五个方面:

一、教育的目的是"自我发现"

在存在主义者看来,学校应该发展学生对他们行为后果负责的态度,并学会如何处理他们行动的后果。相应的教育的目的就在于人的"自我发现"(self-discovery),并向学生解释自由选择和对自己的选择负责的重要意义。这就是说,教育应该让学生认识到应对自己的行为负责,应该成为一个对自己负责的人,是自己的选择及其行为后果使一个人成为一个人,成为自我。这种选择及其行为使学生自我发现、自我生成。正是在这一点上,存在主义者坚信,教育始于自我,教育应该帮助学生成为他们想成为的人,而不是别人或社会认为他们应该成为的那样的人。

二、课程内容以学生为中心并以人文学科为主

在课程上,存在主义者强调以学生为中心,并提供各种各样的生存状况,来丰富和强化学生个人的切身体验。最重视的科目是人文学科,因为这些学科所提供的材料往往包含着人类的生存状况。存在主义者断言,通过对这些无意义和虚无的观念的集中学习,以及伴随着的焦虑和荒谬,最终我们能建立对自我的

---

① J. Holt. *Teaching Your Own*[M]. New York: Delacorate, 1981.

② C. Silberman. *Crisis in the Classroom*[M]. New York: Random House, 1970.

③ J. Kozol. *Free Schools*[M]. Boston: Houghton Mifflin, 1972.

④ J. Kozol. *Savage Inequatlities: Children in American schools*[M]. New York: Crown, 1991.

肯定并寻找到生活的意义。存在主义者认为,这样的课程能唤醒学习者的主观意识,他们称之为"存在的瞬间"。与传统哲学强调绝对真理的课程观不同,存在主义者的课程强调的是"个人真理"。

三、教学方法上强调个体和个人学习

与进步主义强调小组学习不同,存在主义强调个体和个人学习。存在主义者偏爱的教学方法是非指导性的人类价值观教育,具体的方式是对学生的选择和生活经验等进行讨论和分析。这种个体学习的方式和苏格拉底的问答法有许多相似之处,所以存在主义者对苏格拉底式的对话教学非常推崇。他们相信这种方法能引导学生自知和自我发现。

四、学生的任务是承担选择和行动的责任

存在主义者相信,学生是能够做出真正的、负责的选择的个体。进一步,学生能够自律和自我发现,并对他们自己的学习负责。所以说,学生的任务是承担选择和行动的责任,学会树立个人的目标,并通过发展独立性、做决定和解决问题来实现个人所确定的目标。

五、教师的角色是创造让学生独立行动的环境

与学生的任务相对应,在存在主义者看来,教师的角色是创造让学生独立行动的环境以使学生做出选择并承担行动的责任,这就要求教师成为学生的真实的榜样。此外,教师的目标是帮助所有学生在争取自我实现的过程中使他们的潜力获得充分发展。存在主义教育家鼓励更多的个人性的和互动的师生关系。教师与学生个人的认知和情感的发展有密切的关系。因为存在主义强调寻求生活的意义的目标,所以教师应该是乐于内省和反省的个体,想象和洞察力也是存在主义者对教师的普遍要求。

作为一种教育理论,存在主义提出了许多不同于传统教育和进步教育的观点,有些具有积极的意义,例如,强调个性发展,强调学习者对自己的学习负责,重视建立积极平等的师生关系等等,都是极为有见地的教育主张。

第二节　分析教育哲学

分析教育哲学是将分析哲学的方法应用于教育领域而形成的一种教育哲学思潮。分析哲学又称哲学发现或语言分析,是 20 世纪西方最重要的哲学思潮之一,它有两个主要的分支:一个是逻辑实证主义,另一个是语义分析学派。

逻辑实证主义形成于 20 世纪 20 年代前后，其基本观点是：（1）哲学的任务是逻辑分析。真正的哲学完全是批判的和分析的，而不是思辨的。（2）大多数规范性判断，无论是道德判断、宗教判断，还是审美判断，都是不能用经验来证实的，因而是无意义的。（3）所有在认识上显示出具有重要意义的论述，都可以毫无例外地分为分析命题或综合命题。（4）所有综合性的命题都可以简化为能用逻辑——符号——语言来表达的基本经验的论述。

语义分析学派出现于 20 世纪 30 年代后期，在 50～60 年代兴盛起来。语义分析学派认为，长期以来，哲学想要解决的许多问题是由于人门对一些重要的概念加以混淆并做出了错误的解释所造成的。任何概念的意义都同人们所使用的日常语言有关。

分析教育哲学是分析哲学的方法在教育中的运用。分析教育哲学认为，教育哲学不是一个知识体系，而是一种"清思"活动。分析教育哲学家不应该对教育工作者发布指令，为他们提供教育准则，设计教育方案，而应该对教育领域的概念和命题进行澄清，并通过澄清，使教育理论科学化、实践化。分析教育哲学从 20 世纪 50 年代开始发展起来，代表人物是英国的奥康纳（D. J. O'Conner）和美国的谢夫勒（Isreal Scheffer）。20 世纪 70 年代的代表人物是英国的皮特斯（R. S. Peters）。分析教育哲学依据分析哲学，讲求通过对概念和命题的分析来认识问题的本质，并改革社会活动中的陈旧的、不合理的现象。在教育上，分析哲学家主张通过对教育既有的概念、思想进行分析与清理，从而进一步弄清教育基本概念的本质意义及其价值，用以影响和指导教育、教学实际的改革。

分析教育哲学的基本教育主张可以概括为以下几个方面：

一、不关心与教育目的有关的陈述

由于分析教育哲学重视对教育概念、定义的澄清和分析，重视对语言意义的分析，因而分析哲学家并不关心如何表述教育的目的。分析教育哲学关心的是教育者在学校里使用的语言是清晰的还是模糊的，能否被公众和学生所理解。

二、重视如何使用合适的语言描述和实施课程

分析教育哲学家并不规定课程的内容，他们关心的是参与课程设计的教育者应该使用怎样的语言描述和实施课程。他们主张教师和课程编制人员应该将哲学分析当作一种工具，以避免使用那种模糊的、模棱两可的、容易混淆的术语。他们也主张应该让学生了解语言分析的价值和重要性，因为这是有效交流的基础。他们建议应该早在小学各年级就把分析的各种工具介绍给学生，并在中学和高等教育阶段进一步强化。

三、教师向学生示范分析方法是基本的教学方法

分析教育哲学家偏爱的教学方法是教师向学生示范分析哲学家所使用的各种哲学分析和语义分析的方法。教师必须注意他们如何与学生、同事和公众进行交流,因为他们是学生的榜样,学生从他们身上可以学到获取清晰地、科学地分析各种概念、思想和事物的技能。

四、学生的任务是了解和运用分析的程序和方法

分析教育哲学家坚信,所有年龄阶段的学生都能够理解和运用分析的程序和方法,所以学生的任务就是正确理解分析的程序和方法,并将之应用到学习和生活中去。另外,学生还应该通过实践不断强化所获得的良好的交流技巧。

五、教师是使用语言和逻辑的模范

在分析教育哲学家看来,教师的作用就是示范如何运用语言和逻辑。因为教育领域包含了许多源于其他学科(如哲学、心理学、历史、社会学和宗教等)的观念,因此,教师就应该非常精通这些学科如何对特定的语言和观念进行解释和定义。在分析教育哲学家看来,最重要的是,教师无论何时都应该注意选择那些对学生清晰的和有意义的术语。也就是说,教师是这方面的典范,跟学生交流应该清晰和有意义,同时又是学生学习的榜样。

分析教育哲学作为一项运动,它的存在有其合理性,主要表现在:其一,分析教育哲学看到了语言、概念对思维和教育理论建设的重大影响,强调语言意义的明确,重视对语言形式的研究,这为教育理论的发展提供了一个有利条件;其二,正确地指出了传统教育哲学脱离教育实际的倾向,主张教育哲学应该尽可能少用玄虚的、思辨的哲学术语,注重对课堂教学和教育实践中所使用的术语和实例进行分析,这无疑是朝着教育理论的科学化和实践化前进了一步。但是,分析教育哲学的不足也同样明显:首先,分析教育哲学没有考虑价值和道德问题。事实上,价值问题是教育工作无法回避的一个方面。其次,分析的方法有其局限性,分析往往没有一个明确规定的、用以判断各种分析的充分性的程序。最后,分析教育哲学家所进行的语言分析往往走向了其最初反对的繁琐哲学。

第三节 永恒主义教育思潮

永恒主义教育思潮是 20 世纪 30 年代在美国产生并对西方教育有重要影响的教育理论流派。它以实在论的哲学观为依据,提倡古典主义教育传统,反对当

时极为流行的实用主义和进步主义教育观,属于西方教育理论中的新传统流派。其代表人物有美国的赫钦斯(R. M. Hutchins)、艾德勒(M. J. Adler)、法国的阿兰(Alain)和英国的利文斯通(R. Livingstone)等人。永恒主义强调永恒不变的真理,强调持久性、秩序、确定性、理性和逻辑性。理想主义、现实主义和新托马斯主义是永恒主义的哲学基础。永恒主义坚信教育需要回到过去,也就是从普遍真理以及理性与信仰等绝对性中寻求支持。在永恒主义者看来,亚里士多德和阿奎纳的思想是最具有普遍性的教育哲学。尽管永恒主义与新托马斯主义和罗马天主教会教育联系甚密,但也获得了世俗教育的广泛支持。永恒主义基本的教育主张可以概括为以下几个方面:

一、教育的目的是培养理性智慧和传递关于终极真理的知识

不管是神学的永恒主义,还是世俗的永恒主义,都主张学校教育的目的是培养学生的理性智慧,并传递关于终极真理的知识。永恒主义者相信,以理性为特征的人性是人类天性中共同的要素,教育必须关注这些"属于人之为人的东西"以及"人与人之间相通的东西",向学生传递关于终极真理的知识,使人的理性和智慧,使人的精神力量得到充分的发展。在永恒主义者看来,这种教育目的在任何社会、任何时代、任何国家都是相同的,是永恒不变的。不过,在教育的最高目的上,神学的永恒主义和世俗的永恒主义存在差异,神学的永恒主义者强调教育的最高目的要与上帝保持一致,世俗的永恒主义则强调发展人的理性和智慧。

二、课程的核心内容是艺术和科学知识

神学永恒主义和世俗的永恒主义都十分强调教学内容的系统学习,因为对教学内容的掌握会训练学生的智慧,并解释终极真理。对哲学、数学(尤其是代数和几何)、历史、语言、美术、文学(尤其是杰作)和科学等知识的认知应该在课程中占据中心地位。此外,永恒主义者认为,品格训练和道德发展也应在课程设计中占有适当的位置。与世俗的永恒主义者相比,神学的永恒主义者认为,基督教信条也是课程的重要部分。圣经、基督教问答集、神学和基督教教义的教学是最重要的部分。只要可能,神学著作永远优先于纯世俗著作的学习。世俗的永恒主义者则更加强调关注人类历史上一直必须面对的那些挑战。例如,艾德勒认为,通过听说读写、观察、计算、测量和估计(Estimating)等课程的学习,可以发展学生的智慧技能,教育必须关注千百年来一直困扰人类的那些难题和问题。

三、教学方法以讲授和演讲为主

由于教育的目的是发展儿童的理性和智慧,学习的内容是经典的艺术和科

学巨著,所以,永恒主义者非常强调运用教师的讲授和演讲来组织教学活动。尤其在学习古典名著时,只有在教师的指导下,通过教师的讲授,学生的阅读和讨论才能有的放矢,才能深刻理解名著的内容。艾德勒曾经提出了三种具体的教学方法:"(1) 通过演讲和分配教材的说教;(2) 养成赖以发展各种技能习惯的指导;(3) 通过发问并对所引出的答案进行讨论的苏格拉底式教学。"[①]这三种教学方法都强调教师的引导或指导作用。

永恒主义者强调,在学习文学、哲学、历史和科学的名著之前,必须教给学生批判性思维的方法和发问的策略,以便学生与经典作家对话。而神学永恒主义者鼓励使用任何能使学习者与上帝进行交流的教学方法。

四、强调营造集中于教学任务、精确和有序的课堂环境

永恒主义者不只是关注智慧的训练,也关注意志的培养。他们相信,教师有责任训练学生的坚强意志。在永恒主义者看来,专心于教学任务、精确和有序是培养学生意志的最合适的课堂环境。神学的永恒主义者则将体现祈祷和沉思的学习环境也作为良好课堂环境的一个指标。不难看出,永恒主义者把品格的养成视为教育的一项重要内容。

五、教师是真理的传播者和智慧教练

永恒主义者认为教师应该在自由学科(Liberal Arts)上获得良好训练,他们应该是掌握真理的权威,也是传播真理的仪器。很显然,如果教师是传播者,那么学生就是学习的接收器。所以,人们用"精神体操的控制器"来比喻永恒主义者理想的教师。

另外一个描述永恒主义教师的比喻是"智慧教练"。他们能引导学生进行苏格拉底式的对话。永恒主义的教师必须是一个拥有智慧和理性能力的模范。他们必须能进行逻辑分析,熟练使用科学方法,精通经典著作,记忆良好,并能进行最高形式的智力推理。由此不难看出,永恒主义者对教师有极高的要求。

作为一种教育哲学思想,永恒主义在教育理论上产生了一定影响,对大学和上层知识界影响更大一些。永恒主义的复古态度,对经典著作的过度重视,使这种教育哲学受到了很多人的批判。的确,永恒主义存在脱离现实和时代的弊端。

第四节　要素主义教育思潮

要素主义是对西欧各国,尤其是美国中小学教育产生影响最大的教育理论

---

① M. Adler. *The Paideia Program*[M]. New York：Macmillan. 1984：8～9.

之一。它的声望可能时高时低,但要素主义从来没有完全消失过。教育改革者可以暂时地利用其他的理论覆盖它,但是,当时代和各种时髦发生变化的时候,要素主义又会显现出来。要素主义有时说他们的理论就是去掉美国教育的各种时尚和虚饰后留下来的精髓。

要素主义和与它有密切关系的永恒主义一样,其哲学基础为观念主义和现实主义。观念主义使得要素主义特别强调将人类视为一种宝贵,甚至是神圣的财富,如果教育适当,人就能过上完满、健康的生活。现实主义则使要素主义重视物质世界。人在世上生活,就必须获取必要的知识和技能,因为人不只是要生存,而且要生活得好。威廉·钱德勒·巴格莱(William Chandler Bagley)、亚瑟·E. 贝斯特(Arthur E. Bestor)、莫蒂默·史密斯(Mortimer Smith)、詹姆斯·B. 科南特(James B. Conant)、威廉·班尼特(William Bennett)、黛安·莱维奇(Diane Ravitch)、切斯特·芬(Chester Finn)等在每个时期都对要素主义做出了重要的贡献。

要素主义教育的基本教育主张可以概括为以下几个方面:

一、教育目的是传授人类共同的文化要素

要素主义者坚信,存在一些独立的共同的核心文化要素需要学生掌握,这是个人在社会正常生活的前提。教育的目的就是向学生提供共同的文化知识要素,促进学生文化素养的提高,同时也发展学生的智慧。而民主主义观念则被认为是人类共同文化要素中最重要的要素,所以教育必须为学生提供相应的知识和技能,以便学生成功地参与民主社会的生活,并保卫民主社会的持续发展。例如,巴格莱指出,"民主主义理想是包含在要素主义者的纲领中的最重要的要素。"而"美国教育的首要功能是保卫和加强这些民主主义理想,尤其要强调言论自由、出版自由、集会自由和宗教自由"。[1] 实际上,每一个时期,虽然要素主义教育家都对美国教育提出了批评,但对民主观念的重视则是相同的。

二、课程的核心是人类文化的共同要素

要素主义者相信,掌握人类文化的共同要素是学校教育的中心工作,也是课程的核心内容。但在共同文化要素的认识上,不同时期的要素主义者有不同的认识。例如,巴格莱认为,记录、计算和测量的技术一直是有组织教育的首选内容,它们是基本的社会艺术(social arts),所有文明社会都建立在这些艺术基础之上,并且一旦这些艺术丧失了,文明就总是不可避免地崩溃。超越个人直接经

---

① William C. Bagley. An Essentialist's Platform for the Advancement of American Education[J]. *Educational Administration and Supervision* 24(April 1938):250.

验之外的关于这个世界的知识是公认的普通教育的要素。随着社会的发展,巴
格莱指出,研究、发明、艺术创作、健康教育、自然科学、美术和工艺等,都应成为
普通教育的要素。当代要素主义者对哪些是学生必须掌握的共同要素也给出了
他们的答案。在小学低年级,这些共同的要素就是读、写、算;而在小学高年级还
包括历史、地理、自然科学和外语。在中学阶段,课程的核心包括 4 年英语、3 年
数学、3 年科学、3 年社会研究、半年的计算机以及与大学有关的外语。不难看
出,要素主义者认为人类文化的共同要素随着时代的变化而有所调整。

三、重视以教师和教学内容为中心的教学方法

由于要素主义者将人类文化的共同要素作为课程的核心内容,在教学方法
上必然重视更为传统的教学策略,像演讲、背诵、讨论和苏格拉底对话法。口头
和书面的交流也在要素主义学校中占有极为重要的地位。和永恒主义者一样,
要素主义者也将书籍视为合适的教学媒介。另外,要素主义者还发现了其他许
多支持他们教育理论的教育技术。详细的课程提纲和功课计划、目标明确的学
习、以能力为基础的教学、计算机辅助教学和听力实验室辅导方法(Audio-tutorial
Laboratory Method),都是要素主义者能够接受的教学策略。总之,要素主义者偏
爱的是教学材料程序化的教学方法,以确保学生知道他们要掌握什么内容。

四、强调对行为有明确期望并尊重他人的课堂环境

要素主义者不仅提倡智慧训练,而且认为道德训练和品格培养在课程中也
应有重要的位置。相应地,要素主义者认为,应该营造有明确行为期望和尊重他
人的课堂环境。要素主义者认为,这样的环境不仅有利于训练学生的智慧,使学
生在有序的环境中掌握人类文化的共同要素,而且能培养尊重他人、有良好的品
格、在民主社会中发挥积极作用的公民。

五、教师的作用是传递共同的文化要素和训练智慧

从强调系统的文化知识学习和训练智慧的教育目的出发,要素主义者极为
重视教师在教育、教学过程中的重要地位和作用。要素主义者将教育者视为人
类"文化智力遗产"的代言人和我们这个宇宙模型的示范者(A Demonstrator of
the World Model)。要素主义者眼中的教师应该精通自由和人文学科以及自然
科学;是受人尊敬的知识界的成员;是掌握了高级教学技能的教学能手。除了传
递人类文化的共同要素和训练学生的智慧外,在课堂上营造有利于品格培养的
环境也是教师的一个重要任务。

时至今日,要素主义作为一种教育运动,同时也作为一种教育理论,已经走

过了近一个世纪的历程。当代要素主义者与最初创建要素主义的教育家的主张已经发生了许多变化,但是,教育的基本功能和学生要掌握的基本技能和知识在任何时代都具有相对的稳定性。有些批评者认为,要素主义作为一种强调稳定的教育哲学,已经不适应以计算机技术为主要特征的信息时代的要求了。这是因为,对于有关事实的内容和信息,只要敲击计算机键盘上的几个按键就可以很容易获得。因而,更为重要的不是运用智力去积聚信息,而是如何思考并使用它们。这种批评的确抓住了要素主义的命脉,但是迅速变化的时代和信息是一把双刃剑,一方面它意味着不可能把掌握大量的事实知识作为学生的主要任务;另一方面也暗示着,学生只能掌握一些相对稳定的知识和技能,而这正是要素主义的基本主张。

第五节　社会改造主义教育思潮

社会改造主义教育在 20 世纪 30 年代从实用主义教育和进步教育中逐渐分离出来,到 50 年代形成的一种独立的教育思想。社会改造主义自称是进步主义的真正继承者,代表了进步主义中强调教育的社会作用的力量。因此,早在进步主义发生和壮大的时期,改造主义的思想就已经有所表现。20 世纪 20 年代,哥伦比亚大学师范学院陆续聚集了进步主义教育哲学的一些著名人物。这些人经常聚会,讨论学校对于工业化社会的关系,尤其是教育如何通过给予教师和学生一些必要的理智工具,使他们理解并指导社会的变化,以建立一个理想社会等问题。这些人逐渐组成了以后社会改造主义教育学派的核心。如拉格(H. O. Rugg)和康茨(G. S. Counts)等人。杜威在他 1920 年出版的著作《哲学的改造》中首先使用了"改造主义"这一术语。社会改造主义成为一种渐为人们熟知的教育思潮,主要得益于布拉梅尔德(T. Brameld)在战后出版了一系列有关阐述社会改造主义教育思想的著作。布拉梅尔德的《教育哲学的模式》《趋向改造的教育哲学》和《正在出现的时代的教育》等著作奠定了社会改造主义教育的根基。

当代最著名的社会改造主义的代表是伊利奇(Ivan Illich)和弗莱雷(Paulo Freire)。伊利奇在他的著作《去学校的社会》(*Deschooling Society*)中指出,因为学校腐蚀了社会,所以要建立更美好的社会只有整体上废除各种学校,并寻找新的教育方式。弗莱雷出生在拉美,在拉美接受教育,并在拉美地区从事教学工作。他认为真正的教育来自学习者的日常生活经验。他在 1973 年出版的著作《被压迫者教育学》(*Pedagogy of the Oppressed*)中提出,学生不应该受别人的控制或操纵,而应该是自己学习的主人。在弗莱雷看来,通过对经验的检查,通过与同伴、导师等交流经验,这些在社会、经济和政治上处于劣势的学生能够为他们的生活制定计划并采取行动。

社会改造主义对教育基本问题的认识大致可以概括为以下几个方面：

一、教育的目的是改造社会

在社会改造主义者看来，人们生活在一个处处是危机的时代，人们应该对社会状况负责，并通过改变社会秩序以改善生活质量。应用到教育上，则主张教师、学生和学校在改造社会和建立新的社会秩序以获取更有效的民主生活中起关键作用。不难看出，社会改造主义者将教育视为解决重要社会问题的手段，并因此促使民主的有效性和效率。教育的目的是对所有的文化和教育制度进行批判性的检视，并提出改造社会的建议。进一步，学校的目的是教学生和公众思考"什么是应该的"而不是确定"事实是什么"。学校要把学生培养成为社会变化的代理人。

二、强调常规课程应该融合解决社会问题的知识和方法

由于大多数社会改造主义者极为重视民主的重要性，并认为学校是现代社会中最重要的机构，相应地，学校的课程应该反映民主理想，强调培养学生批判的素养并发展批判性思考的技能。这样的课程反对任何将政治排除在外的做法，并对所有不平等的权力关系提出质疑。社会改造主义的课程论反对迫使学生学习一门一门的独立学科，而是让学生思考那些重要的社会问题，如思考生物医学伦理学在改善生活质量中的作用、保护自然资源的必要性以及外交政策和民族主义的关系等问题。社会改造主义者还强调，除了要重视正式的和官方的课程之外，还应注意"控制学校的主流社会团体和阶级的知识观和价值观"。[①]

三、在教学方法上鼓励学生掌握并使用解决问题的技能

由于社会改造主义者将改造社会视为教育的目的并反映在教学内容中，相应地，在教学方法上主张使用合作学习策略，以小组活动的形式解决问题，鼓励学生使用解决问题的技能。教学策略主要集中于问题解决并重视课外的活动，如帮助需要帮助的小同学学习，实施公共扫除计划，撰写社会评论，以及促进消费立法等。这类活动使得学生在学校里获得的技能运用于实践中，并帮助学生认识到这些技能的作用。改造主义者要求学生不只是阅读和研究有关的社会问题，还要投入到社区中去，了解和熟悉社区的问题，并提出可能的解决方案。他们对这些重要的问题进行分析、研究，并与社区的制度和结构，甚至是更大的社

---

① G. Gutek. *Philosophical and Ideological Perspectives in Education* [M]. New York: Allyn and Bacon, 2004:319.

会联系起来。最后,他们要在此基础上,负责制定改革的计划并采取某些行动。

四、主张在课堂里营造探究的环境

在社会改造主义者看来,课堂环境应该是探究性的。在这样的环境中,教师和学生一起对现状提出质疑,并对各种社会问题及其未来的发展趋势进行分析研究。这种课堂环境强调的是如何建立起有效的交流,而不是对学生进行管理或控制。在社会改造主义者看来,这样的环境最有利于分析、批评和行动研究。社会改造主义者主张,应该鼓励学生在世界观上存在差异,并容忍各种各样甚至存有矛盾的解决问题的方法。

五、教师是"新社会的塑造者"

"新社会的塑造者"、"转型的领袖"和"变革的代理人"是人们描述社会改造主义教师的恰当的比喻。社会改造主义者强调,作为教师应该乐意不断更新他们个人的和专业的生活。他们应该乐于对他们工作的环境提出批评和评价,并把他们的教育责任延伸到课堂和学校之外的社会。他们应该高度容忍各种不确定性,习惯各种不断的变化,并对形成他们思想的文化和精神力量进行思考。作为教育改革者的教师应该憎恨现状,并将学校视为处于发展中的特别的文化。此外,作为教师,应该将社会视为永远没有完结并不断变化的试验。最后,社会改造主义者必须乐于和社区团体、附近的各种组织、社会运动和家长们结成联盟,对学校的民主实践和学校政策提出批评和质疑。教师的角色具体到学校中,则要帮助学生掌握确定、发现并解决这种问题,尤其是社会问题的技能。

与其他教育思潮相比,社会改造主义教育理论极为重视教育的社会改造功能,将教育视为社会改造的工具。这反映了教育理论家试图通过教育解决社会问题的努力,其中对师生关系民主性的强调,对学生解决问题的能力的重视都是在现代社会有市场的重要主张。但由于过分强调教育的社会职能而忽视学校在促进个人发展上的重要作用,因而这种理论的片面性是明显的。

第六节　终身教育思潮

终身教育是一种在国际上有重要影响的教育理论。一般认为,终身教育理论于20世纪50年代产生于法国,60年代后开始在世界各地广泛传播。1960年,在加拿大蒙特利尔市举行的国际成人教育大会,阐明了将成人教育纳入整个人生教育范畴的必要性,倡导成人教育向终身教育发展的问题。1965年,当时联合国教科文组织成人教育计划处处长、后任终身教育局局长的法国成人教育专家保罗·朗格郎(P. Lengrand),向国际成人教育促进委员会提供了一份关于终身教育构想的提案,该委员会讨论并肯定了他的提案。提案指出,数百年来,社会把人的一生机械地分为学习期和工作期,前半生的时间用来积累知识,后半生一劳永逸地使用知识,这是毫无科学根据的。他提出教育应当贯穿于人的一生,成为一生不可缺少的活动。因此,提案要求建立一个新的一体化教育体系,使教育从纵的方面贯穿于人的一生,从横的方面联结个人和社会生活的各个侧面,使今后的教育在每一个人需要的时刻,随时都能以最好的方式提供必要的知识技能。朗格郎的著作《终身教育引论》被公认为终身教育思想的代表作。

终身教育的主要理论可以概括为以下几个方面:

一、终身教育是现代社会的需要

以朗格郎为代表的终身教育家普遍认为,现代人面临着一系列的挑战。例如,世界变化速度加快,人口迅速增长,科学知识和技术迅猛发展,大众媒介的出现促使信息传播加快,国家政治结构变化带来的政治挑战,如何利用日益增多的闲暇时间,生活模式和人际关系的变化带来的危机,如何认识自身及思想意识形态的危机等。这些来自人类生存环境的挑战,向人们提出了新的教育要求,要求人们在智力、体力、情感、态度等方面都做好准备。这就要求教育在它的具体目标、内容和方法上不断更新,能够应付这些挑战的教育模式就是终身教育。

终身教育的内涵极为丰富,涉及也非常广泛。终身教育强调教育贯穿于整个人生,而不是只限于人生的青少年时期;强调家庭、学校、社会各类教育的一体化,不仅仅是传统学校承担教育任务。终身教育将教育活动从时间和空间上推向了极限。这是教育思想的大解放、大发展,是人类塑造自身、世界和未来的永无止境的大教育观。终身教育最基本的特点是连续性、全面性和整体性。

二、终身教育的目标是帮助所有人实现更美好的生活

现代社会是强调所有人的潜力都得到发展,让所有人都过上美好生活的社会。终身教育家正是认识到这种普遍要求,将终身教育的目标定义为"实现更美好的生活"。例如,在朗格郎看来,终身教育的主要目标在于"实现更美好的生活",从中吸取一切有益的东西,使人过一种更和谐、更充实、符合生命真谛的生活。具体来讲,朗格郎认为,终身教育的目标主要有以下的两个方面:(1) 培养新人。朗格郎指出,教育的真正对象是全面的人,是处在各种环境中的人,是担负着各种责任的人,简言之,是具体的人。他认为,作为个体的人应从两个方面来考查:一方面是把他作为一个独立的个体来考查;另一方面是从他与其他人、与社会的一般关系上来考查。他既是孤立的,同时又是与别人联系在一起的。

因此,他指出,教育的目标就是要适应个人作为一种物质的、理智的、有感情的、有性别的、社会的、精神的、存在的各个方面和各种范围。并认为,在终身教育中,每个人都能找到自己的发展道路,因为,它提供了一系列不同种类的适合各人个性、独创性和职业的教育和训练。总之,朗格郎认为终身教育一方面使人能够适应各种变化,特别是经济和职业方面的变化;另一方面,能够培养具有丰富个性的人,促进人的全面发展,使人能够充实、幸福地生活。(2)实现教育民主化。朗格郎将实现教育民主化作为终身教育的另一重要目标。在朗格郎看来,教育民主化的核心内容是教育机会均等。他主张学校教育的重点一定要放在为民主而教育人这一点上,并认为,终身教育是实现真正平等的手段。在朗格郎看来,终身教育是贯穿人的一生的教育,它不仅可以在学校教育阶段,而且在人的终身过程考虑实现教育机会均等问题。

三、终身教育的内容与方法范围广泛

在传统观念中,教育就意味着学校,意味着性质特殊的,用课程、方法和专业人员体现其内容的一种活动。终身教育对此有不同的意见,例如,朗格郎认为,如果教育要在个人的整个一生中、在个人生活的各个方面发挥作用,首先就需要使它突破学校的框框,使它占据人类活动的全部,既与工作联系起来,也与闲暇时间联系起来。朗格郎指出,教育与职业密切联系是终身教育中十分突出、人们普遍认识到的一个方面。他认为,普通教育与职业训练是有机统一的,所谓的普通教育,也就是学会使用科学知识和表达思想的工具,只有在它培养了人们从事职业的能力时才能获得其充分的意义,也才能获得最强大的动力。

闲暇时间也与终身教育紧密联系着。随着科学技术的发展,人们拥有越来越多的闲暇时间。在朗格郎看来,闲暇教育和闲暇学习有广阔的时间和空间。他认为,人在闲暇问题上最难但又最重要的训练,无疑是要学会把自己的时间合理地用于工作和休息,用于集体生活和独处,用于学习和娱乐。因此,朗格郎主张,必须要有为了闲暇而进行的教育,人们必须做好准备并接受训练,以便有价值地使用这种自由支配的时间,而且也必须在闲暇时间向人们提供教育,确保无论什么情况下,都使闲暇变成一种宝贵的财富。可见,朗格郎认为,提高人们闲暇生活的质量,既是终身教育的应有之义,又是终身教育的重要内容和重要方式。

朗格郎还主张,体育运动应在终身教育中占有应有的地位。对于这一点,朗格郎主张要从双重意义上来理解。首先,必须抛弃那种认为体育运动训练只是在一生的一个短暂的时期内进行的观点。其次,应将体育运动和整体的终身教育结合起来,把它从单纯的肌肉作用、从它与文化隔离的状况中解放出来,把它

与智力的、道德的、艺术的、社交的和公民的活动等紧密结合起来。

另外,朗格朗认为,在任何终身教育计划中,必须给公民的训练以充分的必要的重视。特别是对于发展中国家来说,通过终身教育加强公民教育,使国民承担公民责任、积极参加国家建设更是具有十分迫切的意义。

从朗格朗关于终身教育内容的范围来看,我们既可以说,终身教育的内容无所不包,也可以说,终身教育没有固定的内容。

同样地,在方法上,终身教育家也相信终身教育没有固定的方法。因为终身教育的目的是帮助所有人过上更加美好的生活,所以,只要是有助于人过上美好生活的方法,所有能帮助人学习的方法都是终身教育的方法。虽然如此,终身教育家还是提出了一些关于教育方法的原则。其中朗格朗在他的《终身教育引论》中提出的对教育方法的要求如下:一是强调学生而不是课程;二是把教育看作一个过程而不仅仅是知识的传授;三是注重对儿童个人所作的质量上的评价;四是使每一个人都能发挥其才能并运用其经验,使用小组的学习制度进行学习;五是不能把儿童当作小大人来看;六是尽可能少作鉴定;七是尽可能广泛地把教育与生活联系起来;八是采用适当的方法实施早期教育。

四、终身教育是教育的未来发展战略

终身教育家认为,教育的未来是与建立并实施终身教育制度联系在一起的。未来的教育就其整体和自我更新能力来看,将取决于终身教育。但是,每个国家都有自己的体制、结构,自己的传统,自己的禁忌,自己的便利条件。而且,一个国家在一定历史时期总有一个问题在重要性上超过所有其他问题,必须予以优先考虑。因此,朗格朗认为,仅仅提出一种模式的终身教育是不可能的。鉴于这种考虑,朗格朗提出了发展终身教育战略的一般性原则,这些原则主要有以下几个方面:第一,要保证教育的连续性以防止知识过时;第二,使教育计划和方法适应每个社会的具体要求和创新目标;第三,在各个阶段都要努力培养新人,使之能适应充满进步、变化和改革的生活;第四,大规模地调动和利用各种训练手段和信息,这种训练和信息超出了对教育的传统定义和组织形式上的限制;第五,在各种形式的行动(技术的、政治的、工业的、商业的行动等)和教育的目标之间建立密切的联系。在以上这些原则的基础上,各个国家可以根据自己的条件建立适合自己国情的终身教育的模式。但是,建立终身教育的模式必须遵循这样一个原则:使教育成为生活的工具,成为使人成功地履行生活职责的工具。

终身教育思想的提出是当代教育理论的重大变革,它突破了传统教育的一般局限性,从更广阔的社会大背景对传统教育理论及其弊端进行了较为深刻的反思和批判,从一个全新的角度对教育做出了诠释,从而使教育理论产生了一次

新的变革。终身教育思潮也是近半个世纪来流传极广、影响很大的教育思潮。终身教育的观念已为世界各国所承认和接受，并已逐渐成为世界各国进行教育改革的原动力和指导原则，许多国家还把终身教育的理论作为制定国家教育法令的依据。但是，终身教育的全面展开和实现，必然以一系列社会的、教育的物质设施等客观条件的具备和国家政策决策人、教育工作者与广大民众的教育观念等主观因素的成熟为依托和基础。所以，尽管终身教育理念对学校教育、社会教育等产生了重要的影响，但终身教育的思想要落到实处，还有很长的路要走。

第七节　后现代主义教育思潮

"后现代主义"是当代世界最重要的文化、艺术和教育思潮之一。后现代主义（Postmodernism）又称"后现代建构主义"（Postmodern Constructivisim），它是一种哲学、意识形态，是一种运动，也是一种方法。它将实用主义、存在主义和社会改造主义几种哲学融合在一起，并使用了批判理论（Critical Theory）的技术。① 后现代主义是在"现代主义"（科学主义、理性主义、工具主义、经济中心主义）的土壤中产生的，但是它却强烈批判现代社会的"现代性"。例如，后现代主义者认为不存在最终的、普遍的真理和价值观。他们认为真实是主观的，不是在遥远的过去发现的，而是在观者眼中。后现代主义者相信，每个人都是通过自己的经历建构自己的意义，历史自身也是一种建构。这种主题体现在许多后现代主义作家的著作中。后现代主义对"科学现实主义"（Scientific Realism）也提出质疑。后现代主义者指出，科学现实主义的认识论宣称科学（尤其是科学方法）是客观的和没有偏见的，这是站不住脚的。他们宣称，客观观察是不可能的，因为观察者必然对观察的对象产生影响。后现代主义者指出，我们获取知识的途径不应该只有科学一条路，我们可以检查"人类的过去和现在，看看发布的真理是如何产生、建构和表达的，看看这些真理产生了怎样的社会、政治和教育后果"。② 他们对客观性、普遍解释、真理和理性的重要性也提出质疑。他们用批判性探究和政治意识、多样性、包容和多元，以及语言和词汇意义的有限性来代替这些现代社会普遍看重的知识和原理。

后现代主义的主要代表人物美国的批判教育学家亨利·吉诺斯（Henry A.

---

① 批判理论是一种对政治、经济、社会和教育制度进行分析和批判的方法。批判理论家提出关于这些制度的政治本质的设想或概括。他们通常提这样的问题："谁控制学校""谁选择课程""谁雇佣教师""谁选择教科书"以及"谁编写教科书"等等。简言之，"谁掌握权力？"通过分析，他们揭示主流文化和边缘文化之间的不平等。

② G. Gutek. *Philosophical and Ideological Perspectives in Education*［M］. New York: Allyn and Bacon, 2004: 130.

Giroux)。吉诺斯曾在美国罗得岛州布里斯托尔县(Bristol County)的一所城镇中学担任社会研究教师六年,之后在卡内基·梅隆大学获得博士学位。先后在波士顿大学、迈阿密大学和宾夕法尼亚州立大学任教。2004年成为加拿大迈克马斯特大学英语与文化研究全球电视网络主席。迄今为止,吉诺斯已经出版了30部著作和300多篇学术论文,对教育和文化有广泛而深入的研究。他对美国教育制度进行多方面的批判,并建立了自己的现代主义教育理论,形成了他的批判教育学。其他著名的代表人物还有美国教育家迈克尔·艾普尔(Michael W. Apple)、斯坦利·艾罗诺威兹(Stanley Aronowitz)等人。

后现代主义教育的基本主张可以概括为以下几个方面:

一、教育的目的是帮助学生发展对真理主观性的警觉和意识

后现代主义者认为,那些呈现在人们面前的所谓"真理"很多都是一些荒谬的说法,甚至是永远无法证明的神话,是不可靠的,不可信的。学校教育的目的是让学生认识到这些所谓的真理具有多样性,时时都可能会发生变化,必须帮助学生形成这方面的警觉和意识。在教育领域里,像"教育机会平等"、"非政治化课程"、"公平竞争"(Level Playing Field)以及"开放入学"等都是这类神话,是永远的神话。作为教育,就必须帮助学生形成一种意识,要时刻对社会、教科书等所提出的所谓真理存有一种绝对质疑的警觉性。

二、在课程上强调阅读尽量广泛而种类繁多的材料

由于现代主义者不相信有所谓的终极真理,材料中呈现的所谓真理很可能是一些极为荒谬的说法,所以,让学生尽量阅读不同来源的,各种各样的材料是其在课程上的必然要求。例如,后现代主义者也可能建议学生阅读经典著作(Great Books)。但是他们不是像永恒主义者那样将这些经典著作视为真理的模式和来源,而是当作一种材料和模式,用以对真理的形成过程进行质疑、批判和分析。在后现代主义者看来,只有广泛阅读各种不同的材料,才能帮助学生认识到真理的多样性,认识到真理的主观性,认识到真理的荒谬性,才能帮助学生形成对真理质疑、批判和否定的警觉性和意识。

三、重视建构主义的教学方法

在教学方法上,后现代主义主张使用建构主义的教学方法。他们要求教师在课堂上向学生传递建构主义和解构的概念。建构主义是从认知发展研究中形成的一种学习理论。其创建者是瑞士的心理学家皮亚杰(Jean Piaget)和美国的教育家和心理学家布鲁纳(Jerome Bruner)。建构主义的基本主张是将学习视

为学习者根据目前的和过去的知识主动建构新思想和新概念的过程。学习者选择和转换信息，提出假设，并做出有意义的决断。通过对自己经验的反省，学习者建构他们自己对这个世界的理解。

学生也进行解构或解码。这是一种深入解剖课文的方法，通过这种解码，确定课文如何呈现知识，课文的意义及其解释如何影响我们的思想和信念。解构或解码一篇课文时通常问这样的问题："课文如何反映官方意欲传递的知识？如何解释这些课文以便在不同的社会群体之间建立或维持各种权力关系？何种课文（经验）被排除在外？课文在撰写的时代是什么意思？课文对今天的不同群体意味着什么？"通过类似问题的解答，学生可以获得关于建构主义和解构的概念，通过建构和解构的方法，学生完成对课程的学习。

四、主张营造没有威胁的、开放的、支持性的课堂环境

后现代主义主张学生通过建构或解构的方法阅读尽可能多的材料，并对各种各样有冲突的主题或题目进行没有限制的讨论。这就要求在课堂上营造一种没有威胁的、安全的、开放的、平等的和支持性的环境。这样的环境鼓励学生对自己的经验进行反省，并和同学一起分享自己的故事及对故事的叙述。在后现代主义者看来，质疑和批评不是一种消极的活动或行为。相反，这种质疑和批评被视为导致变化的积极行动。后现代主义者相信，建构主义的学习环境可能刺激学生小组解决问题，进行合作性的、试验性的集体活动。

五、教师的作用是实践和示范批判理论的程序和方法

后现代主义者认为，教师的作用是在教学过程中实践批判理论，并向学生示范批判理论的程序和方法。具体说，在后现代主义的课堂里，教师要实践并示范质疑、批评和分析的程序与方法。同时，教师们要认识到，他们拥有对学生、学生的同伴和父母以及更大的社区产生影响的能力，而且必须要发挥这种能力，以对这些人产生积极的影响。作为专业人员，教师要不停地检视他们是如何与别人进行交流的，他们是否疏远或冒犯了其他人，是否始终尊重所有个体提出问题和表达不同意见的权利。不难看出，后现代主义教育希望在师生之间，大而言之，在人与人之间建立一种相互尊重、自由、开放、平等的对话和交流关系。相应地，由于后现代主义教育强调尊重人们发表不同意见的机会，所以，在对学生的评价上，特别强调学生的自评。

后现代主义教育思潮是对现代教育进行反思、批判的基础上形成的一种重要的教育理论，强调社会、文化、思想和真理等的多元性，强调人与人之间的平等

关系等,都是有一定意义的见解。但它否定所有的真理,过分重视世界的不确定性,也容易导致教育的目的模糊性和不确定性,这些都是可以讨论的问题。

本章小结

影响欧美现代教育的理论自然不仅仅是前面论及的进步主义和本章所讨论的这几种教育思潮,但这些思潮的确是对西方现代教育影响最深远也是最广泛的教育哲学。通过对这些教育思潮的背景及其基本主张的梳理,我们不难发现,每一种教育思潮的产生都与那个特定的历史时代在社会上所发生的变化、出现的问题和挑战分不开。要理解每一种教育思潮的主张,就必须仔细地考察那个时代的各种社会的、政治的和经济的力量。要在有限的篇幅内完成这个任务几乎是不可能的,这有待于读者自己广泛阅读相关的材料。就各种教育思潮的主张来看,都对这些基本的问题进行了深入的思考,即"谁是教育的对象""教育的目的是什么""学生应该学习什么内容"以及"教师和学生在教育教学中的地位和作用如何"等。然而,不管有什么样的教育目的,学习什么样的知识,以及建立怎样的师生关系,在这些看起来迥异的教育主张中总是存在一些共同的呼声。可以说,给所有人公平发展的机会以及教育的民主化是蕴藏于所有教育思潮中的共同旋律。

∠ 思考题

1. 各教育思潮的基本教育主张。
2. 比较各教育思潮的主张和背景,分析概括教育思潮的共性。

∠ 参考文献

1. 王承绪,赵祥麟. 西方现代教育论著选[M]. 北京:人民教育出版社,2001.

2. 陆有铨. 现代西方教育哲学[M]. 郑州:河南教育出版社,1993.

3. 吴式颖,任钟印. 外国教育思想通史:第九、十卷[M]. 长沙:湖南教育出版社,2002.

4. [美]Howard A. Ozmon and Samuel M. Craver. 教育的哲学基础(第七版). 石中英,邓敏等译. 北京:中国轻工业出版社,2006.

5. L. Dean Webb. *The History of American Education:A great American experiment*. Upper Saddle River, New Jersey:Pearson Education, Inc,2006.

∠ 进一步阅读文献

1. 陆有铨. 现代西方教育哲学[M]. 郑州：河南教育出版社，1993.

2. ［美］Howard A. Ozmon and Samuel M. Craver. 教育的哲学基础（第七版）. 石中英，邓敏等译. 北京：中国轻工业出版社，2006.